한 번에 합격
자격증은 이기적

이렇게 기막힌 적중률

자격증 독학, 어렵지 않다!
수험생 합격 전담마크

이기적 스터디 카페

 스터디 만들어 함께 공부

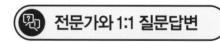 전문가와 1:1 질문답변

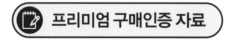 프리미엄 구매인증 자료

 365일 진행되는 이벤트

이기적 스터디 카페

인증만 하면, 고퀄리티 강의가 무료!
100% 무료 강의

STEP 1
이기적
홈페이지
접속하기

STEP 2
무료동영상
게시판에서
과목 선택하기

STEP 3
ISBN 코드
입력 & 단어
인증하기

STEP 4
이기적이 준비한
명품 강의로
본격 학습하기

영진닷컴 이기적

1년 365일 이기적이 쏜다!

365일 진행되는 이벤트에 참여하고 다양한 혜택을 누리세요.

EVENT ❶

기출문제 복원

- 이기적 독자 수험생 대상
- 응시일로부터 7일 이내 시험만 가능
- 스터디 카페의 링크 클릭하여 제보

이벤트 자세히 보기 ▶

EVENT ❷

합격 후기 작성

- 이기적 스터디 카페의 가이드 준수
- 네이버 카페 또는 개인 SNS에 등록 후
  이기적 스터디 카페에 인증

이벤트 자세히 보기 ▶

EVENT ❸

온라인 서점 리뷰

- 온라인 서점 구매자 대상
- 한줄평 또는 텍스트 & 포토리뷰 작성 후
  이기적 스터디 카페에 인증

이벤트 자세히 보기 ▶

EVENT ❹

정오표 제보

- 이름, 연락처 필수 기재
- 도서명, 페이지, 수정사항 작성
- book2@youngjin.com으로 제보

이벤트 자세히 보기 ▶

N Pay
네이버페이
포인트 쿠폰
20,000원

영진닷컴 쇼핑몰
30,000원

- N페이 포인트 5,000~20,000원 지급
- 영진닷컴 쇼핑몰 30,000원 적립
- 30,000원 미만의 영진닷컴 도서 증정

※ 이벤트별 혜택은 변경될 수 있으므로 자세한 내용은 해당 QR을 참고하세요.

이기적 크루를 찾습니다!

WANTED

저자 · 강사 · 감수자 · 베타테스터 상시 모집

저자 · 강사

분야 수험서 전 분야
수험서 집필 혹은 동영상 강의 촬영

요건 관련 강사, 유튜버, 블로거 우대

혜택 이기적 수험서 저자 · 강사 자격
집필 경력 증명서 발급

감수자

분야 수험서 전 분야

요건 관련 전문 지식 보유자

혜택 소정의 감수료
도서 내 감수자 이름 기재
저자 모집 시 우대(우수 감수자)

베타테스터

분야 수험서 전 분야

요건 관련 수험생, 전공자, 교사/강사

혜택 활동 인증서 & 참여 도서 1권
영진닷컴 쇼핑몰 30,000원 적립
스타벅스 기프티콘(우수 활동자)
백화점 상품권 100,000원(우수 테스터)

◀ 모집 공고 자세히 보기

이메일 문의하기 ✉ book2@youngjin.com

기억나는 문제 제보하고 N페이 포인트 받자!
기출 복원 EVENT

성명	이 기 적		수험번호	ㄹ 0 ㄹ 4 1 1 1 3

Q. 응시한 시험 문제를 기억나는 대로 적어주세요!

① 365일 진행되는 이벤트 　② 참여자 100% 당첨 　③ 우수 참여자는 N페이 포인트까지

영진닷컴 쇼핑몰
30,000원

N Pay
네이버페이
포인트 쿠폰 　**20,000원**

적중률 100% 도서를 만들어주신 여러분을 위한 감사의 선물을 준비했어요.

신청자격 이기적 수험서로 공부하고 시험에 응시한 모든 독자님

참여방법 이기적 스터디 카페의 이벤트 페이지를 통해 문제를 제보해 주세요.
　　　　　※ 응시일로부터 7일 이내의 시험 복원만 인정됩니다.

유의사항 중복, 누락, 허위 문제를 제보한 경우 이벤트 대상에서 제외됩니다.

참여혜택 영진닷컴 쇼핑몰 30,000원 적립
　　　　　정성껏 제보해 주신 분께 N페이 포인트 5,000~20,000원 차등 지급

이벤트 페이지 확인하기 ▶

이기적이
다 드립니다

여러분은 합격만 하세요! 이기적 합격 성공세트 BIG 4

빠른 합격을 위한, 무료 동영상 강의

추가 설명이 필요한 학습자를 위해 동영상 강의를 준비했습니다.
도서 구매자라면 100% 무료 동영상 강의를 시청하세요.

실기 학습에 필요한, 실습 파일 제공

도서에 수록된 문제를 풀기 위한 자료를 제공합니다.
이기적 홈페이지 자료실에서 다운로드 받아서 편하게 사용하세요.

무엇이든 물어보세요, 1:1 질문답변

궁금한 점이 있으면 언제든지 이기적 스터디 카페에 질문해 보세요.
전문가 선생님께서 1:1로 맞춤 질문답변을 해드립니다.

더 많은 문제를 원한다면, 추가 최종 모의고사

문제를 더 풀고 연습하고 싶으시다고요?
이기적 스터디 카페에서 최종 모의고사 3회분을 추가 제공합니다.

※ 〈2025 이기적 워드프로세서 실기 기본서〉를 구매하고 인증한 독자에게만 드리는 혜택입니다.

이기적 홈페이지 바로가기 ▶

설치 없이 쉽고 빠르게 채점하는
워드 자동 채점 서비스

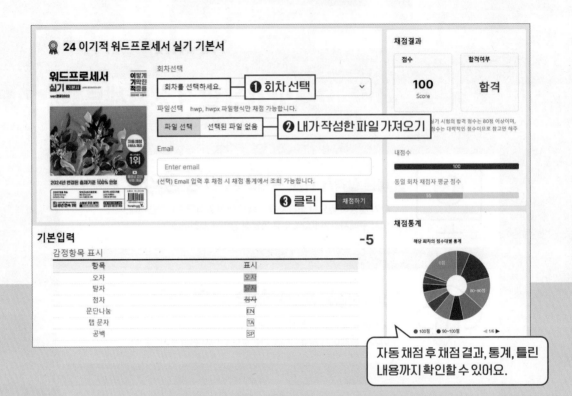

자동 채점 후 채점 결과, 통계, 틀린 내용까지 확인할 수 있어요.

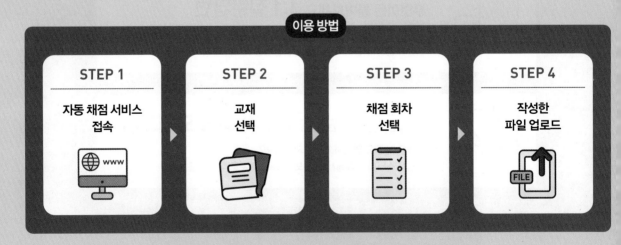

- 접속 경로 : 이기적 웹사이트(https://license.youngjin.com) → 웹 채점 프로그램(워드프로세서 실기)
- 인터넷이 연결되어 있지 않을 시 사용할 수 없으며 개인 인터넷 속도, 접속자 수에 따라 채점 속도가 다를 수 있습니다.
- 운영체제, 한글 정품 여부에 상관없이 채점이 가능합니다.
- 부가 서비스로 제공되는 부분이며, 업체 등의 변경으로 제공이 중단될 수 있습니다.

이렇게 기막힌 적중률

워드프로세서
실기 기본서

ver.한글2022

"이" 한 권으로 합격의 "기적"을 경험하세요!

YoungJin.com Y.
영진닷컴

차례

난이도에 따라 분류하였습니다.
- **상** : 완벽히 연습해야 하는 기능
- **중** : 충분히 연습해야 하는 기능
- **하** : 수월하게 익힐 수 있는 기능

▶ 표시된 부분은 동영상 강의가 제공됩니다.
이기적 홈페이지(license.youngjin.com)에 접속하여 시청하세요.

▶ 제공하는 동영상과 PDF 자료는 1판 1쇄 기준 2년간 유효합니다.
단, 출제기준안에 따라 동영상 내용은 변경될 수 있습니다.

구매 인증 PDF

최종 모의고사
01~03회 PDF

워드프로세서 실기
필수 단축키 암기노트 PDF

※ **참여 방법** : '이기적 스터디 카페' 검색 → 이기적 스터디 카페(cafe.naver.com/yjbooks) 접속 → '구매 인증 PDF 증정' 게시판 → 구매 인증 → 메일로 자료 받기

STEP 01 시험에 출제되는 핵심 이론만 압축 정리

난이도
섹션별 난이도를 상/중/하로 나누어
효율적인 학습이 가능합니다.

작업파일
작업에 필요한 파일의 위치를
확인할 수 있습니다.

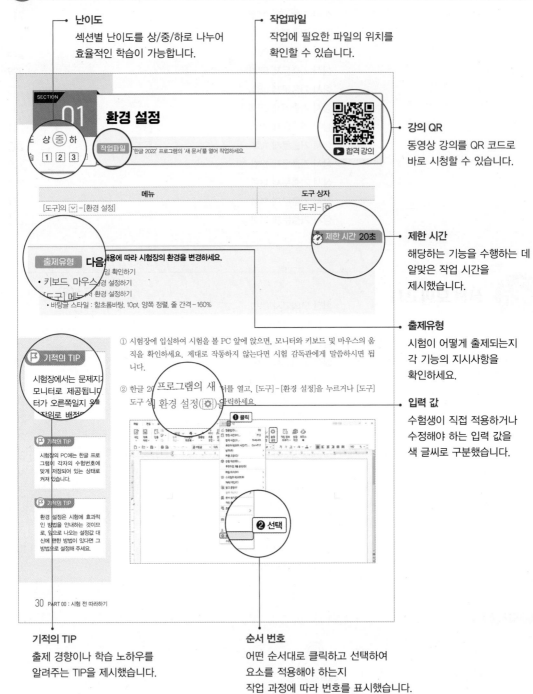

강의 QR
동영상 강의를 QR 코드로
바로 시청할 수 있습니다.

제한 시간
해당하는 기능을 수행하는 데
알맞은 작업 시간을
제시했습니다.

출제유형
시험이 어떻게 출제되는지
각 기능의 지시사항을
확인하세요.

입력 값
수험생이 직접 적용하거나
수정해야 하는 입력 값을
색 글씨로 구분했습니다.

기적의 TIP
출제 경향이나 학습 노하우를
알려주는 TIP을 제시했습니다.

순서 번호
어떤 순서대로 클릭하고 선택하여
요소를 적용해야 하는지
작업 과정에 따라 번호를 표시했습니다.

STEP 02 연습문제 풀이로 이론 복습&실력 점검

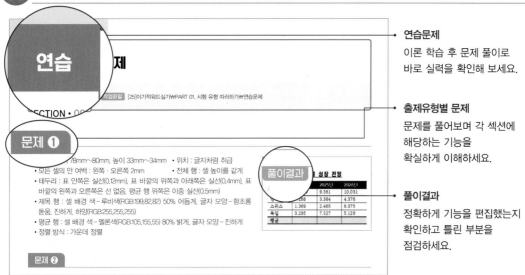

연습 제

[25]이기적워드실기₩PART 01. 시험 유형 따라하기₩연습문제

SECTION · 00

문제 ❶

- 78mm~80mm, 높이 33mm~34mm • 위치 : 글자처럼 취급
- 모든 셀의 안 여백 : 왼쪽 · 오른쪽 2mm • 전체 행 : 셀 높이를 같게
- 테두리 : 표 안쪽은 실선(0.12mm), 표 바깥의 위쪽과 아래쪽은 실선(0.4mm), 표 바깥의 왼쪽과 오른쪽은 선 없음, 평균 행 위쪽은 이중 실선(0.5mm)
- 제목 행 : 셀 배경 색 – 루비색(RGB:199,82,82) 50% 어둡게, 글자 모양 – 함초롬돋움, 진하게, 하양(RGB:255,255,255)
- 평균 행 : 셀 배경 색 – 멜론색(RGB:105,155,55) 80% 밝게, 글자 모양 – 진하게
- 정렬 방식 : 가운데 정렬

풀이결과

	성장 전망	
	2025년	2026년
	.268	9.361	10.031
스위스	1.369	3.384	4.376
독일	3.295	2.465	6.375
평균		7.327	5.129

문제 ❷

● **연습문제**
이론 학습 후 문제 풀이로 바로 실력을 확인해 보세요.

● **출제유형별 문제**
문제를 풀어보며 각 섹션에 해당하는 기능을 확실하게 이해하세요.

● **풀이결과**
정확하게 기능을 편집했는지 확인하고 틀린 부분을 점검하세요.

STEP 03 상시 기출문제와 실전 모의고사로 최종 마무리 학습

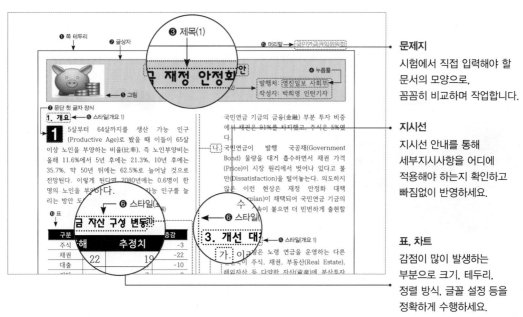

❶ 쪽 테두리 ❷ 글상자 ❸ 제목(1) ❻ 머리말 → 국민연금위원회

금 재정 안정화 안

발행처 : 영진일보 사회부
작성자 : 박희영 인턴기자

❻ 누름틀

❺ 그림

❼ 문단 첫 글자 장식

1. 개요 ← ❻ 스타일(개요 1)

5살부터 64살까지를 생산 가능 인구 (Productive Age)로 봤을 때 이들의 65살 이상 노인을 부양하는 비율(比率), 즉 노인부양비는 올해 11.6%에서 5년 후에는 21.3%, 10년 후에는 35.7%, 약 50년 뒤에는 62.5%로 늘어날 것으로 전망된다. 이렇게 된다면, 2080년에는 0.6명이 한 명의 노인을 부양하다. 가능 인구를 늘리는 방안 도

❾ 표

금 자산 구성 변동

구분	해	추정치	증감
주식			-3
채권	22	19	-22
대출			-10

❻ 스타일

국민연금 기금의 금융(金融) 부분 투자 비중에서 채권은 91%를 차지했고, 주식은 5%였다.
나. 국민연금이 발행 국공채(Government Bond) 물량을 대거 흡수하면서 채권 가격 (Price)이 시장 원리에서 벗어나 있다고 불만(Dissatisfaction)을 털어놓는다. 의도하지 않은 이런 현상은 재정 안정화 대책 (plan)이 채택되어 국민연금 기금의 속이 붙으면 더 빈번하게 출현할

3. 개선 대 ← ❻ 스타일(개요 1)

가. 이 은 노령 연금을 운영하는 다른 주식, 채권, 부동산(Real Estate), 해외자산 등 다양한 자산(資産)에 분산투자

● **문제지**
시험에서 직접 입력해야 할 문서의 모양으로, 꼼꼼히 비교하며 작업합니다.

● **지시선**
지시선 안내를 통해 세부지시사항을 어디에 적용해야 하는지 확인하고 빠짐없이 반영하세요.

● **표, 차트**
감점이 많이 발생하는 부분으로 크기, 테두리, 정렬 방식, 글꼴 설정 등을 정확하게 수행하세요.

STEP 01 실기 응시 자격 조건

- 필기 시험 합격자
- 자세한 자격 조건은 시행처 확인

STEP 02 실기 원서 접수하기

- 시행처 홈페이지 : http://license.korcham.net
- 상시 검정 : 시험 시간 조회 후 원하는 날짜에 응시

STEP 03 실기 시험

- 신분증과 수험표 지참
- 30분 동안 지시사항과 문서를 보고 답안을 작성한 후 파일 제출

STEP 04 실기 합격자 발표

- 시험일이 있는 주를 제외하고 2주 뒤 금요일에 발표
- 변경될 수 있으니 시행처 확인

01 시행처

대한상공회의소
(https://license.korcham.net)

02 응시 자격

제한 없음
(단, 필기 시험 합격 후 2년 이내 있는 실기 시험 응시 가능)

03 시험 과목

필기 시험	워드프로세싱 용어 및 기능
	PC 운영체제
	PC 기본상식
실기 시험	문서편집 기능

04 합격 기준

필기 시험	매 과목 100점 만점에 과목당 40점 이상이고 평균 60점 이상
실기 시험	100점 만점에 80점 이상

05 수험료

필기 시험	19,000원
실기 시험	22,000원

06 자격 특전

• 공무원 채용 가산점 : 경찰공무원 2점 가산
• 학점은행제 학점 인정 : 4학점

07 워드프로세서 실기 출제 기준

출제 기준 상세 보기

• 한글 2022
• MS오피스 LTSC Word 2021

워드프로세서 실행	프로그램 환경 설정하기
	파일 관리하기
문서 편집	텍스트 입력하기
	문단 편집하기
	글자 편집하기
	입력하기(개체 및 필드, 입력 도우미)
	표 작성하기
	차트 삽입하기
	조판 기능 사용하기
고급 기능 사용	참조 사용하기
	도구 사용하기

08 유의 사항

• 시험 유형 및 출제 기준 등은 시행처의 사정으로 언제든지 변경될 수 있음
• 시험 전 반드시 시행처를 다시 확인하고, 문의 사항은 대한상공회의소 홈페이지 및 고객센터로 문의할 것

01 시험 유형 2개의 시험 유형 중에 무작위로 출제됩니다.

워드프로세서 실기 시험은 2개의 유형(B형/C형)에서 무작위로 출제되고 있습니다. 기능이 다른 것은 아니지만 세부지시사항이 약간씩 다르므로, 문제지를 보고 어떤 순서로 어떻게 작업할지 빠르게 판단할 수 있어야 합니다. 대표적으로 차이가 나는 유형은 아래에서 확인하세요.

다단	문서의 본문은 **2단으로 편집하되**, 단 간격은 8mm, 구분선은 실선 0.12mm로 설정하시오.
	문서의 본문은 **1단에서 2단으로 변하는 모양으로 편집하되**, 단 간격은 8mm, 구분선은 실선 0.12mm로 설정하시오.

누름틀	입력할 내용의 안내문 : '0000. 0. 0.', 입력 데이터 : '2025. 12. 10.'
	입력할 내용의 안내문 : '이름 직위', 입력 데이터 : '박현진 선임연구원'

차트	• 차트의 모양 : **이중 축 혼합형**(묶은 세로 막대형, 표식이 있는 꺾은선형) • 차트의 크기 : 너비 80mm, 높이 65mm, 크기 고정 • 위치 : 본문과의 배치-자리 차지, 가로-단의 가운데 0mm, 세로-문단의 위 0mm • 바깥 여백 : 위쪽 5mm, 아래쪽 7mm • 값 축, 항목 축, 보조 값 축, 범례의 글꼴 설정 : 9pt • 표의 아래 단락에 배치
	• 차트의 모양 : **2차원 원형**, 차트 계열색 : **색상 조합 색4** • 데이터 레이블 : **백분율(%), 바깥쪽 끝에** • 차트의 크기 : 너비 80mm, 높이 70mm, 크기 고정 • 위치 : 본문과의 배치-자리 차지, 가로-단의 가운데 0mm, 세로-문단의 위 0mm • 바깥 여백 : 위쪽 5mm, 아래쪽 8mm • 제목의 글꼴 설정 : 맑은 고딕, 진하게 • 데이터 레이블, 범례의 글꼴 설정 : 9pt • 표의 아래 단락에 배치

지시사항

답안 작성 시 유의사항, 편집 용지, 다단 설정, 글자 모양과 문단 모양, 표의 내용 정렬 등에 대해 지시되어 있습니다.
여기에서는 **편집 용지**와 **다단 설정**을 잘 확인하세요.

국 가 기 술 자 격 검 정

워드프로세서 실기시험

※ 무단 전재 금함
(한글 2022)

과 목	제한시간
문서편집기능	30분

〈다음 쪽의 문서를 아래 지시사항에 따라 작성하시오〉

- 작성된 답안의 파일은 지정된 경로 및 파일명을 변경하지 마시고 저장해야 합니다. 이를 준수하지 않으면 실격 처리됩니다.
- 편집 용지
  - 용지 종류는 A4 용지(210mm×297mm) 1매에 용지 방향을 세로로 설정하여 문서를 작성하시오.
  - 용지 여백은 왼쪽·오른쪽은 20mm, 위쪽·아래쪽은 10mm, 머리말·꼬리말은 10mm, 기타 여백은 0mm로 지정하시오.
- 문서의 본문은 1단에서 2단으로 변하는 모양으로 편집하되, 단 간격은 8mm, 구분선은 실선 0.12mm로 설정하시오.
- 글자 모양
  - 글꼴은 별도의 지시가 없는 한 한글 2022의 기본값으로 작성하시오.
  - 영문, 숫자, 기호 등은 별도의 지시가 없는 한 자판에 있는 문자를 사용하시오.
- 문단 모양
  - 정렬 방식, 여백 등은 문단 모양 기능을 이용하여 작성하시오.
  - 문단 모양은 별도의 지시가 없는 한 한글 2022의 기본값으로 작성하시오.
  - 사이 줄 띄우기는 각 1줄만, 사이 띄우기는 1칸만 띄우시오.
- 표에서 내용의 정렬 방법
  (제목 행과 '합계(평균)' 셀은 가운데 정렬, 나머지는 열 단위를 기준으로 아래와 같이 정렬)
  - 내용의 길이가 서로 다른 문자의 경우 왼쪽 정렬
  - 내용의 길이가 서로 다른 숫자의 경우 오른쪽 정렬
  - 내용의 길이가 서로 같을 경우 문자, 숫자 상관없이 가운데 정렬
- 색상은 '기본' 테마가 포함된 색상 팔레트를 사용하시오.
- 각 항목은 별도의 지시가 없는 한 주어진 문서에 기준하여 작성하시오.
- 각 항목은 별도의 지시가 없는 한 기본 설정값으로 처리하시오.
- 문제에 제시된 지시사항은 작성하지 않음.

대 한 상 공 회 의 소

세부지시사항

작성해야 할 문서에 지시된 부분을 세부지시사항을 보고 설정해야 합니다. 세부지시사항은 **매번 비슷하면서도 다르게 출제**되고 있습니다. 처음 보는 지시사항이라도 연습을 충분히 했으면 설정할 수 있습니다. 글꼴과 색 부분에서 시간을 너무 잡아먹지 않도록 연습해야 합니다. 어떤 지시사항이 나오더라도 **당황하지 않는 것**이 중요합니다.

C형	다음 쪽의 문서를 아래의 〈세부지시사항〉에 따라 작성하시오.
1. 다단 설정	모양 – 둘, 구분선 – 구분선 넣기, 적용 범위 – 새 다단으로
2. 쪽 테두리	• 선의 종류 및 굵기 : 이중 실선 0.5mm, 모두 • 위치 : 쪽 기준, 왼쪽 · 오른쪽 · 위쪽 · 아래쪽 모두 5mm
3. 글상자	• 크기 : 너비 170mm, 높이 24mm, 크기 고정 • 위치 : 본문과의 배치 – 자리 차지, 가로 – 종이의 가운데 0mm, 세로 – 종이의 위 20mm • 바깥 여백 : 아래쪽 8mm • 선 속성 : 검정(RGB:0,0,0), 실선 0.2mm • 색 채우기 : 초록(RGB:40,155,110) 80% 밝게
4. 제목	• 제목(1) : 한컴산뜻돋움, 16pt, 장평(105%), 자간(–4%), 진하게, 하늘색(RGB:97,130,214) 50% 어둡게, 가운데 정렬 • 제목(2) : 여백 – 왼쪽(360pt)
5. 누름틀	입력할 내용의 안내문 : '0000. 0. 0.', 입력 데이터 : '2025. 5. 28.'
6. 그림	• 경로 : [25]이기적워드실기₩그림₩핸드폰.TIF, 문서에 포함 • 크기 : 너비 28mm, 높이 18mm • 위치 : 본문과의 배치 – 글 앞으로, 가로 – 종이의 왼쪽 23mm, 세로 – 종이의 위 23mm • 회전 : 좌우 대칭
7. 스타일 (2개소 수정, 3개소 등록)	• 개요 1(수정) : 여백 – 왼쪽(0pt), 한컴 윤고딕 740, 11pt, 진하게 • 개요 2(수정) : 여백 – 왼쪽(15pt) • 표제목(등록) : 스타일 이름 – 표제목, 스타일 종류 – 문단, 가운데 정렬, 한컴돋움, 진하게 • 참고문헌 1(등록) : 스타일 이름 – 참고문헌 1, 스타일 종류 – 문단, 내어쓰기(20pt) • 참고문헌 2(등록) : 스타일 이름 – 참고문헌 2, 스타일 종류 – 글자, 그림자
8. 문단 첫 글자 장식	• 모양 : 3줄, 글꼴 : 한컴산뜻돋움, 면 색 : 노랑(RGB:255,215,0), 본문과의 간격 : 3mm • 글자 색 : 하늘색(RGB:97,130,214) 50% 어둡게
9. 각주	글자 모양 : 맑은 고딕, 번호 모양 : 아라비아 숫자 원문자
10. 하이퍼링크	• '십만 대, %'에 하이퍼링크 설정 • 연결 대상 : 웹 주소 – 'https://cafe.naver.com/yjbooks'
11. 표	• 크기 : 너비 78mm~80mm, 높이 33mm~34mm • 위치 : 글자처럼 취급 • 전체 행 : 셀 높이를 같게 • 모든 셀의 안 여백 : 왼쪽 · 오른쪽 2mm • 테두리 : 표 안쪽은 실선(0.12mm), 표 바깥의 위쪽과 아래쪽은 실선(0.4mm), 표 바깥의 왼쪽과 오른쪽은 없음, 합계 행 위쪽은 이중 실선(0.5mm) • 제목 행 : 셀 배경 색 – 보라(RGB:157,92,187) 25% 어둡게, 글자 모양 – 한컴 윤고딕 760, 하양(RGB:255,255,255) • 합계 행 : 셀 배경 색 – 하양(RGB:255,255,255) 15% 어둡게, 글자 모양 – 진하게 • 문단의 정렬 방식 : 가운데 정렬
12. 블록 계산식	표의 합계 행에 블록 계산식을 이용하여 블록 합계 산출
13. 캡션	표 아래에 삽입 후 오른쪽 정렬
14. 차트	• 차트의 모양 : 2차원 원형, 차트 계열색 : 색상 조합 색2 • 데이터 레이블 : 백분율(%), 바깥쪽 끝에 • 차트의 크기 : 너비 80mm, 높이 70mm, 크기 고정 • 위치 : 본문과의 배치 – 자리 차지, 가로 – 단의 가운데 0mm, 세로 – 단의 위 0mm • 바깥 여백 : 위쪽 5mm, 아래쪽 7mm • 제목의 글꼴 설정 : 함초롬돋움, 진하게 • 데이터 레이블, 범례의 글꼴 설정 : 9pt • 표의 아래 단락에 배치
15. 쪽 번호	번호 위치 : 오른쪽 아래, 모양 : 아라비아 숫자, 줄표 넣기 선택, 시작 번호 지정
16. 머리말	한컴 윤고딕 740, 10pt, 진하게, 보라(RGB:157,92,187) 25% 어둡게, 오른쪽 정렬
17. 꼬리말	한컴산뜻돋움, 10pt, 진하게, 하늘색(RGB:97,130,214) 25% 어둡게, 가운데 정렬

문제지

워드프로세서 실기 시험은 빈 한글 문서에서 **직접 글을 작성하는 것부터 시작입니다.** 일단 처음부터 끝까지 문서를 작성한 후에, 문제에 표시된 번호가 있는 항목은 세부지시사항을 보고 설정하고, 전각기호 등 번호가 없는 지시는 **문서를 보고 편집하세요.** 글 작성에 15분 정도 사용하고 **편집 및 설정에 13분** 정도 사용한 후, 마지막으로 반드시 **검토**하는 것도 잊지 마세요.

03 채점 기준 누적된 데이터를 참고하여 작성된 감점 사항입니다.

워드프로세서 실기 시험은 공식적으로 발표된 채점 기준이 존재하지 않습니다. 다만, 이기적에서는 수험생들의 합격 여부에 따른 데이터를 바탕으로 채점 기준표를 제공해 드립니다. 어떤 기능을 더 유의하여 작성해야 하는지 참고 자료로 사용해 주세요.

☐ 편집 용지 : −5점

쪽 테두리 : −3점

국내 통신시장 동향 머리말 : −3점

글상자 : −5점

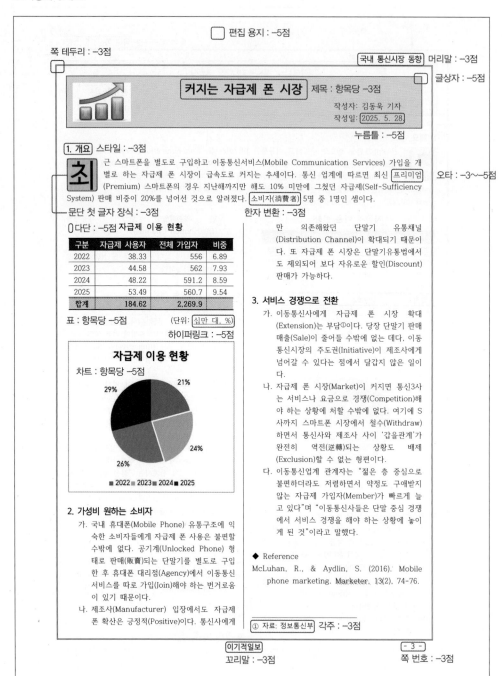

커지는 자급제 폰 시장 제목 : 항목당 −3점
작성자 : 김동욱 기자
작성일 : 2025. 5. 28.

누름틀 : −5점

1. 개요 스타일 : −3점

최근 스마트폰을 별도로 구입하고 이동통신서비스(Mobile Communication Services) 가입을 개별로 하는 자급제 폰 시장이 급속도로 커지는 추세이다. 통신 업계에 따르면 최신 프리미엄 (Premium) 스마트폰의 경우 지난해까지만 해도 10% 미만에 그쳤던 자급제(Self-Sufficiency System) 판매 비중이 20%를 넘어선 것으로 알려졌다. 소비자(消費者) 5명 중 1명인 셈이다.

오타 : −3∼−5점

문단 첫 글자 장식 : −3점

한자 변환 : −3점

⃝다단 : −5점 자급제 이용 현황

구분	자급제 사용자	전체 가입자	비중
2022	38.33	556	6.89
2023	44.58	562	7.93
2024	48.22	591.2	8.59
2025	53.49	560.7	9.54
합계	184.62	2,269.9	

표 : 항목당 −5점

(단위 : 십만 대, %)

하이퍼링크 : −5점

자급제 이용 현황

차트 : 항목당 −5점

21%
29%
24%
26%

■ 2022 ■ 2023 ■ 2024 ■ 2025

2. 가성비 원하는 소비자

가. 국내 휴대폰(Mobile Phone) 유통구조에 익숙한 소비자들에게 자급제 폰 사용은 불편할 수밖에 없다. 공기계(Unlocked Phone) 형태로 판매(販賣)되는 단말기를 별도로 구입한 후 휴대폰 대리점(Agency)에서 이동통신 서비스를 따로 가입(Join)해야 하는 번거로움이 있기 때문이다.

나. 제조사(Manufacturer) 입장에서도 자급제 폰 확산은 긍정적(Positive)이다. 통신사에게

만 의존해왔던 단말기 유통채널 (Distribution Channel)이 확대되기 때문이다. 또 자급제 폰 시장은 단말기유통법에서도 제외되어 보다 자유로운 할인(Discount) 판매가 가능하다.

3. 서비스 경쟁으로 전환

가. 이동통신사에게 자급제 폰 시장 확대 (Extension)는 부담①이다. 당장 단말기 판매 매출(Sale)이 줄어들 수밖에 없는 데다. 이동 통신시장의 주도권(Initiative)이 제조사에게 넘어갈 수 있다는 점에서 달갑지 않은 일이다.

나. 자급제 폰 시장(Market)이 커지면 통신3사는 서비스나 요금으로 경쟁(Competition)해야 하는 상황에 처할 수밖에 없다. 여기에 S사까지 스마트폰 시장에서 철수(Withdraw)하면서 통신사와 제조사 사이 '갑을관계'가 완전히 역전(逆轉)되는 상황도 배제 (Exclusion)할 수 없는 형편이다.

다. 이동통신업계 관계자는 "젊은 층 중심으로 불편하더라도 저렴하면서 약정도 구애받지 않는 자급제 가입자(Member)가 빠르게 늘고 있다"며 "이동통신사들은 단말 중심 경쟁에서 서비스 경쟁을 해야 하는 상황에 놓이게 된 것"이라고 말했다.

◆ Reference

McLuhan, R., & Aydlin, S. (2016). Mobile phone marketing. Marketer, 13(2), 74-76.

① 자료: 정보통신부 각주 : −3점

이기적일보

꼬리말 : −3점

- 3 -

쪽 번호 : −3점

04 단축키 단축키를 사용하여 시간을 줄일 수 있습니다.

워드프로세서 실기 시험에서 단축키를 사용하면 작업 속도를 단축할 수 있지만, 복잡한 단축키의 경우 바로 가기 메뉴나 도구 상자에서 해당 기능을 찾아서 실행하는 것이 빠를 수도 있습니다. 작업을 어떻게 수행하는지는 제출 문서에서 확인할 수 없으므로 작업 결과만 문제지와 동일하면 됩니다. 각자 편한 방법으로 연습하세요.

기본 작업 및 내용 입력

작업	단축키
저장	Alt + S 또는 Ctrl + S
바탕글 수정	F6
편집 용지 설정	F7
다단 설정	Alt → W → U → E

작업	단축키
들여쓰기	Alt + T
한자 변환	F9 또는 한자
문자표	Ctrl + F10
글자 모양	Alt + L

세부지시사항

작업	단축키	작업	단축키
쪽 테두리	Alt → W → B	블록 합계	Ctrl + Shift + S
글상자	Ctrl + N, B	블록 평균	Ctrl + Shift + A
누름틀	Ctrl + K, E	가운데 정렬	Ctrl + Shift + C
문단 모양	Alt + T	오른쪽 정렬	Ctrl + Shift + R
스타일	F6	왼쪽 정렬	Ctrl + Shift + L
바탕글	Ctrl + 1	진하게	Ctrl + B
문단 첫 글자 장식	Alt → J → A → 3	기울임	Ctrl + I
각주	Ctrl + N, N	캡션	Ctrl + N, C
하이퍼링크	Ctrl + K, H	개체 속성	Ctrl + N, K
그림	Ctrl + N, I	쪽 번호	Ctrl + N, P
표	Ctrl + N, T	머리말/꼬리말	Ctrl + N, H
표 내부 셀 크기	Alt + ←, Alt + →	나가기	Shift + Esc

시험 관련 문의

Q 워드프로세서 시험의 시행처는 어디인가요?

A 워드프로세서 시험은 대한상공회의소에서 시행하고 있습니다. 시험 전에 반드시 대한상공회의소 자격평가사업단 홈페이지 (https://license.korcham.net)를 방문하여 궁금한 사항이나 시험 내용을 확인하세요.

Q 워드프로세서 시험 일정이 궁금해요.

A 워드프로세서 시험은 상시 시험입니다. 원서 접수는 개설일부터 시험 4일 전까지 가능하며, 시험 일자는 수험생이 선택할 수 있습니다. 다만, 각 시험장 상황에 따라 시험을 보지 못하는 일이 발생할 수 있으니 미리 알아보고 접수하는 것이 좋습니다.

Q 시험은 어떻게 접수할 수 있나요?

A 원서 접수를 위해서는 대한상공회의소 자격평가사업단 홈페이지에 회원가입 후 본인인증이 되어 있어야 합니다. 원서 접수는 인터넷 접수가 원칙이며, 인터넷 접수 시 수수료가 부과됩니다. 원서 접수는 '로그인 → 약관 동의 → 응시종목 선택 → 인적 사항 등록 및 입력 → 시험장 선택 → 일자/시간 선택 → 선택내역 확인 → 전자결제 → 접수 확인 → 수험표 출력'의 단계로 진행됩니다. 인터넷 접수가 어려운 경우 대한상공회의소 근무시간 중 방문 접수도 가능합니다.

Q 필기 시험 합격 후 2년이 지난 것 같아요.

A 워드프로세서 실기 시험의 자격 조건은 필기 합격자입니다. 만약 필기 시험 후 2년이 지났다면 필기 시험부터 다시 응시하여 합격 후 실기 시험을 볼 수 있습니다.

Q 시험 접수 후 일정을 바꾸고 싶어요.

A 접수 기간 내 접수를 취소하는 경우에는 수험료의 100% 환불(접수 수수료 포함)이 가능합니다. 단, 시험 일시는 접수일로부터 시험 4일 전까지 가능합니다. 자세한 사항은 시행처에 문의해 주세요.

Q 시험장에 무엇을 가져가야 하나요?

A 시험 접수 후 출력한 수험표를 잊지 말고 가져가야 합니다. 수험표 확인 및 소지품 정리 시간 이후 관련 법상 부정행위 기준에 명시된 통신 · 전자기기를 소지한 경우 해당 시험은 무효 처리되므로 주의하세요.

Q 시험장에서 있었던 일은 어떻게 해결하나요?

A 시험 시간에 있었던 일은 그 시간에 해결하는 것이 원칙입니다. 예를 들어 컴퓨터 모니터가 이상하다든지, 키보드가 제대로 눌리지 않는다든지, 저장이 정상적으로 되지 않는 등의 문제가 발생하면 즉시 시험 감독관에게 알려 조치를 받아야 합니다.

내용 입력 관련 문의

Q 왜 편집 용지 설정을 가장 처음에 해야 하나요?

A 편집 용지 설정은 언제 하든지 상관없습니다. 그러나 편집 용지 설정에 따라 이후의 쪽 테두리나 글상자의 위치가 다르게 보일 수 있습니다. 혼란을 줄이기 위해서라도 문제지의 편집 용지 설정을 확인한 후 가장 먼저 설정하는 것이 좋습니다.

Q 전각문자로 표시되어 있지 않은 특수문자는 반드시 키보드에서 찾아 입력해야 하나요?

A 네. 문제지에 전각문자로 입력하라는 지시사항이 없다면 키보드에서 입력해야 합니다. 워드프로세서 실기 시험에 자주 출제되는 특수문자로는 하이픈(-), 큰 따옴표("")와 작은 따옴표(''), 퍼센트(%), 앳(@) 등이 있습니다.

Q 단어의 띄어쓰기를 잘 모르겠어요.

A 한 행이 넘어가면서 단어가 시작될 경우에 앞의 단어와 뒤의 단어 사이에 띄어쓰기를 해야 하는지 애매할 때가 있습니다. 이럴 경우에는 다른 단어들을 참고해서 유추하는 수밖에 없습니다. 예를 들어 '금융기관'을 띄어써야 하는지 모르겠는데, 앞의 문장의 '교육기관'에서 띄어쓰지 않았다면 '금융기관'도 띄어쓰지 않았을 확률이 높습니다.

Q 문제지에 오타가 있어요.

A 그래도 오타 그대로 입력해야 합니다. 워드프로세서 실기 시험은 문제지와 똑같은 문서를 만드는 시험입니다. 예를 들어 문서에 '교육기관'이 '교육가관'으로 잘못 입력되어 있더라도 그대로 '교육가관'으로 작성해야 합니다. 임의로 변경하여 작성하면 감점 사항입니다. 만약 시험을 보다가 헷갈린다면 시험 감독관에게 문의하면 됩니다.

Q 단어 사이의 간격이 한 칸보다 더 넓은 것 같아요.

A 그래도 한 칸만 띄어야 합니다. 단어와 단어 사이의 간격이 넓어 보인다면 워드 랩과 영문 균등 때문이므로, 정상적으로 모든 편집을 완료한 후에 확인하면 문제지처럼 똑같이 간격이 벌어져 있는 것을 확인할 수 있습니다.

Q 영문 대/소문자를 구분해야 하나요? 계속 대문자로 작성됩니다.

A 영문 대문자와 소문자를 구분하여 작성하는 것도 채점 기준에 포함됩니다. 만약 계속 대문자로 작성된다면 키보드의 Caps Lock 이 켜져 있는지 확인해 보세요. Caps Lock 을 한 번 더 눌러 기능을 끄거나 Shift 를 누른 채로 입력하면 소문자를 입력할 수 있습니다.

Q 한 행의 마지막에서 Enter 를 눌러야 하나요?

A 문단의 마지막이라면 Enter 를 눌러야 하지만 자연스럽게 문장이 이어지는 내용이라면 Enter 를 누르지 않습니다.

내용 편집 관련 문의

Q 입력하지 않은 주황색 글씨가 나타나서 입력한 글씨들의 위치가 변경되었어요.

A [보기] 메뉴의 '조판 부호'가 체크되어 있을 때 나타나는 현상입니다. 이 기능을 체크하고 제출한다고 해서 감점이 되는 것은 아니지만 검토를 할 때 오타 등을 확인하는 데 불편을 줄 수 있으니 작성 시에는 체크를 해제한 후 필요할 때만 잠깐씩 켜서 보는 것이 좋습니다.

Q 문단을 시작할 때 자동으로 들여쓰기가 됩니다.

A `Ctrl` + `1`을 눌러 바탕글로 설정해 주세요. 문제지에 들여쓰기가 설정되어 있지 않은 문단이나 개체가 들여쓰기 되는 경우 감점 사항입니다. 만약 문제지에 들여쓰기가 설정되어 있다면, 일단 '바탕글' 상태에서 모든 내용을 입력한 다음에 편집 시 들여쓰기를 설정해 주세요.

Q 글꼴에 '궁서'로 되어 있는데 '궁서체'로 지정했어요.

A '궁서'와 '궁서체'는 다른 글꼴입니다. 문제지의 글꼴을 잘 보고 선택해 주세요. 헷갈리는 글꼴로는 '돋움/돋움체', '바탕/바탕체', '한컴 윤고딕 ○○○' 등이 있습니다. 잘못 지정하면 감점 사항이니 주의해 주세요.

Q 스타일을 지정하고 표제목을 가운데 정렬했는데 감점이 됐어요.

A 표제목은 서식에서 가운데 정렬하면 안 되고, 표제목 스타일을 등록할 때 '문단 모양'에서 가운데 정렬을 설정한 후 스타일을 적용해야 합니다. 그렇지 않으면 '표제목' 스타일을 적용해도 가운데 정렬이 되지 않습니다.

Q 개요 스타일 부분에서 감점이 됩니다.

A '개요 1'과 '개요 2' 스타일의 '1.'과 '가.'는 스타일을 적용하면 자동으로 입력됩니다. 만약 내용 입력 시 '1.'과 '가.'까지 입력했다면 '1. 1.'과 '가. 가.'로 입력되어 감점 사항입니다.

Q 각주랑 머리말, 꼬리말을 지시사항 대로 수정했는데 감점이 됐어요.

A 각주, 캡션, 머리말/꼬리말 등은 각각의 스타일이 적용된 상태로 생성됩니다. 예를 들어 머리말을 생성하고 내용을 입력한 다음에 지시사항대로 수정했는데 스타일이 '바탕글'로 되어 있다면 '머리말' 스타일로 변경한 다음에 다시 지시사항에 맞게 수정해 주어야 합니다.

Q 이메일 주소를 입력하고 `Enter`를 치니깐 하이퍼링크가 자동으로 만들어졌어요.

A 문제지에 지시되지 않은 하이퍼링크가 만들어졌다면 삭제해 주어야 합니다. 하이퍼링크는 이메일 주소나 홈페이지 주소 등에 자동으로 입력될 수 있습니다. 이러한 경우에는 하이퍼링크가 지정된 곳에 마우스 커서를 올려두고 마우스 오른쪽 버튼을 눌러 바로 가기 메뉴에서 [하이퍼링크 지우기]를 클릭하면 삭제할 수 있습니다.

표 관련 문의

Q   표 안에 내용을 입력했는데 2줄이 됐어요.

A   표의 내용을 전부 입력하고 2줄이 되는 열을 블록 지정한 후에 `Shift` + `→` 또는 `Alt` + `→`로 셀 넓이를 조절해 주어야 합니다. 2줄인 상태로 문제지의 '셀 높이를 같게'를 설정하면 표 전체 높이가 문제지의 범위에서 벗어나게 되어 감점됩니다. 이때 `Shift`나 `Alt` 대신 `Ctrl`을 누르면 표 전체 너비가 수정되므로 주의하세요.

Q   표 내용 정렬을 어떻게 해야 하는지 잘 모르겠어요.

A   표 안의 데이터 정렬은 구분 행과 합계(평균) 셀을 제외하고 '열' 기준으로 하면 됩니다. 헷갈린다면 문제지의 정렬을 보고 참고해서 정렬하면 됩니다.

Q   표 안의 내용을 문제지에 맞게 정렬했는데, 가운데 정렬 감점이 됐어요.

A   지시사항에 표를 가운데 정렬하라는 내용이 있습니다. 수험생들이 자주 잊고 넘어가는 지시사항이라서 감점이 빈번하게 이루어집니다. 표를 글자처럼 취급으로 만든 후 바로 가운데 정렬을 하는 습관을 가질 수 있도록 충분히 연습하세요. 표의 너비 때문에 양쪽 정렬과 가운데 정렬이 육안으로는 구분되지 않으므로 잊지 않도록 주의해야 합니다.

Q   표에서 여백을 수정했는데 감점이 됐어요.

A   표의 여백에는 '바깥 여백'과 '모든 셀 안 여백'이 있습니다. 표의 지시사항에서 제시한 모든 셀의 안 여백이 아닌 바깥 여백을 수정하면 감점 사항입니다. 문제지에서 어떤 여백을 수정해야 하는지 확인하고 수정해 주세요.

Q   문제의 '셀 높이를 같게'는 항상 지정해 주어야 하는 건가요?

A   표를 만들고 나서 `Ctrl` + `↑` → `Ctrl` + `↓`를 누르면 자동으로 모든 셀의 높이가 동일해집니다. 단, 확실하지 않을 때에는 표 전체를 블록 지정한 후 `H`를 누르면 각 셀의 높이를 동일하게 만들 수 있습니다.

Q   블록 계산식으로 계산했는데 감점이 되었어요.

A   블록 계산식으로 계산한 숫자를 클릭하면 『』가 흐린 회색으로 보입니다. 이 괄호가 없으면 일반 숫자로 입력한 것으로 되어 감점됩니다. 블록 계산식으로 계산한 후 『』를 지우지 않도록 주의해 주세요.

Q   블록 계산식으로 평균을 계산한 후에 문제에 맞게 소수점 자리를 수정했는데, 마지막 숫자가 달라요.

A   [계산식]에서는 소수점 아래의 필요 없는 자리의 숫자는 버려지거나 반올림됩니다. 예를 들어 54.75를 '소수점 이하 한 자리'로 수정해 '54.8'이 되어야 한다면 [계산식]에서 '소수점 이하 한 자리'로 형식을 수정하고, '54.7'이 되어야 한다면 [계산식]을 수정하지 말고 소수점 아래 숫자인 '5'를 지워 '54.7'로 만들면 됩니다. 이때도 마찬가지로 『』를 지우지 않도록 주의해 주세요.

차트 관련 문의

Q 차트 안의 항목 축, 값 축, 범례 등의 지시사항을 한꺼번에 설정하고 싶어요.

A 차트 내부의 속성을 한꺼번에 설정할 수는 없습니다. 귀찮더라도 바로 가기 메뉴의 [글자 속성 편집] 대화상자에서 속성을 변경해 주세요.

Q 차트에서 X축 숫자가 문제지랑 다른데 수정해야 하나요?

A 지시사항에 수정하라는 내용이 없다면 수정하지 않고 그대로 제출해도 감점되지 않습니다. 만약 수정하고 싶다면 [개체 속성]의 [축 속성]에서 변경할 수 있습니다.

Q 차트를 만들 때 데이터를 잘못 가져왔어요.

A 차트를 클릭하고 바로 가기 메뉴에서 [데이터 편집]을 선택하면 차트의 데이터를 편집할 수 있습니다. 모든 설정을 완료한 후에는 이 방법으로 수정하는 것이 편하지만, 처음 만들었을 때 데이터가 잘못 되었다는 것을 알았다면 차트를 삭제하고 다시 표에서 데이터를 선택한 후에 제대로 된 차트를 만드는 것이 빠를 수도 있습니다. 각자 편한 방법으로 연습해 보세요. 중요한 것은 문제지의 차트를 보고 정확하게 데이터를 선택하는 것이 시간을 줄일 수 있는 가장 빠른 방법입니다.

Q 차트의 항목 축과 범례가 문제지와 서로 반대예요.

A 차트를 처음 만들면 첫 번째 열이 항목 축, 첫 번째 행이 범례로 만들어집니다. 만약 문제지에 이와 반대로 되어 있다면 차트를 선택한 후, [차트 디자인]-[줄/칸 전환]에서 행/열을 바꿀 수 있습니다.

Q 항목 축과 범례 사이에 가로 줄이 생겼어요.

A 한글 프로그램의 오류이거나 보조 축을 만들면서 생기는 오류입니다. 차트를 클릭하고 [차트 디자인]-[차트 구성 추가]에서 [축]-[보조 가로]를 체크했다가 다시 한 번 체크 해제해 주세요. 그러면 항목 축과 범례 사이에 가로 줄이 사라집니다.

Q 차트의 [개체 속성] 대화상자에서 위치를 지시사항 대로 수정했는데 문제지랑 다른 위치로 이동했어요.

A 차트가 만들어진 위치에 따라 다른 곳으로 이동할 수 있습니다. 이럴 경우에는 차트를 그냥 두면 안 되고 표 아래 단락에 위치하도록 해주어야 합니다. 차트를 선택한 후, Ctrl + X 를 눌러 오려 두기를 하고 표 아래 줄에 커서를 둔 뒤 Ctrl + V 를 눌러 붙이기를 해주세요. 차트의 위치를 정확하게 알기 위해서는 [보기] 도구 상자의 '문단 부호'와 '조판 부호'에 체크하면 됩니다.

Q 차트 아래에 빈 줄이 있는 것 같아요.

A 문제지에서 봤을 때에는 차트 위 아래로 빈 줄이 하나씩 있는 것 같아 보입니다. 하지만 차트 아래의 공간은 차트의 '바깥 여백'을 지정하면 자연스럽게 생기는 것입니다. 지시사항 대로 마지막까지 설정한 후에, 차트 아래 공간 및 왼쪽 단의 마지막 본문 내용이 문제지와 동일한지 확인해 주세요.

기타 문의

Q 도서를 구매했는데 동영상 강의를 들으면서 공부하고 싶어요.

A 동영상 강의는 이기적 홈페이지(https://license.youngjin.com)에서 시청할 수 있습니다. 홈페이지에서 회원가입을 하고 로그인 후, [무료동영상]-[워드프로세서] 메뉴에서 가지고 있는 책을 클릭해 주세요. 간단한 인증 과정을 거치면 동영상 시청이 가능합니다.

Q 공부하는 데 필요한 자료는 어디에서 다운로드 받아야 하나요?

A 이기적 홈페이지의 [자료실]-[워드프로세서] 메뉴에서 도서에 필요한 자료를 다운로드 받을 수 있습니다. 가지고 있는 책 표지를 확인하고 다운로드 받아야 정확한 자료로 공부할 수 있으니, 다시 한번 확인해 주세요.

Q 자동 채점 서비스를 이용하고 싶어요.

A 워드프로세서 실기 자동 채점 서비스는 웹 채점으로만 제공됩니다. 이기적 홈페이지의 배너 또는 자료실의 링크로 접속할 수 있으며, 직접 http://onlinegrade.co.kr을 입력하여 접속할 수도 있습니다.

Q 채점을 해보니 0점으로 나오는데 왜 그러는 걸까요?

A 채점 서비스는 중복 감점을 허용하고 있습니다. 예를 들어 '이기적 워드'라고 입력해야 하는데 '이가적 워드'라고 잘못 입력했다면 글자 부분과 단어 부분에서 중복으로 감점됩니다. 이처럼 감점 점수가 100점을 넘게 되면 0점으로 표시됩니다. 가장 많이 중복 감점되는 부분이 오타 부분인데, 이 부분은 시험에서는 절대 감점되어서는 안 되는 부분입니다. 워드프로세서 실제 시험에서도 채점 시 수기로도 채점하므로 자동 채점 서비스는 부수적으로만 이용해 주세요.

Q 자동 채점 서비스로 채점했는데 무엇을 틀렸는지 모르겠어요.

A 우선 다운로드 받은 정답 파일을 열고 문서를 비교해 보세요. 한글 프로그램의 [검토]-[문서 비교] 메뉴에서 정답 파일과 수험생이 작성한 파일을 비교해 볼 수 있습니다. 그래도 모르겠다면 이기적 스터디 카페(https://cafe.naver.com/yjbooks)의 [질문답변] 게시판에 직접 작성한 파일과 함께 문의해 주세요.

Q 내용에 틀린 부분이 있는 것 같아요.

A 수험서로서 오타 및 오류가 없도록 더욱 노력하겠습니다. 만약 공부하다가 발견되는 오류는 book2@youngjin.com으로 보내주세요. 다음 도서 제작 시 수정하여 더욱 양질의 도서를 만들 수 있도록 하겠습니다. 이기적을 믿고 선택해 주신 수험생분들의 합격을 응원합니다.

01 파일 다운로드하기

① 이기적 홈페이지(https://license.youngjin.com)의 **[자료실]-[워드프로세서]** 게시판에 접속하세요.

② **'[2025] 이기적 워드프로세서 실기 기본서'** 게시글을 클릭하여 첨부파일을 **바탕 화면에 다운로드**하세요.

③ 다운로드 받은 **'[25]이기적워드실기'** 압축파일에서 마우스 오른쪽 버튼을 눌러 **'"[25]이기적워드실기"에 압축풀기'**를 클릭하세요(압축을 정상적으로 풀어야 파일을 사용할 수 있습니다).

02 파일 사용하기

① 압축이 풀린 **'[25]이기적워드실기'** 폴더를 더블 클릭하여 열어주세요.

② 폴더 안에 **도서에 필요한 모든 자료**가 들어 있습니다.

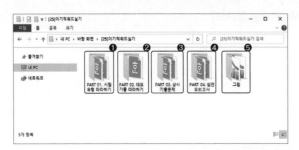

❶ 'PART 01. 시험 유형 따라하기'에서 사용하는 SECTION 파일과 연습문제 및 풀이결과 파일이 들어 있어요.

❷ 'PART 02. 대표 기출 따라하기'에서 사용하는 파일과 정답파일이 들어있어요.

❸ 'PART 03. 상시 기출문제'에서 사용하는 파일과 정답파일이 들어있어요.

❹ 'PART 04. 실전 모의고사'에서 사용하는 파일과 정답파일이 들어있어요.

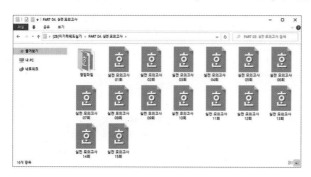

❺ PART 01～04에서 사용하는 '그림' 파일이 들어있어요.

③ 워드프로세서 실기 시험은 **빈 문서에서 내용을 입력하는 것부터 시험 시작**입니다. 단, 폴더에 들어있는 '대표 기출 따라하기.hwp', '상시 기출문제 01회.hwp～상시 기출문제 15회.hwp', '실전 모의고사 01회.hwp～실전 모의고사 15회.hwp', 파일은 **편집 기능만 연습하기 위해 사용하는 파일**이므로 처음 시험 공부를 할 때에는 **반드시 빈 문서에서 차근차근 연습**해 주세요.

자동 채점 서비스 사용 방법

01 자동 채점 프로그램 접속하기

① 이기적 홈페이지(https://license.youngjin.com)에서 웹 채점 프로그램(워드프로세서 실기)을 클릭하거나 이기적 워드프로세서 웹 채점 프로그램(http://onlinegrade.co.kr)에 접속하세요.

② [온라인 채점] 메뉴를 클릭한 후, 채점하고 싶은 **교재를 선택**하세요(교재를 잘못 선택하면 채점 결과가 정확하지 않습니다).

02 직접 작성한 파일 채점하기

① [회차선택]에 채점하려는 회차를 선택하고 [파일선택]에는 수험생이 작성한 파일을 찾아서 선택한 후, [채점하기] 버튼을 누릅니다.

② [감점내역]에서는 어떤 부분들이 틀렸는지 확인할 수 있습니다.

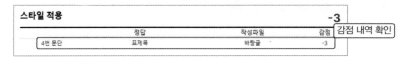

③ [채점결과]에서는 점수와 합격 여부, 다른 수험생들의 평균 점수 등을 확인할 수 있습니다.

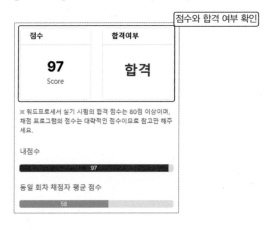

시험 전 따라하기

본격적인 실기 학습을 시작하기 전, 한글 2022의 기본 설정을 살펴보겠습니다. 문서 작성을 조금 더 편하게 할 수 있도록 환경을 설정하는 방법을 알아두세요. 실제 시험장에서 시험이 시작되기 전에 자신의 컴퓨터 상태와 한글 프로그램에 대해 잠시 살펴볼 수 있는 시간이 주어집니다. 최적의 상태로 시험을 볼 수 있도록 시험장 환경을 체크하도록 합니다.

▶ 합격 강의

난 이 도 상 (중) 하
반복학습 [1] [2] [3]

작업파일 '한글 2022' 프로그램의 '새 문서'를 열어 작업하세요.

메뉴	도구 상자
[도구]의 ☑ - [환경 설정]	[도구] - ⚙

⏱ 제한 시간 20초

출제유형 **다음의 내용에 따라 시험장의 환경을 변경하세요.**

• 키보드, 마우스 움직임 확인하기
• [도구] 메뉴에서 환경 설정하기
• [보기] 메뉴에서 환경 설정하기
• 바탕글 스타일 : 함초롬바탕, 10pt, 양쪽 정렬, 줄 간격 - 160%

① 시험장에 입실하여 시험을 볼 PC 앞에 앉으면, 모니터와 키보드 및 마우스의 움직을 확인하세요. 제대로 작동하지 않는다면 시험 감독관에게 말씀하시면 됩니다.

② 한글 2022 프로그램의 새 문서를 열고, [도구] - [환경 설정]을 누르거나 [도구] 도구 상자의 환경 설정(⚙)을 클릭하세요.

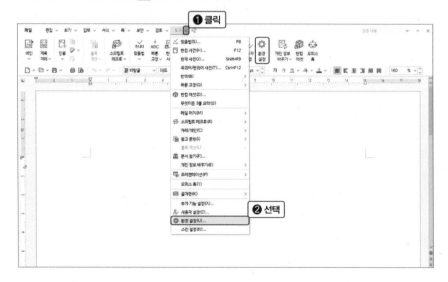

③ [환경 설정] 대화상자의 [편집] 탭에서 편집의 확인하고 끝내기 : 체크 해제, 맞춤법 도우미 작동 : 체크를 지정하세요.

확인하고 끝내기

• [확인하고 끝내기]를 설정하고 프로그램 우측 상단에 있는 닫기(×) 단추를 누르면 '훈글을 끝낼까요?'라는 안내문을 띄워 확인을 받은 다음 한글을 종료합니다.

• 만약에 이 기능을 켜놓고 시간이 지나 시험이 종료된다면 작성하던 한글 파일을 저장할 수 없으므로 반드시 체크 해제를 해야 하는 기능입니다.

맞춤법 도우미 작동

• 한글로 문서 작성을 하는 도중 맞춤법에 어긋난 단어를 입력하였을 경우에 빨간색 밑줄을 그어 줍니다.

• 워드프로세서 실기 시험에서는 빨간색 밑줄이 그어져 있더라도 무조건 시험지와 똑같이 작성해야 하지만, 제대로 작성해야 하는 단어가 틀린 경우에 쉽게 발견할 수 있도록 도와줍니다.

④ [파일] 탭에서 복구용 임시 파일 자동 저장의 무조건 자동 저장 : 체크 해제를 지정하세요.

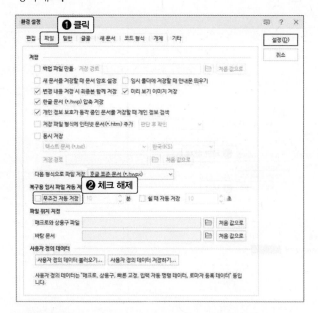

➕ 더 알기 TIP

무조건 자동 저장

• 일정한 시간 간격으로 복구용 임시 파일을 자동으로 저장해 줍니다.

• 자동 저장이 되면서 약간의 버벅임이 있으므로 시험에 방해가 될 수 있습니다. 자동 저장보다는 수시로 Alt + S 를 눌러 저장하는 습관을 가지는 것이 바람직합니다.

• 만약 자동 저장이 어색하지 않다면 기능을 켜놓는 것도 좋습니다.

⑤ [기타] 탭의 실시간 검색을 클릭하고, 영한엣센스 : 체크 해제, 민중국어사전 : 체크
해제를 지정한 후 [실시간 검색 설정]과 [환경 설정] 대화상자에서 [설정]을 클릭
하세요.

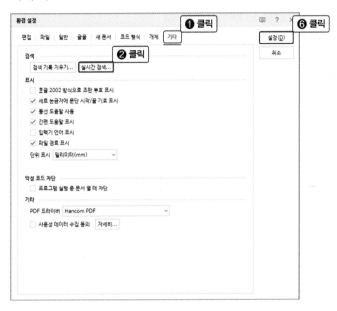

⑥ [도구] 도구 상자에서 [빠른 교정(📝)] - [빠른 교정 동작]에 체크하고, [글자판
(⌨)] - [글자판 자동 변경]에 체크하세요.

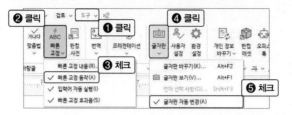

⑦ [보기] 도구 상자에서 그림과 같이 지정하세요.

➕ 더 알기 TIP

폭 맞춤은 원래 연습하던 너비의 크기에 맞게 선택하세요.

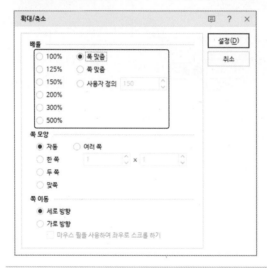

⑧ 바탕글 스타일을 확인하기 위해 F6 을 눌러 정보를 확인한 후, 이상이 없다면 [설정]을 클릭하세요.

기적의 TIP

'바탕글' 스타일은 함초롬바탕, 10pt, 줄 간격 160%로 되어 있습니다.

⑨ 수험번호에 맞게 파일이 저장되어 있는지 확인한 후, Alt + S 를 눌러 문서를 저장하세요.

기적의 TIP

연습을 할 때에는 임의의 파일명으로 저장하세요.

저장 / 다른 이름으로 저장

▶ 합격 강의

난이도   상 중 (하)
반복학습 1 2 3

작업파일 '한글 2022' 프로그램의 '새 문서'를 열어 작업하세요.

메뉴	단축키	도구 상자
[파일]의 ⌄ – [저장하기]	Alt + S	[서식] – 💾
[파일]의 ⌄ – [다른 이름으로 저장하기]	Alt + V	[서식] – 💾 ⌄ – 📑

⏱ 제한 시간 3초

출제유형 1 **다음의 내용에 따라 문서를 저장하세요.**

'12345678.hwp'로 문서를 저장하시오.

① 한글 2022 프로그램의 새 문서를 열고, 제목 표시줄과 파일 이름 탭을 확인하세요. 아직 저장이 되어 있지 않으므로 빈 문서 1이라고 파란색 글씨로 표시됩니다.

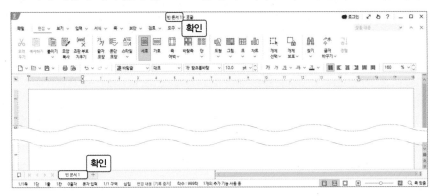

② [파일]–[저장하기]를 누르거나 [서식] 도구 상자의 저장하기(📁)를 클릭하세요.

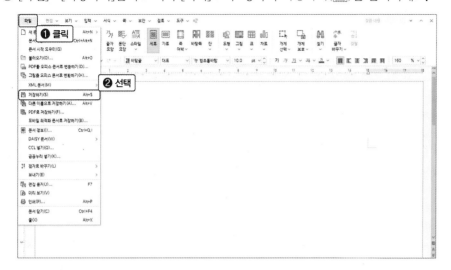

③ [다른 이름으로 저장하기] 대화상자에서 [내 PC₩바탕 화면] 폴더를 선택하고 파일 이름 : 12345678, 파일 형식 : 한글 문서 (*.hwp)를 선택한 후 [저장]을 클릭하세요.

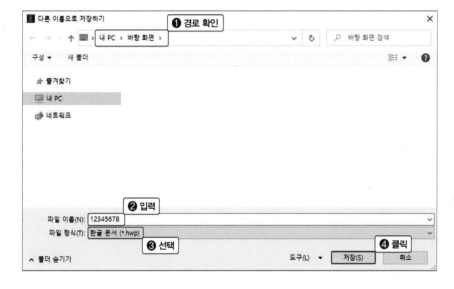

🅱 기적의 TIP

파일의 저장 위치를 확인하세요. 시험에서는 [C:₩P] 폴더에 저장됩니다.

🅱 기적의 TIP

시험장에서는 반드시 지정된 문서 이름으로 저장해야 합니다. 경로 및 파일명을 마음대로 변경할 경우 실격 처리될 수 있습니다. 시험장의 파일은 수험생 수험번호로 미리 저장되어 있으니 맞게 저장되어 있는지 확인하고, 작성하는 문서를 자주 저장해 주세요.

🅱 기적의 TIP

한글 2022 프로그램의 기본 확장자는 '.hwpx'입니다. 시험 문제의 확장자는 '.hwp'이지만 확장자별로 연습을 하는 데에 차이는 없습니다.

④ 저장이 정상적으로 완료되면 제목 표시줄과 파일 이름 탭에 12345678.hwp가 검정색으로 표시됩니다.

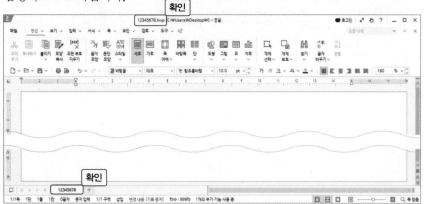

출제유형 2 **다음의 내용에 따라 문서를 다른 이름으로 저장하세요.**

'12345678.hwp' 문서를 열어 '합격은이기적.hwp' 문서로 저장하시오.

① 다른 이름으로 저장하기 위해 [파일] - [다른 이름으로 저장하기]를 누르거나 [서식] 도구 상자에서 저장하기()의 ⌄를 눌러 다른 이름으로 저장하기(🖫)를 클릭하 세요.

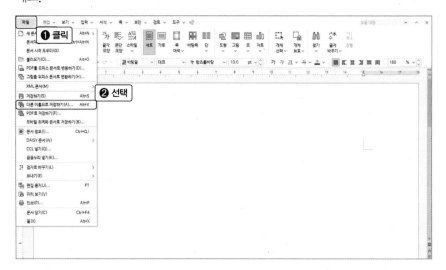

② [다른 이름으로 저장하기] 대화상자에서 [내 PC\바탕 화면] 폴더를 선택하고 파일 이름 : 합격은이기적, 파일 형식 : 한글 문서 (*.hwp)를 선택한 후 [저장]을 클릭하세요.

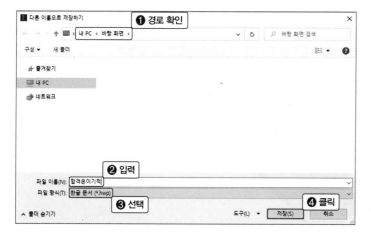

③ 저장이 정상적으로 완료되면 제목 표시줄과 파일 이름 탭에 합격은이기적.hwp 가 검정색으로 표시됩니다.

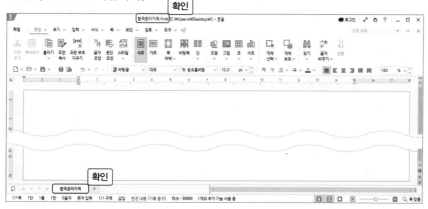

시험 유형 따라하기

워드프로세서 실기 시험은 편집 용지, 다단, 글자 모양/문단 모양, 쪽 테두리 등 세부지시사항에 따라 작업을 수행합니다. 시험 응시자는 시험 시간 내 지시사항에 따른 작업을 수행하고 파일을 저장해야 합니다. 따라서 정해진 시간 안에 제시된 지시사항을 모두 수행할 수 있도록 반복해서 연습하는 것이 매우 중요합니다. 무료로 제공되는 동영상 강의를 시청하면서 익숙해질 때까지 연습하도록 합니다.

01 편집 용지

▶ 합격 강의

난이도 상 중 (하)
반복학습 1 2 3

작업파일 [25]이기적워드실기₩PART 01. 시험 유형 따라하기₩편집 용지.hwp

메뉴	단축키	도구 상자
• [파일]-[편집 용지] • [쪽]의 ∨-[편집 용지]	F7	[쪽]-▣

⏱ 제한 시간 15초

출제유형 **다음의 지시사항에 따라 편집 용지를 설정하세요.**

• 용지 종류는 A4 용지(210mm×297mm) 1매에 용지 방향을 세로로 설정하여 문서를 작성하시오.
• 용지 여백은 왼쪽·오른쪽은 20mm, 위쪽·아래쪽은 10mm, 머리말·꼬리말은 10mm, 기타 여백은 0mm로 지정하시오.

🅕 기적의 TIP

[편집 용지] 대화상자를 열기 위해 키보드의 F7을 눌러도 됩니다. 문서를 작성하거나 기능을 설정하는 과정은 채점에 포함되지 않으니, 각자 편한 방법을 사용하여 익숙해지도록 연습하세요.

① 작업 파일을 실행한 후, [파일]-[편집 용지]를 누르거나 [쪽] 도구 상자의 편집 용지(▣)를 클릭하세요.

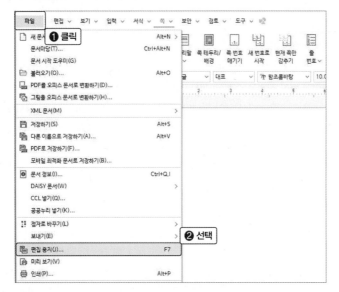

② [편집 용지] 대화상자의 [기본] 탭에서 용지 종류 : A4(국배판) [210mm ×
297mm], 용지 방향 : 세로(▤)를 확인하세요.

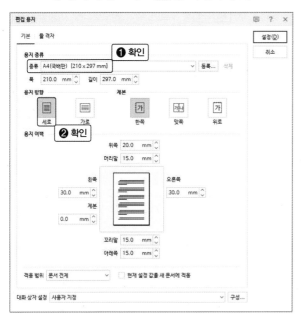

③ 용지 여백에서 왼쪽·오른쪽 : 20mm, 위쪽·아래쪽·머리말·꼬리말 : 10mm,
기타 여백(제본) : 0mm 입력 후 [설정]을 클릭하세요.

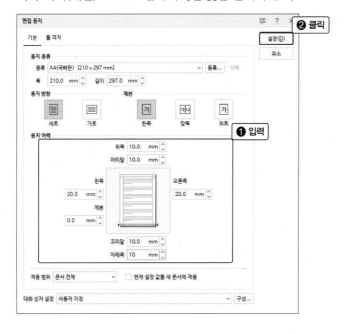

용지 여백을 입력할 때에는 마우스로 클릭하여 이동하는 것보다 키보드의 Tab 으로 이동하는 것이 빠릅니다. 용지 종류와 방향을 확인한 후, Alt + T 를 누르면 '위쪽' 칸으로 바로 이동할 수 있습니다. '위쪽' 칸에서 Tab 을 한 번씩 누를 때마다 '머리말 → 왼쪽 → 제본 → 오른쪽 → 꼬리말 → 아래쪽'의 순서로 이동합니다.

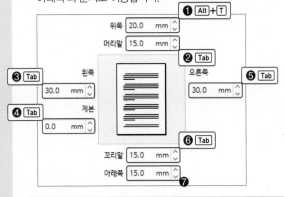

④ [파일] - [미리 보기]를 누르거나 [서식] 도구 상자의 미리 보기(🔳)를 클릭하세요.

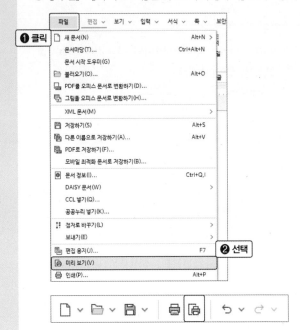

⑤ 미리 보기의 도구 상자에서 여백 보기(▥)를 클릭하면 빨간색 점선으로 편집 영역과 용지 여백 영역을 구분해서 보여줍니다.

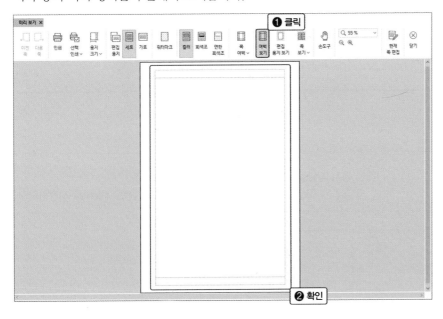

➕ 더 알기 TIP

[보기]-[쪽 윤곽(▢)]이 선택되어 있다면 [미리 보기]로 가지 않고도 머리말, 꼬리말, 쪽 번호 등을 편집 화면에서 확인할 수 있습니다.

⑥ [파일] – [저장하기] 또는 [서식] 도구 상자의 저장하기(▣)를 클릭하세요.

풀이결과

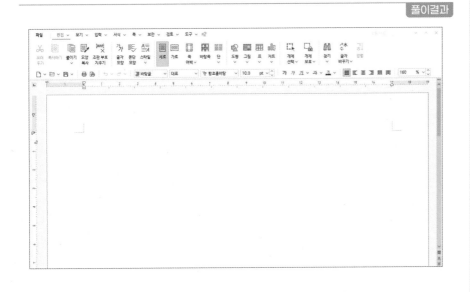

🅑 기적의 TIP

단축키 Alt + S 를 눌러 문서를 저장할 수도 있습니다.

🅑 기적의 TIP

여러 번 반복 학습을 하기 위해서는 Alt + V 를 눌러 '다른 이름으로 저장하기'를 하는 것이 좋습니다.

작업파일 [25]이기적워드실기\PART 01. 시험 유형 따라하기\연습문제

문제 ❶

- 용지 종류는 A4 용지(210mm×297mm) 1매에 용지 방향을 세로로 설정하여 문서를 작성하시오.
- 용지 여백은 왼쪽 · 오른쪽은 15mm, 위쪽 · 아래쪽은 20mm, 머리말 · 꼬리말은 5mm, 기타 여백은 10mm로 지정하시오.

풀이결과

문제 ❷

- 용지 종류는 A4 용지(210mm×297mm) 1매에 용지 방향을 세로로 설정하여 문서를 작성하시오.
- 용지 여백은 왼쪽 · 오른쪽은 5mm, 위쪽 · 아래쪽은 5mm, 머리말 · 꼬리말은 10mm, 기타 여백은 0mm로 지정하시오.

풀이결과

▶ 합격 강의

작업파일 [25]이기적워드실기\PART 01. 시험 유형 따라하기\다단.hwp

메뉴	단축키	도구 상자
[쪽]의 ∨ - [단] - [다단 설정]	Alt → W → U → E	[쪽] - 📄 [편집] - 📄

⏱ 제한 시간 10초

출제유형 **다음의 지시사항에 따라 다단을 설정하세요.**

• 문서의 본문은 2단으로 편집하되, 단 간격은 8mm, 구분선은 실선 0.12mm로 설정하시오.
• 적용 범위 : 문서 전체

① 작업 파일을 실행한 후, [쪽] - [단] - [다단 설정]을 누르거나 [쪽] 도구 상자의 단
(📄)을 클릭하세요.

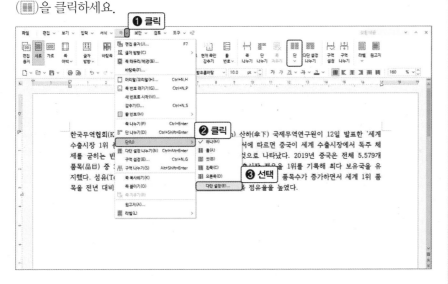

🅱 기적의 TIP

다단 설정처럼 단축키가 복
잡할 경우, 메뉴나 도구 상자
의 위치를 알고 있는 것이 훨
씬 편리합니다.

② [단 설정] 대화상자에서 자주 쓰이는 모양 : 둘(▦), 구분선 넣기 : 체크, 종류 : 실선(───), 굵기 : 0.12mm, 간격 : 8mm, 적용 범위 : 문서 전체를 지정하고 [설정]을 클릭하세요.

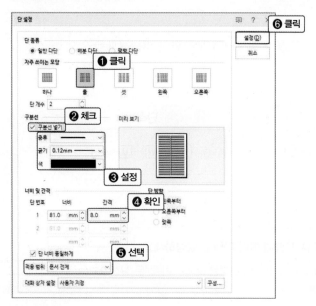

➕ 더 알기 TIP

적용 범위를 '새 다단으로' 지정하려면 다단 설정을 시작해야 하는 곳에 커서를 두고, [단 설정] 대화 상자에서 적용 범위 : 새 다단으로로 변경하면 됩니다.

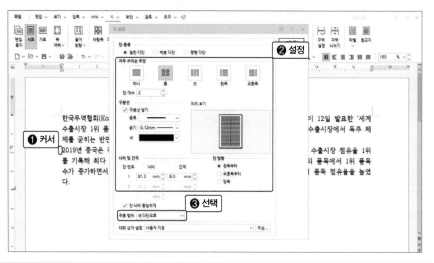

③ [Alt]+[S]를 눌러 문서를 저장하세요.

한국무역협회(Korea International Trade Association) 산하(傘下) 국제무역연구원이 12일 발표한 '세계 수출시장 1위 품목으로 본 우리 수출의 경쟁력 현황' 보고서에 따르면 중국이 세계 수출시장에서 독주 체제를 굳히는 반면에 우리나라는 정체 위기를 겪고 있는 것으로 나타났다. 2019년 중국은 전체 5,579개 품목(品目) 중 31.6%에 달하는 1,762개 품목에서 세계 수출시장 점유율 1위를 기록해 최다 보유국을 유지했다. 섬유(Textile), 철강(Steel), 화학제품 등 대부분의 품목에서 1위 품목수가 증가하면서 세계 1위 품목을 전년 대비 128개 추가하여 빠른 속도로 세계 1위 품목 점유율을 높였다.

작업파일 [25]이기적워드실기\PART 01. 시험 유형 따라하기\연습문제

문제 ❶

- 문서의 본문은 2단으로 편집하되, 단 간격은 8mm, 구분선은 이중 실선 1mm로 설정하시오.
- 적용 범위 : 문서 전체

풀이결과

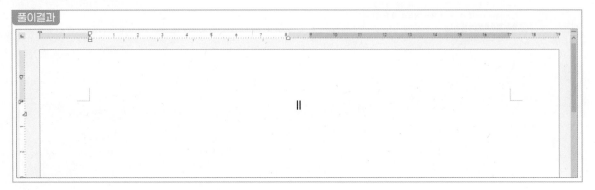

문제 ❷

- 문서의 본문은 1단에서 2단으로 변하는 모양으로 편집하되, 단 간격은 8mm, 구분선은 긴 파선 0.12mm로 설정하시오.
- 적용 범위 : 새 다단으로

풀이결과

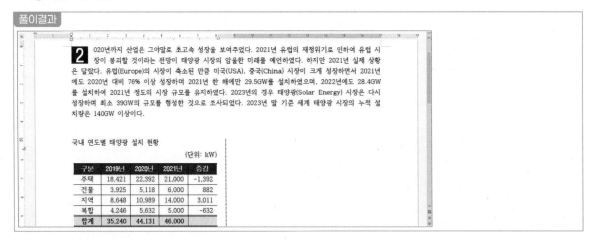

020년까지 산업은 그야말로 초고속 성장을 보여주었다. 2021년 유럽의 재정위기로 인하여 유럽 시장이 붕괴할 것이라는 전망이 태양광 시장의 암울한 미래를 예언하였다. 하지만 2021년 실제 상황은 달랐다. 유럽(Europe)의 시장이 축소된 만큼 미국(USA), 중국(China) 시장이 크게 성장하면서 2021년에도 2020년 대비 76% 이상 성장하며 2021년 한 해에만 29.5GW를 설치하였으며, 2022년에도 28.4GW를 설치하여 2021년 정도의 시장 규모를 유지하였다. 2023년의 경우 태양광(Solar Energy) 시장은 다시 성장하며 최소 39GW의 규모를 형성한 것으로 조사되었다. 2023년 말 기준 세계 태양광 시장의 누적 설치량은 140GW 이상이다.

국내 연도별 태양광 설치 현황

(단위: kW)

구분	2019년	2020년	2021년	증감
주택	18,421	22,392	21,000	-1,392
건물	3,925	5,118	6,000	882
지역	8,648	10,989	14,000	3,011
복합	4,246	5,632	5,000	-632
합계	35,240	44,131	46,000	

글자 모양/문단 모양

▶ 합격 강의

난이도 상 중 (하)

반복학습 1 2 3

작업파일 [25]이기적워드실기\PART 01. 시험 유형 따라하기\글자 모양.hwp

메뉴	단축키	도구 상자
[서식]의 ∨ –[글자 모양] [편집]의 ∨ –[글자 모양]	Alt + L	[서식] – 가 [편집] – 가
[서식]의 ∨ –[문단 모양] [편집]의 ∨ –[문단 모양]	Alt + T	[서식] – ≡ [편집] – ≡

 제한 시간 2분

출제유형 **다음의 지시사항에 따라 글자 모양과 문단 모양을 설정하세요.**

- 제목(1) : 11pt, 돋움, 장평(105%), 밑줄, 왼쪽 정렬
- 제목(2) : 13pt, HY헤드라인M, 장평(120%), 자간(10%), 기울임, 주황(RGB:255,132,58) 60% 밝게, 오른쪽 정렬
- 제목(3) : 15pt, 한컴산뜻돋움, 장평(110%), 자간(–5%), 진하게, 검은 군청(RGB:27,23,96), 가운데 정렬
- 제목(4) : 초록(RGB:40,155,110), 들여쓰기(20pt)
- 제목(5) : 루비색(RGB:199,82,82), 여백–왼쪽(240pt)

① 작업 파일을 실행한 후, 제목(1)의 서식을 설정하기 위해 해당 영역을 드래그하여 블록 지정하세요.

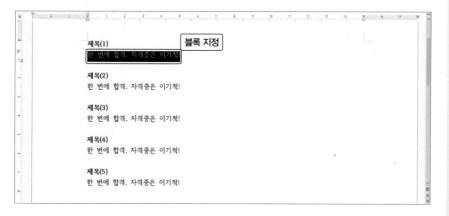

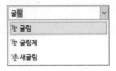
② [서식] 도구 상자의 글자 모양(가)을 클릭하거나 Alt + L 을 눌러 [글자 모양] 대화상자를 여세요.

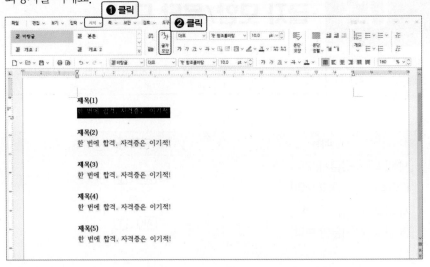

③ [기본] 탭에서 기준 크기 : 11pt, 글꼴 : 돋움, 장평 : 105%, 속성 : 밑줄(가)을 지정하고 [설정]을 클릭하세요.

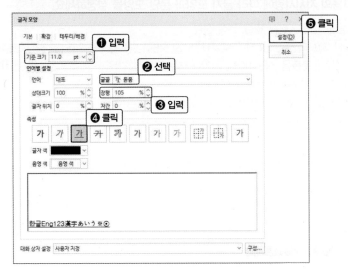

④ 문단 모양을 지정하기 위해 블록 지정을 그대로 유지한 후 [Alt]+[T]를 눌러 [문단 모양] 대화상자를 열고 정렬 방식 : 왼쪽 정렬(≣)을 선택한 뒤 [설정]을 클릭하세요.

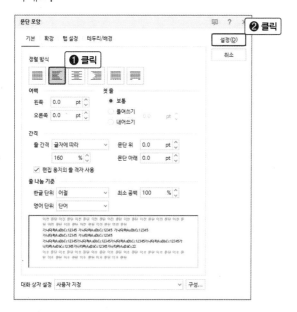

➕ 더 알기 TIP

'양쪽 정렬(≣)'과 '왼쪽 정렬(≣)'은 눈으로 보기에는 같아 보이지만 다른 문단 모양이므로 문제의 설정으로 반드시 변경해 주어야 합니다.

• 양쪽 정렬

가나다라마바사
아자차카타파하

• 왼쪽 정렬

가나다라마바사
아자차카타파하

➕ 더 알기 TIP

[글자 모양], [문단 모양] 대화상자는 블록 지정된 영역에서 마우스 오른쪽 버튼을 눌러 바로 가기 메뉴의 [글자 모양], [문단 모양]에서도 열 수 있습니다.

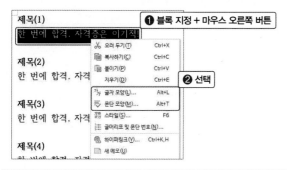

⑤ 제목(2) 영역을 블록 지정하고 Alt + L을 눌러 [글자 모양] 대화상자에서 기준
크기 : 13pt, 글꼴 : HY헤드라인M, 장평 : 120%, 자간 : 10%, 속성 : 기울임
(깐), 글자 색 : 주황(RGB:255,132,58) 60% 밝게를 지정하고 [설정]을 클릭한
후, [서식] 도구 상자에서 오른쪽 정렬(≣)을 선택하세요.

⑥ 제목(3) 영역을 블록 지정하고 Alt + L을 눌러 [글자 모양] 대화상자에서 기준
크기 : 15pt, 글꼴 : 한컴산뜻돋움, 장평 : 110%, 자간 : −5%, 속성 : 진하게(깐),
글자 색 : 검은 군청(RGB:27,23,96)을 지정하고 [설정]을 클릭한 후, [서식] 도구
상자에서 가운데 정렬(≣)을 선택하세요.

⑦ 제목(4) 영역을 블록 지정하고 Alt + T 를 눌러 들여쓰기 : 20pt를 입력하고 [설정]을 클릭한 후, [서식] 도구 상자의 글자 색(가⌄)의 ⌄를 클릭하여 '기본' 테마의 초록(RGB:40,155,110)을 선택하세요.

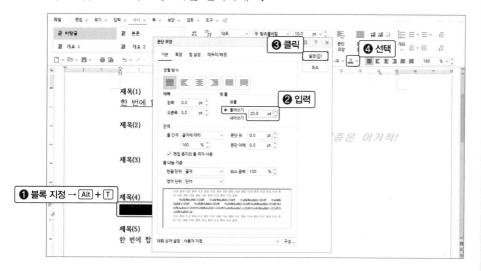

➕ 더 알기 TIP

진하게, 기울임, 밑줄, 취소선, 글자 색, 정렬 방식은 [서식] 도구 상자에서 바로 설정할 수 있습니다.

➕ 더 알기 TIP

'들여쓰기'는 문단의 첫 줄이 오른쪽으로 들어가고, '내어쓰기'는 문단의 첫 줄을 제외한 나머지 줄이 오른쪽으로 들어갑니다.

• 들여쓰기

• 내어쓰기

☐가나다라마바사
아자차카타파하거
너더러머버서어저
처커터퍼허

가나다라마바사아
☐자차카타파하거
│너더러머버서어
│저처커터퍼허

⑧ 제목(5) 영역을 블록 지정하고 한 후, Alt + T 를 눌러 [문단 모양] 대화상자에서 여백의 왼쪽 : 240pt를 입력하고 [설정]을 클릭한 후, [서식] 도구 상자의 글자 색 (🔲)의 ☑를 클릭하여 'NEO' 테마의 루비색(RGB:199,82,82)을 선택하세요.

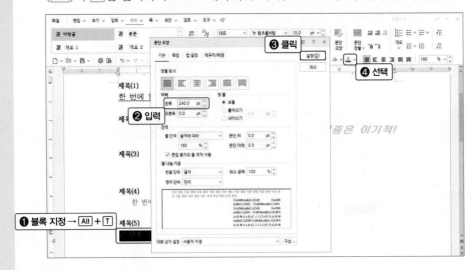

⑨ Alt + S 를 눌러 문서를 저장하세요.

풀이결과

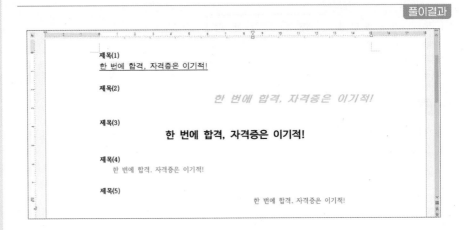

작업파일 [25]이기적워드실기\PART 01. 시험 유형 따라하기\연습문제

문제 ❶

- 제목(1) : 12pt, 한컴 윤고딕 740, 장평(115%), 기울임, 왼쪽 정렬
- 제목(2) : 15pt, 휴먼고딕, 장평(105%), 자간(10%), 그림자, 노른자색(RGB:233,174,43) 25% 어둡게, 오른쪽 정렬
- 제목(3) : 13pt, 한컴산뜻돋움, 장평(110%), 자간(-5%), 진하게, 시멘트색(RGB:178,178,178) 25% 어둡게, 가운데 정렬
- 제목(4) : 탁한 황갈(RGB:131,77,0), 내어쓰기(50pt)
- 제목(5) : 진달래색(RGB:202,86,167), 여백 - 왼쪽(150pt)

풀이결과

제목(1)
자격증은 이기적, 이렇게 기막힌 적중률! 이기적과 함께라면 워드프로세서 실기
시험은 충분히 합격할 수 있습니다. 포기하지 말고 차근차근 도전하세요.
이기적이 여러분의 합격을 응원합니다!

제목(2)
자격증은 이기적, 이렇게 기막힌 적중률! 이기적과 함께라면
워드프로세서 실기 시험은 충분히 합격할 수 있습니다.
포기하지 말고 차근차근 도전하세요. 이기적이 여러분의
합격을 응원합니다!

제목(3)
자격증은 이기적, 이렇게 기막힌 적중률! 이기적과 함께라면 워드프로세서 실기
시험은 충분히 합격할 수 있습니다. 포기하지 말고 차근차근 도전하세요.
이기적이 여러분의 합격을 응원합니다!

제목(4)
자격증은 이기적, 이렇게 기막힌 적중률! 이기적과 함께라면 워드프로세서 실기 시험은 충분히 합격할 수
있습니다. 포기하지 말고 차근차근 도전하세요. 이기적이 여러분의 합격을 응원합니다!

제목(5)
자격증은 이기적, 이렇게 기막힌 적중률! 이기적과 함께라면 워드프로세
서 실기 시험은 충분히 합격할 수 있습니다. 포기하지 말고 차근차근 도
전하세요. 이기적이 여러분의 합격을 응원합니다!

04 쪽 테두리

▶ 합격 강의

난 이 도 상 중 (하)
반복학습 ① ② ③

작업파일 [25]이기적워드실기\PART 01. 시험 유형 따라하기\쪽 테두리.hwp

메뉴	단축키	도구 상자
[쪽]의 ⌄ – [쪽 테두리/배경]	Alt → W → B	[쪽] – ▣

⏱ 제한 시간 15초

출제유형 **다음의 지시사항에 따라 쪽 테두리를 설정하세요.**

• 선의 종류 및 굵기 : 이중 실선 0.5mm, 모두
• 위치 : 쪽 기준, 왼쪽 · 오른쪽 · 위쪽 · 아래쪽 모두 5mm

🅑 기적의 TIP

쪽 테두리/배경의 단축키 Alt → W → B는 한꺼번에 누르지 말고 차례로 눌러야 설정할 수 있습니다.

🅑 기적의 TIP

단축키가 정상적으로 눌리지 않는다면 한/영 키를 눌러 영문으로 변경한 후 다시 누르면 됩니다.

① 작업 파일을 실행한 후, [쪽] – [쪽 테두리/배경]을 누르거나 [쪽] 도구 상자의 쪽 테두리/배경(▣)을 클릭하세요.

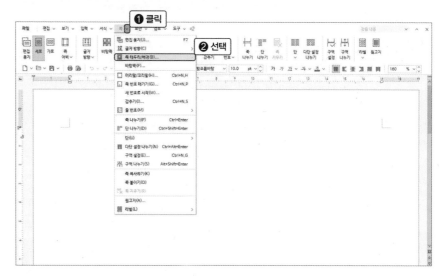

② [쪽 테두리/배경] 대화상자의 [테두리] 탭에서 선 모양 바로 적용 : 체크 해제, 테
두리 종류 : 이중 실선(═══), 굵기 : 0.5mm를 지정하고, 미리 보기 : 모두(□)
를 선택하세요.

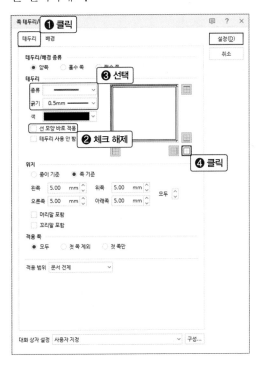

🅑 기적의 TIP

대화상자에서 지시사항에 없
는 설정값들은 수정하지 말
고 그대로 두어야 합니다.

🅑 기적의 TIP

미리 보기에서 '모두(□)'를
선택하지 않으면 쪽 테두리
가 지정되지 않습니다. 반드
시 '모두(□)'를 클릭해서 선
택해 주세요.

③ 위치 : 쪽 기준, 왼쪽·오른쪽·위쪽·아래쪽 : 5.00mm를 확인하고 [설정]을 클
릭하세요.

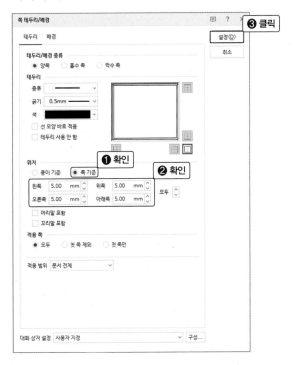

[보기]-[쪽 윤곽(□)]을 선택하면 쪽 테두리가 적용된 것을 편집 화면에서 바로 확인할 수 있습니다.

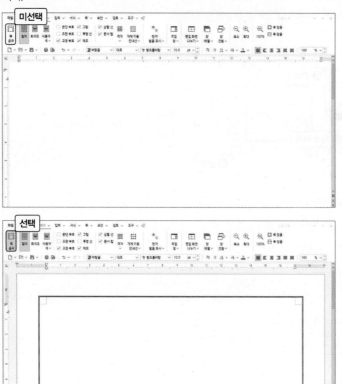

④ Alt + S 를 눌러 문서를 저장하세요.

풀이결과

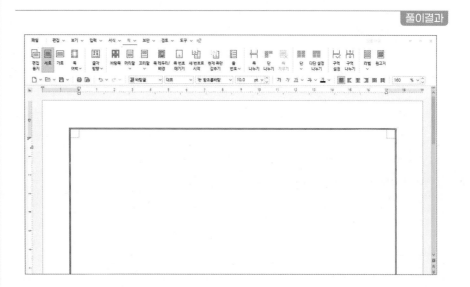

연습 문제

작업파일 [25]이기적워드실기₩PART 01. 시험 유형 따라하기₩연습문제

문제 ❶

- 선의 종류 및 굵기 : 실선 0.4mm, 모두
- 위치 : 쪽 기준, 왼쪽 · 오른쪽 · 위쪽 · 아래쪽 모두 3mm

풀이결과

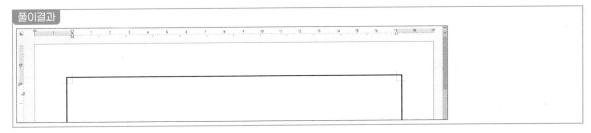

문제 ❷

- 선의 종류 및 굵기 : 이점 쇄선 0.1mm, 모두
- 위치 : 종이 기준, 왼쪽 · 오른쪽 · 위쪽 · 아래쪽 모두 5mm

풀이결과

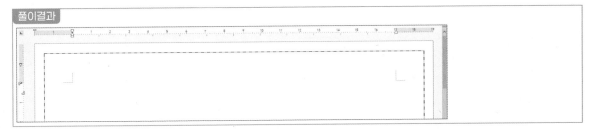

문제 ❸

- 선의 종류 및 굵기 : 이중 실선 1mm, 모두
- 위치 : 쪽 기준, 왼쪽 · 오른쪽 · 위쪽 · 아래쪽 모두 5mm

풀이결과

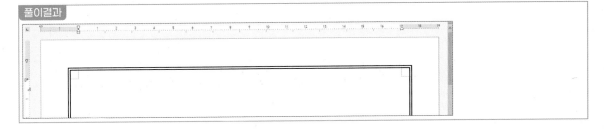

▶ 합격 강의

난이도 상 ⓒ 하
반복학습 ① ② ③

작업파일 [25]이기적워드실기₩PART 01. 시험 유형 따라하기₩글상자.hwp

메뉴	단축키	도구 상자
[입력]의 ☑ – [글상자]	Ctrl + N , B	[입력] – ▤ [편집] – ▦ – ▤

⏱ 제한 시간 1분

출제유형 **다음의 지시사항에 따라 글상자를 작성하세요.**

• 크기 : 너비 170mm, 높이 23mm, 크기 고정
• 위치 : 본문과의 배치 – 자리 차지, 가로 – 종이의 가운데 0mm, 세로 – 종이의 위 20mm
• 바깥 여백 : 아래쪽 8mm
• 선 속성 : 검정(RGB:0,0,0), 실선 0.2mm
• 색 채우기 : 하늘색(RGB:97,130,214) 80% 밝게

🅑 기적의 TIP

Ctrl + N , B 를 눌러 글상자
를 만들 수 있습니다. N 은
'New', B 는 'Box'로 외워주
세요.

① 작업 파일을 실행한 후, [입력] – [글상자]를 누르거나 [입력] 도구 상자의 가로 글
상자(▤)를 클릭하세요.

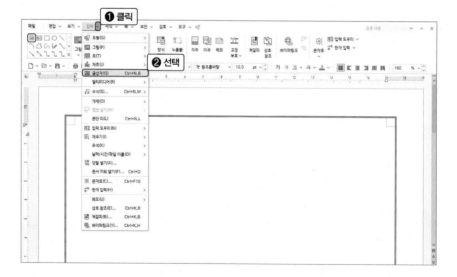

② 마우스 포인터가 십자(┼) 모양으로 변하면 마우스를 드래그하거나 클릭하여 글 상자를 만드세요.

기적의 TIP

처음에 만들어지는 글상자의 크기와 위치는 책과 달라도 됩니다.

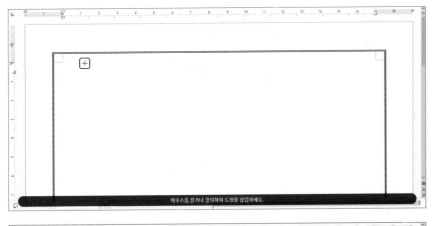

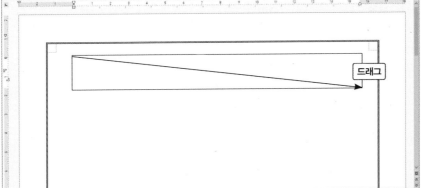

③ 글상자를 선택하고 [도형] 도구 상자의 도형 속성(🖼)을 클릭하여 [개체 속성] 대 화상자를 여세요.

기적의 TIP

글상자를 더블 클릭하거나 글상자 안에 커서가 있는 상 태에서 Ctrl+N,K를 눌러 [개체 속성] 대화상자를 열 수 있습니다.

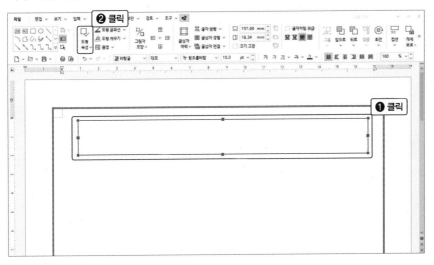

④ [기본] 탭에서 너비 : 170mm, 높이 : 23mm, 크기 고정 : 체크, 본문과의 배치 : 자리 차지(▣), 가로 : 종이의 가운데 기준 0mm, 세로 : 종이의 위 기준 20mm 를 지정하세요.

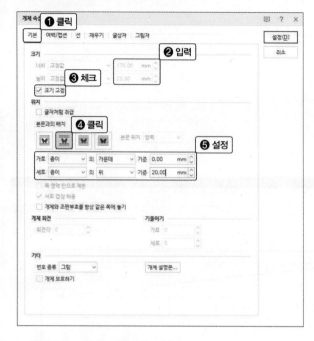

⑤ [여백/캡션] 탭에서 바깥 여백의 아래쪽 : 8mm로 지정하세요.

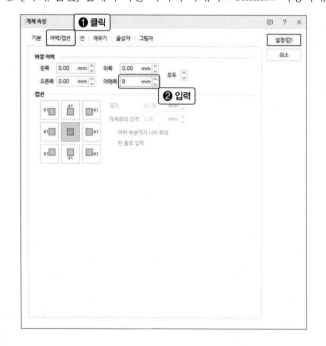

⑥ [선] 탭에서 색 : 검정(RGB:0,0,0), 종류 : 실선(━━), 굵기 : 0.2mm를 지정
하세요.

⑦ [채우기] 탭에서 '색'을 선택하고 면 색 : 하늘색(RGB:97,130,214) 80% 밝게를
지정한 후 [설정]을 클릭하세요.

➕ 더 알기 TIP

• '하늘색(RGB:97,130,214) 80% 밝게'를 지정하기 위해서 테마 색상표(▶)를 눌러 '기본' 테마로 변경하세요.

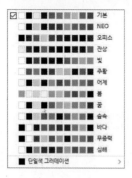

• 색상 위에 마우스를 가져가면 색상명이 뜹니다.

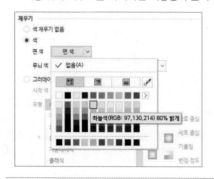

➕ 더 알기 TIP

테마 색상표

시험에는 '기본', 'NEO', '오피스' 테마가 자주 출제됩니다.

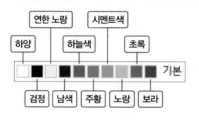

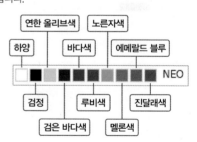

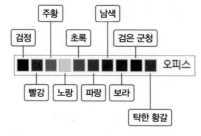

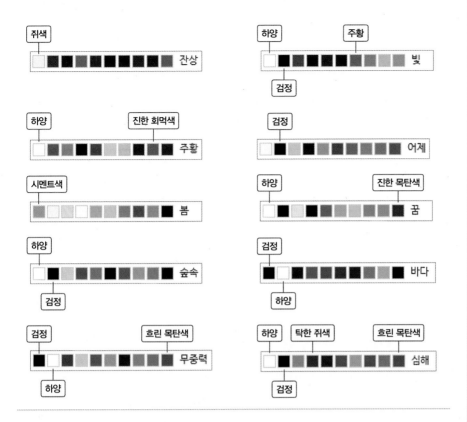

⑧ Alt + S 를 눌러 문서를 저장하세요.

기적의 TIP

여러 번 반복 학습을 하기 위해서는 Alt + V 를 눌러 '다른 이름으로 저장하기'를 하는 것이 좋습니다.

풀이결과

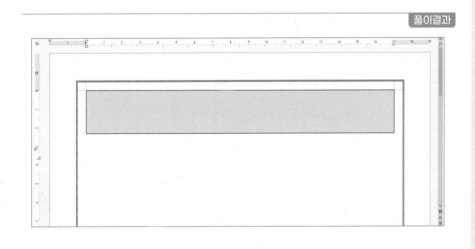

작업파일 [25]이기적워드실기\PART 01. 시험 유형 따라하기\연습문제

문제 ❶

- 크기 : 너비 165mm, 높이 25mm
- 위치 : 본문과의 배치 – 자리 차지, 가로 – 종이의 가운데 0mm, 세로 – 종이의 위 23mm
- 바깥 여백 : 아래쪽 7mm　　• 선 속성 : 검정(RGB:0,0,0), 실선 0.12mm　　• 색 채우기 : 주황(RGB:255,132,58) 60% 밝게

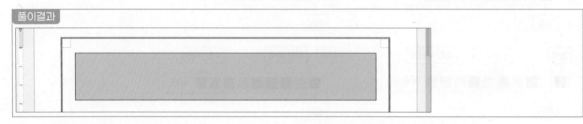

문제 ❷

- 크기 : 너비 170mm, 높이 20mm, 크기 고정
- 위치 : 본문과의 배치 – 자리 차지, 가로 – 종이의 가운데 0mm, 세로 – 종이의 위 20mm
- 바깥 여백 : 아래쪽 3mm • 선 속성 : 보라(RGB:157,92,187) 25% 어둡게, 파선 0.2mm • 색 채우기 : 노른자색(RGB:233,174,43) 80% 밝게

문제 ❸

- 크기 : 너비 170mm, 높이 25mm, 크기 고정
- 위치 : 본문과의 배치 – 자리 차지, 가로 – 종이의 가운데 0mm, 세로 – 종이의 위 20mm
- 바깥 여백 : 아래쪽 7mm • 선 속성 : 멜론색(RGB:105,155,55), 실선 0.5mm • 색 채우기 : 에메랄드 블루(RGB:53,135,145) 80% 밝게

누름틀

▶ 합격 강의

작업파일 [25]이기적워드실기\PART 01. 시험 유형 따라하기\누름틀.hwp

메뉴	단축키	도구 상자
[입력]의 ☑ −[개체]−[필드 입력]	Ctrl+K, E	[입력]− I

🕐 제한 시간 15초

출제유형 **다음의 지시사항에 따라 누름틀을 작성하세요.**

입력할 내용의 안내문 : '이름 직위', 입력 데이터 : '박세훈 선임연구원'

① 작업 파일을 실행한 후, 누름틀을 작성해야 하는 위치에 커서를 두고 [입력]의
☑를 눌러 [개체]의 필드 입력(I)을 클릭하세요.

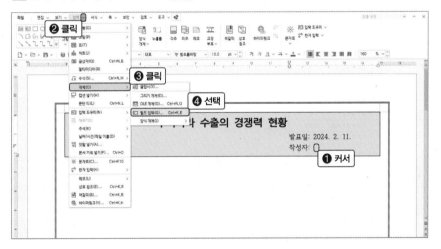

② [필드 입력] 대화상자의 [누름틀] 탭에서 입력할 내용의 안내문 : 이름 직위를 입력한 후, [넣기]를 클릭하세요.

➕ 더 알기 TIP

[입력] 도구 상자의 누름틀(**I**)을 사용하여 만들면 바로 가기 메뉴의 '누름틀 고치기'에서 입력할 내용의 안내문을 수정할 수 있습니다.

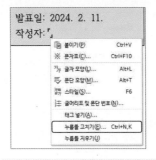

③ 누름틀 작성이 제대로 되었다면, '작성자: ' 뒤에 빨간색 기울임 글씨로 입력할 내용의 안내문이 나타납니다.

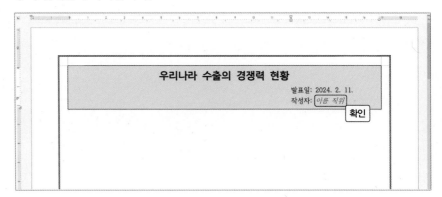

④ 안내문 '이름 직위'를 클릭하여 『』로 바뀌면 입력 데이터 : 박세훈 선임연구원을 입력하세요.

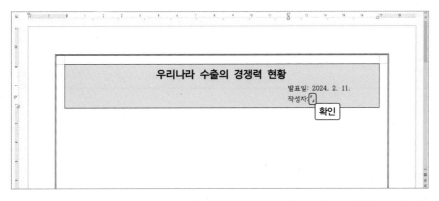

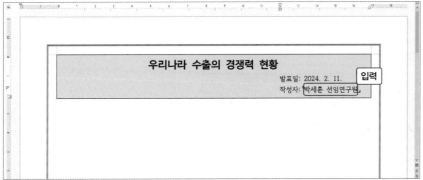

더 알기 TIP

누름틀을 작성한 후에 입력 데이터인 '박세훈 선임연구원'을 클릭했을 때, 양옆에 『』가 나타나지 않는다면 누름틀 작성이 제대로 되지 않은 것입니다. 이럴 경우에는 입력 데이터를 지우고 누름틀을 처음부터 다시 작성해 주세요.

⑤ Alt + S 를 눌러 문서를 저장하세요.

기적의 TIP

여러 번 반복 학습을 하기 위해서는 Alt + V 를 눌러 '다른 이름으로 저장하기'를 하는 것이 좋습니다.

풀이결과

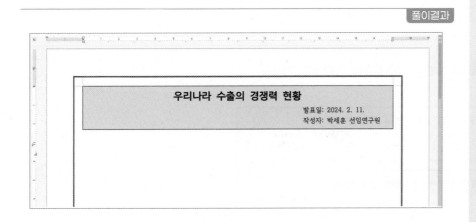

작업파일 [25]이기적워드실기₩PART 01. 시험 유형 따라하기₩연습문제

문제 ❶

입력할 내용의 안내문 : '0000. 0. 0.', 입력 데이터 : '2024. 12. 1.'

풀이결과

제13회 전국 사회인 체육대회
주최: 경기도 사회체육회
날짜: *0000. 0. 0.*

제13회 전국 사회인 체육대회
주최: 경기도 사회체육회
날짜: 「2024. 12. 1.」

문제 ❷

입력할 내용의 안내문 : '이름 직급', 입력 데이터 : '김지연 수습기자'

풀이결과

대한민국 청소년 생활 만족도 실태 조사
발표자: *이름 직급*
발표일: 2025년 5월 5일

대한민국 청소년 생활 만족도 실태 조사
발표자: 「김지연 수습기자」
발표일: 2025년 5월 5일

문제 ❸

입력할 내용의 안내문 : '출판사, 발행처', 입력 데이터 : '영진닷컴, 이기적'

풀이결과

컴퓨터 수엄서 1년 판매 추이 분석
발행처: *출판사, 발행처*
발표일: 2024. 7. 15.

컴퓨터 수엄서 1년 판매 추이 분석
발행처: 「영진닷컴, 이기적」
발표일: 2024. 7. 15.

문단 첫 글자 장식

▶ 합격 강의

작업파일 [25]이기적워드실기₩PART 01. 시험 유형 따라하기₩문단 첫 글자 장식.hwp

메뉴	단축키	도구 상자
[서식]의 ⌄ −[문단 첫 글자 장식]	Alt → J → A → 3	[서식]− 개

⏱ 제한 시간 **15초**

출제유형 **다음의 지시사항에 따라 문단 첫 글자 장식을 설정하세요.**

- 모양 : 2줄, 글꼴 : 맑은 고딕, 면 색 : 검은 군청(RGB:27,23,96), 본문과의 간격 : 3mm
- 글자 색 : 하양(RGB:255,255,255)

① 작업 파일을 실행한 후, 문단 첫 글자 장식을 설정할 문단에 커서를 두고 [서식]−
[문단 첫 글자 장식]을 누르거나 [서식] 도구 상자의 문단 첫 글자 장식(개)을 클
릭하세요.

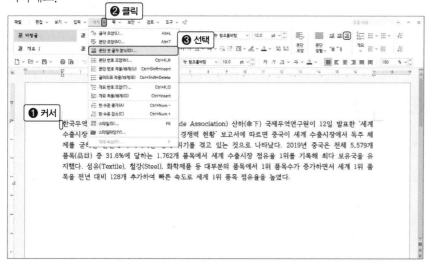

🅕 **기적의 TIP**

문단 첫 글자 장식이 적용될
문단 내 아무 곳에나 커서가
위치해도 동일하게 문단의
첫 글자가 장식됩니다.

② [문단 첫 글자 장식] 대화상자에서 모양 : 2줄(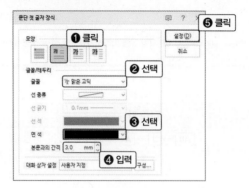), 글꼴/테두리의 글꼴 : 맑은 고딕, 면 색 : 검은 군청(RGB:27,23,96), 본문과의 간격 : 3mm를 지정하고 [설정]을 클릭하세요.

③ 글자 색을 변경하기 위해 '한'을 블록 지정하고 글자 색(圖▾)에서 하양(RGB: 255,255,255)을 선택하세요.

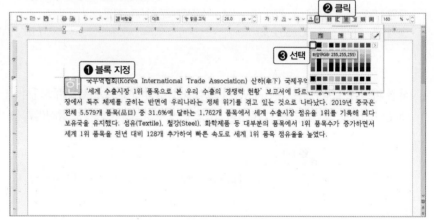

➕ 더 알기 TIP

'문단 첫 글자 장식'을 수정하려면 문단 첫 글자 장식이 지정된 문단에서 [서식]-[문단 첫 글자 장식(꺌)]을 실행하세요.

④ Alt + S 를 눌러 문서를 저장하세요.

한 국무역협회(Korea International Trade Association) 산하(傘下) 국제무역연구원이 12일 발표한 '세계 수출시장 1위 품목으로 본 우리 수출의 경쟁력 현황' 보고서에 따르면 중국이 세계 수출시장에서 독주 체제를 굳히는 반면에 우리나라는 정체 위기를 겪고 있는 것으로 나타났다. 2019년 중국은 전체 5,579개 품목(品目) 중 31.6%에 달하는 1,762개 품목에서 세계 수출시장 점유율 1위를 기록해 최다 보유국을 유지했다. 섬유(Textile), 철강(Steel), 화학제품 등 대부분의 품목에서 1위 품목수가 증가하면서 세계 1위 품목을 전년 대비 128개 추가하여 빠른 속도로 세계 1위 품목 점유율을 높였다.

🅑 기적의 TIP

여러 번 반복 학습을 하기 위해서는 Alt + V 를 눌러 '다른 이름으로 저장하기'를 하는 것이 좋습니다.

작업파일 [25]이기적워드실기₩PART 01. 시험 유형 따라하기₩연습문제

문제 ❶

- 모양 : 2줄, 글꼴 : 한컴 윤고딕 230, 면 색 : 루비색(RGB:199,82,82) 80% 밝게, 본문과의 간격 : 5mm
- 글자 색 : 검정(RGB:0,0,0) 35% 밝게

풀이결과

최 근 경기불황, 구조조정 등 희망적인 소식(消息)은 찾아볼 수가 없고 온통 우울한 소식들뿐입니다. 이러한 불확실한 시기에 직장인, 학생 등 모든 사회 구성원들은 현재의 어려움을 극복(克復)하고 다가올 미래를 대비할 수 있도록 철저히 준비해야 위기를 슬기롭게 헤쳐 나갈 수 있을 것 같습니다.

문제 ❷

- 모양 : 3줄, 글꼴 : HY강M, 선 종류 : 실선, 선 굵기 : 0.12mm, 선 색 : 검정(RGB:0,0,0), 면 색 : 주황(RGB:255,132,58) 50% 어둡게, 본문과의 간격 : 3mm
- 글자 색 : 하양(RGB:255,255,255)

풀이결과

프 로젝트 관리자(Project Manager)에게 필요한 프로젝트 관리 지식을 명쾌하게 정리하여 프로젝트 리더쉽(Project Leadership)과 의사소통 기술(communication skill)을 다질 수 있도록 체계적으로 개발(開發)되었습니다.

문제 ❸

- 모양 : 2줄, 글꼴 : 맑은 고딕, 면 색 : 바다색(RGB:49,95,151) 25% 어둡게, 본문과의 간격 : 3mm
- 글자 색 : 연한 올리브색(RGB:227,220,193) 80% 밝게

풀이결과

회 원들에게 자기 계발(Self Enrichment) 기회를 제공하고자 맥스(주)의 후원(後援)으로 다가올 미래에 대한 이야기(Future Story) 및 브랜드 마케팅(Brand Marketing)을 Color, Concept, Creative로 차별화시킨 강연을 무료(無料)로 준비하였습니다.

스타일

▶ 합격 강의

작업파일 [25]이기적워드실기\PART 01. 시험 유형 따라하기\스타일.hwp

메뉴	단축키	도구 상자
[서식]의 ▽ – [스타일]	F6	[서식] – ▽ – 개가 [편집] – ▲글 – 개가

⏱ 제한 시간 2분

출제유형 **다음의 지시사항에 따라 스타일을 설정하세요.**

- 개요 1(수정) : 여백 – 왼쪽(0pt), 12pt, 휴먼고딕, 진하게
- 개요 2(수정) : 여백 – 왼쪽(16pt)
- 표제목(등록) : 스타일 이름 – 표제목, 스타일 종류 – 문단, 가운데 정렬, 11pt, 휴먼고딕, 진하게
- 참고문헌1(등록) : 스타일 이름 – 참고문헌1, 스타일 종류 – 문단, 내어쓰기(20pt)
- 참고문헌2(등록) : 스타일 이름 – 참고문헌2, 스타일 종류 – 글자, 기울임

① 작업 파일을 실행한 후, '개요 1'의 스타일을 수정하기 위해 스타일을 지정할 문단에 커서를 두고 [서식] – [스타일]을 누르거나 [서식] 도구 상자의 자세히(▽)를 눌러 스타일(개가)을 클릭하세요.

🅑 기적의 TIP

스타일을 문단에 적용하려면 해당 부분을 블록 지정해도 되고, 커서만 위치시킨 후 설정해도 됩니다.

🅑 기적의 TIP

[스타일] 대화상자는 단축키 (F6)를 사용하여 여는 것이 가장 빠릅니다.

② [스타일] 대화상자에서 '개요 1'을 선택한 후, 스타일 편집하기(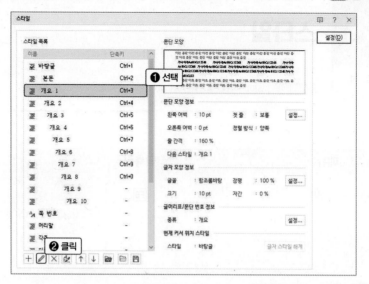)를 클릭하세요.

③ [스타일 편집하기] 대화상자에서 문단 모양을 클릭하고, [문단 모양] 대화상자의
[기본] 탭에서 여백의 왼쪽 : 0pt를 지정한 후 [설정]을 클릭하세요.

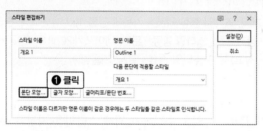

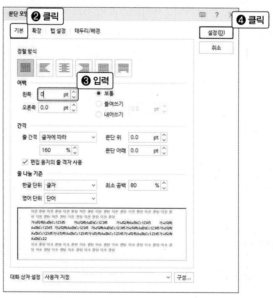

④ [스타일 편집하기] 대화상자에서 글자 모양을 클릭하고, [글자 모양] 대화상자의 [기본] 탭에서 기준 크기 : 12pt, 언어별 설정의 글꼴 : 휴먼고딕, 속성 : 진하게 (⁊)를 지정한 후 [설정]을 클릭하세요. [스타일 편집하기] 대화상자에서 [설정]을 클릭하세요.

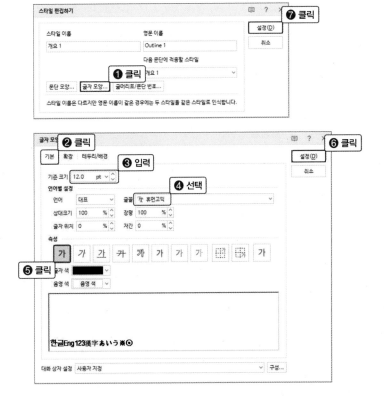

⑤ [스타일] 대화상자에서 [설정]을 클릭하여 '개요 1' 스타일이 설정된 것을 확인하세요.

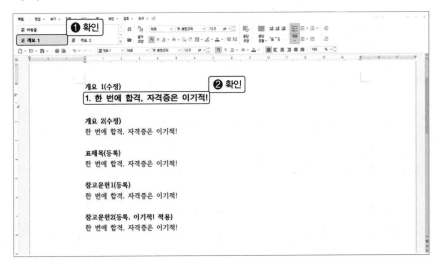

🅱 기적의 TIP

스타일은 한꺼번에 만들어 놓고 순서대로 적용할 수도 있고, 하나씩 만든 후에 그때 그때 적용할 수도 있습니다. 편한 방법으로 연습하세요.

⑥ '개요 2'의 스타일을 수정하기 위해 스타일을 지정할 문단에 커서를 두고 F6 을 눌러 [스타일] 대화상자에서 '개요 2'를 선택한 후, 스타일 편집하기(✏)를 클릭하세요.

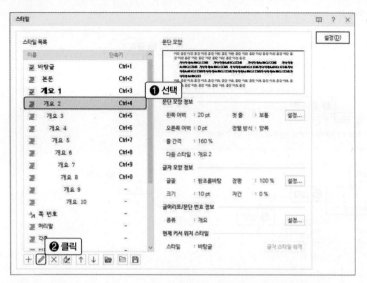

⑦ [스타일 편집하기] 대화상자에서 문단 모양을 클릭하고, [문단 모양] 대화상자의 [기본] 탭에서 여백의 왼쪽 : 16pt를 지정한 후 [설정]을 클릭하세요. [스타일 편집하기] 대화상자에서 [설정]을 클릭하세요.

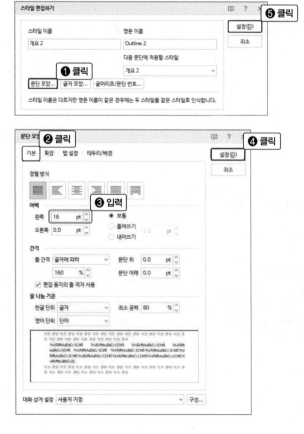

⑧ [스타일] 대화상자에서 [설정]을 클릭하여 '개요 2' 스타일이 설정된 것을 확인하세요.

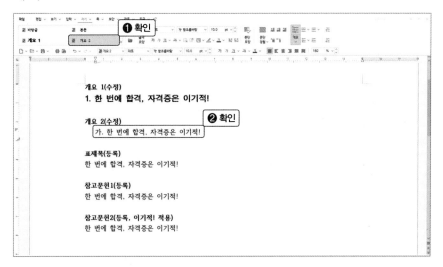

⑨ '표제목' 스타일을 등록하기 위해 스타일을 지정할 문단에 커서를 두고 F6 을 눌러 [스타일] 대화상자에서 스타일 추가하기(田)를 클릭하세요.

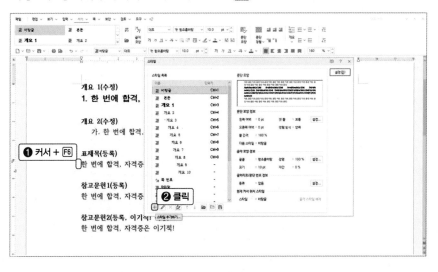

⑩ [스타일 추가하기] 대화상자에서 스타일 이름 : 표제목, 스타일 종류 : 문단을 지
정하고, 문단 모양을 클릭하세요. [문단 모양] 대화상자의 [기본] 탭에서 정렬 방
식 : 가운데 정렬(≡)을 선택한 후 [설정]을 클릭하세요.

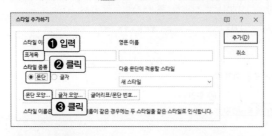

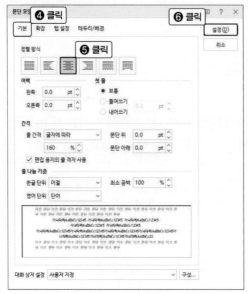

⑪ [스타일 추가하기] 대화상자에서 글자 모양을 클릭하고, [글자 모양] 대화상자의 [기본] 탭에서 기준 크기 : 11pt, 언어별 설정의 글꼴 : 휴먼고딕, 속성 : 진하게 ()를 지정한 후 [설정]을 클릭하세요. [스타일 추가하기] 대화상자에서 [추가] 를 클릭하세요.

⑫ [스타일] 대화상자에서 [설정]을 클릭하여 '표제목' 스타일이 설정된 것을 확인하 세요.

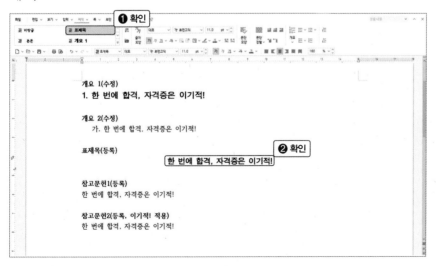

⑬ '참고문헌1' 스타일을 등록하기 위해 스타일을 지정할 문단에 커서를 두고 **F6**을 눌러 [스타일] 대화상자에서 스타일 추가하기(⊞)를 클릭하세요.

⑭ [스타일 추가하기] 대화상자에서 스타일 이름 : 참고문헌1, 스타일 종류 : 문단을 지정하고, 문단 모양을 클릭하세요. [문단 모양] 대화상자의 [기본] 탭에서 첫 줄의 내어쓰기 : 20pt를 지정한 후 [설정]을 클릭하세요. [스타일 추가하기] 대화상자에서 [추가]를 클릭하세요.

⑮ [스타일] 대화상자에서 [설정]을 클릭하여 '참고문헌1' 스타일이 설정된 것을 확인
하세요.

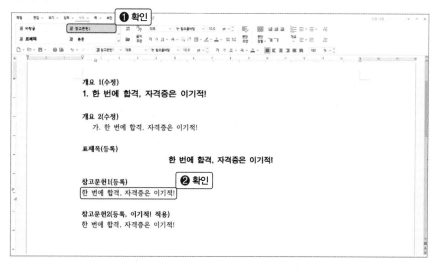

➕ 더 알기 TIP

'참고문헌1' 스타일을 지정해도 변하는 것이 없는 것처럼 보일 수 있습니다. 들여쓰기와 내어쓰기
문장이 2줄 이상일 때 눈으로 확인할 수 있는데, 1줄에서는 '서식'이 적용된 것으로 확인할 수 있습
니다.

⑯ '참고문헌2' 스타일을 등록하기 위해 '이기적!'에 블록을 지정하고 F6을 눌러 [스
타일] 대화상자에서 스타일 추가하기(⊞)를 클릭하세요.

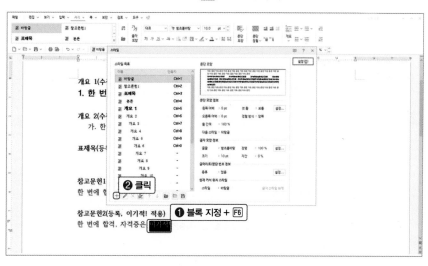

🅱 기적의 TIP

스타일을 글자에 적용하려면
해당 부분을 반드시 블록 지
정해야 합니다.

⑰ [스타일 추가하기] 대화상자에서 스타일 이름 : 참고문헌2, 스타일 종류 : 글자를 지정하고, 글자 모양을 클릭하세요. [글자 모양] 대화상자의 [기본] 탭에서 속성 : 기울임([카])을 선택한 후 [설정]을 클릭하세요. [스타일 추가하기] 대화상자에서 [추가]를 클릭하세요.

기적의 TIP

스타일 종류를 '글자'로 선택하면 문단 모양을 지정할 수 없습니다.

⑰ [스타일 추가하기] 대화상자에서 스타일 이름 : 참고문헌2, 스타일 종류 : 글자를 지정하고, 글자 모양을 클릭하세요. [글자 모양] 대화상자의 [기본] 탭에서 속성 : 기울임([카])을 선택한 후 [설정]을 클릭하세요. [스타일 추가하기] 대화상자에서 [추가]를 클릭하세요.

해결 TIP

스타일 종류를 글자가 아닌 문단으로 잘못 만들었다면 해당 스타일을 삭제하고 다시 만들어야 합니다. [스타일 편집하기] 대화상자에서는 스타일 종류를 수정할 수 없습니다.

⑱ [스타일] 대화상자에서 [설정]을 클릭하여 '참고문헌2' 스타일이 설정된 것을 확인하세요.

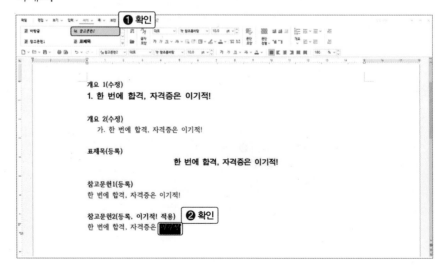

⑲ Alt + S 를 눌러 문서를 저장하세요.

기적의 TIP

여러 번 반복 학습을 하기 위해서는 Alt + V 를 눌러 '다른 이름으로 저장하기'를 하는 것이 좋습니다.

풀이결과

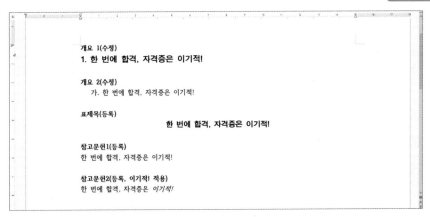

개요 1(수정)
1. 한 번에 합격, 자격증은 이기적!

개요 2(수정)
　가. 한 번에 합격, 자격증은 이기적!

표제목(등록)
　　　　　한 번에 합격, 자격증은 이기적!

참고문헌1(등록)
한 번에 합격, 자격증은 이기적!

참고문헌2(등록, 이기적! 적용)
한 번에 합격, 자격증은 *이기적!*

연습 문제

작업파일 [25]이기적워드실기₩PART 01. 시험 유형 따라하기₩연습문제

문제 ❶

- 개요 1(수정) : 여백 – 왼쪽(0pt), 13pt, 맑은 고딕, 그림자
- 개요 2(수정) : 여백 – 왼쪽(15pt)

풀이결과

1. 농가의 가축사육 증가 ◀——— 개요 1

가. 이번 조사에 의하면 우리나라 농가의 주 영농 형태 분포(Farming Type Distribution)에서는 벼농사(Rice Farming)를 주업으로 하는 농가는 증가한 반면, 축산(Livestock)을 위주로 하는 농가는 2015년의 절반 이하로 많이 감소하면서 가축의 사육 규모가 크게 확대되었다.

나. 농가의 지난 1년간 농축산물(Farm Produce And Livestock Produce) 판매 현황을 살펴보면, 전체 농가의 93.5%가 판매한 실적이 있다고 조사되었다.

——— 개요 2

문제 ❷

- 개요 1(수정) : 여백 – 왼쪽(5pt), 12pt, 한컴 윤고딕 720, 진하게
- 개요 2(수정) : 여백 – 왼쪽(10pt)

풀이결과

1. 외국인 투자 증가 추세 ◀——— 개요 1

가. 이러한 시장 흐름은 아시아 시장(Asia Market) 전반의 안정된 흐름과 함께 주식시장의 투자심리(Investment Psychology)와 유동성(Liquidity)이 안정돼 있다고 볼 수 있을 것이다.

나. 또한 증시의 긍정적 요인이 부정적 요인을 상쇄(Offsetting)했다는 지적(指摘)이다. 특히 외국인 투자자(Foreign Investors)는 전날에 이어 1일에도 안정적이고 꾸준하게 순매수를 하고 있다.

다. 외국인(Foreigner)은 지난달 28일과 29일을 빼고 영업일 연속 순매수를 하는 모습을 보이고 있다.

——— 개요 2

문제 ③

표제목(등록) : 스타일 이름 – 표제목, 스타일 종류 – 문단, 가운데 정렬, 12pt, HY수평선M, 진하게, 밑줄

풀이결과

1년간 농축산물 판매 현황

문제 ④

표제목(등록) : 스타일 이름 – 표제목, 스타일 종류 – 문단, 가운데 정렬, 9pt, 한컴산뜻돋움, 장평(105%), 자간(－5%), 진하게

풀이결과

주식시장의 투자 심리(Investment Psychology)

문제 ⑤

- 참고문헌 1(등록) : 스타일 이름 – 참고문헌 1, 스타일 종류 – 문단, 내어쓰기(30pt)
- 참고문헌 2(등록) : 스타일 이름 – 참고문헌 2, 스타일 종류 – 글자, 그림자

풀이결과

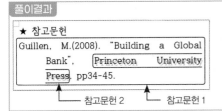

★ 참고문헌
Guillen, M.(2008). "Building a Global Bank", Princeton University Press, pp34-45.

└─ 참고문헌 2   └─ 참고문헌 1

문제 ⑥

- 참고문헌 1(등록) : 스타일 이름 – 참고문헌 1, 스타일 종류 – 문단, 내어쓰기(15pt)
- 참고문헌 2(등록) : 스타일 이름 – 참고문헌 2, 스타일 종류 – 글자, 기울임, 밑줄

풀이결과

◆ 참고문헌
Nunes, T. et al.(2005). *"The Privatization of Banespa"*, Business Case Study. pp27-45.

└─ 참고문헌 1   └─ 참고문헌 2

▶ 합격 강의

난이도 (상) 중 하
반복학습 1 2 3

작업파일 [25]이기적워드실기\PART 01. 시험 유형 따라하기\표.hwp

메뉴	단축키	도구 상자
[입력]의 ⌄ –[표]–[표 만들기]	Ctrl + N , T	[입력]– [편집]–

⏱ 제한 시간 3분

출제유형 **다음의 지시사항에 따라 표를 작성하세요.**

구분	2022년	2023년	2024년	증감
중국	1569	1634	1762	128
독일	738	708	638	-70
미국	567	557	607	50
한국	68	67	68	1
합계				

- 크기 : 너비 78mm~80mm, 높이 33mm~34mm
- 위치 : 글자처럼 취급
- 모든 셀의 안 여백 : 왼쪽 · 오른쪽 2mm
- 전체 행 : 셀 높이를 같게
- 테두리 : 표 안쪽은 실선(0.12mm), 표 바깥의 위쪽과 아래쪽은 실선(0.4mm), 표 바깥의 왼쪽과 오른쪽은 선 없음, 제목 행 아래쪽과 합계 행 위쪽은 이중 실선(0.5mm)
- 제목 행 : 셀 배경 색 – 초록(RGB:40,155,110), 글자 모양 – 휴먼고딕, 진하게, 하양(RGB:255,255,255)
- 합계 행 : 셀 배경 색 – 하양(RGB:255,255,255) 15% 어둡게, 글자 모양 – 진하게
- 정렬 방식 : 가운데 정렬

① 작업 파일을 실행한 후, 문제의 표를 확인하세요.

구분	2022년	2023년	2024년	증감
중국	1569	1634	1762	128
독일	738	708	638	-70
미국	567	557	607	50
한국	68	67	68	1
합계				

② 표를 만들 위치에 커서를 두고 [입력]−[표]−[표 만들기]를 누르거나 [입력] 도구 상자의 표(▦)를 클릭하세요.

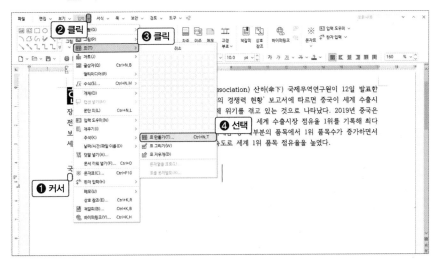

③ [표 만들기] 대화상자에서 줄/칸의 줄 개수 : 6, 칸 개수 : 5, 글자처럼 취급 : 체크를 지정하고 [만들기]를 클릭하세요.

🅑 기적의 TIP

'글자처럼 취급'은 표를 가운데 정렬하기 위해 꼭 체크해 주어야 합니다.

➕ 더 알기 TIP

표는 [입력]의 ▦를 클릭한 후, 표의 줄 수와 칸 수를 드래그하여 만들 수도 있습니다.

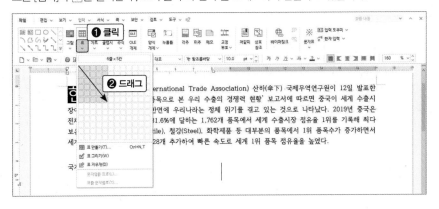

기적의 TIP

내용을 입력하면서 2줄로 입력되는 것은 Alt + ← 또는 Alt + →로 각 셀의 넓이를 조정해 주면 됩니다. 이때 Alt 가 아닌 Ctrl 을 누르면 표 전체 크기가 변경되니 주의하세요.

④ 표 안에 내용을 직접 입력하세요.

내용 입력

구분	2022년	2023년	2024년	증감
중국	1569	1634	1762	128
독일	738	708	638	-70
미국	567	557	607	50
한국	68	67	68	1
합계				

기적의 TIP

표 안에 커서를 두고 F5 를 한 번 누르면 커서가 있던 셀이 블록 지정되고, F5 를 세 번 누르면 표 전체가 블록 지정됩니다.

⑤ 표 크기를 조절하기 위해 표 전체를 드래그하여 블록 지정한 후, Ctrl + ↓를 한 번 누르세요.

구분	2022년	2023년	2024년	증감
중국	1569	1634	1762	128
독일	738	708	638	-70
미국	567	557	607	50
한국	68	67	68	1
합계				

❶ 드래그

구분	2022년	2023년	2024년	증감
중국	1569	1634	1762	128
독일	738	708	638	-70
미국	567	557	607	50
한국	68	67	68	1
합계				

❷ Ctrl + ↓

더 알기 TIP

문제지의 높이에 맞게 하려면 표의 최소 높이에서 Ctrl + ↓를 한 번 눌러주세요. 만들어진 그 상태로 높이 조절을 하지 않으면 문제의 높이 범위에 들어가지 않습니다.

기적의 TIP

'크기 고정'은 문제지에 설정값이 없으므로 체크하지 마세요.

⑥ 블록이 지정되어 있는 상태에서 P를 눌러 [표/셀 속성] 대화상자를 열고, [기본] 탭에서 크기가 너비 : 78mm~80mm, 높이 : 33mm~34mm 범위 안에 있는지 확인한 후, 위치의 글자처럼 취급 : 체크를 확인하세요.

⑦ [표] 탭에서 모든 셀의 안 여백의 왼쪽 : 2mm, 오른쪽 : 2mm를 지정하고 [설정]
을 클릭하세요.

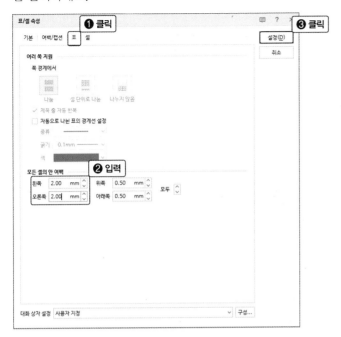

⑧ 블록이 지정되어 있는 상태에서 [표 레이아웃(▦)]의 셀 높이를 같게(▤)를 선택
하거나 H를 눌러 셀 높이를 같게 설정하세요.

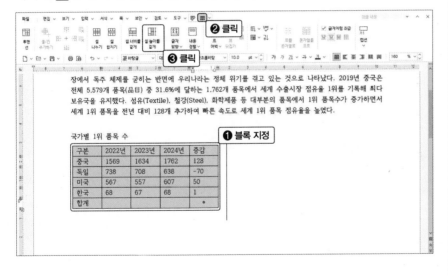

🅱 기적의 TIP

셀 높이를 일부러 수정하지
않았으면 기본으로 같은 높
이로 지정되어 있습니다.

⑨ 블록이 지정되어 있는 상태에서 [L]을 눌러 [셀 테두리/배경] 대화상자를 여세요. [테두리] 탭에서 선 모양 바로 적용 : 체크 해제, 종류 : 실선([━━]), 굵기 : 0.4mm, 미리 보기 : 위쪽 테두리([▦]), 아래쪽 테두리([▦])를 선택하세요.

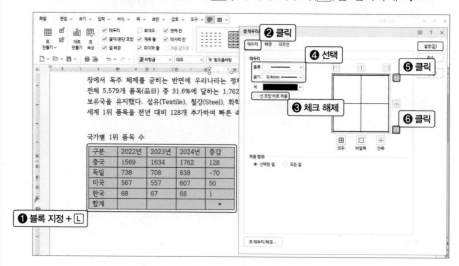

⑩ 나머지 테두리를 지정하기 위해 테두리의 종류 : 없음([▱]), 미리 보기 : 왼쪽 테두리([▦]), 오른쪽 테두리([▦])를 선택하고 [설정]을 클릭하세요.

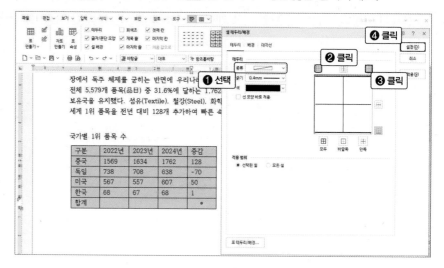

⑪ 제목 행과 합계 행 위쪽의 테두리를 지정하기 위해 2~5행을 블록 지정한 후 Ｌ 을 눌러 [셀 테두리/배경] 대화상자를 여세요. [테두리] 탭에서 테두리의 종류 : 이중 실선(━━━), 굵기 : 0.5mm, 미리 보기 : 위쪽 테두리(▥), 아래쪽 테두리 (▥)를 선택하고 [설정]을 클릭하세요.

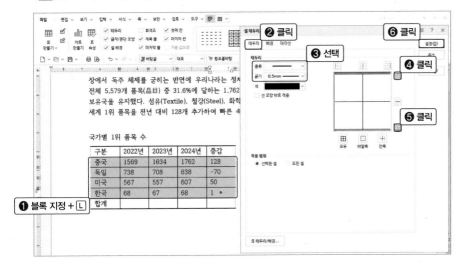

기적의 TIP

표 안에 커서가 위치하면 '선 없음' 부분이 빨간 색 점선으로 보입니다.

⑫ 제목 행을 블록 지정하고 [표 디자인(▦)] - [표 채우기(▦)]에서 초록(RGB:40, 155,110)을 선택하세요.

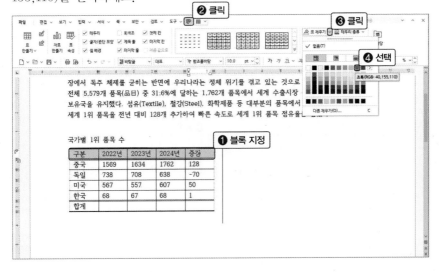

셀 배경색은 블록 지정 후 C를 눌러 [셀 테두리/배경] 대화상자에서 설정해도 됩니다.

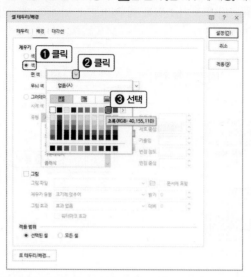

⑬ 블록이 지정되어 있는 상태로 [서식] 도구 상자에서 글꼴 : 휴먼고딕, 진하게(가),
글자 색 : 하양(RGB:255,255,255)을 지정하세요.

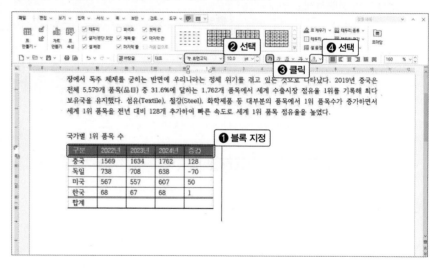

⑭ 합계 행을 블록 지정하고 [표 디자인(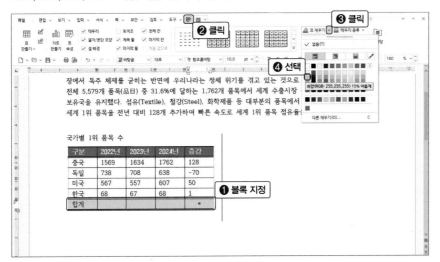)] - [표 채우기()]에서 하양(RGB: 255,255,255) 15% 어둡게를 선택하세요.

기적의 TIP

구분 행과 합계(평균) 행의 셀 배경색이 같은 색이라면, Ctrl 을 누르면서 함께 블록 지정 후 설정해도 됩니다.

⑮ 블록이 지정되어 있는 상태로 [서식] 도구 상자에서 진하게(가)를 지정하세요.

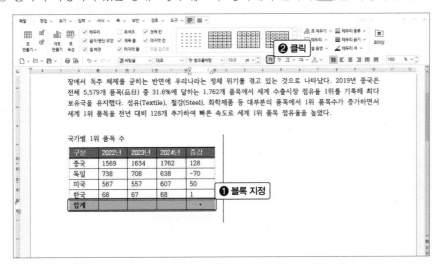

⑯ [Esc]를 눌러 전체 블록을 해제한 후, [Shift]+[Esc]를 누르거나 표 앞이나 뒤를 클릭하여 커서를 두고 [서식] 도구 상자의 가운데 정렬(≡)을 클릭하세요.

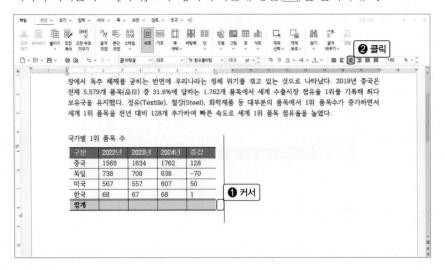

➕ 더 알기 TIP

셀 합치기

합치고자 하는 셀을 드래그하여 블록 지정한 후, [표 레이아웃(⊞)]−[셀 합치기(⊞)]를 클릭하거나 단축키 [M]을 누르면 셀을 합칠 수 있습니다. 셀 합치기를 한 후에 셀 높이를 같게(⊞)를 하면 안 됩니다.

셀 안에 커서를 두고 F5를 눌러 블록을 지정한 상태에서 L을 누른 후, [셀 테두리/배경] 대화상자의 [대각선] 탭에서 대각선을 지정할 수 있습니다.

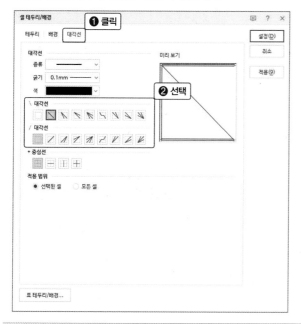

⑰ Alt + S를 눌러 문서를 저장하세요.

🔵 기적의 TIP

여러 번 반복 학습을 하기 위해서는 Alt + V를 눌러 '다른 이름으로 저장하기'를 하는 것이 좋습니다.

풀이결과

구분	2022년	2023년	2024년	증감
중국	1569	1634	1762	128
독일	738	708	638	-70
미국	567	557	607	50
한국	68	67	68	1
합계				

작업파일 [25]이기적워드실기\PART 01. 시험 유형 따라하기\연습문제

문제 ❶

- 크기 : 너비 78mm~80mm, 높이 33mm~34mm
- 위치 : 글자처럼 취급
- 모든 셀의 안 여백 : 왼쪽 · 오른쪽 2mm
- 전체 행 : 셀 높이를 같게
- 테두리 : 표 안쪽은 실선(0.12mm), 표 바깥의 위쪽과 아래쪽은 실선(0.4mm), 표 바깥의 왼쪽과 오른쪽은 선 없음, 평균 행 위쪽은 이중 실선(0.5mm)
- 제목 행 : 셀 배경 색 – 루비색(RGB:199,82,82) 50% 어둡게, 글자 모양 – 함초롬돋움, 진하게, 하양(RGB:255,255,255)
- 평균 행 : 셀 배경 색 – 멜론색(RGB:105,155,55) 80% 밝게, 글자 모양 – 진하게
- 정렬 방식 : 가운데 정렬

풀이결과

세계 경제 성장 전망

구분	2024년	2025년	2026년
미국	12.567	9.361	10.031
영국	5.268	3.384	4.376
스위스	1.369	2.465	6.375
독일	3.295	7.327	5.129
평균			

문제 ❷

- 크기 : 너비 78mm~80mm, 높이 33mm~34mm
- 위치 : 글자처럼 취급
- 모든 셀의 안 여백 : 왼쪽 · 오른쪽 2mm
- 전체 행 : 셀 높이를 같게
- 테두리 : 표 안쪽은 실선(0.12mm), 표 바깥의 위쪽과 아래쪽은 실선(0.5mm), 표 바깥의 왼쪽과 오른쪽은 선 없음, 합계 행 위쪽은 이중 실선(0.5mm)
- 제목 행 : 셀 배경 색 – 노랑(RGB:255,215,0) 80% 밝게, 글자 모양 – 한컴 윤고딕 230, 진하게, 검정(RGB:0,0,0) 50% 밝게
- 합계 행 : 셀 배경 색 – 시멘트색(RGB:178,178,178) 80% 밝게, 글자 모양 – 진하게
- 정렬 방식 : 가운데 정렬

풀이결과

연도별 평균 결혼 나이

구분	23년 기준	25년 12월	비고
20세~25세	1250	325	
26세~30세	2530	560	
31세~35세	1530	893	
36세~40세	732	1368	
합계			

문제 ❸

- 크기 : 너비 78mm~80mm, 높이 33mm~34mm
- 위치 : 글자처럼 취급
- 모든 셀의 안 여백 : 왼쪽 · 오른쪽 2mm
- 전체 행 : 셀 높이를 같게
- 테두리 : 표 안쪽은 실선(0.12mm), 표 바깥의 위쪽과 아래쪽은 실선(0.4mm), 표 바깥의 왼쪽과 오른쪽은 선 없음, 제목 행 아래쪽과 평균 행 위쪽은 이중 실선(0.5mm)
- 제목 행 : 셀 배경 색 – 보라(RGB:157,92,187) 50% 어둡게, 글자 모양 – 맑은 고딕, 진하게, 하양(RGB:255,255,255)
- 평균 행 : 셀 배경 색 – 루비색(RGB:199,82,82) 80% 밝게, 글자 모양 – 진하게
- 정렬 방식 : 가운데 정렬

풀이결과

영진 대학교 신입생 등록률

구분	인문계 학과	자연계 학과	비중
23년	63.195	59.316	1.07
24년	53.348	86.326	0.61
25년	79.359	56.176	1.41
26년	98.132	68.468	1.43
평균			

SECTION 10

블록 계산식/정렬/캡션

▶ 합격 강의

난 이 도 (상) 중 하

반복학습 1 2 3

작업파일 [25]이기적워드실기₩PART 01. 시험 유형 따라하기₩블록 계산식.hwp

메뉴	단축키	도구 상자
바로 가기 메뉴-[블록 계산식]	블록 합계 : Ctrl + Shift + S 블록 평균 : Ctrl + Shift + A	[도구]- ▦
바로 가기 메뉴-[캡션 넣기]	Ctrl + N , C	[표 레이아웃]-[캡션]-[위]

⏱ 제한 시간 30초

출제유형 **다음의 지시사항에 따라 블록 계산식, 정렬, 캡션을 설정하세요.**

• 블록 계산식 : 표 합계 행에 블록 계산식을 이용하여 블록 합계 산출
• 표에서 내용의 정렬 방법
  (제목 행과 첫 번째 열의 마지막 행에 있는 '합계(평균)' 셀은 제외하고, 각각의 열 단위를 기준으로 함)
  – 내용의 길이가 서로 다른 문자의 경우 왼쪽 정렬
  – 내용의 길이가 서로 다른 숫자의 경우 오른쪽 정렬
  – 내용의 길이가 서로 같을 경우 문자, 숫자 상관없이 가운데 정렬
• 캡션 : 표 위에 '(단위: 개, %)'를 삽입 후 오른쪽 정렬

① 작업 파일을 실행한 후, 블록 합계를 구할 범위를 합계 행까지 함께 블록 지정하세요.

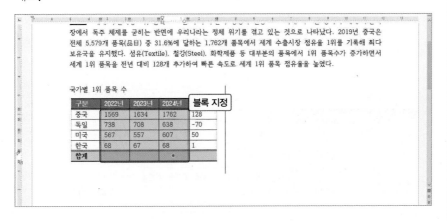

② 바로 가기 메뉴에서 [블록 계산식]-[블록 합계]를 클릭하거나 Ctrl + Shift + S 을 눌러 블록 합계를 계산하세요.

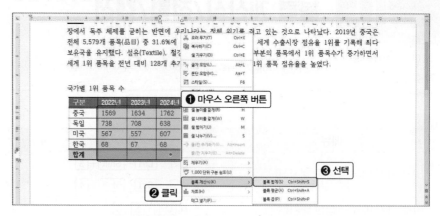

③ 마지막 행에 블록 계산식이 적용되어 합계가 표시됩니다.

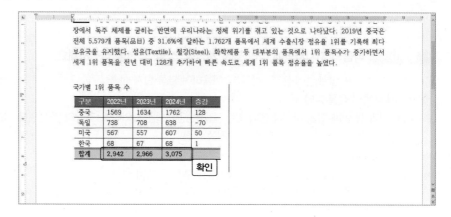

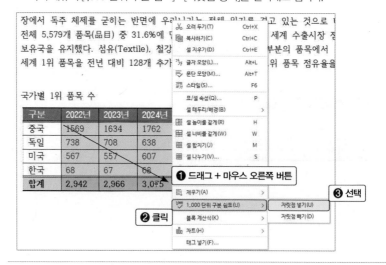

➕ 더 알기 TIP

표 내용 중에 1,000 단위 구분 쉼표가 되어 있을 경우, 직접 키보드에서 쉼표(,)를 입력해도 되고 바로 가기 메뉴의 [1,000 단위 구분 쉼표]-[자릿점 넣기]를 선택해도 됩니다.

블록 평균을 계산한 결과, 계산식의 자리수가 문제와 다르게 계산될 수 있습니다. 이럴 때에는 각 셀마다 문제와 동일하게 형식을 수정해 주어야 합니다. 이때 숫자 양옆의 『』를 지우면 일반 숫자로 변경되니 주의하세요.

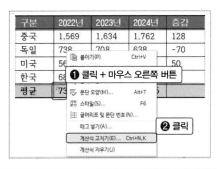

문제지에서 반올림을 하지 않고 숫자가 버려진 것으로 출제된다면 형식을 고치지 말고 필요 없는 뒷자리 숫자만 지워주세요. 이때 양옆의 『』를 지우면 일반 숫자로 바뀌니 주의하세요.

④ 표 내용을 정렬하기 위해 첫 번째 행을 드래그하여 블록 지정하고 Ctrl 을 누르면서 '합계' 셀을 클릭한 후, [서식] 도구 상자에서 가운데 정렬(≡)을 선택하세요.

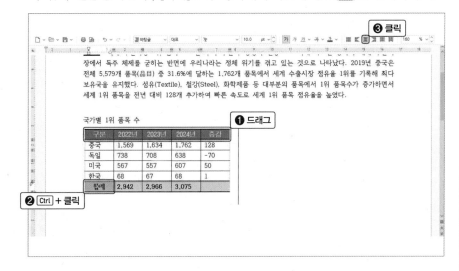

표 내용의 정렬이 헷갈린다면 문제지를 보면서 정렬하세요. 제목 행과 첫 번째 열의 마지막 행에 있는 '합계(평균)' 셀은 제외하고 정렬하라고 하면, 첫 번째 행과 '합계(평균)' 셀은 가운데 정렬(≡)입니다.

⑤ 표 내용은 각각 열 단위로 정렬하세요. 이때 첫 번째 행과 합계 셀이 포함되지 않도록 주의하세요.

구분	2022년	2023년	2024년	증감
중국	1,569	1,634	1,762	128
독일	738	708	638	-70
미국	567	557	607	50
한국	68	67	68	1
합계	2,942	2,966	3,075	

열 단위 정렬

⑥ 1열의 2~5행을 블록 지정하고 [서식] 도구 상자에서 가운데 정렬(≡)을 선택하세요.

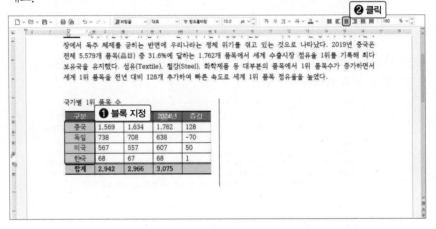

➕ 더 알기 TIP

1열의 2~합계(평균) 셀의 위까지는 문자와 숫자 상관없이 셀 내용의 너비가 모두 같으면 가운데 정렬(≡)이고, 글자 개수는 같지만 너비가 다르면 왼쪽 정렬(≣)입니다.

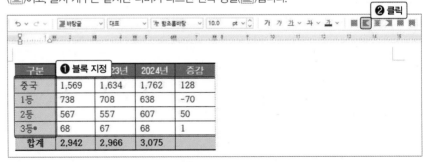

⑦ 2열의 2행부터 5열의 6행까지 블록 지정하고 [서식] 도구 상자에서 오른쪽 정렬 (▤)을 선택하세요.

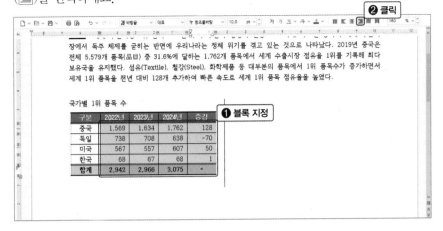

더 알기 TIP

각 열마다 정렬이 다르다면 각각 선택하여 정렬해야 하지만, 정렬이 같으면 한꺼번에 블록 지정 후 정렬해도 됩니다. 같은 정렬인 열이 서로 떨어져 있으면 Ctrl 을 누르면서 선택하여 정렬하면 빠르게 설정할 수 있습니다.

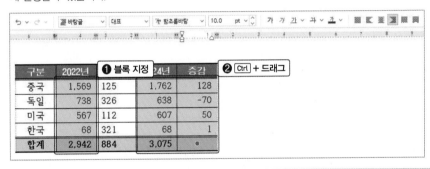

⑧ 캡션을 만들기 위해 표의 테두리를 클릭하고 바로 가기 메뉴의 [캡션 넣기]를 선택하거나 [표 레이아웃(▥)]의 🔽을 클릭한 후 위를 선택하세요.

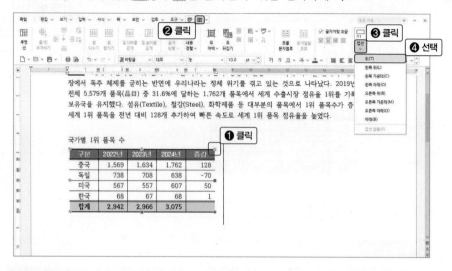

➕ 더 알기 TIP

바로 가기 메뉴에서 캡션을 만들면 왼쪽 아래에 캡션이 만들어집니다. 캡션을 표 위로 이동시키기 위해서는 [표 레이아웃(▥)]-🔽-[위]를 다시 클릭해 주어야 합니다.

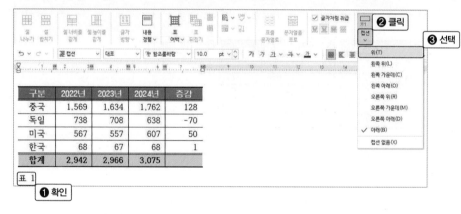

⑨ 자동 입력되어 있는 '표 1'을 지우고 (단위: 개, %)를 입력한 후, [서식] 도구 상자에서 오른쪽 정렬(▤)을 선택하세요.

🅱 기적의 TIP

자동 입력되어 있는 '표 1'을 블록 지정한 후 '(단위: 개, %)'를 입력하면 '표 1'이 자동으로 지워집니다.

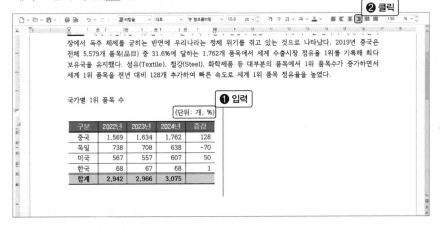

⑩ Alt + S 를 눌러 문서를 저장하세요.

🅱 기적의 TIP

여러 번 반복 학습을 하기 위해서는 Alt + V 를 눌러 '다른 이름으로 저장하기'를 하는 것이 좋습니다.

풀이결과

(단위: 개, %)

구분	2022년	2023년	2024년	증감
중국	1,569	1,634	1,762	128
독일	738	708	638	-70
미국	567	557	607	50
한국	68	67	68	1
합계	2,942	2,966	3,075	

문제

작업파일 [25]이기적워드실기\PART 01. 시험 유형 따라하기\연습문제

문제 ❶

- 블록 계산식 : 표 평균 행에 블록 계산식을 이용하여 블록 평균 산출
- 표에서 내용의 정렬 방법
  (제목 행과 첫 번째 열의 마지막 행에 있는 '합계(평균)' 셀은 제외하고, 각각의 열 단위를 기준으로 함)
  - 내용의 길이가 서로 다른 문자의 경우 왼쪽 정렬
  - 내용의 길이가 서로 다른 숫자의 경우 오른쪽 정렬
  - 내용의 길이가 서로 같을 경우 문자, 숫자 상관없이 가운데 정렬
- 캡션 : 표 아래에 '(단위: 성장률, %)'를 삽입 후 오른쪽 정렬

풀이결과

세계 경제 성장 전망

구분	2024년	2025년	2026년
미국	12.567	9.361	10.031
영국	5.268	3.384	4.376
스위스	1.369	2.465	6.375
독일	3.295	7.327	5.129
평균	5.625	5.634	6.478

(단위: 성장률, %)

문제 ❷

- 블록 계산식 : 표 합계 행에 블록 계산식을 이용하여 블록 합계 산출
- 표에서 내용의 정렬 방법
  (제목 행과 첫 번째 열의 마지막 행에 있는 '합계(평균)' 셀은 제외하고, 각각의 열 단위를 기준으로 함)
  - 내용의 길이가 서로 다른 문자의 경우 왼쪽 정렬
  - 내용의 길이가 서로 다른 숫자의 경우 오른쪽 정렬
  - 내용의 길이가 서로 같을 경우 문자, 숫자 상관없이 가운데 정렬
- 캡션 : 표 아래에 '(단위: 부부 한 쌍, 명)'을 삽입 후 오른쪽 정렬

풀이결과

연도별 평균 결혼 나이

구분	23년 기준	25년 12월	비고
20세~25세	1,250	325	
26세~30세	2,530	560	
31세~35세	1,530	893	
36세~40세	732	1,368	
합계	6,042	3,146	

(단위: 부부 한 쌍, 명)

문제 ❸

- 블록 계산식 : 표 평균 행에 블록 계산식을 이용하여 블록 평균 산출
- 표에서 내용의 정렬 방법
  (제목 행과 첫 번째 열의 마지막 행에 있는 '합계(평균)' 셀은 제외하고, 각각의 열 단위를 기준으로 함)
  - 내용의 길이가 서로 다른 문자의 경우 왼쪽 정렬
  - 내용의 길이가 서로 다른 숫자의 경우 오른쪽 정렬
  - 내용의 길이가 서로 같을 경우 문자, 숫자 상관없이 가운데 정렬
- 캡션 : 표 위에 '(단위: 등록률, %)'를 삽입 후 오른쪽 정렬

풀이결과

영진 대학교 신입생 등록률

(단위: 등록률, %)

구분	인문계 학과	자연계 학과	비중
23년	63.195	59.316	1.07
24년	53.348	86.326	0.61
25년	79.359	56.176	1.41
26년	98.132	68.468	1.43
평균	73.509	67.572	

---

11 차트

난 이 도 (상) 중 하
반복학습 ① ② ③

작업파일 [25]이기적워드실기₩PART 01. 시험 유형 따라하기₩차트.hwp

메뉴	단축키	도구 상자
• [입력]의 ∨ –[차트] • 바로 가기 메뉴–[차트]	Alt → D → C	[입력] – 📊 [편집] – 📊

⏱ 제한 시간 2분

출제유형 **다음의 지시사항에 따라 차트를 삽입하세요.**

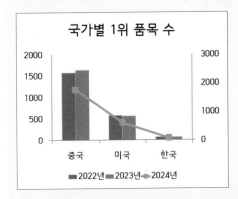

- 차트의 모양 : 혼합형(이중 축 꺾은선–세로 막대 혼합형)
- 차트의 크기 : 너비 80mm, 높이 65mm, 크기 고정
- 위치 : 본문과의 배치–자리 차지, 가로–단의 가운데 0mm, 세로–문단의 위 0mm
- 바깥 여백 : 위쪽 5mm, 아래쪽 7mm
- 값 축, 항목 축, 보조 값 축, 범례의 글꼴 설정 : 9pt
- 표의 아래 단락에 배치
※ 혼합형 차트는 차트 종류와 속성을 이용하여 구성하시오.

① 작업 파일을 실행한 후, 문제의 차트를 보고 차트에 사용될 데이터를 선택하세
요. 표에서 그림과 같이 드래그하여 블록 지정하세요.

② 바로 가기 메뉴에서 [차트] – [세로 막대형] – [묶은 세로 막대형]을 클릭하거나
[입력] 도구 상자의 차트(📊)에서 세로 막대형 : 묶은 세로 막대형(📊)을 클릭하
세요.

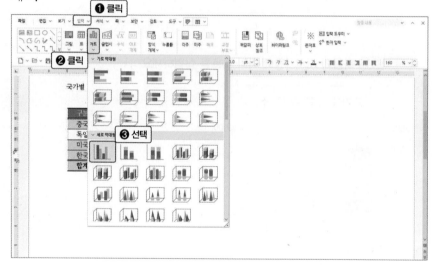

③ [차트 데이터 편집] 대화상자에서 데이터에 이상이 없으면 [닫기(❌)]를 클릭하
세요.

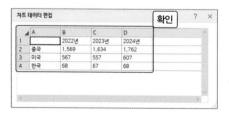

문제를 확인하고 차트의 행과 열을 서로 바꿔주어야 한다면 [차트 디자인(📊)]−[줄/칸 전환(🔁)]을 클릭하세요.

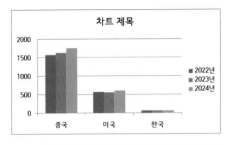

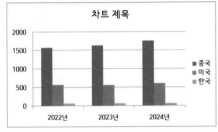

④ 차트의 계열 "2024년"을 선택하고 [차트 디자인(📊)] 도구 상자의 [차트 종류 변경(📊)]에서 꺾은선/영역형 : 표식이 있는 꺾은선형(📈)을 선택하세요.

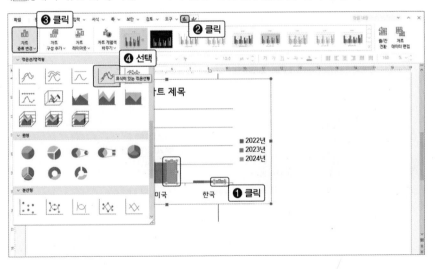

차트에서 계열 "2024년"을 선택하는 것이 어렵다면 [차트 서식(📊)]-[차트 요소]에서 선택할 수 있습니다.

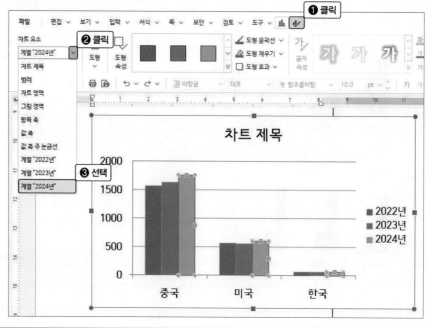

⑤ 계열 "2024년"의 차트 종류가 표식이 있는 꺾은선형으로 변경된 것을 확인하세요.

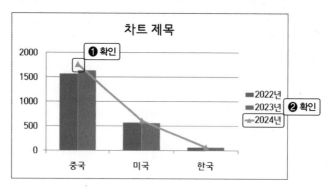

혼합형 차트를 만들 때에는 '묶은 세로 막대형'으로 먼저 만들고 '표식이 있는 꺾은선형'으로 계열을 변경해도 되고, 그 반대로 해도 됩니다. 만들고 수정하는 순서는 편한 방법으로 선택해서 연습하세요.

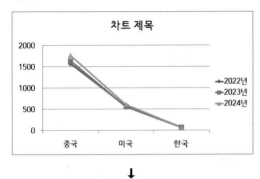

↓

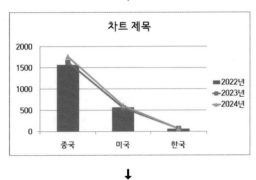

↓

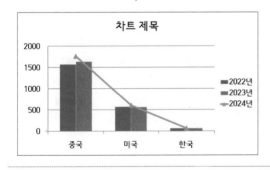

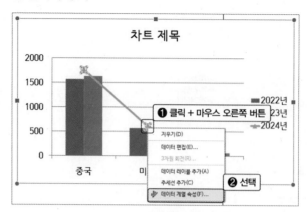

기적의 TIP

표식 속성의 형식

◆	다이아몬드형
■	사각형
▲	삼각형
×	가위표 모양
＊	별 모양
●	원형
＋	더하기 모양
－	짧은선 모양
—	긴선 모양

⑥ 계열 "2024년"의 바로 가기 메뉴에서 [데이터 계열 속성(✋)]을 클릭하고 화면 오른쪽의 [개체 속성] 작업 창에서 계열 속성(📊)의 데이터 계열 지정 : 보조 축, 표식 속성의 표식 종류 : 기본 제공, 사각형(■)을 선택한 후 [작업 창 닫기(✖)]를 클릭하세요.

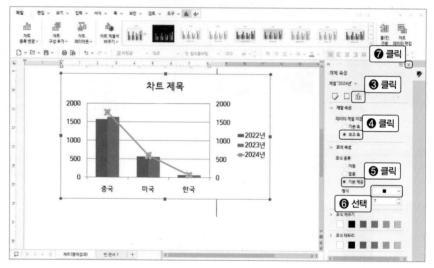

⑦ 차트를 선택하고 바로 가기 메뉴에서 [개체 속성]을 클릭하세요. [개체 속성] 대화
상자의 [기본] 탭에서 너비 : 80mm, 높이 : 65mm, 크기 고정 : 체크, 위치에서
본문과의 배치 : 자리 차지(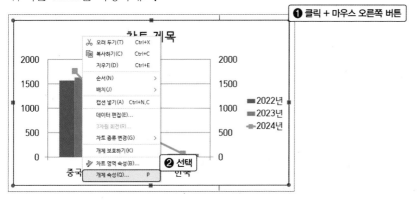), 가로 : 단의 가운데 기준 0mm, 세로 : 문단의
위 기준 0mm를 지정하세요.

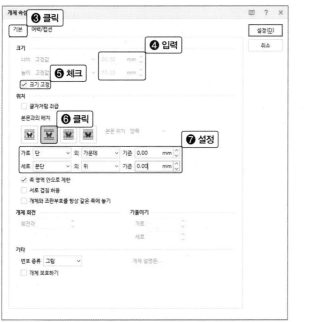

기적의 TIP

'글자처럼 취급'이 체크되어
있으면 '자리 차지'를 선택할
수 없습니다.

기적의 TIP

[개체 속성] 대화상자에서 차
트의 위치를 지정한 후에는
차트를 드래그하여 움직이면
안 됩니다.

⑧ [여백/캡션] 탭에서 바깥 여백의 위쪽 : 5mm, 아래쪽 : 7mm를 지정한 후 [설정]
을 클릭하세요.

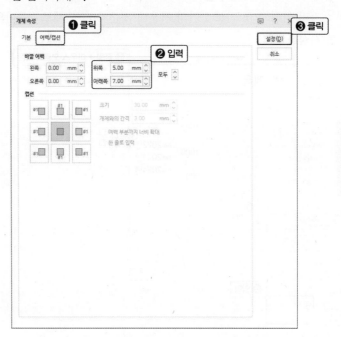

⑨ 차트 제목을 클릭하고 바로 가기 메뉴에서 [제목 편집]을 선택한 후, [차트 글자
모양] 대화상자에서 글자 내용 : 국가별 1위 품목 수를 입력하고 [설정]을 클릭하
세요.

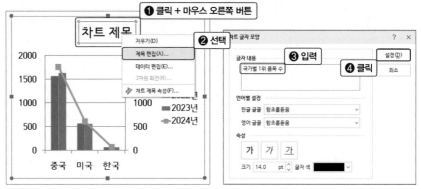

문제에 '제목의 글꼴 설정 : 맑은 고딕, 진하게, 12pt, 주황(RGB:255,132,58)'이라는 지시사항이 있다면 [차트 글자 모양] 대화상자에서 설정해주면 됩니다.

제목의 글꼴 설정이 없다면, 제목에는 글자 내용만 입력해 주세요. 세부지시사항에서 지정하지 않는 요소는 모두 기본값으로 그대로 두고 변경하지 않아야 합니다. 다른 요소의 세부지시사항을 무의식적으로 적용하다 보면 잘못 지정할 수 있으니, 반드시 세부지시사항의 항목을 꼼꼼하게 확인하세요.

차트의 구성 요소

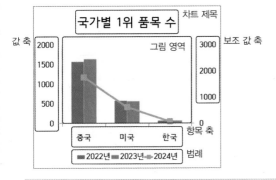

⑩ 범례의 위치를 변경하기 위해 범례의 바로 가기 메뉴에서 [범례 속성(🖌)]을 클릭하고 화면 오른쪽의 [개체 속성] 작업 창에서 범례 속성(🖿)의 범례 위치 : 아래쪽을 선택하세요.

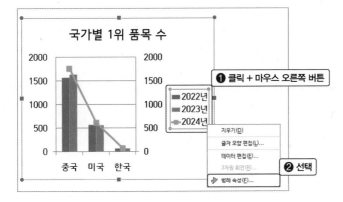

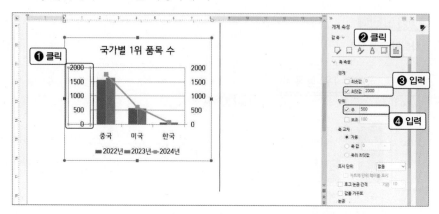

⑪ 값 축을 클릭하고 [개체 속성] 작업 창에서 축 속성(📊)의 경계의 최댓값 : 2000, 단위의 주 : 500을 지정하세요.

⑫ 보조 값 축을 클릭하고 [개체 속성] 작업 창에서 축 속성(📊)의 경계의 최댓값 : 3000, 단위의 주 : 1000을 지정한 후 [작업 창 닫기(❌)]를 클릭하세요.

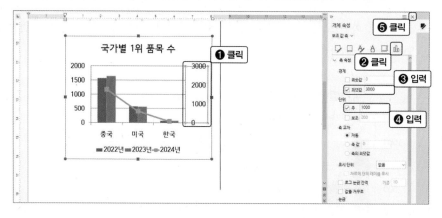

⑬ 값 축의 바로 가기 메뉴에서 [글자 모양 편집]을 클릭하고 [차트 글자 모양] 대화
상자에서 크기 : 9pt를 지정한 후, [설정]을 클릭하세요.

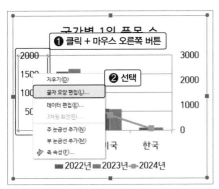

⑭ 항목 축의 바로 가기 메뉴에서 [글자 모양 편집]을 클릭하고 [차트 글자 모양] 대
화상자에서 크기 : 9pt를 지정한 후, [설정]을 클릭하세요.

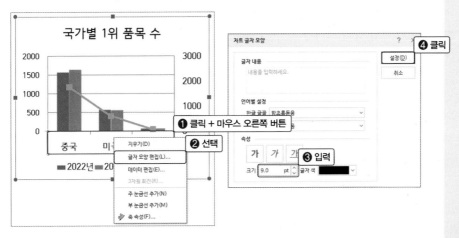

⑮ 보조 값 축의 바로 가기 메뉴에서 [글자 모양 편집]을 클릭하고 [차트 글자 모양]
대화상자에서 크기 : 9pt를 지정한 후, [설정]을 클릭하세요.

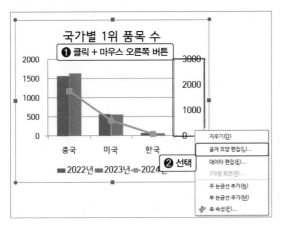

⑯ 범례의 바로 가기 메뉴에서 [글자 모양 편집]을 클릭하고 [차트 글자 모양] 대화상자에서 크기 : 9pt를 지정한 후, [설정]을 클릭하세요.

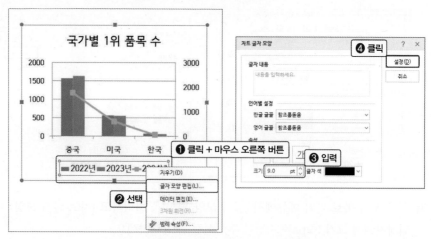

⑰ 값 축 주 눈금선의 바로 가기 메뉴에서 [눈금선 속성(✍)]을 클릭하고 [개체 속성] 작업 창의 그리기 속성(☑)에서 선 : 없음을 선택한 후 [작업 창 닫기(☒)]를 클릭하세요.

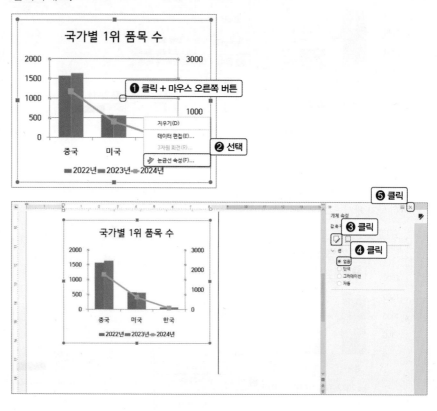

⑱ 차트의 위치를 이동시키기 위해 차트를 선택하고 Ctrl + X 를 눌러 오려 두기를 한 후, 표 아래 줄에 커서를 두고 Ctrl + V 로 붙이기를 하세요.

기적의 TIP

차트를 마우스로 드래그하여 옮기면 절대 안 됩니다. 반드시 Ctrl + X → Ctrl + V 로 이동해 주세요.

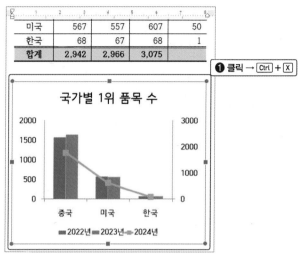

❶ 클릭 → Ctrl + X

국가별 1위 품목 수

(단위: 개, %)

구분	2022년	2023년	2024년	증감
중국	1,569	1,634	1,762	128
독일	738	708	638	-70
미국	567	557	607	50
한국	68	67	68	1
합계	2,942	2,966	3,075	

❷ 커서 → Ctrl + V

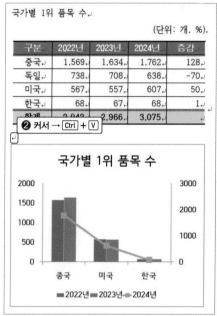

차트의 위치를 정확하게 알기 위해서는 [보기] 도구 상자의 '문단 부호'와 '조판 부호'에 체크하면 됩니다.

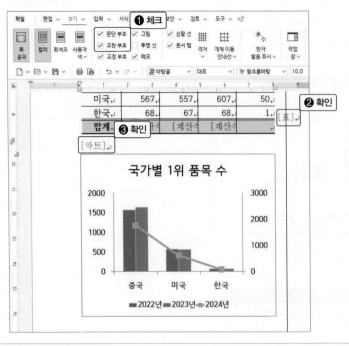

⑲ Alt + S 를 눌러 문서를 저장하세요.

풀이결과

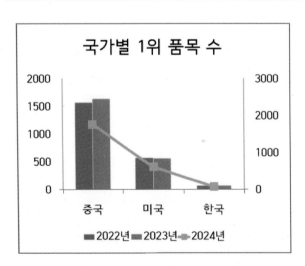

연습 문제

문제 ❶

- 차트의 모양 : 혼합형(이중 축 꺾은선 – 세로 막대 혼합형)
- 차트의 크기 : 너비 80mm, 높이 70mm, 크기 고정
- 위치 : 본문과의 배치 – 자리 차지, 가로 – 단의 가운데 0mm, 세로 – 문단의 위 0mm
- 바깥 여백 : 위쪽 3mm, 아래쪽 5mm
- 값 축, 항목 축, 보조 값 축, 범례의 글꼴 설정 : 9pt
- 표의 아래 단락에 배치

※ 혼합형 차트는 차트 종류와 속성을 이용하여 구성하시오.

풀이결과

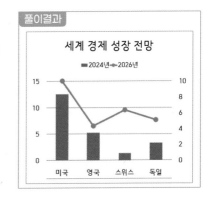

문제 ❷

- 차트의 모양 : 이중 축 혼합형(묶은 세로 막대형, 표식이 있는 꺾은선형)
- 차트의 레이아웃 : 레이아웃3
- 차트의 크기 : 너비 80mm, 높이 65mm, 크기 고정
- 위치 : 본문과의 배치 – 자리 차지, 가로 – 단의 가운데 0mm, 세로 – 문단의 위 0mm
- 바깥 여백 : 위쪽 5mm, 아래쪽 8mm
- 항목 축, 범례, 데이터 레이블의 글꼴 설정 : 9pt
- 표의 아래 단락에 배치

※ 차트 종류 변경과 계열 속성 설정으로 혼합형 차트를 구성하시오.

풀이결과

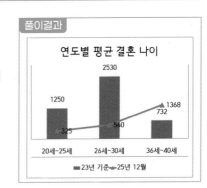

문제 ❸

- 차트의 모양 : 2차원 원형, 차트 계열색 : 색상 조합 색3
- 데이터 레이블 : 백분율(%), 바깥쪽 끝에
- 차트의 크기 : 너비 80mm, 높이 70mm, 크기 고정
- 위치 : 본문과의 배치 – 자리 차지, 가로 – 단의 가운데 0mm, 세로 – 문단의 위 0mm
- 바깥 여백 : 위쪽 5mm, 아래쪽 7mm
- 제목의 글꼴 설정 : 한컴 고딕, 진하게
- 데이터 레이블, 범례의 글꼴 설정 : 9pt
- 표의 아래 단락에 배치

풀이결과

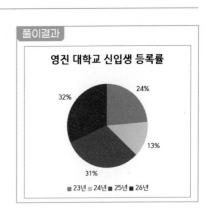

난 이 도 상 ⑤ 하
반복학습 ① ② ③

▶합격 강의

작업파일 [25]이기적워드실기\PART 01. 시험 유형 따라하기\각주.hwp

메뉴	단축키	도구 상자
[입력]의 ✓ – [주석] – [각주]	Ctrl + N , N	[입력] – 

⏱ 제한 시간 15초

출제유형 **다음의 지시사항에 따라 각주를 작성하세요.**

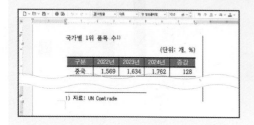

글자 모양 : 돋움체, 번호 모양 : 아라비아 숫자

① 작업 파일을 실행한 후, 각주를 입력할 곳에 커서를 두고 [입력] – [주석] – [각주]
를 누르거나 [입력] 도구 상자의 각주(▤)를 클릭하세요.

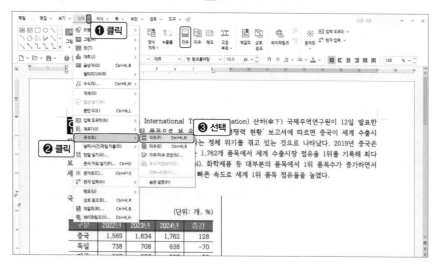

② '1) '은 자동으로 입력되어 있으므로 그 뒤에 각주 내용인 자료: UN Comtrade 를 입력하세요.

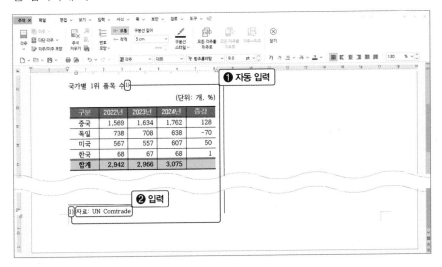

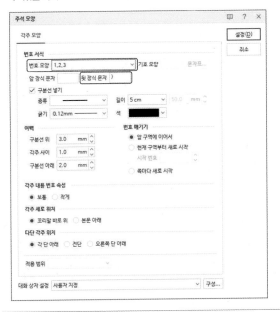

➕ 더 알기 TIP

각주의 번호 모양이나 뒷 장식 문자를 수정해야 한다면 [주석]-[각주/미주 모양(📄)]에서 수정할 수 있습니다.

🅑 기적의 TIP

각주의 번호 모양

| 1,2,3 |
| ①,②,③ |
| I,II,III |
| i,ii,iii |
| A,B,C |
| a,b,c |
| Ⓐ,Ⓑ,Ⓒ |
| ⓐ,ⓑ,ⓒ |
| 가,나,다 |
| ㉮,㉯,㉰ |
| ㄱ,ㄴ,ㄷ |
| ㉠,㉡,㉢ |
| 일,이,삼 |
| 一,二,三 |
| ㊀,㊁,㊂ |
| 갑,을,병 |
| 甲,乙,丙 |
| *, †, ‡, § |
| *, **, *** |
| #, ##, ### |
| +, ++, +++ |
| 기호 |

③ 각주 내용을 블록 지정하고 [서식] 도구 상자에서 글꼴 : 돋움체를 지정하고 [주석]
　도구 상자에서 닫기(⊗)를 눌러 영역을 빠져나오세요.

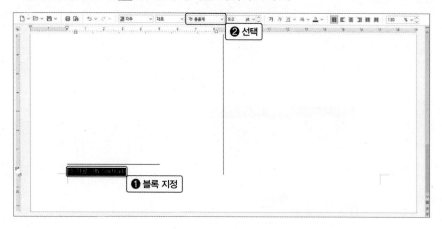

기적의 TIP

여러 번 반복 학습을 하기 위
해서는 Alt+V를 눌러 '다
른 이름으로 저장하기'를 하
는 것이 좋습니다.

④ Alt+S를 눌러 문서를 저장하세요.

풀이결과

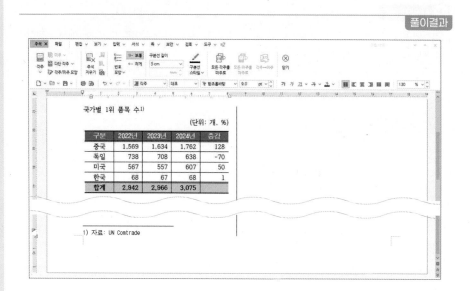

문제 ❶

글자 모양 : 맑은 고딕, 번호 모양 : 아라비아 숫자 원문자

풀이결과

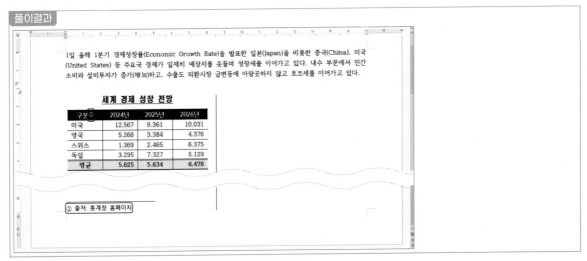

문제 ❷

글자 모양 : 함초롬돋움, 번호 모양 : 아라비아 숫자, 뒷 장식 문자 : *

풀이결과

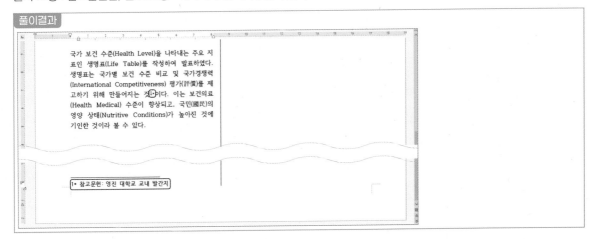

13 그림

난 이 도   상 ⑨ 하
반복학습 ① ② ③

▶ 합격 강의

작업파일 [25]이기적워드실기₩PART 01. 시험 유형 따라하기₩그림.hwp

메뉴	단축키	도구 상자
[입력]의 ∨ – [그림] – [그림]	Ctrl + N, I	[입력] – [편집] –

⏱ 제한 시간 1분

출제유형 **다음의 지시사항에 따라 그림을 삽입하세요.**

• 경로 : [25]이기적워드실기₩그림₩수출.JPG, 문서에 포함
• 크기 : 너비 29mm, 높이 19mm
• 위치 : 본문과의 배치 – 어울림, 가로 – 문단의 왼쪽 0mm, 세로 – 문단의 위 0mm
• 바깥 여백 : 오른쪽 · 아래쪽 3mm

① 작업 파일을 실행한 후, 그림을 넣을 위치인 '우리나라의' 앞에 커서를 두고 [입력] – [그림] – [그림]을 누르거나 [입력] 도구 상자의 그림( )을 클릭하세요.

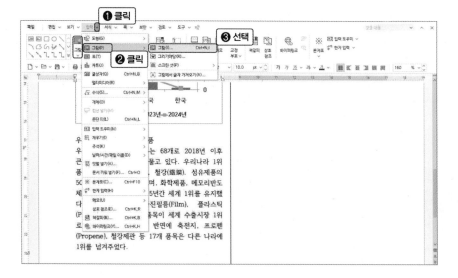

② [그림 넣기] 대화상자에서 '[25]이기적워드실기₩그림' 폴더로 이동한 후, 파일 형식을 JPG (*.JPG,*.JPEG)로 변경하고 수출.JPG 그림을 클릭하세요. 아래에서 문서에 포함 : 체크하고 나머지는 체크 해제한 후 [열기]를 클릭하세요.

🅱 기적의 TIP

시험에서 그림의 경로는 C: ₩WP 폴더입니다. 세부지시 사항을 잘 보고 경로를 찾으면 됩니다.

🅱 기적의 TIP

그림 모양이 같거나 이름이 같은 파일도 형식이 다를 수 있습니다. 시험에서는 그림 형식까지 채점되므로 파일 형식을 변경하고 찾으면 더 정확하게 찾을 수 있습니다.

➕ 더 알기 TIP

그림이 ⊠로 보이면 [보기]-[그림]에 체크하세요.

③ 그림을 더블 클릭하여 [개체 속성] 대화상자의 [기본] 탭에서 너비 : 29mm, 높이 : 19mm, 본문과의 배치 : 어울림(■), 가로 : 문단의 왼쪽 기준 0mm, 세로 : 문단의 위 기준 0mm를 지정하세요.

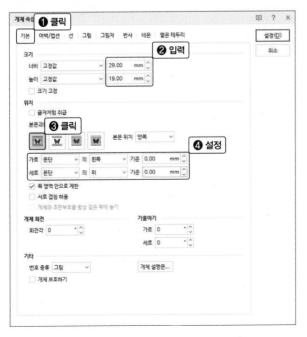

그림의 위치가 문제의 위치
와 다르다면, 그림을 오려 두
기([Ctrl]+[X])하고 그림이 들
어갈 올바른 위치에 커서를
두고 붙이기([Ctrl]+[V])를 하
면 됩니다.

④ [여백/캡션] 탭에서 바깥 여백의 오른쪽 : 3mm, 아래쪽 : 3mm를 지정하고 [설정]
을 클릭하세요.

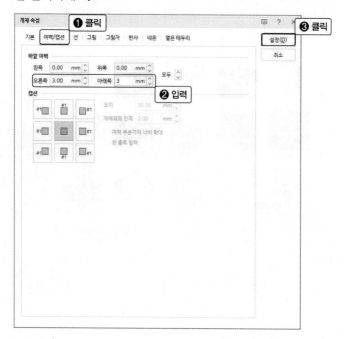

해결 TIP

삽입된 그림이 문제지와 다
르게 보인다면, 회전에 대한
지시사항이 없는지 확인합니
다. 각 회전에 따라 그림 모양
이 어떻게 바뀌는지 알아보
세요. 시험에는 '좌우 대칭'이
자주 출제됩니다.

➕ 더 알기 TIP

문제에서 그림을 회전하거나 대칭시켜야 하는 경우에는 [그림()]-[회전()]에서 지정할 수 있
습니다.

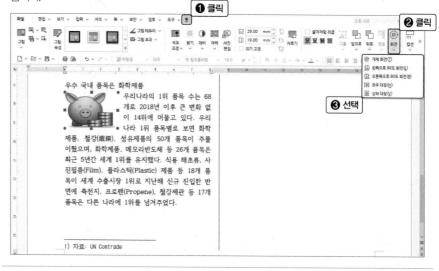

⑤ [Alt]+[S]를 눌러 문서를 저장하세요.

여러 번 반복 학습을 하기 위해서는 [Alt]+[V]를 눌러 '다른 이름으로 저장하기'를 하는 것이 좋습니다.

기적의 TIP

풀이결과

우수 국내 품목은 화학제품

 우리나라의 1위 품목 수는 68개로 2018년 이후 큰 변화 없이 14위에 머물고 있다. 우리나라 1위 품목별로 보면 화학제품, 철강(鐵鋼), 섬유제품의 50개 품목이 주를 이뤘으며, 화학제품, 메모리반도체 등 26개 품목은 최근 5년간 세계 1위를 유지했다. 식용 해초류, 사진필름(Film), 플라스틱(Plastic) 제품 등 18개 품목이 세계 수출시장 1위로 지난해 신규 진입한 반면에 축전지, 프로펜(Propene), 철강제관 등 17개 품목은 다른 나라에 1위를 넘겨주었다.

문제 ❶

- 경로 : [25]이기적워드실기₩그림₩HUMAN.JPG, 문서에 포함
- 크기 : 너비 25mm, 높이 20mm
- 위치 : 본문과의 배치 – 글 앞으로, 가로 – 종이의 왼쪽 25mm, 세로 – 종이의 위 25mm

풀이결과

제13회 전국 사회인 체육대회

주최: 경기도 사회체육회
날짜: 2024. 12. 1.

문제 ❷

- 경로 : [25]이기적워드실기₩그림₩취업현황.PNG, 문서에 포함
- 크기 : 너비 20mm, 높이 18mm
- 위치 : 본문과의 배치 – 글 앞으로, 가로 – 종이의 왼쪽 22mm, 세로 – 종이의 위 21mm
- 회전 : 좌우 대칭

풀이결과

대한민국 청소년 생활 만족도 실태 조사

발표자: 김지연 수습기자
발표일: 2025년 5월 5일

문제 ❸

- 경로 : [25]이기적워드실기₩그림₩정보보호.GIF, 문서에 포함
- 크기 : 너비 23mm, 높이 18mm
- 위치 : 본문과의 배치 – 글 앞으로, 가로 – 종이의 왼쪽 23mm, 세로 – 종이의 위 23mm
- 회전 : 상하 대칭

풀이결과

컴퓨터 수험서 1년 판매 추이 분석

발행처: 영진닷컴, 이기적
발표일: 2024. 7. 15.

하이퍼링크

난 이 도 (상) 중 하
반복학습 [1] [2] [3]

▶ 합격 강의

작업파일 [25]이기적워드실기\PART 01. 시험 유형 따라하기\하이퍼링크.hwp

메뉴	단축키	도구 상자
[입력]의 ∨ - [하이퍼링크]	Ctrl + K , H	[입력] -

⏱ 제한 시간 **15초**

출제유형 **다음의 지시사항에 따라 하이퍼링크를 지정하세요.**

- 'UN Comtrade'에 하이퍼링크 설정
- 연결 대상 : 웹 주소 - 'https://license.youngjin.com'

① 작업 파일을 실행한 후, 하이퍼링크를 지정할 글자를 블록 지정하고 [입력]-[하이퍼링크]를 누르거나 [입력] 도구 상자의 하이퍼링크()를 클릭하세요.

② [하이퍼링크] 대화상자에서 표시할 문자열 : UN Comtrade를 확인하고, 연결
대상 : 웹 주소, 웹 주소 : https://license.youngjin.com을 입력한 후 [넣기]
를 클릭하세요.

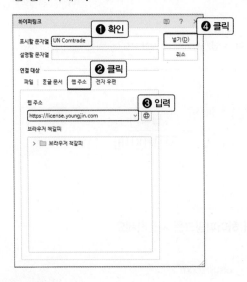

➕ 더 알기 TIP

웹 주소나 이메일 주소 등에 자동으로 하이퍼링크가 지정될 수 있습니다. 문제에 없는 하이퍼링크
는 바로 가기 메뉴의 [하이퍼링크 지우기]에서 지울 수 있습니다.

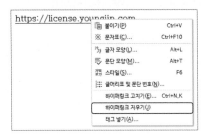

책갈피에 하이퍼링크 지정하기

• 책갈피를 만들 위치에 커서를 두고 [입력]-[책갈피(📖)]를 클릭한 후, [책갈피] 대화상자에서 책 갈피 이름을 입력하고 [넣기]를 클릭하세요.

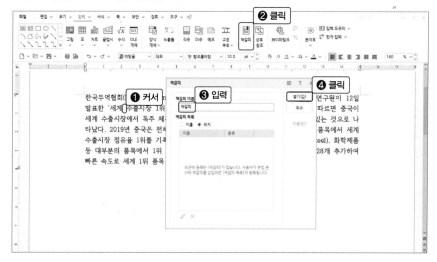

• 하이퍼링크를 지정할 문자를 블록 지정하고 [하이퍼링크] 대화상자에서 표시할 문자열을 확인하고, 연결 대상 : 한글 문서, 책갈피를 지정한 후 [넣기]를 클릭하세요.

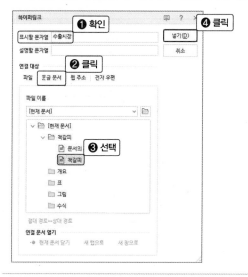

③ Alt + S 를 눌러 문서를 저장하세요.

1) 자료: UN Comtrade

여러 번 반복 학습을 하기 위해서는 Alt + V 를 눌러 '다른 이름으로 저장하기'를 하는 것이 좋습니다.

· SECTION · 14

작업파일 [25]이기적워드실기₩PART 01. 시험 유형 따라하기₩연습문제

문제 ❶

• '통계청 홈페이지'에 하이퍼링크 설정
• 연결 대상 : 웹 주소 – 'https://license.youngjin.com'

풀이결과

① 출처: 통계청 홈페이지

문제 ❷

• '부부 한 쌍, 명'에 하이퍼링크 설정
• 연결 대상 : 웹 주소 – 'https://license.korcham.net'

풀이결과

연도별 평균 결혼 나이[1]

구분	23년 기준	25년 12월	비고
20세~25세	1,250	325	
26세~30세	2,530	560	
31세~35세	1,530	893	
36세~40세	732	1,368	
합계	6,042	3,146	

(단위: 부부 한 쌍, 명)

문제 ❸

• 책갈피 위치 : '통계청' 앞, 이름 : 책갈피
• '등록률, %'에 하이퍼링크 설정
• 연결 대상 : 훈글 문서 – '책갈피'

풀이결과

책갈피

통계청(Korea National Statistical Office)은 국가 보건 수준(Health Level)을 나타내는 주요 지표인 생명표(Life Table)를 작성하여 발표하였다. 생명표는 국가별 보건 수준 비교 및 국가경쟁력(International Competitiveness) 평가(評價)를 제고하기 위해 만들어지는 것이다. 이는 보건의료(Health Medical) 수준이 향상되고, 국민(國民)의 영양 상태(Nutritive Conditions)가 높아진 것에 기인한 것이라 볼 수 있다.

영진 대학교 신입생 등록률

(단위: 등록률, %) ─ 하이퍼링크

구분	인문계 학과	자연계 학과	비중
23년	63.195	59.316	1.07
24년	53.348	86.326	0.61

SECTION

15

쪽 번호

난이도 상 중 (하)
반복학습 ①②③

작업파일 [25]이기적워드실기\PART 01. 시험 유형 따라하기\쪽 번호.hwp

▶ 합격 강의

메뉴	단축키	도구 상자
[쪽]의 ∨ –[쪽 번호 매기기]	Ctrl + N , P	[쪽] – .1.

⏱ 제한 시간 10초

출제유형 **다음의 지시사항에 따라 쪽 번호를 작성하세요.**

• 위치 : 오른쪽 아래, 모양 : 아라비아 숫자 원문자, 줄표 넣기 선택, 시작 번호 지정
• 시작 번호 : 5

① 작업 파일을 실행한 후, [쪽]–[쪽 번호 매기기]를 클릭하거나 [쪽] 도구 상자의
쪽 번호 매기기(.1.)를 누르세요.

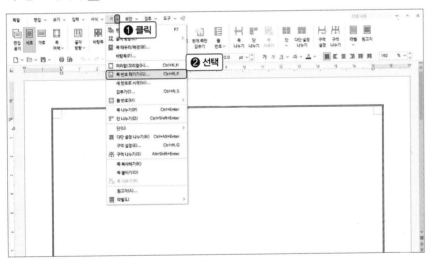

② [쪽 번호 매기기] 대화상자에서 번호 위치 : 오른쪽 아래, 번호 모양 : ①,②,③,
줄표 넣기 : 체크, 시작 번호 : 5를 지정한 후 [넣기]를 클릭하세요.

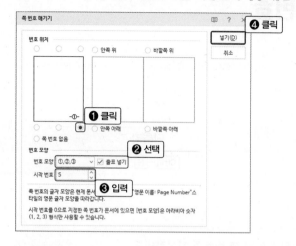

➕ 더 알기 TIP

[보기]의 '문단 부호', '조판 부호'를 체크하면 본문에 조판 부호가 주황색 글씨로 보입니다. 이 조판
부호를 더블 클릭하면 내용을 수정할 수 있습니다. 조판 부호가 체크된 상태로 제출하더라도 점수
는 감점되지 않습니다.

③ Alt + S 를 눌러 문서를 저장하세요.

풀이결과

문제

작업파일 [25]이기적워드실기\PART 01. 시험 유형 따라하기\연습문제

문제 ❶

위치 : 가운데 아래, 모양 : 로마자 대문자 숫자, 줄표 넣기 선택, 시작 번호 지정

풀이결과

문제 ❸

위치 : 왼쪽 아래, 모양 : 아라비아 숫자, 줄표 넣기 해제, 시작 번호 지정

풀이결과

문제 ❸

위치 : 가운데 아래, 모양 : 영문 대문자, 줄표 넣기 선택, 시작 번호 지정

풀이결과

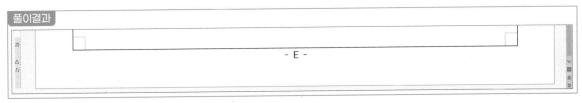

SECTION 16 머리말/꼬리말

난 이 도 상 중 ⓗ
반복학습 ① ② ③

작업파일 [25]이기적워드실기₩PART 01. 시험 유형 따라하기₩머리말.hwp

메뉴	단축키	도구 상자
[쪽]의 ∨ – [머리말/꼬리말]	Ctrl + N, H	[쪽] – ▤ – ☐
[쪽]의 ∨ – [머리말/꼬리말]	Ctrl + N, H	[쪽] – ▤ – ☐

제한 시간 1분

출제유형 다음의 지시사항에 따라 머리말과 꼬리말을 작성하세요.

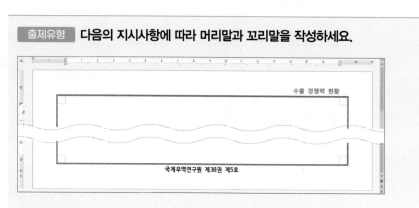

- 머리말 : 맑은 고딕, 10pt, 진하게, 초록(RGB:40,155,110), 오른쪽 정렬
- 꼬리말 : 한컴산뜻돋움, 10pt, 진하게, 검은 군청(RGB:27,23,96), 가운데 정렬

① 작업 파일을 실행한 후, 머리말을 만들기 위해 [쪽] – [머리말/꼬리말]을 누르거나 [쪽] 도구 상자의 머리말(▤)을 누른 후 머리말/꼬리말(☐)을 클릭하세요.

② [머리말/꼬리말] 대화상자에서 종류 : 머리말, 위치 : 양쪽을 확인한 후 [만들기]를 클릭하세요.

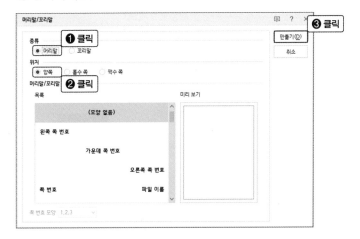

③ 머리말에 수출 경쟁력 현황을 입력하고 블록 지정한 후, Alt + L 을 눌러 [글자 모양] 대화상자를 여세요. [글자 모양] 대화상자에서 기준 크기 : 10pt, 글꼴 : 맑은 고딕, 속성 : 진하게(가), 글자 색 : 초록(RGB:40,155,110)을 지정하고 [설정]을 클릭하세요. [서식] 도구 상자에서 오른쪽 정렬(≡)을 선택하세요.

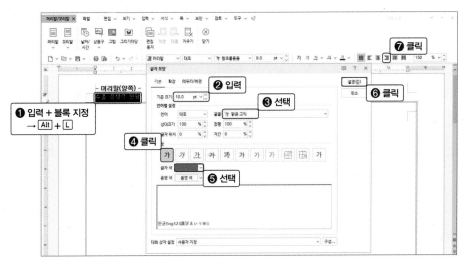

머리말과 꼬리말의 스타일은 '머리말'입니다. 지시사항 대로 글자 속성을 지정한 후 스타일이 '바탕글'로 되어 있다면 '머리말'로 바꾼 후 다시 글자 속성을 지정해 주세요.

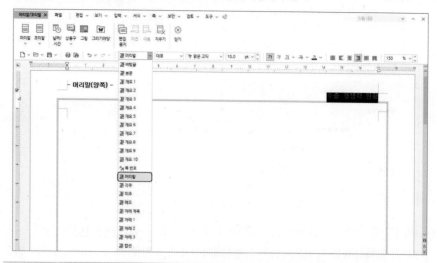

④ [머리말/꼬리말] 도구 상자에서 닫기(⊗)를 눌러 영역을 빠져나오세요.

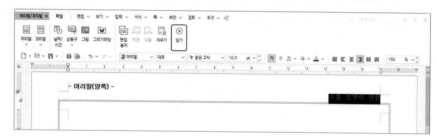

⑤ 꼬리말을 만들기 위해 [쪽] – [머리말/꼬리말]을 누르거나 [쪽] 도구 상자의 꼬리말(▤)을 누른 후 머리말/꼬리말(▢)을 클릭하세요.

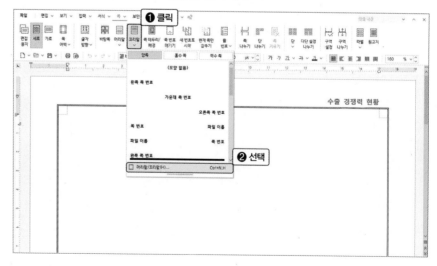

⑥ [머리말/꼬리말] 대화상자에서 종류 : 꼬리말, 위치 : 양쪽을 확인한 후 [만들기]를 클릭하세요.

⑦ 꼬리말에 국제무역연구원 제38권 제5호를 입력하고 블록 지정한 후, Alt + L 을 눌러 [글자 모양] 대화상자를 여세요. [글자 모양] 대화상자에서 기준 크기 : 10pt, 글꼴 : 한컴산뜻돋움, 속성 : 진하게(가), 글자 색 : 검은 군청(RGB:27,23,96)을 지정하고 [설정]을 클릭하세요. [서식] 도구 상자에서 가운데 정렬(重)을 선택하세요.

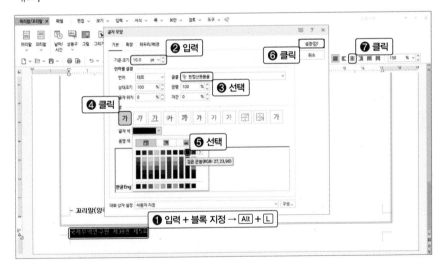

기적의 TIP

꼬리말 메뉴로 들어가도 종류가 머리말로 기본 지정되어 있으므로 반드시 꼬리말로 바꿔주어야 합니다.

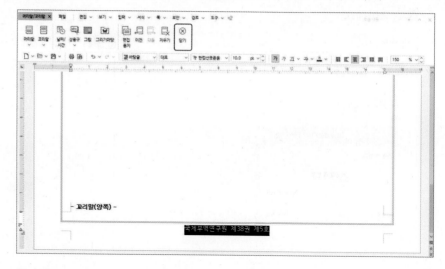
⑧ [머리말/꼬리말] 도구 상자에서 닫기( )를 눌러 영역을 빠져나오세요.

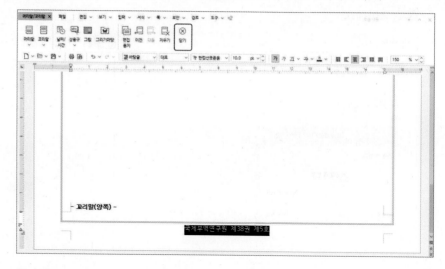

⑨ Alt+S를 눌러 문서를 저장하세요.

풀이결과

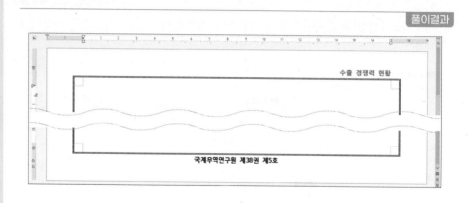

작업파일 [25]이기적워드실기₩PART 01. 시험 유형 따라하기₩연습문제

문제 ❶

- 머리말 : 한컴 윤고딕 740, 10pt, 진하게, 루비색(RGB:199,82,82) 50% 어둡게, 오른쪽 정렬
- 꼬리말 : HY수평선M, 10pt, 진하게, 에메랄드 블루(RGB:53,135,145) 40% 밝게, 왼쪽 정렬

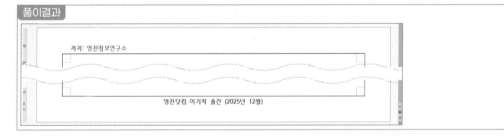

문제 ❷

- 머리말 : 함초롬돋움, 10pt, 진하게, 보라(RGB:128,0,128) 50% 밝게, 왼쪽 정렬
- 꼬리말 : 함초롬돋움, 10pt, 진하게, 노랑(RGB:255,255,0) 50% 어둡게, 가운데 정렬

문제 ❸

- 머리말 : 한컴 윤고딕 230, 10pt, 진하게, 초록(RGB:40,155,110) 25% 어둡게, 가운데 정렬
- 꼬리말 : HY나무M, 10pt, 진하게, 남색(RGB:58,60,132) 40% 밝게, 오른쪽 정렬

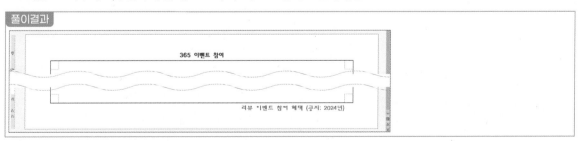

대표 기출 따라하기

실기 시험의 문제 풀이 작업을 순서대로 따라하면서 풀이 방법과 과정을 습득할 수 있습니다. 시험 문제가 어떻게 출제되는지 꼼꼼하게 확인하고, 앞에서 연습했던 기능들을 시험에서 어떤 순서로 적용해야 하는지 알아보세요. 세부지시사항을 제한 시간 안에 빠뜨리는 것 없이 작업할 수 있도록 출제 기능을 완벽하게 연습하세요.

▶ 합격 강의

국 가 기 술 자 격 검 정

워드프로세서 실기시험

※ 무단 전재 금함
(한글 2022)

과 목	제한시간
문서편집기능	30분

C형

〈 다음 쪽의 문서를 아래 지시사항에 따라 작성하시오 〉

- 작성된 답안의 파일은 지정된 경로 및 파일명을 변경하지 마시고 저장해야 합니다. 이를 준수하지 않으면 실격 처리됩니다.
- 편집 용지
  - 용지 종류는 A4 용지(210mm×297mm) 1매에 용지 방향을 세로로 설정하여 문서를 작성하시오.
  - 용지 여백은 왼쪽 · 오른쪽은 20mm, 위쪽 · 아래쪽은 10mm, 머리말 · 꼬리말은 10mm, 기타 여백은 0mm로 지정하시오.
- 문서의 본문은 1단에서 2단으로 변하는 모양으로 편집하되, 단 간격은 8mm, 구분선은 실선 0.12mm로 설정하시오.
- 글자 모양
  - 글꼴은 별도의 지시가 없는 한 한글 2022의 기본값으로 작성하시오.
  - 영문, 숫자, 기호 등은 별도의 지시가 없는 한 자판에 있는 문자를 사용하시오.
- 문단 모양
  - 정렬 방식, 여백 등은 문단 모양 기능을 이용하여 작성하시오.
  - 문단 모양은 별도의 지시가 없는 한 한글 2022의 기본값으로 작성하시오.
  - 사이 줄 띄우기는 각 1줄만, 사이 띄우기는 1칸만 띄우시오.
- 표에서 내용의 정렬 방법
  (제목 행과 '합계(평균)' 셀은 가운데 정렬, 나머지는 열 단위를 기준으로 아래와 같이 정렬)
  - 내용의 길이가 서로 다른 문자의 경우 왼쪽 정렬
  - 내용의 길이가 서로 다른 숫자의 경우 오른쪽 정렬
  - 내용의 길이가 서로 같을 경우 문자, 숫자 상관없이 가운데 정렬
- 색상은 '기본' 테마가 포함된 색상 팔레트를 사용하시오.
- 각 항목은 별도의 지시가 없는 한 주어진 문서에 기준하여 작성하시오.
- 각 항목은 별도의 지시가 없는 한 기본 설정값으로 처리하시오.
- 문제에 제시된 지시사항은 작성하지 않음.

대 한 상 공 회 의 소

1. 다단 설정	모양 – 둘, 구분선 – 구분선 넣기, 적용 범위 – 새 다단으로
2. 쪽 테두리	• 선의 종류 및 굵기 : 이중 실선 0.5mm, 모두 • 위치 : 쪽 기준, 왼쪽 · 오른쪽 · 위쪽 · 아래쪽 모두 5mm
3. 글상자	• 크기 : 너비 170mm, 높이 24mm, 크기 고정 • 위치 : 본문과의 배치 – 자리 차지, 가로 – 종이의 가운데 0mm, 세로 – 종이의 위 20mm • 바깥 여백 : 아래쪽 8mm • 선 속성 : 검정(RGB:0,0,0), 실선 0.2mm • 색 채우기 : 초록(RGB:40,155,110) 80% 밝게
4. 제목	• 제목(1) : 한컴산뜻돋움, 16pt, 장평(105%), 자간(– 4%), 진하게, 하늘색(RGB:97,130,214) 50% 어둡게, 가운데 정렬 • 제목(2) : 여백 – 왼쪽(360pt)
5. 누름틀	입력할 내용의 안내문 : '0000. 0. 0.', 입력 데이터 : '2025. 5. 28.'
6. 그림	• 경로 : [25]이기적워드실기₩그림₩핸드폰.TIF, 문서에 포함 • 크기 : 너비 28mm, 높이 18mm • 위치 : 본문과의 배치 – 글 앞으로, 가로 – 종이의 왼쪽 23mm, 세로 – 종이의 위 23mm • 회전 : 좌우 대칭
7. 스타일 (2개소 수정, 3개소 등록)	• 개요 1(수정) : 여백 – 왼쪽(0pt), 한컴 윤고딕 740, 11pt, 진하게 • 개요 2(수정) : 여백 – 왼쪽(15pt) • 표제목(등록) : 스타일 이름 – 표제목, 스타일 종류 – 문단, 가운데 정렬, 한컴돋움, 진하게 • 참고문헌 1(등록) : 스타일 이름 – 참고문헌 1, 스타일 종류 – 문단, 내어쓰기(20pt) • 참고문헌 2(등록) : 스타일 이름 – 참고문헌 2, 스타일 종류 – 글자, 그림자
8. 문단 첫 글자 장식	• 모양 : 3줄, 글꼴 : 한컴산뜻돋움, 면 색 : 노랑(RGB:255,215,0), 본문과의 간격 : 3mm • 글자 색 : 하늘색(RGB:97,130,214) 50% 어둡게
9. 각주	글자 모양 : 맑은 고딕, 번호 모양 : 아라비아 숫자 원문자
10. 하이퍼링크	• '십만 대, %'에 하이퍼링크 설정 • 연결 대상 : 웹 주소 – 'https://cafe.naver.com/yjbooks'
11. 표	• 크기 : 너비 78mm~80mm, 높이 33mm~34mm • 위치 : 글자처럼 취급 • 전체 행 : 셀 높이를 같게 • 모든 셀의 안 여백 : 왼쪽 · 오른쪽 2mm • 테두리 : 표 안쪽은 실선(0.12mm), 표 바깥의 위쪽과 아래쪽은 실선(0.4mm), 표 바깥의 왼쪽과 오른쪽은 없음, 합계 행 위쪽은 이중 실선(0.5mm) • 제목 행 : 셀 배경 색 – 보라(RGB:157,92,187) 25% 어둡게, 글자 모양 – 한컴 윤고딕 760, 하양(RGB:255,255,255) • 합계 행 : 셀 배경 색 – 하양(RGB:255,255,255) 15% 어둡게, 글자 모양 – 진하게 • 문단의 정렬 방식 : 가운데 정렬
12. 블록 계산식	표의 합계 행에 블록 계산식을 이용하여 블록 합계 산출
13. 캡션	표 아래에 삽입 후 오른쪽 정렬
14. 차트	• 차트의 모양 : 2차원 원형, 차트 계열색 : 색상 조합 색2 • 데이터 레이블 : 백분율(%), 바깥쪽 끝에 • 차트의 크기 : 너비 80mm, 높이 70mm, 크기 고정 • 위치 : 본문과의 배치 – 자리 차지, 가로 – 단의 가운데 0mm, 세로 – 문단의 위 0mm • 바깥 여백 : 위쪽 5mm, 아래쪽 7mm • 제목의 글꼴 설정 : 함초롬돋움, 진하게 • 데이터 레이블, 범례의 글꼴 설정 : 9pt • 표의 아래 단락에 배치
15. 쪽 번호	번호 위치 : 오른쪽 아래, 모양 : 아라비아 숫자, 줄표 넣기 선택, 시작 번호 지정
16. 머리말	한컴 윤고딕 740, 10pt, 진하게, 보라(RGB:157,92,187) 25% 어둡게, 오른쪽 정렬
17. 꼬리말	한컴산뜻돋움, 10pt, 진하게, 하늘색(RGB:97,130,214) 25% 어둡게, 가운데 정렬

❷ 쪽 테두리 　❸ 글상자 　❹ 제목(1)

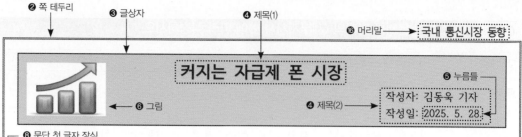

커지는 자급제 폰 시장

❻ 그림 　❺ 누름틀

❹ 제목(2) →
작성자: 김동욱 기자
작성일: 2025. 5. 28.

❽ 문단 첫 글자 장식

1. 개요 ← ❼ 스타일(개요 1)

최근 스마트폰을 별도로 구입하고 이동통신서비스(Mobile Communication Services) 가입을 개별로 하는 자급제 폰 시장이 급속도로 커지는 추세이다. 통신 업계에 따르면 최신 프리미엄(Premium) 스마트폰의 경우 지난해까지만 해도 10% 미만에 그쳤던 자급제(Self-Sufficiency System) 판매 비중이 20%를 넘어선 것으로 알려졌다. 소비자(消費者) 5명 중 1명인 셈이다.

❶ 다단 설정 　❼ 스타일(표제목)

자급제 이용 현황

구분	자급제 사용자	전체 가입자	비중
2022	38.33	556	6.89
2023	44.58	562	7.93
2024	48.22	591.2	8.59
2025	53.49	560.7	9.54
합계	184.62	2,269.9	

⑫ 블록 계산식　⑪ 표　(단위: 십만 대, %)　⑬ 캡션

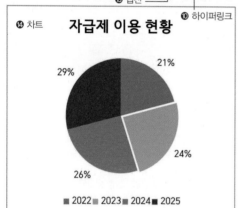

⑭ 차트　⑩ 하이퍼링크

자급제 이용 현황

21%
29%
24%
26%

■ 2022 ■ 2023 ■ 2024 ■ 2025

2. 가성비 원하는 소비자 ← ❼ 스타일(개요 1)

가. 국내 휴대폰(Mobile Phone) 유통구조에 익숙한 소비자들에게 자급제 폰 사용은 불편할 수밖에 없다. 공기계(Unlocked Phone) 형태로 판매(販賣)되는 단말기를 별도로 구입한 후 휴대폰 대리점(Agency)에서 이동통신 서비스를 따로 가입(Join)해야 하는 번거로움이 있기 때문이다.

나. 제조사(Manufacturer) 입장에서도 자급제 폰 확산은 긍정적(Positive)이다. 통신사에게

만 의존해왔던 단말기 유통채널(Distribution Channel)이 확대되기 때문이다. 또 자급제 폰 시장은 단말기유통법에서도 제외되어 보다 자유로운 할인(Discount) 판매가 가능하다.

← ❼ 스타일(개요 2)

3. 서비스 경쟁으로 전환 ← ❼ 스타일(개요 1)

가. 이동통신사에게 자급제 폰 시장 확대(Extension)는 부담①이다. 당장 단말기 판매 매출(Sale)이 줄어들 수밖에 없는 데다, 이동통신시장의 주도권(Initiative)이 제조사에게 넘어갈 수 있다는 점에서 달갑지 않은 일이다. ❾ 각주

나. 자급제 폰 시장(Market)이 커지면 통신3사는 서비스나 요금으로 경쟁(Competition)해야 하는 상황에 처할 수밖에 없다. 여기에 S사까지 스마트폰 시장에서 철수(Withdraw)하면서 통신사와 제조사 사이 '갑을관계'가 완전히 역전(逆轉)되는 상황도 배제(Exclusion)할 수 없는 형편이다.

다. 이동통신업계 관계자는 "젊은 층 중심으로 불편하더라도 저렴하면서 약정도 구애받지 않는 자급제 가입자(Member)가 빠르게 늘고 있다"며 "이동통신사들은 단말 중심 경쟁에서 서비스 경쟁을 해야 하는 상황에 놓이게 된 것"이라고 말했다.

전각기호

◆ Reference

McLuhan, R., & Aydlin, S. (2016). Mobile phone marketing. Marketer, 13(2), 74-76.

❼ 스타일(참고문헌 1)　❼ 스타일(참고문헌 2)

① 자료: 정보통신부

난 이 도 상 ⟨중⟩ 하
반복학습 ① ② ③

▶ 합격 강의

作업파일 '한글 2022' 프로그램의 '새 문서'를 열어 작업하세요.

① 한글 2022 프로그램의 새 문서를 열고 [도구] 도구 상자의 환경 설정(⚙)을 클릭하세요.

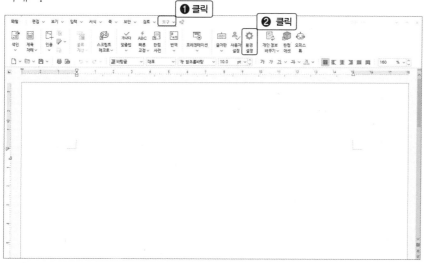

② [환경 설정] 대화상자의 [편집] 탭과 [파일] 탭에서 각자 편한 방법으로 설정하세요.

> 🅑 기적의 TIP
>
> • [편집] 탭에서 편집의 확인하고 끝내기 : 체크 해제, 맞춤법 도우미 작동 : 체크
> • [파일] 탭에서 복구용 임시 파일 자동 저장의 무조건 자동 저장 : 체크 해제

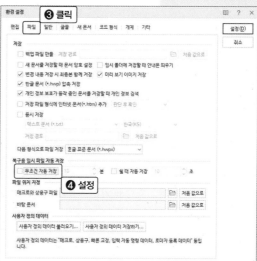

③ [기타] 탭의 실시간 검색을 클릭하고, 영한엣센스 : 체크 해제, 민중국어사전 : 체크 해제를 지정한 후 [실시간 검색 설정]과 [환경 설정] 대화상자에서 [설정]을 클릭하세요.

④ [보기] 도구 상자에서 그림과 같이 지정하세요.

⑤ [서식] 도구 상자에서 바탕글의 기본 설정을 확인하세요.

⑥ [쪽] 도구 상자의 편집 용지(📄)를 클릭한 후, [편집 용지] 대화상자의 [기본] 탭에서 용지 종류 : A4(국배판) [210mm×297mm], 용지 방향 : 세로(▤)를 확인하고, 용지 여백에서 왼쪽·오른쪽 : 20mm, 위쪽·아래쪽·머리말·꼬리말 : 10mm, 제본 : 0mm 입력 후 [설정]을 클릭하세요.

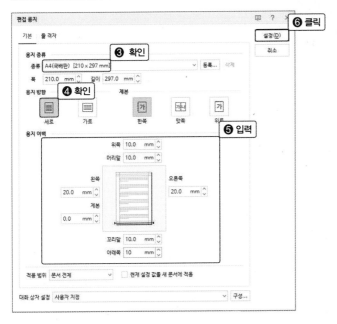

📖 기적의 TIP

'바탕글' 스타일은 함초롬바탕, 10pt, 줄 간격 160%로 되어 있습니다. 바탕글 스타일이 다르다면 F6을 눌러 수정해 주세요.

📖 기적의 TIP

[편집 용지] 단축키 : F7

➕ 더 알기 TIP

[보기]–[쪽 윤곽(▢)]이 선택되어 있다면 머리말, 꼬리말, 쪽 번호 등을 편집 화면에서 확인할 수 있습니다.

⑦ Alt + S 를 눌러 [다른 이름으로 저장하기] 대화상자에서 [내 PC₩바탕 화면] 폴더를 선택하고 파일 이름 : 대표 기출 따라하기, 파일 형식 : 한글 문서 (*.hwp)를 선택한 후 [저장]을 클릭하세요.

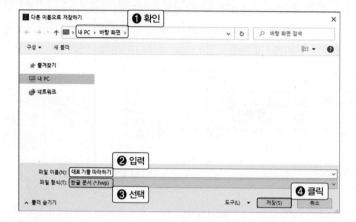

➕ 더 알기 TIP

한글 2022 프로그램의 기본 확장자는 '.hwpx'입니다. 시험 문제의 확장자는 '.hwp'이지만 확장자별로 연습을 하는 데에 차이는 없습니다.

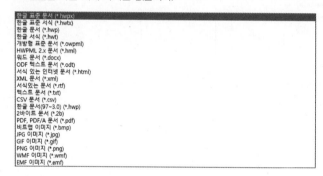

▶ 합격 강의

작업파일 앞에서 저장한 문서를 열고 내용을 입력하세요.

① 글상자, 표, 차트를 제외한 모든 내용을 먼저 입력해야 합니다. 우선 첫 번째 개요의 내용과 표 제목을 입력하세요.

> 개요.①
> 최근 스마트폰을 별도로 구입하고 이동통신서비스(Mobile Communication Services)② 가입을 개별로 하는③
> 자급제 폰 시장이 급속도로 커지는 추세이다. 통신 업계에 따르면 최신 프리미엄(Premium)④ 스마트폰의
> 경우 지난해까지만 해도 10%⑤ 미만에 그쳤던 자급제(Self-Sufficiency System)⑥ 판매 비중이 20%를⑦ 넘어
> 선 것으로 알려졌다. 소비자(消費者)⑧ 5명 중 1명인 셈이다.⑨
> ⑩
> 자급제 이용 현황.⑪
> ⑫
> ⑬

🎯 기적의 TIP

• 실습 파일 폴더에 있는 '대표 기출 따라하기.hwp' 파일은 내용 입력을 건너뛰고 세부지시사항을 연습할 수 있는 파일입니다.

• 처음 워드프로세서 실기 시험을 준비 중이라면 내용 입력 단계부터 차근차근 따라해 보세요.

① 스타일(개요 1)의 번호는 입력하지 말고 제목만 입력한 후 **Enter** 를 누르세요.

② **한/영** 키를 누르고 영문을 입력하세요. 영문 대문자는 **Shift** 를 함께 누르면 입력할 수 있습니다.

③ 줄이 바뀌어서 넘어가더라도 문단의 끝이 아니면 **Enter** 를 누르지 않습니다. 신경쓰지 말고 쭉 이어서 입력해 주세요.

④ **한/영** 키를 누르고 영문을 입력하세요. **Shift** + **P** 를 눌러 대문자를 입력하세요.

⑤ %는 별도의 지시가 없으므로 키보드의 **Shift** + **5** 를 눌러 입력하세요.

⑥ **한/영** 키를 누르고 영문을 입력하세요. **Shift** + **S** 를 눌러 대문자를 입력하고, 하이픈은 키보드의 **-** 를 눌러 입력하세요.

⑦ %는 별도의 지시가 없으므로 키보드의 **Shift** + **5** 를 눌러 입력하세요.

⑧ '소비자'를 블록 지정하고 **한자** 키를 눌러 한글과 한자를 함께 입력하세요.

⑨ 문단의 끝이므로 **Enter** 를 누르세요.

⑩ 위의 문단과 표 제목 사이에는 빈 줄이 있어야 하므로 **Enter** 를 누르세요.

⑪ 표 제목을 입력하고 **Enter** 를 누르세요.

⑫ 표를 만들 자리를 **Enter** 를 눌러 비워주세요.

⑬ 표와 아래 문단 사이에 빈 줄이 있어야 하므로 **Enter** 를 누르세요.

한자 입력하기

한자로 변환할 '소비자'를 블록 지정하거나 '소비자' 뒤에 커서를 두고 ⊞ 또는 F9 를 누르세요.
[한자로 바꾸기] 대화상자에서 문제와 동일한 한자를 선택하고 입력 형식 : 한글(漢字)를 선택한 후
[바꾸기]를 클릭하세요.

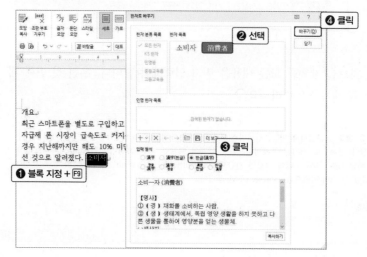

② 두 번째 개요의 내용을 입력하세요.

> 가성비 원하는 소비자.①
> 국내 휴대폰(Mobile Phone)② 유통구조에 익숙한 소비자들에게 자급제 폰 사용은 불편할 수밖에 없다.③ 공기
> 계(Unlocked Phone) 형태로 판매(販賣)④되는 단말기를 별도로 구입한 후 휴대폰 대리점(Agency)에서 이동
> 통신서비스를 따로 가입(Join)해야 하는 번거로움이 있기 때문이다.⑤
> 제조사(Manufacturer) 입장에서도 자급제 폰 확산은 긍정적(Positive)이다. 통신사에게만 의존해왔던 단말
> 기 유통채널(Distribution Channel)이 확대되기 때문이다. 또 자급제 폰 시장은 단말기유통법에서도 제외
> 되어 보다 자유로운 할인(Discount) 판매가 가능하다.⑥
> ⑦

① 스타일(개요 1)의 번호는 입력하지 말고 제목만 입력한 후 Enter 를 누르세요.

② 한/영 키를 누르고 영문을 입력하세요.

③ 줄이 바뀌어서 넘어가더라도 문단의 끝이 아니면 Enter 를 누르지 않습니다.

④ '판매'를 블록 지정하고 ⊞ 키를 눌러 한글과 한자를 함께 입력하세요.

⑤ 문단의 끝이므로 Enter 를 누르세요.

⑥ 문단의 끝이므로 Enter 를 누르세요.

⑦ 위의 문단과 아래 문단 사이에는 빈 줄이 있어야 하므로 Enter 를 누르세요.

🅑 기적의 TIP

영문 대문자는 Shift 를 함께
누르면 입력할 수 있습니다.

🅑 기적의 TIP

[한자로 바꾸기] 단축키 : F9

③ 세 번째 개요의 내용을 입력하세요.

서비스 경쟁으로 전환.①
이동통신사에게 자급제 폰 시장 확대(Extension)②는 부담이다. 당장 단말기 판매 매출(Sale)이 줄어들 수밖에 없는 데다. 이동통신시장의 주도권(Initiative)이 제조사에게 넘어갈 수 있다는 점에서 달갑지 않은 일이③
다.④
자급제 폰 시장(Market)이 커지면 통신3사는 서비스나 요금으로 경쟁(Competition)해야 하는 상황에 처할 수밖에 없다. 여기에 S사까지 스마트폰 시장에서 철수(Withdraw)하면서 통신사와 제조사 사이 '갑을관계'⑤
가 완전히 역전(逆轉)⑥되는 상황도 배제(Exclusion)할 수 없는 형편이다.⑦
이동통신업계 관계자는 "젊은 층 중심으로 불편하더라도 저렴하면서 약정도 구애받지 않는 자급제 가입자(Member)가 빠르게 늘고 있다"며⑧ "이동통신사들은 단말 중심 경쟁에서 서비스 경쟁을 해야 하는 상황에 놓이게 된 것"이라고 말했다.⑨
⑩

① 스타일(개요 1)의 번호는 입력하지 말고 제목만 입력한 후 **Enter** 를 누르세요.
② **한/영** 키를 누르고 영문을 입력하세요.
③ 줄이 바뀌어서 넘어가더라도 문단의 끝이 아니면 **Enter** 를 누르지 않습니다.
④ 문단의 끝이므로 **Enter** 를 누르세요.
⑤ "는 별도의 지시가 없으므로 키보드의 **'** 눌러 입력하세요.
⑥ '역전'을 블록 지정하고 **한자** 키를 눌러 한글과 한자를 함께 입력하세요.
⑦ 문단의 끝이므로 **Enter** 를 누르세요.
⑧ ""는 별도의 지시가 없으므로 키보드의 **Shift**+**'** 눌러 입력하세요.
⑨ 문단의 끝이므로 **Enter** 를 누르세요.
⑩ 위의 문단과 아래 문단 사이에는 빈 줄이 있어야 하므로 **Enter** 를 누르세요.

④ 참고문헌의 내용을 입력하세요.

◆①Reference.②
③
McLuhan, R., & Aydlin, S. (2016). Mobile phone marketing. Marketer, 13(2), 74-76.④⑤

① 'Reference' 앞에 커서를 두고 [문자표] 대화상자에서 ◆를 찾아 입력한 후, **Space Bar** 를 눌러 띄어쓰기 한 칸을 입력하세요.
② **한/영** 키를 누르고 영문을 입력하세요.
③ 마침표(.)와 쉼표(,)를 잘 구분해서 내용을 입력하세요.
④ 하이픈은 키보드의 **-** 를 눌러 입력하세요.
⑤ 마지막 문단에서는 **Enter** 를 누르지 않습니다.

F 기적의 TIP

문제에 '전각기호'로 입력하라는 지시사항이 있는 문자는 키보드로 입력하면 안 됩니다.

F 기적의 TIP

[문자표] 단축키 : **Ctrl**+**F10**

전각기호 입력하기

전각기호를 입력할 곳에 커서를 두고 **Ctrl**+**F10**을 누른 후, [문자표] 대화상자에서 [훈글(HNC) 문자표] 탭의 문자 영역 : 전각 기호(일반), ◆를 선택하고 [넣기]를 클릭하세요.

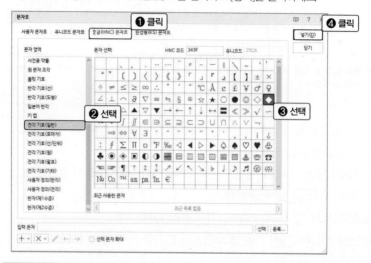

⑤ 다단 설정을 해야 하는 표 제목 앞에 커서를 두고 [쪽] 도구 상자의 단(▦)을 클릭한 후, [단 설정] 대화상자에서 자주 쓰이는 모양 : 둘(▦), 구분선 넣기 : 체크, 종류 : 실선(━━), 굵기 : 0.12mm, 간격 : 8mm, 적용 범위 : 새 다단으로를 지정하고 [설정]을 클릭하세요.

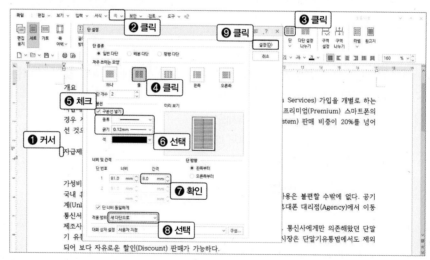

⑥ 표를 입력하기 위해 표 제목 아래 줄에 커서를 놓고, [입력] 도구 상자의 표(▦)
를 클릭하고 [표 만들기] 대화상자에서 줄/칸의 줄 개수 : 6, 칸 개수 : 4, 글자처
럼 취급 : 체크를 지정하고 [만들기]를 클릭하세요.

🅱 기적의 TIP

[표 만들기] 단축키 :
Ctrl+N,T

🅱 기적의 TIP

[입력]의 ▦를 클릭한 후, 표
의 줄 수와 칸 수를 드래그하
여 만들 수도 있습니다.

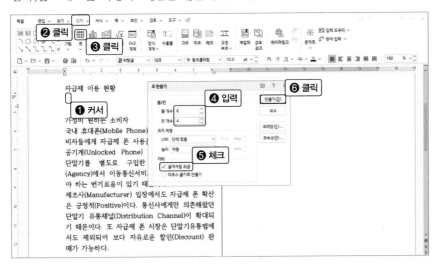

➕ 더 알기 TIP

다단 설정을 하기 전에 표부터 만들면 표가 1단 넓이로 만들어집니다. 2단 설정을 하기 전에 표
를 만들고 싶다면 [표 만들기] 대화상자에서 크기 지정의 너비 : 임의 값, 79.0mm, 높이 : 임의 값,
33.5mm를 입력한 후 [만들기]를 클릭하세요. 표의 너비와 높이는 문제지의 범위 안에만 해당되면
됩니다.

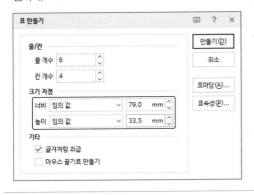

⑦ 표의 내용을 직접 입력하고, Ctrl+↓를 한 번 눌러 표 높이가 문제의 범위 안에 들어가도록 해주세요.

확인

구분	자급제 사용자	전체 가입자	비중
2022	38.33	556	6.89
2023	44.58	562	7.93
2024	48.22	591.2	8.59
2025	53.49	560.7	9.54
합계			

⑧ Alt+S를 눌러 문서를 저장하세요.

세부지시사항

▶ 합격 강의

난 이 도 상 중 하
반복학습 1 2 3

작업파일 앞에서 저장한 문서를 열고 내용을 입력하세요.

세부지시사항 **01** │ **쪽 테두리**

- 선의 종류 및 굵기 : 이중 실선 0.5mm, 모두
- 위치 : 쪽 기준, 왼쪽 · 오른쪽 · 위쪽 · 아래쪽 모두 5mm

---

① [쪽] 도구 상자의 쪽 테두리/배경(▣)을 클릭한 후, [쪽 테두리/배경] 대화상자의
[테두리] 탭에서 선 모양 바로 적용 : 체크 해제, 테두리 종류 : 이중 실선(━━),
굵기 : 0.5mm, 미리 보기 : 모두(▣), 위치 : 쪽 기준, 왼쪽·오른쪽·위쪽·아래
쪽 : 5.00mm를 지정하고 [설정]을 클릭하세요.

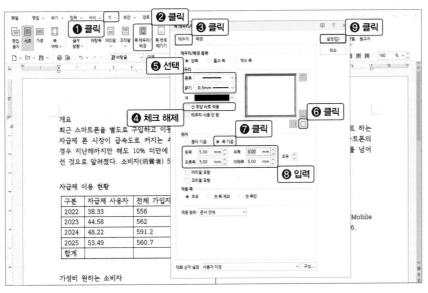

② Alt + S 를 눌러 문서를 저장하세요.

- 크기 : 너비 170mm, 높이 24mm, 크기 고정
- 위치 : 본문과의 배치 – 자리 차지, 가로 – 종이의 가운데 0mm, 세로 – 종이의 위 20mm
- 바깥 여백 : 아래쪽 8mm
- 선 속성 : 검정(RGB:0,0,0), 실선 0.2mm
- 색 채우기 : 초록(RGB:40,155,110) 80% 밝게

기적의 TIP

처음에 만들어지는 글상자의 크기와 위치는 책과 달라도 됩니다.

① [입력] 도구 상자의 가로 글상자(▤)를 클릭한 후, 마우스 포인터가 십자(╋) 모양으로 변하면 마우스를 드래그하거나 클릭하여 글상자를 만드세요.

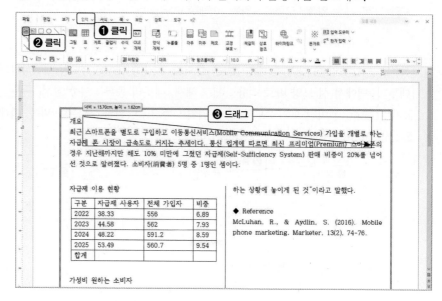

② 글상자를 더블 클릭한 후, [개체 속성] 대화상자의 [기본] 탭에서 너비 : 170mm, 높이 : 24mm, 크기 고정 : 체크, 본문과의 배치 : 자리 차지(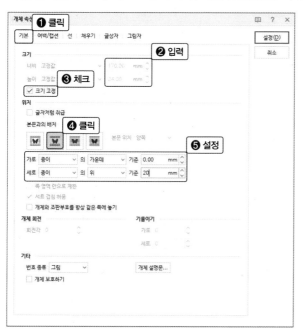), 가로 : 종이의 가운데 기준 0mm, 세로 : 종이의 위 기준 20mm를 지정하세요.

🅑 기적의 TIP

[개체 속성] 단축키 :
Ctrl + N, K

🅑 기적의 TIP

'크기 고정'을 체크하면 너비와 높이가 비활성화 됩니다. 크기를 변경하고 싶다면 크기 고정을 체크 해제한 후에 수정할 수 있습니다.

③ [여백/캡션] 탭에서 바깥 여백의 아래쪽 : 8mm를 입력하세요.

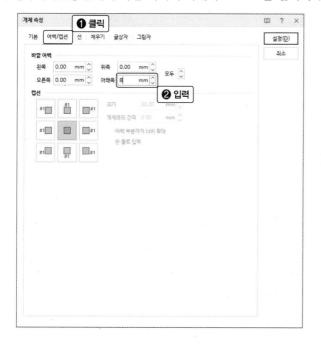

④ [선] 탭에서 색 : 검정(RGB:0,0,0), 종류 : 실선(────), 굵기 : 0.2mm를 지정하세요.

⑤ [채우기] 탭에서 '색'을 선택하고 면 색 : 초록(RGB:40,155,110) 80% 밝게를 지정한 후 [설정]을 클릭하세요.

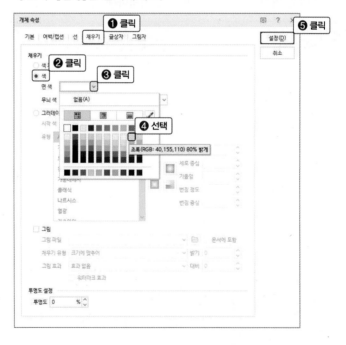

➕ 더 알기 TIP

테마 색상표

- '초록(RGB:40,155,110) 80% 밝게'를 지정하기 위해서 테마 색상표(▷)를 눌러 '기본' 테마로 변경하세요.

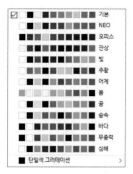

- 시험에는 '기본', 'NEO', '오피스' 테마가 자주 출제됩니다.
- 같은 '노랑' 색이라도 기본 테마의 '노랑(RGB:255,215,0)'과 오피스 테마의 '노랑(RGB:255,255,0)'은 다른 색입니다. 문제의 RGB를 잘 보고 선택해야 합니다.

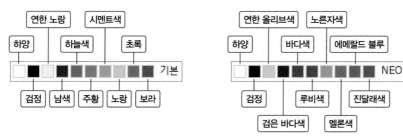

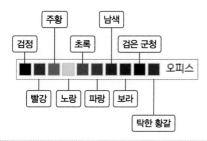

⑥ Alt + S 를 눌러 문서를 저장하세요.

- 제목(1) : 한컴산뜻돋움, 16pt, 장평(105%), 자간(−4%), 진하게, 하늘색(RGB:97,130,214) 50% 어둡게, 가운데 정렬
- 제목(2) : 여백 − 왼쪽(360pt)
- 누름틀 : 입력할 내용의 안내문 : '0000. 0. 0.', 입력 데이터 : '2025. 5. 28.'

① 글상자 안에 커지는 자급제 폰 시장, 작성자: 김동욱 기자, 작성일: 을 입력하세요.

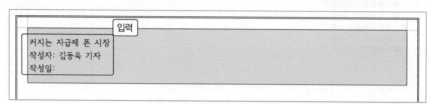

기적의 TIP

장평, 자간, 속성 중 일부는 [서식] 도구 상자에서 설정할 수 없습니다.

② '커지는 자급제 폰 시장'을 블록 지정하고 Alt + L 을 눌러 [글자 모양] 대화상자에서 기준 크기 : 16pt, 글꼴 : 한컴산뜻돋움, 장평 : 105%, 자간 : −4%, 속성 : 진하게(가), 글자 색 : 하늘색(RGB:97,130,214) 50% 어둡게를 지정하고 [설정]을 클릭한 후, [서식] 도구 상자에서 가운데 정렬(틀)을 선택하세요.

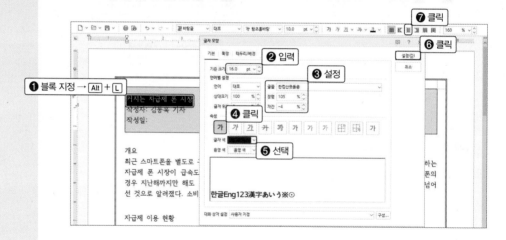

③ 작성일: 뒤에 커서를 두고 [입력]의 ✓를 눌러 [개체]의 필드 입력(⛶)을 클릭한 후, [필드 입력] 대화상자의 [누름틀] 탭에서 입력할 내용의 안내문 : 0000. 0. 0.을 입력하고 [넣기]를 클릭하세요.

🅕 기적의 TIP

[필드 입력] 단축키 :
Ctrl+K, E

🅕 기적의 TIP

'입력할 내용의 안내문'과 '입력 데이터'를 작성할 때에는 문제의 띄어쓰기와 글자에 유의하여 작성해야 합니다.

➕ 더 알기 TIP

[입력] 도구 상자의 누름틀(⛶)을 사용하여 만들면 바로 가기 메뉴의 '누름틀 고치기'에서 입력할 내용의 안내문을 수정해 주어야 합니다.

④ 안내문 '0000. 0. 0.'을 클릭하여 『』로 바뀌면 2025. 5. 28.을 입력하세요.

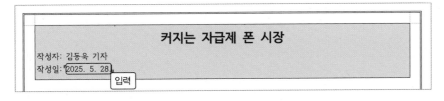

⑤ 제목(2)를 블록 지정하고 Alt + T 를 눌러 [문단 모양] 대화상자에서 여백의 왼쪽 : 360pt를 입력하고 [설정]을 클릭하세요.

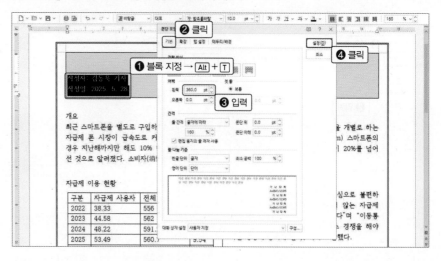

⑥ Alt + S 를 눌러 문서를 저장하세요.

- 경로 : [25]이기적워드실기\그림\핸드폰.TIF, 문서에 포함
- 크기 : 너비 28mm, 높이 18mm
- 위치 : 본문과의 배치 – 글 앞으로, 가로 – 종이의 왼쪽 23mm, 세로 – 종이의 위 23mm
- 회전 : 좌우 대칭

① 제목 앞에 커서를 두고 [입력] 도구 상자의 그림(▦)을 클릭한 후, [그림 넣기] 대화상자에서 '[25]이기적워드실기\그림' 폴더로 이동하세요. 파일 형식을 TIFF (*.tif)로 변경하고 핸드폰.TIF 그림을 클릭한 후, 아래에서 문서에 포함 : 체크하고 나머지는 체크 해제한 후 [열기]를 클릭하세요.

🅑 기적의 TIP

[그림 넣기] 단축키 :
Ctrl + N, I

🅑 기적의 TIP

시험에서 그림의 경로는 C:\WP 폴더입니다. 세부지시사항을 잘 보고 경로를 찾으면 됩니다.

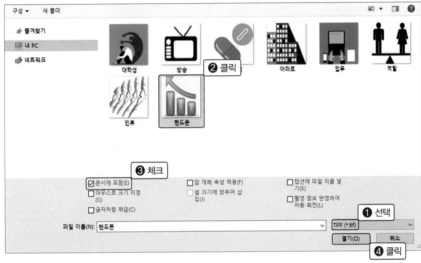

➕ 더 알기 TIP

그림 모양이 같거나 이름이 같은 파일도 형식이 다를 수 있습니다. 시험에서는 그림 형식까지 채점되므로 파일 형식을 변경하고 찾으면 더 정확합니다.

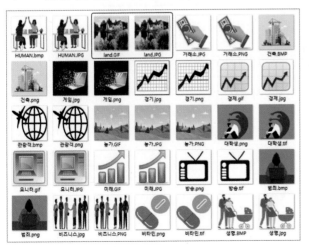

② 그림을 더블 클릭하여 [개체 속성] 대화상자의 [기본] 탭에서 너비 : 28mm, 높이 : 18mm, 본문과의 배치 : 글 앞으로(▦), 가로 : 종이의 왼쪽 기준 23mm, 세로 : 종이의 위 기준 23mm를 지정하고 [설정]을 클릭하세요.

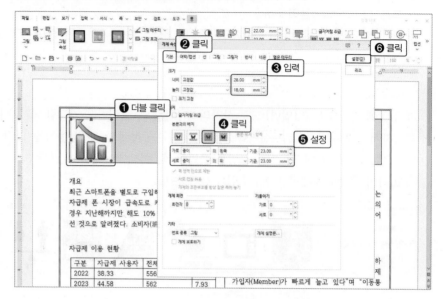

③ 그림을 클릭하고 그림(▣) 도구 상자의 회전(◎)을 누른 후, 좌우 대칭(▣)을 클릭하세요.

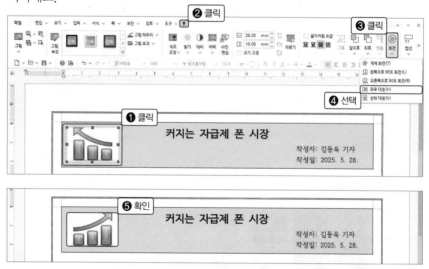

④ Alt + S 를 눌러 문서를 저장하세요.

- 개요 1(수정) : 여백 – 왼쪽(0pt), 한컴 윤고딕 740, 11pt, 진하게
- 개요 2(수정) : 여백 – 왼쪽(15pt)
- 표제목(등록) : 스타일 이름 – 표제목, 스타일 종류 – 문단, 가운데 정렬, 한컴돋움, 진하게
- 참고문헌 1(등록) : 스타일 이름 – 참고문헌 1, 스타일 종류 – 문단, 내어쓰기(20pt)
- 참고문헌 2(등록) : 스타일 이름 – 참고문헌 2, 스타일 종류 – 글자, 그림자

① '개요' 앞에 커서를 두고 F6을 눌러 [스타일] 대화상자를 여세요.

🅱 기적의 TIP

[스타일] 단축키 : F6

② [스타일] 대화상자에서 '개요 1'을 선택한 후, 스타일 편집하기(✏)를 클릭하세요. [스타일 편집하기] 대화상자에서 문단 모양을 클릭하고, [문단 모양] 대화상자의 [기본] 탭에서 여백의 왼쪽 : 0pt를 지정한 후 [설정]을 클릭하세요.

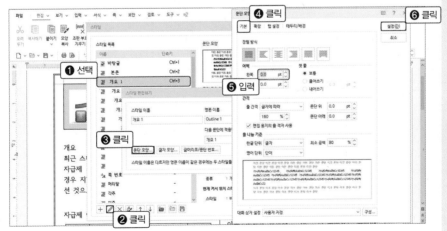

③ [스타일 편집하기] 대화상자에서 글자 모양을 클릭하고, [글자 모양] 대화상자의 [기본] 탭에서 기준 크기 : 11pt, 언어별 설정의 글꼴 : 한컴 윤고딕 740, 속성 : 진하게(가)를 지정한 후 [설정]을 클릭하세요. [스타일 편집하기] 대화상자에서 [설정]을 클릭하세요.

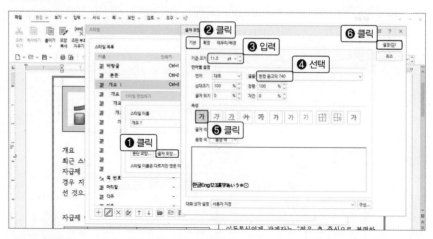

➕ 더 알기 TIP

문단 모양과 글자 모양은 스타일 목록에서 이름을 클릭하고 오른쪽 '문단 모양 정보', '글자 모양 정보'의 설정에서 수정할 수도 있습니다.

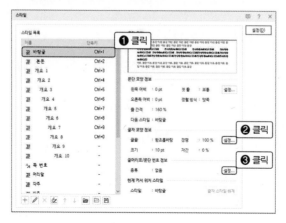

④ [스타일] 대화상자에서 '개요 2'를 선택한 후, 스타일 편집하기(✏)를 클릭하세요. [스타일 편집하기] 대화상자에서 문단 모양을 클릭하고, [문단 모양] 대화상자의 [기본] 탭에서 여백의 왼쪽 : 15pt를 지정한 후 [설정]을 클릭하세요. [스타일 편집하기] 대화상자에서 [설정]을 클릭하세요.

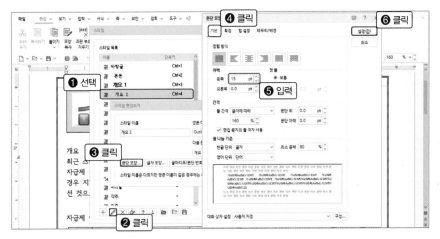

⑤ [스타일] 대화상자에서 스타일 추가하기(+)를 클릭하세요. [스타일 추가하기] 대화상자에서 스타일 이름 : 표제목, 스타일 종류 : 문단을 지정하고, 문단 모양을 클릭하세요. [문단 모양] 대화상자의 [기본] 탭에서 정렬 방식 : 가운데 정렬(☰)을 선택한 후 [설정]을 클릭하세요.

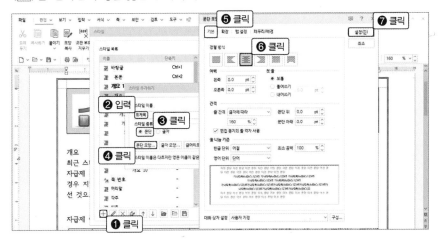

🅱 기적의 TIP

'표제목'의 가운데 정렬은 반드시 [문단 모양] 대화상자에서 지정해야 하며, [서식] 도구 상자에서 지정하면 감점되니 주의하세요.

⑥ [스타일 추가하기] 대화상자에서 글자 모양을 클릭하고, [글자 모양] 대화상자의 [기본] 탭에서 언어별 설정의 글꼴 : 한컴돋움, 속성 : 진하게(⑰)를 지정한 후 [설정]을 클릭하세요. [스타일 추가하기] 대화상자에서 [추가]를 클릭하세요.

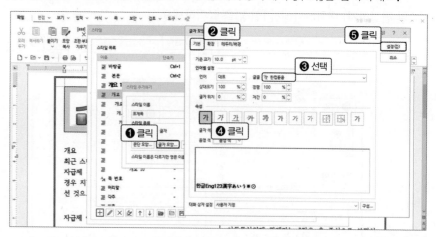

⑦ [스타일] 대화상자에서 스타일 추가하기(⊞)를 클릭하세요. [스타일 추가하기] 대화상자에서 스타일 이름 : 참고문헌 1, 스타일 종류 : 문단을 지정하고, 문단 모양을 클릭하세요. [문단 모양] 대화상자의 [기본] 탭에서 첫 줄의 내어쓰기 : 20pt를 지정한 후 [설정]을 클릭하세요. [스타일 추가하기] 대화상자에서 [추가]를 클릭하세요.

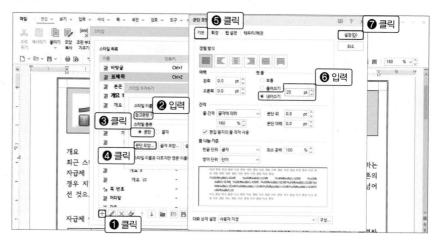

⑧ [스타일] 대화상자에서 스타일 추가하기(⊞)를 클릭하세요. [스타일 추가하기] 대화상자에서 스타일 이름 : 참고문헌 2, 스타일 종류 : 글자를 지정하고, 글자 모양을 클릭하세요. [글자 모양] 대화상자의 [기본] 탭에서 속성 : 그림자(가)를 선택한 후 [설정]을 클릭하세요. [스타일 추가하기] 대화상자에서 [추가]를 클릭하세요.

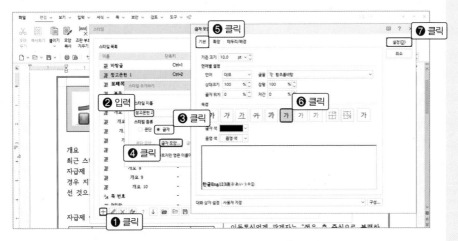

⑨ [스타일] 대화상자에서 '개요 1'을 선택한 후 [설정]을 클릭하세요. '개요' 글자 앞에 '1.'이 자동으로 생기면서 '개요 1' 스타일이 지정된 것을 확인하세요.

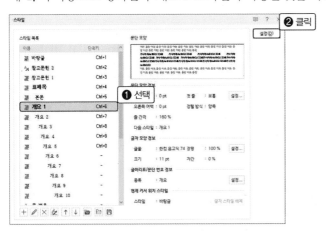

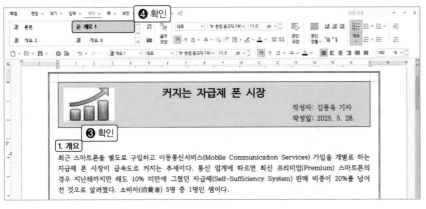

처음에 '개요' 앞에 커서를 두고 [스타일] 대화상자를 열었기 때문에 '개요' 글자에 '개요 1' 스타일을 바로 지정할 수 있습니다. 만약 다른 곳에 커서를 두고 스타일을 만들어서 스타일이 다른 글자에 잘못 지정되었다면, Ctrl+1을 눌러 '바탕글' 스타일로 변경한 후 다시 스타일을 지정할 수 있습니다.

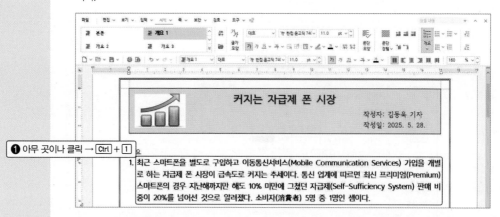

❶ 아무 곳이나 클릭 → Ctrl + 1

⑩ '가성비 원하는 소비자'와 '서비스 경쟁으로 전환' 앞에 커서를 두고 [서식] 도구상자의 자세히(⌄)를 눌러 개요 1을 선택하거나 Ctrl + 6 을 눌러 스타일을 지정하세요.

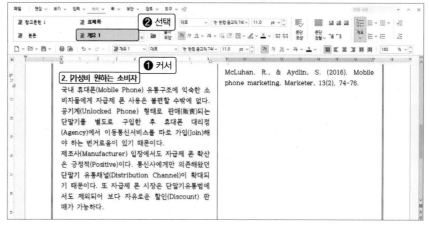

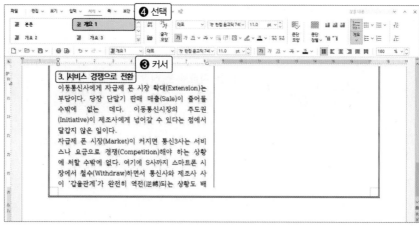

각 스타일의 단축키는 [스타일] 대화상자의 스타일 목록에서 이름과 함께 확인할 수 있습니다.

⑪ '개요 2' 스타일에 해당하는 문장들을 블록 지정하고 [서식] 도구 상자의 자세히 (⌄)를 눌러 개요 2를 선택하거나 Ctrl + 7 을 눌러 스타일을 지정하세요.

⑫ '자급제 이용 현황' 앞에 커서를 두고 [서식] 도구 상자의 자세히(☒)를 눌러 표제목을 선택하거나 Ctrl + 4 를 눌러 스타일을 지정하세요.

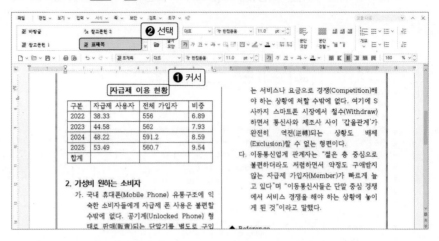

⑬ 'McLuhan,' 앞에 커서를 두고 [서식] 도구 상자의 자세히(☒)를 눌러 참고문헌 1을 선택하거나 Ctrl + 3 을 눌러 스타일을 지정하세요.

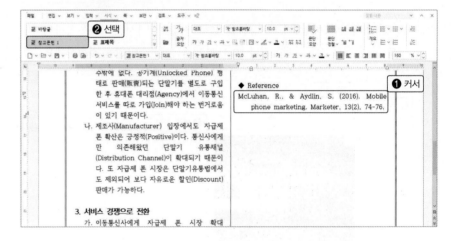

⑭ 'Marketer, 13'을 블록 지정하고 [서식] 도구 상자의 자세히(⌄)를 눌러 참고문헌 2를 선택하거나 Ctrl + 2 를 눌러 스타일을 지정하세요.

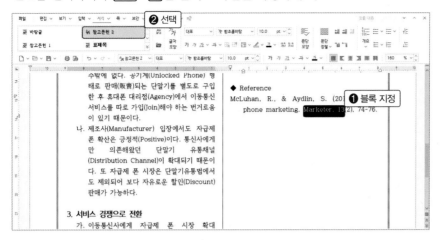

➕ 더 알기 TIP

• 글자에 적용된 스타일은 해당 문단에서 Ctrl + 1 을 아무리 눌러도 해제되지 않습니다. 스타일을 변경하고 싶은 부분을 블록 지정한 후 F6 을 눌러 오른쪽 하단의 글자 스타일 해제를 선택하고 [설정]을 클릭하세요.

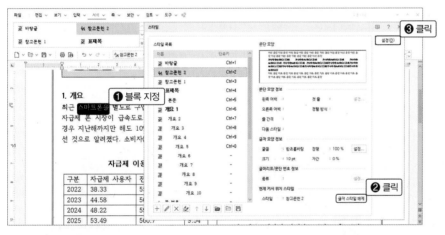

• '글자 스타일 해제'를 하지 않고 바탕글처럼 '함초롬바탕, 10pt, 검정, 속성 없음'으로 변경한다고 해도 스타일은 없어지지 않으므로 꼭 글자 스타일 해제로 변경해야 합니다.

⑮ Alt + S 를 눌러 문서를 저장하세요.

- 모양 : 3줄, 글꼴 : 한컴산뜻돋움, 면 색 : 노랑(RGB:255,215,0), 본문과의 간격 : 3mm
- 글자 색 : 하늘색(RGB:97,130,214) 50% 어둡게

① '최' 앞에 커서를 두고 [서식] 도구 상자의 문단 첫 글자 장식(갤)을 클릭한 후, [문단 첫 글자 장식] 대화상자에서 모양 : 3줄(갤), 글꼴/테두리의 글꼴 : 한컴산뜻돋움, 면 색 : 노랑(RGB:255,215,0), 본문과의 간격 : 3mm를 지정하고 [설정]을 클릭하세요.

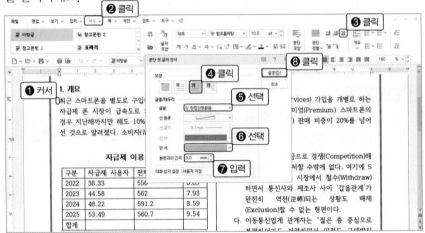

② '최'를 블록 지정하고 글자 색(갤)에서 하늘색(RGB:97,130,214) 50% 어둡게를 선택하세요.

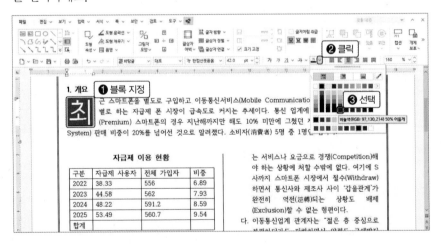

③ Alt + S 를 눌러 문서를 저장하세요.

글자 모양 : 맑은 고딕, 번호 모양 : 아라비아 숫자 원문자

① 각주를 입력할 곳에 커서를 두고 [입력] 도구 상자의 각주(□)를 클릭하거나 Ctrl + N, N을 누른 후, '1) ' 뒤에 자료: 정보통신부를 입력하세요.

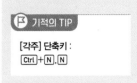

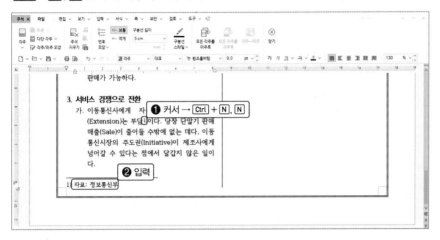

② [주석] 도구 상자의 각주/미주 모양(✏)을 클릭한 후, 번호 모양 : ①,②,③을 선택하고 [설정]을 클릭하세요.

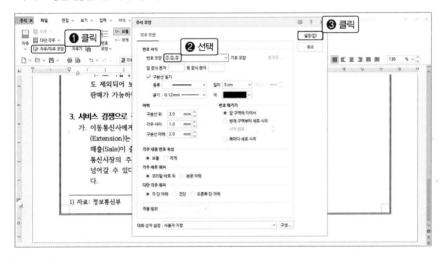

③ '① 자료: 정보통신부'를 블록 지정 후, [서식] 도구 상자에서 글꼴 : 맑은 고딕을 지정하고 [주석] 도구 상자에서 닫기(⊗)를 눌러 영역을 빠져나오세요.

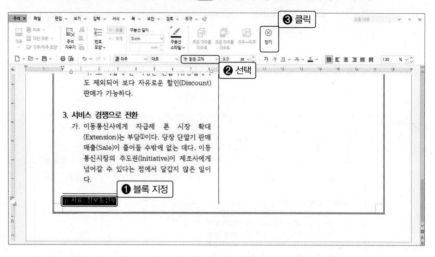

④ Alt + S 를 눌러 문서를 저장하세요.

- 크기 : 너비 78mm~80mm, 높이 33mm~34mm
- 위치 : 글자처럼 취급
- 전체 행 : 셀 높이를 같게
- 모든 셀의 안 여백 : 왼쪽·오른쪽 2mm
- 테두리 : 표 안쪽은 실선(0.12mm), 표 바깥의 위쪽과 아래쪽은 실선(0.4mm), 표 바깥의 왼쪽과 오른쪽은 없음, 합계 행 위쪽은 이중 실선(0.5mm)
- 제목 행 : 셀 배경 색 – 보라(RGB:157,92,187) 25% 어둡게, 글자 모양 – 한컴 윤고딕 760, 하양(RGB:255,255,255)
- 합계 행 : 셀 배경 색 – 하양(RGB:255,255,255) 15% 어둡게, 글자 모양 – 진하게
- 문단의 정렬 방식 : 가운데 정렬

① 표 안에서 F5를 3번 눌러 표 전체에 블록이 지정되어 있는 상태에서 P를 눌러 [표/셀 속성] 대화상자를 열고, [기본] 탭에서 너비 : 78mm~80mm, 높이 : 33mm~34mm, 글자처럼 취급 : 체크를 확인한 후, [표] 탭에서 모든 셀의 안 여백의 왼쪽 : 2mm, 오른쪽 : 2mm를 지정하고 [설정]을 클릭하세요.

> **기적의 TIP**
>
> [여백/캡션] 탭의 바깥 여백은 수정하지 마세요.

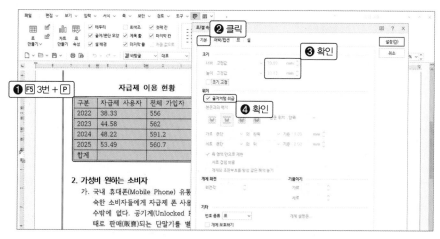

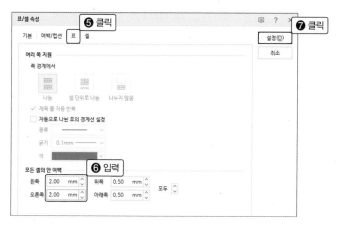

② 블록이 지정되어 있는 상태에서 [H]를 눌러 셀 높이를 같게 설정하세요.

구분	자급제 사용자	전체 가입자	비중
2022	38.33	556	6.89
2023	44.58	562	7.93
2024	48.22	591.2	8.59
2025	53.49	560.7	9.54
합계			●

③ 블록이 지정되어 있는 상태에서 [L]을 눌러 [셀 테두리/배경] 대화상자를 여세요. [테두리] 탭에서 선 모양 바로 적용 : 체크 해제, 종류 : 실선([━━]), 굵기 : 0.4mm, 미리 보기 : 위쪽 테두리([⊞]), 아래쪽 테두리([⊞])를 선택하세요.

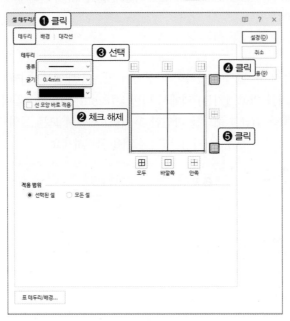

④ 나머지 테두리를 지정하기 위해 테두리의 종류 : 없음([▱]), 미리 보기 : 왼쪽 테두리([⊞]), 오른쪽 테두리([⊞])를 선택하고 [설정]을 클릭하세요.

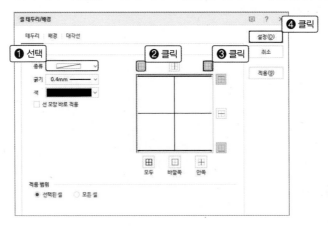

⑤ 제목 행을 블록 지정하고 [표 디자인(⊞)] – [표 채우기(▧)]에서 보라(RGB:157, 92,187) 25% 어둡게를 선택하고, [서식] 도구 상자에서 글꼴 : 한컴 윤고딕 760, 글자 색 : 하양(RGB:255,255,255)을 지정하세요.

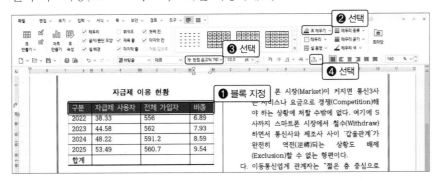

⑥ 합계 행을 블록 지정하고 L을 눌러 [셀 테두리/배경] 대화상자의 [테두리] 탭에서 테두리의 종류 : 이중 실선(═══), 굵기 : 0.5mm, 미리 보기 : 위쪽 테두리 (▥)를 선택하세요.

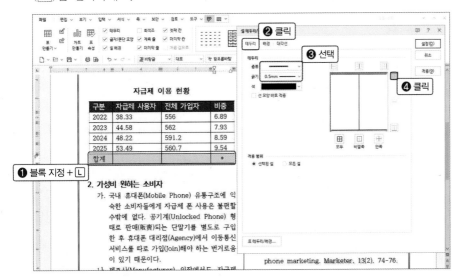

⑦ [배경] 탭에서 면 색 : 하양(RGB:255,255,255) 15% 어둡게를 지정하고 [설정]
을 클릭한 후, [서식] 도구 상자에서 진하게([가])를 지정하세요.

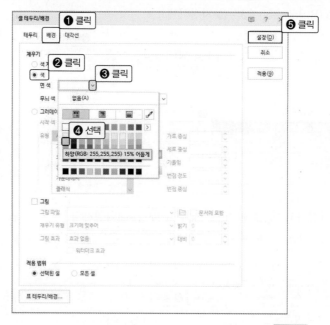

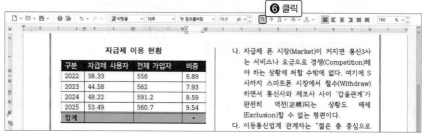

⑧ **Esc**를 눌러 전체 블록을 해제한 후, **Shift**+**Esc**를 누르거나 표 앞이나 뒤를 클
릭하여 커서를 두고 [서식] 도구 상자의 가운데 정렬(≡)을 클릭하세요.

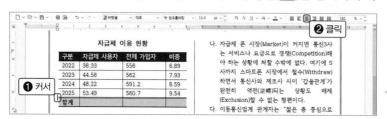

⑨ **Alt**+**S**를 눌러 문서를 저장하세요.

- 블록 계산식 : 표의 합계 행에 블록 계산식을 이용하여 블록 합계 산출
- 표에서 내용의 정렬 방법
  (제목 행과 '합계(평균)' 셀은 가운데 정렬, 나머지는 열 단위를 기준으로 아래와 같이 정렬)
  – 내용의 길이가 서로 다른 문자의 경우 왼쪽 정렬
  – 내용의 길이가 서로 다른 숫자의 경우 오른쪽 정렬
  – 내용의 길이가 서로 같을 경우 문자, 숫자 상관없이 가운데 정렬
- 캡션 : 표 아래에 삽입 후 오른쪽 정렬

① 2열 2행부터 3열 6행까지 블록 지정 후, 바로 가기 메뉴에서 [블록 계산식] – [블록 합계]를 클릭하세요.

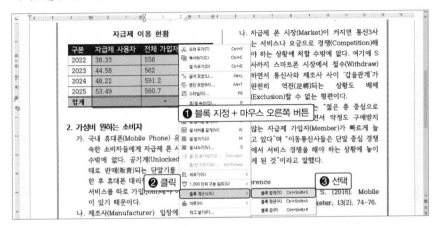

> **기적의 TIP**
>
> - [블록 합계] 단축키 :
>   Ctrl + Shift + S
> - [블록 평균] 단축키 :
>   Ctrl + Shift + A

② 그림과 같이 블록 지정하고 [서식] 도구 상자에서 가운데 정렬(≡)을 선택하세요.

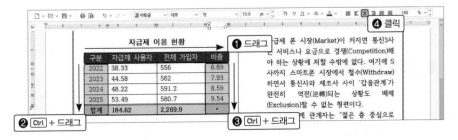

> **기적의 TIP**
>
> 각 열의 정렬이 같으면 한꺼번에 블록 지정 후 정렬해도 됩니다. 같은 정렬인 열이 서로 떨어져 있으면 Ctrl을 누르면서 선택하여 정렬하면 빠르게 설정할 수 있습니다.

③ 2열의 2행부터 3열의 6행까지 블록 지정하고 [서식] 도구 상자에서 오른쪽 정렬(▤)을 선택하세요.

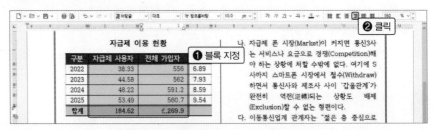

기적의 TIP

캡션을 만들기 위해서 표 테두리를 클릭해도 되지만 표 안에 커서를 둔 상태에서도 만들 수 있습니다.

기적의 TIP

[캡션] 단축키 : Ctrl + N , C

④ 캡션을 만들기 위해 표의 테두리를 클릭하고 [표 레이아웃(▦)]의 캡션(▤)을 클릭한 후 아래를 선택하세요.

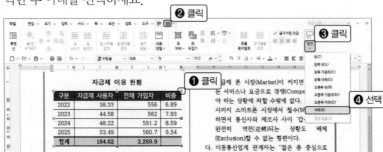

➕ 더 알기 TIP

캡션의 위치가 '오른쪽 아래'인 것과 '표 아래 삽입 후 오른쪽 정렬'인 것은 다릅니다.

• 오른쪽 아래

구분	자급제 사용자	전체 가입자	비중
2022	38.33	556	6.89
2023	44.58	562	7.93
2024	48.22	591.2	8.59
2025	53.49	560.7	9.54
합계	184.62	2,269.9	

표 1

• 표 아래 삽입 후 오른쪽 정렬

구분	자급제 사용자	전체 가입자	비중
2022	38.33	556	6.89
2023	44.58	562	7.93
2024	48.22	591.2	8.59
2025	53.49	560.7	9.54
합계	184.62	2,269.9	

표 1

⑤ 자동 입력되어 있는 '표 1'을 블록 지정하고 (단위: 십만 대, %)를 입력한 후, [서식] 도구 상자에서 오른쪽 정렬(▤)을 선택하세요.

구분	자급제 사용자	전체 가입자	비중
2022	38.33	556	6.89
2023	44.58	562	7.93
2024	48.22	591.2	8.59
2025	53.49	560.7	9.54
합계	4.62	2,269.9	

❶ 블록 지정

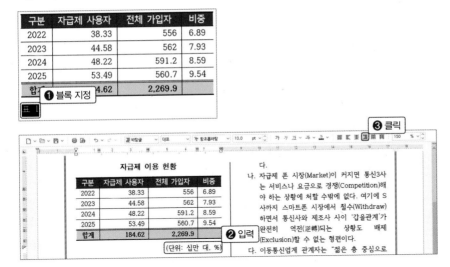

❸ 클릭

❷ 입력

⑥ Alt + S 를 눌러 문서를 저장하세요.

- 차트의 모양 : 2차원 원형, 차트 계열색 : 색상 조합 색2
- 데이터 레이블 : 백분율(%), 바깥쪽 끝에
- 차트의 크기 : 너비 80mm, 높이 70mm, 크기 고정
- 위치 : 본문과의 배치 – 자리 차지, 가로 – 단의 가운데 0mm, 세로 – 문단의 위 0mm
- 바깥 여백 : 위쪽 5mm, 아래쪽 7mm
- 제목의 글꼴 설정 : 함초롬돋움, 진하게
- 데이터 레이블, 범례의 글꼴 설정 : 9pt
- 표의 아래 단락에 배치

① 문제의 차트를 보고 차트에 사용될 데이터를 블록 지정하고 [입력] 도구 상자의 차트(📊)에서 원형 : 2차원 원형(◐)을 선택한 후, [차트 데이터 편집] 대화상자에서 데이터에 이상이 없으면 [닫기(✖)]를 클릭하세요.

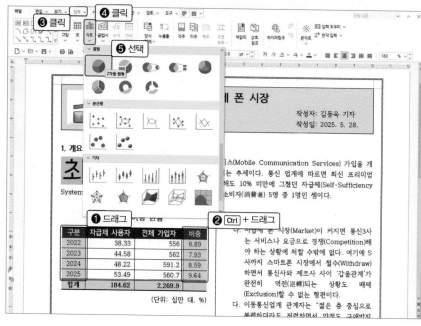

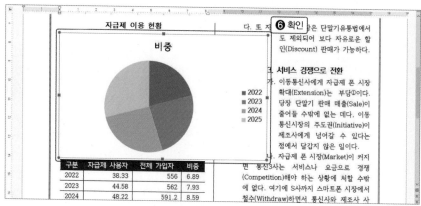

원형 차트에서 데이터가 백분율로 나오면 어떤 데이터로 차트를 만들었는지 판단하기가 어렵습니다. 그럴 때에는 데이터별로 차례대로 차트를 만든 후 [차트 디자인(📊)]-[차트 레이아웃(🖼)]-[레이아웃3(🔘)]을 눌러 문제의 데이터 레이블 숫자와 동일한 차트를 찾을 수 있어야 합니다.

• 자급제 사용자 데이터 사용

• 전체 가입자 데이터 사용

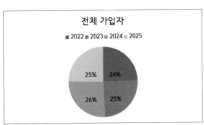

② [차트 디자인(📊)] 도구 상자에서 차트 레이아웃(🖼) : 레이아웃3(🔘), 차트 계열색색 바꾸기(🎨) : 색상 조합, 색2를 선택하세요.

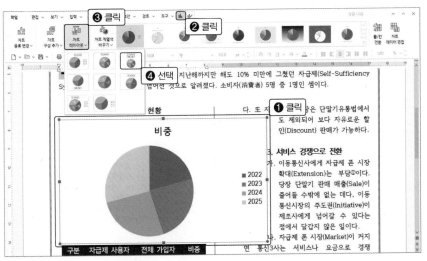

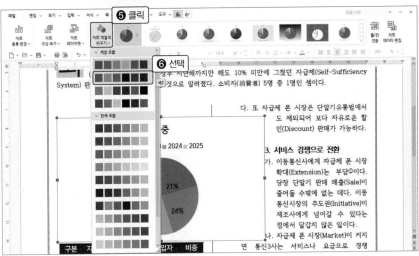

③ 계열 "비중" 데이터 레이블을 더블 클릭하여 [개체 속성] 작업 창에서 데이터 레
　이블 속성의 레이블 내용 : 백분율, 레이블 위치 : 바깥쪽 끝에를 선택하세요.

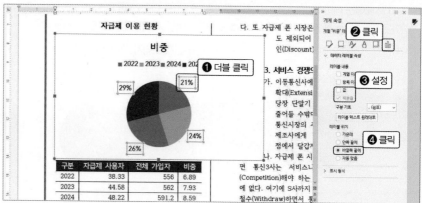

④ '2023'의 조각을 분리하기 위해 천천히 두 번 클릭 후 [개체 속성] 작업 창에서 쪼
　개진 원형 : 5%를 지정하고 [작업 창 닫기(✕)]를 클릭하세요.

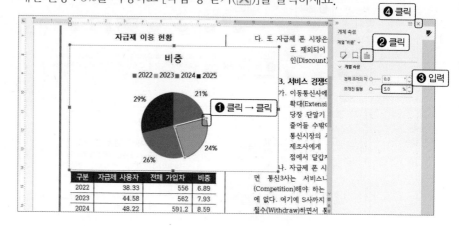

⑤ 차트를 선택하고 P를 눌러 [개체 속성] 대화상자의 [기본] 탭에서 너비 : 80mm, 높이 : 70mm, 크기 고정 : 체크, 위치에서 본문과의 배치 : 자리 차지(▼), 가로 : 단의 가운데 기준 0mm, 세로 : 문단의 위 기준 0mm를 지정하고, [여백/캡션] 탭에서 바깥 여백의 위쪽 : 5mm, 아래쪽 : 7mm를 지정한 후 [설정]을 클릭하세요.

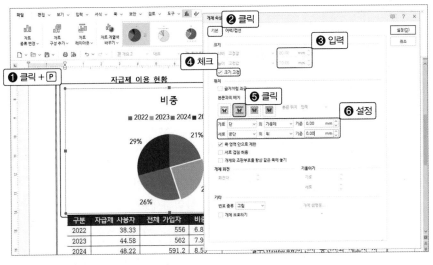

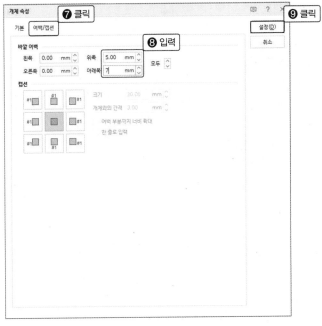

기적의 TIP

차트의 제목이 표의 제목과 동일하다면 차트 제목을 클릭하기 전에 표의 제목을 복사(Ctrl+C)한 후, [차트 글자 모양] 대화상자의 글자 내용에 붙이기(Ctrl+V)하면 편리합니다.

⑥ 차트 제목을 클릭하고 바로 가기 메뉴에서 [제목 편집]을 선택한 후, [차트 글자 모양] 대화상자에서 글자 내용 : 자급제 이용 현황, 한글 글꼴 : 함초롬돋움, 영어 글꼴 : 함초롬돋움, 속성 : 진하게(가)를 지정하고 [설정]을 클릭하세요.

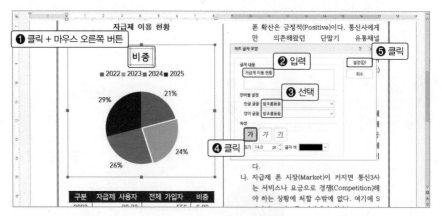

⑦ 범례를 더블 클릭한 후에 [계열 속성] 작업 창에서 범례 속성(ilb)의 범례 위치 : 아래쪽을 선택하고 [작업 창 닫기(X)]를 클릭하세요.

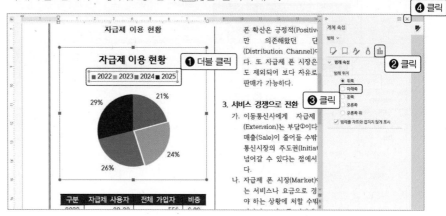

⑧ 계열 "비중" 데이터 레이블의 바로 가기 메뉴에서 [글자 모양 편집]을 클릭하고 [차트 글자 모양] 대화상자에서 크기 : 9pt를 지정한 후, [설정]을 클릭하세요.

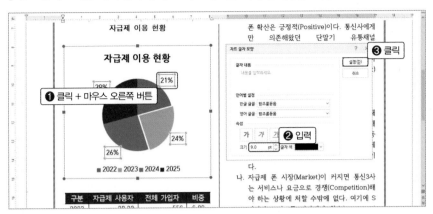

⑨ 범례의 바로 가기 메뉴에서 [글자 모양 편집]을 클릭하고 [차트 글자 모양] 대화상자에서 크기 : 9pt를 지정한 후, [설정]을 클릭하세요.

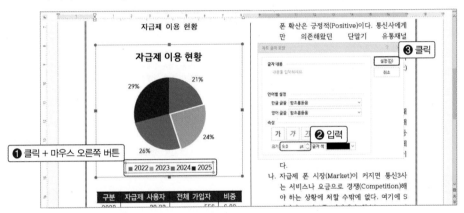

⑩ 차트의 위치를 이동시키기 위해 차트를 선택하고 Ctrl + X 를 눌러 오려 두기를 한 후, 표 아래 줄에 커서를 두고 Ctrl + V 로 붙여넣기를 하세요.

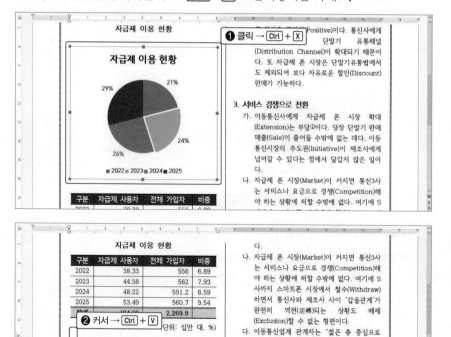

차트와 본문 내용 사이에 빈 줄이 있다면 지워주세요. 표와 차트 사이에 빈 줄 '1개', 차트와 본문 내용 사이에 빈 줄 '0개'를 기억하세요. 차트를 오려 두기(Ctrl + X)한 후에 표와 본문 내용 사이에 빈 줄을 1개 만들고 차트를 붙여넣기(Ctrl + V)하면 정확합니다.

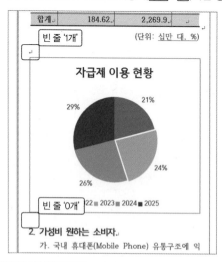

➕ 더 알기 TIP

차트의 위치를 정확하게 알기 위해서는 [보기] 도구 상자의 '문단 부호'와 '조판 부호'에 체크하면 됩니다.

① Alt + S 를 눌러 문서를 저장하세요.

- '십만 대, %'에 하이퍼링크 설정
- 연결 대상 : 웹 주소 – 'https://cafe.naver.com/yjbooks'

[하이퍼링크] 단축키 :
Ctrl + K , H

기적의 TIP

하이퍼링크가 지정된 글자는 자동으로 밑줄이 나타나고, 글자색이 파랑 또는 보라색으로 변경됩니다. 하이퍼링크가 지정된 글자에 마우스를 가져가면 마우스 포인터가 ⬆으로 변합니다.

(단위: 십만 대, %)

① '십만 대, %'를 블록 지정하고 [입력] 도구 상자의 하이퍼링크(🌐)를 클릭한 후, [하이퍼링크] 대화상자에서 표시할 문자열 : 십만 대, %를 확인하고, 연결 대상 : 웹 주소, 웹 주소 : https://cafe.naver.com/yjbooks를 입력한 후 [넣기]를 클릭하세요.

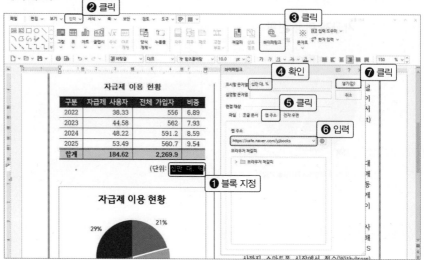

➕ 더 알기 TIP

웹 주소나 이메일 주소 등에 자동으로 하이퍼링크가 지정될 수 있습니다. 문제에 없는 하이퍼링크는 바로 가기 메뉴의 [하이퍼링크 지우기]에서 지울 수 있습니다.

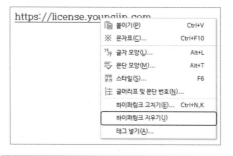

② Alt + S 를 눌러 문서를 저장하세요.

번호 위치 : 오른쪽 아래, 모양 : 아라비아 숫자, 줄표 넣기 선택, 시작 번호 지정

① [쪽] 도구 상자의 쪽 번호 매기기(⊡)를 클릭한 후, [쪽 번호 매기기] 대화상자에서 번호 위치 : 오른쪽 아래, 번호 모양 : 1,2,3, 줄표 넣기 : 체크, 시작 번호 : 3을 지정하고 [넣기]를 클릭하세요.

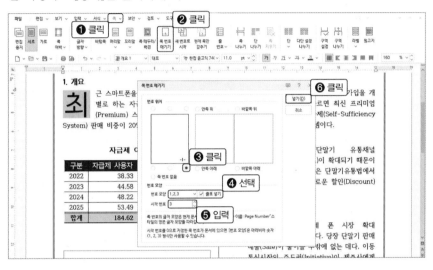

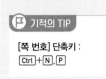

⊞ 기적의 TIP

[쪽 번호] 단축키 :
Ctrl + N , P

⊞ 기적의 TIP

쪽 번호 모양

1,2,3	아라비아 숫자
①,②,③	아라비아 숫자 원문자
I , II , III	로마자 대문자 숫자
i , ii , iii	로마자 소문자 숫자
A,B,C	영문 대문자
가,나,다	한글
一,二,三	한자 숫자
갑,을,병	한글 갑을병
甲,乙,丙	한자 갑을병

➕ 더 알기 TIP

만약 [쪽 번호 매기기] 대화상자에서 시작 번호를 지정하지 않았다면, 커서를 움직이지 않은 상태에서 [쪽]-[새 번호로 시작(⊞)]에서 수정할 수 있습니다.

② Alt + S 를 눌러 문서를 저장하세요.

- 머리말 : 한컴 윤고딕 740, 10pt, 진하게, 보라(RGB:157,92,187) 25% 어둡게, 오른쪽 정렬
- 꼬리말 : 한컴산뜻돋움, 10pt, 진하게, 하늘색(RGB:97,130,214) 25% 어둡게, 가운데 정렬

① [쪽] 도구 상자의 머리말(☰)을 누르고 머리말/꼬리말(▢)을 클릭한 후, [머리말/꼬리말] 대화상자에서 종류 : 머리말, 위치 : 양쪽을 확인하고 [만들기]를 클릭하세요.

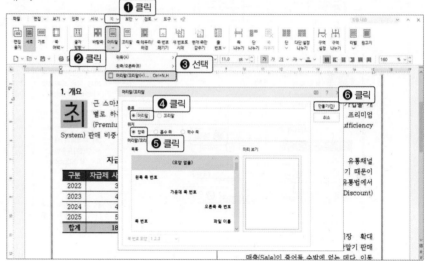

② 머리말에 국내 통신시장 동향을 입력하고 블록 지정한 후, [서식] 도구 상자에서 크기 : 10pt, 글꼴 : 한컴 윤고딕 740, 속성 : 진하게(가), 글자 색 : 보라(RGB: 157,92,187) 25% 어둡게, 오른쪽 정렬(▤)을 지정하고 [머리말/꼬리말] 도구 상자에서 닫기(⊠)를 눌러 영역을 빠져나오세요.

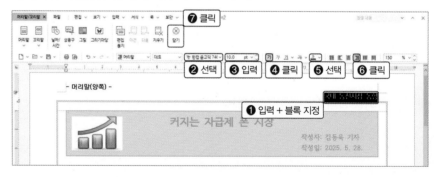

③ [쪽] 도구 상자의 꼬리말(▤)을 누른 후 (모양 없음)을 선택하세요.

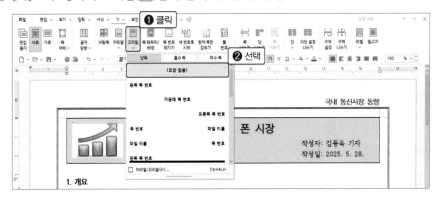

④ 꼬리말에 이기적일보를 입력하고 블록 지정한 후, [서식] 도구 상자에서 크기 : 10pt, 글꼴 : 한컴산뜻돋움, 속성 : 진하게(⚟), 글자 색 : 하늘색(RGB:97,130, 214) 25% 어둡게, 가운데 정렬(▤)을 지정하고 [머리말/꼬리말] 도구 상자에서 닫기(⊗)를 눌러 영역을 빠져나오세요.

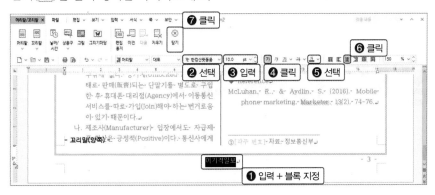

⑤ Alt + S 를 눌러 문서를 저장하세요.

상시 기출문제

시험에 출제되는 기능을 모두 학습했다면 이제 본격적으로 문제 풀이를 시작해야 합니다. 상시 기출문제 풀이를 통해 출제 경향을 파악하고 실전 감각을 빠르게 향상시킬 수 있습니다. 워드프로세서 실기 시험의 대다수는 시험 시간이 모자라서 불합격하는 경우가 많습니다. 시험 시간에 맞춰서 문제를 풀 수 있도록 연습하세요.

자격증은
이기적

국 가 기 술 자 격 검 정
워드프로세서 실기시험

※ 무단 전재 금함
(한글 2022)

과 목	제한시간
문서편집기능	30분

C형

━━━ 〈 다음 쪽의 문서를 아래 지시사항에 따라 작성하시오 〉 ━━━

- 작성된 답안의 파일은 지정된 경로 및 파일명을 변경하지 마시고 저장해야 합니다. 이를 준수하지 않으면 실격 처리됩니다.
- 편집 용지
  - 용지 종류는 A4 용지(210mm×297mm) 1매에 용지 방향을 세로로 설정하여 문서를 작성하시오.
  - 용지 여백은 왼쪽 · 오른쪽은 20mm, 위쪽 · 아래쪽은 10mm, 머리말 · 꼬리말은 10mm, 기타 여백은 0mm로 지정하시오.
- 문서의 본문은 1단에서 2단으로 변하는 모양으로 편집하되, 단 간격은 8mm, 구분선은 이중 실선 0.4mm로 설정하시오.
- 글자 모양
  - 글꼴은 별도의 지시가 없는 한 한글 2022의 기본값으로 작성하시오.
  - 영문, 숫자, 기호 등은 별도의 지시가 없는 한 자판에 있는 문자를 사용하시오.
- 문단 모양
  - 정렬 방식, 여백 등은 문단 모양 기능을 이용하여 작성하시오.
  - 문단 모양은 별도의 지시가 없는 한 한글 2022의 기본값으로 작성하시오.
  - 사이 줄 띄우기는 각 1줄만, 사이 띄우기는 1칸만 띄우시오.
- 표에서 내용의 정렬 방법
  (제목 행과 '합계(평균)' 셀은 가운데 정렬, 나머지는 열 단위를 기준으로 아래와 같이 정렬)
  - 내용의 길이가 서로 다른 문자의 경우 왼쪽 정렬
  - 내용의 길이가 서로 다른 숫자의 경우 오른쪽 정렬
  - 내용의 길이가 서로 같을 경우 문자, 숫자 상관없이 가운데 정렬
- 색상은 '기본' 테마가 포함된 색상 팔레트를 사용하시오.
- 각 항목은 별도의 지시가 없는 한 주어진 문서에 기준하여 작성하시오.
- 각 항목은 별도의 지시가 없는 한 기본 설정값으로 처리하시오.
- 문제에 제시된 지시사항은 작성하지 않음.

대 한 상 공 회 의 소

1. 다단 설정	모양 – 둘, 구분선 – 구분선 넣기, 적용 범위 – 새 다단으로
2. 쪽 테두리	• 선의 종류 및 굵기 : 파선 0.5mm, 모두 • 위치 : 쪽 기준, 왼쪽 · 오른쪽 · 위쪽 · 아래쪽 모두 5mm
3. 글상자	• 크기 : 너비 170mm, 높이 23mm, 크기 고정 • 위치 : 본문과의 배치 – 자리 차지, 가로 – 종이의 가운데 0mm, 세로 – 종이의 위 20mm • 바깥 여백 : 아래쪽 7mm • 선 속성 : 검정(RGB:0,0,0), 이중 실선 0.5mm • 색 채우기 : 초록(RGB:40,155,110) 80% 밝게
4. 제목	• 제목(1) : 함초롬돋움, 15pt, 장평(105%), 자간(5%), 진하게, 보라(RGB:157,92,187) 25% 어둡게, 가운데 정렬 • 제목(2) : 여백 – 왼쪽(340pt)
5. 누름틀	입력할 내용의 안내문 : '0000 – 00 – 00', 입력 데이터 : '2026 – 4 – 20'
6. 그림	• 경로 : [25]이기적워드실기₩그림₩업무.PNG, 문서에 포함 • 크기 : 너비 28mm, 높이 18mm • 위치 : 본문과의 배치 – 글 앞으로, 가로 – 종이의 왼쪽 23mm, 세로 – 종이의 위 23mm
7. 스타일 (2개소 수정, 3개소 등록)	• 개요 1(수정) : 여백 – 왼쪽(0pt), 한컴 윤체 L, 11pt, 진하게 • 개요 2(수정) : 여백 – 왼쪽(10pt) • 표제목(등록) : 스타일 이름 – 표제목, 스타일 종류 – 문단, 가운데 정렬, 한컴 소망 M, 11pt, 진하게 • 참고문헌 1(등록) : 스타일 이름 – 참고문헌 1, 스타일 종류 – 문단, 들여쓰기(15pt) • 참고문헌 2(등록) : 스타일 이름 – 참고문헌 2, 스타일 종류 – 글자, 진하게
8. 문단 첫 글자 장식	• 모양 : 2줄, 글꼴 : 한컴 윤고딕 250, 면 색 : 보라(RGB:157,92,187) 50% 어둡게, 본문과의 간격 : 3mm • 글자 색 : 하양(RGB:255,255,255)
9. 각주	글자 모양 : MD이솝체, 번호 모양 : 아라비아 숫자
10. 하이퍼링크	• '분야별 추정치, %'에 하이퍼링크 설정 • 연결 대상 : 웹 주소 – 'https://www.kea.ne.kr'
11. 표	• 크기 : 너비 78mm~80mm, 높이 33mm~34mm • 위치 : 글자처럼 취급 • 전체 행 : 셀 높이를 같게 • 모든 셀의 안 여백 : 왼쪽 · 오른쪽 2mm • 테두리 : 표 안쪽은 실선(0.12mm), 표 바깥의 위쪽과 아래쪽은 실선(0.5mm), 표 바깥의 왼쪽과 오른쪽은 　　　　 없음, 구분 행 아래와 평균 행 위쪽은 이중 실선(0.5mm) • 제목 행 : 셀 배경 색 – 초록(RGB:40,155,110), 　　　　 글자 모양 – 휴먼고딕, 진하게, 하양(RGB:255,255,255) • 평균 행 : 셀 배경 색 – 노랑(RGB:255,215,0) 40% 밝게, 글자 모양 – 진하게 • 문단의 정렬 방식 : 가운데 정렬
12. 블록 계산식	표의 평균 행에 블록 계산식을 이용하여 블록 평균 산출
13. 캡션	표 위에 삽입 후 오른쪽 정렬
14. 차트	• 차트의 모양 : 이중 축 혼합형(100% 기준 누적 세로 막대형, 표식이 있는 꺾은선형), 　　　　 차트 계열색 : 색상 조합 색3 • 차트의 크기 : 너비 80mm, 높이 70mm, 크기 고정 • 위치 : 본문과의 배치 – 자리 차지, 가로 – 단의 가운데 0mm, 세로 – 단의 위 0mm • 바깥 여백 : 위쪽 5mm, 아래쪽 7mm • 값 축, 항목 축, 보조 값 축, 범례의 글꼴 설정 : 9pt • 표의 아래 단락에 배치 ※ 혼합형 차트는 차트 종류와 속성을 이용하여 구성하시오.
15. 쪽 번호	번호 위치 : 왼쪽 아래, 모양 : 아라비아 숫자, 줄표 넣기 선택, 시작 번호 지정
16. 머리말	HY울릉도M, 10pt, 주황(RGB:255,132,58) 25% 어둡게, 오른쪽 정렬
17. 꼬리말	MD개성체, 10pt, 진하게, 하늘색(RGB:97,130,214) 25% 어둡게, 가운데 정렬

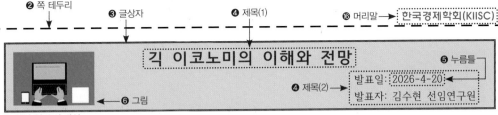

긱 이코노미의 이해와 전망

❺ 누름틀

④ 제목(2)

발표일: 2026-4-20
발표자: 김수현 선임연구원

⑥ 그림

❽ 문단 첫 글자 장식

1. 개요　❼ 스타일(개요 1)

긱 이코노미(Gig Economy)는 4차 산업혁명과 팬데믹(Pandemic)을 거치면서 기업들이 필요에 따라 단기로 일을 맡기고 그 대가를 지불하는 경제 형태를 의미한다. '일시적인 일'이라는 뜻의 긱(Gig)과 '경제'를 뜻하는 이코노미(Economy)의 합성어로, 1920년대에 미국의 재즈 클럽(Jazz Club)에서 임시적으로 섭외했던 트럼펫 연주자(Trumpet Player)를 부르는 명칭(名稱)에서 유래했다.

❶ 다단 설정　❼ 스타일(표제목)　⑩ 하이퍼링크

오프라인 긱 이코노미 시장 규모

⑬ 캡션 → (단위: 분야별 추정치, %)

구분	작년	올해	증감
F&B	46.7	55.8	7.2
도소매	34.6	45.3	6.8
배달	49.1	38.9	-10.1
배송	32.3	20.7	-15.2
평균	40.67	40.17	

❶❶ 표　❶❷ 블록 계산식

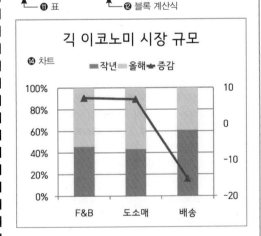

⑭ 차트

2. 긱 이코노미 성장 요인　❼ 스타일(개요 1)

가. 팬데믹으로 인해 비대면 재택근무가 활성화되면서 2개 이상의 직업을 가진 'N잡러'가 등장했다. 본업(本業)에 종사하는 사람 중에서도 근무시간 외에 추가적인 수입을 얻기 위해 '긱 워커(Gig Worker)'가 되고 있다. 그뿐만 아니라 업무 장소와 시간에 자율성을 추구하거나 워라밸(Work and Life Balance)과 같이 개인적인 가치에 중점을 두는 사람은 긱 오코노미를 더 선호하는 경향을 보인다.

나. 우리나라의 1인 가구 수가 전체의 35%를 차지할 만큼 증가했고 특히 모바일 쇼핑(Mobile Shopping) 규모는 5년 사이에 10배 이상 증가하는 등 최근 몇 년 사이에 배달 시장의 폭발적인 성장세 역시 긱 이코노미 시장의 확대에 영향을 미쳤다.

❼ 스타일(개요 2)

3. 긱 이코노미 인구 증가　❼ 스타일(개요 1)

가. 긱 이코노미의 시장 규모가 무서운 속도로 확대되고 있다. 전 세계 긱 워커의 규모는 약 11억 명으로 급증(急增)했으며, 올해 전 세계 긱 이코노미 시장 규모는 4552억 달러까지 성장할 것이라 전망한다.

나. 고용노동부에 따르면 국내 긱 워커는 약 220만 명으로 추산되며, 전체 노동자의 8.5%에 해당하는 수치이다. 국내 긱 이코노미 시장 규모는 매년 향후 5년간 35%씩 성장할 것으로 예상했다. 여기서 주목해야 할 점은 국내 긱 워커 취업자 가운데 88%가 계속해서 긱 워커로 종사하고 싶다고 응답했다는 것이다.

다. 긱 이코노미는 미래의 근로(勤勞) 형태에 큰 영향을 미칠 것이며 긱 워커를 대상으로 한 사회보장 시스템(Social Security System) 마련도 필수적이다. 업계는 긱 이코노미의 확산세에 플랫폼(Platform) 노동 업체의 경쟁이 심화될 것으로 예측(豫測)하고 있다.

전각기호　❼ 스타일(참고문헌 1)

▼ Reference

The New Employment Form. (2026). Gig Economy Statistics, Effects and Motivations. 14(1), 15-18.

❼ 스타일(참고문헌 2)

⑨ 각주

1) 한국경제학술정보원

긱 이코노미의 이해와 전망

발표일: 2026-4-20

발표자: 김수현 선임연구원

1. 개요

긱 이코노미(Gig Economy)는 4차 산업혁명과 팬데믹(Pandemic)을 거치면서 기업들이 필요에 따라 단기로 일을 맡기고 그 대가를 지불하는 경제 형태를 의미한다. '일시적인 일'이라는 뜻의 긱(Gig)과 '경제'를 뜻하는 이코노미(Economy)의 합성어로, 1920년대에 미국의 재즈 클럽(Jazz Club)에서 임시적으로 섭외했던 트럼펫 연주자(Trumpet Player)를 부르는 명칭(名稱)에서 유래했다.

오프라인 긱 이코노미 시장 규모

(단위: 분야별 추정치, %)

구분	작년	올해	증감
F&B	46.7	55.8	7.2
도소매	34.6	45.3	6.8
배달	49.1	38.9	-10.1
배송	32.3	20.7	-15.2
평균	40.67	40.17	

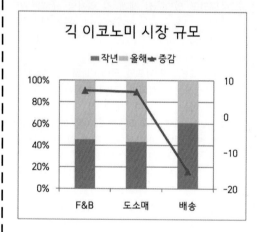

긱 이코노미 시장 규모

2. 긱 이코노미 성장 요인

가. 팬데믹으로 인해 비대면 재택근무가 활성화되면서 2개 이상의 직업을 가진 'N잡러'가 등장했다. 본업(本業)에 종사하는 사람 중에서도 근무시간 외에 추가적인 수입을 얻기 위해 '긱 워커(Gig Worker)'가 되고 있다. 그뿐만 아니라 업무 장소와 시간에 자율성을 추구하거나 워라밸(Work and Life Balance)과 같이 개인적인 가치에 중점을 두는 사람은 긱 오코노미를 더 선호하는 경향을 보인다.

나. 우리나라의 1인 가구 수가 전체의 35%를 차지할 만큼 증가했고 특히 모바일 쇼핑(Mobile Shopping) 규모는 5년 사이에 10배 이상 증가하는 등 최근 몇 년 사이에 배달 시장의 폭발적인 성장세 역시 긱 이코노미 시장의 확대에 영향을 미쳤다.

3. 긱 이코노미 인구 증가

가. 긱 이코노미의 시장 규모가 무서운 속도로 확대되고 있다. 전 세계 긱 워커의 규모는 약 11억 명으로 급증(急增)했으며, 올해 전 세계 긱 이코노미 시장 규모는 4552억 달러까지 성장할 것이라 전망한다.

나. 고용노동부에 따르면 국내 긱 워커는 약 220만 명으로 추산되며, 전체 노동자의 8.5%에 해당하는 수치이다. 국내 긱 이코노미 시장 규모는 매년 향후 5년간 35%씩 성장할 것으로 예상했다. 여기서 주목해야 할 점은 국내 긱 워커 취업자 가운데 88%가 계속해서 긱 워커로 종사하고 싶다고 응답[1]했다는 것이다.

다. 긱 이코노미는 미래의 근로(勤勞) 형태에 큰 영향을 미칠 것이며 긱 워커를 대상으로 한 사회보장 시스템(Social Security System) 마련도 필수적이다. 업계는 긱 이코노미의 확산세에 플랫폼(Platform) 노동 업체의 경쟁이 심화될 것으로 예측(豫測)하고 있다.

▼ Reference

The New Employment Form. (2026). Gig Economy Statistics, **Effects and Motivations**. 14(1), 15-18.

---

1) 한국경제학술정보원

국 가 기 술 자 격 검 정
워드프로세서 실기시험

※ 무단 전재 금함
(한글 2022)

과 목	제한시간
문서편집기능	30분

B형

─── 〈 다음 쪽의 문서를 아래 지시사항에 따라 작성하시오 〉 ───

- 작성된 답안의 파일은 지정된 경로 및 파일명을 변경하지 마시고 저장해야 합니다. 이를 준수하지 않으면 실격 처리됩니다.
- 편집 용지
  - 용지 종류는 A4 용지(210mm×297mm) 1매에 용지 방향을 세로로 설정하여 문서를 작성하시오.
  - 용지 여백은 왼쪽·오른쪽은 20mm, 위쪽·아래쪽은 10mm, 머리말·꼬리말은 10mm, 기타 여백은 0mm로 지정하시오.
- 문서의 본문은 2단으로 편집하되, 단 간격은 8mm, 구분선은 실선 0.2mm로 설정하시오.
- 글자 모양
  - 글꼴은 별도의 지시가 없는 한 한글 2022의 기본값으로 작성하시오.
  - 영문, 숫자, 기호 등은 별도의 지시가 없는 한 자판에 있는 문자를 사용하시오.
- 문단 모양
  - 정렬 방식, 여백 등은 문단 모양 기능을 이용하여 작성하시오.
  - 문단 모양은 별도의 지시가 없는 한 한글 2022의 기본값으로 작성하시오.
  - 사이 줄 띄우기는 각 1줄만, 사이 띄우기는 1칸만 띄우시오.
- 표에서 내용의 정렬 방법
  (제목 행과 '합계(평균)' 셀은 가운데 정렬, 나머지는 열 단위를 기준으로 아래와 같이 정렬)
  - 내용의 길이가 서로 다른 문자의 경우 왼쪽 정렬
  - 내용의 길이가 서로 다른 숫자의 경우 오른쪽 정렬
  - 내용의 길이가 서로 같을 경우 문자, 숫자 상관없이 가운데 정렬
- 색상은 '기본' 테마가 포함된 색상 팔레트를 사용하시오.
- 각 항목은 별도의 지시가 없는 한 주어진 문서에 기준하여 작성하시오.
- 각 항목은 별도의 지시가 없는 한 기본 설정값으로 처리하시오.
- 문제에 제시된 지시사항은 작성하지 않음.

대 한 상 공 회 의 소

B형	다음 쪽의 문서를 아래의 〈세부지시사항〉에 따라 작성하시오.
1. 쪽 테두리	• 선의 종류 및 굵기 : 실선 0.5mm, 모두 • 위치 : 쪽 기준, 왼쪽 · 오른쪽 · 위쪽 · 아래쪽 모두 5mm
2. 글상자	• 크기 : 너비 165mm, 높이 23mm, 크기 고정 • 위치 : 본문과의 배치 – 자리 차지, 가로 – 종이의 가운데 0mm, 세로 – 종이의 위 20mm • 바깥 여백 : 아래쪽 5mm • 선 속성 : 검정(RGB:0,0,0), 실선 0.2mm • 색 채우기 : 보라(RGB:157,92,187) 80% 밝게
3. 제목	• 제목(1) : 한컴산뜻돋움, 16pt, 장평(110%), 자간(–5%), 진하게, 남색(RGB:58,60,132) 25% 어둡게, 가운데 정렬 • 제목(2) : 여백 – 왼쪽(320pt)
4. 누름틀	입력할 내용의 안내문 : '0000. 0. 0.', 입력 데이터 : '2026. 5. 10.'
5. 그림	• 경로 : [25]이기적워드실기\그림\모니터.JPG, 문서에 포함 • 크기 : 너비 25mm, 높이 20mm • 위치 : 본문과의 배치 – 글 앞으로, 가로 – 종이의 왼쪽 25mm, 세로 – 종이의 위 22mm
6. 스타일 (2개소 수정, 3개소 등록)	• 개요 1(수정) : 여백 – 왼쪽(0pt), HY강M, 12pt, 진하게 • 개요 2(수정) : 여백 – 왼쪽(15pt) • 표제목(등록) : 스타일 이름 – 표제목, 스타일 종류 – 문단, 가운데 정렬, HY수평선M, 진하게 • 참고문헌 1(등록) : 스타일 이름 – 참고문헌 1, 스타일 종류 – 문단, 내어쓰기(5pt) • 참고문헌 2(등록) : 스타일 이름 – 참고문헌 2, 스타일 종류 – 글자, 기울임
7. 문단 첫 글자 장식	• 모양 : 3줄, 글꼴 : 한컴산뜻돋움, 면 색 : 초록(RGB:40,155,110), 본문과의 간격 : 5mm • 글자 색 : 하양(RGB:255,255,255) 15% 어둡게
8. 각주	글자 모양 : 함초롬돋움, 번호 모양 : 아라비아 숫자
9. 책갈피	'OLED TV 가격 현황 및 전망' 앞에 '참고'라는 이름으로 지정
10. 하이퍼링크	• '대형 OLED 패널'에 하이퍼링크 설정 • 연결 대상 : 훈글 문서 – 책갈피의 '참고'
11. 표	• 크기 : 너비 78mm~80mm, 높이 33mm~34mm • 위치 : 글자처럼 취급 • 전체 행 : 셀 높이를 같게 • 모든 셀의 안 여백 : 왼쪽 · 오른쪽 2mm • 테두리 : 표 안쪽은 실선(0.12mm), 표 바깥의 위쪽과 아래쪽은 이중 실선(0.5mm), 표 바깥의 왼쪽과 오른쪽은 없음, 합계 행 위쪽은 실선(0.4mm) • 제목 행 : 셀 배경 색 – 노랑(RGB:255,215,0) 50% 어둡게, 　　　　　글자 모양 – 한컴 윤고딕 720, 진하게, 하양(RGB:255,255,255) • 합계 행 : 셀 배경 색 – 주황(RGB:255,132,58) 80% 밝게, 글자 모양 – 진하게 • 문단의 정렬 방식 : 가운데 정렬
12. 블록 계산식	표의 합계 행에 블록 계산식을 이용하여 블록 합계 산출
13. 캡션	표 아래에 삽입 후 오른쪽 정렬
14. 차트	• 차트의 모양 : 이중 축 혼합형(묶은 세로 막대형, 표식이 있는 꺾은선형) • 차트의 크기 : 너비 80mm, 높이 70mm, 크기 고정 • 위치 : 본문과의 배치 – 자리 차지, 가로 – 단의 가운데 0mm, 세로 – 문단의 위 0mm • 바깥 여백 : 위쪽 5mm, 아래쪽 7mm • 값 축, 항목 축, 보조 값 축, 범례의 글꼴 설정 : 9pt • 표의 아래 단락에 배치 ※ 혼합형 차트는 차트 종류와 속성을 이용하여 구성하시오.
15. 쪽 번호	번호 위치 : 왼쪽 아래, 모양 : 아라비아 숫자 원문자, 줄표 넣기 해제, 시작 번호 지정
16. 머리말	한컴돋움, 10pt, 진하게, 초록(RGB:40,155,110) 25% 어둡게, 왼쪽 정렬
17. 꼬리말	한컴 윤고딕 250, 10pt, 밑줄, 하양(RGB:255,255,255) 35% 어둡게, 오른쪽 정렬

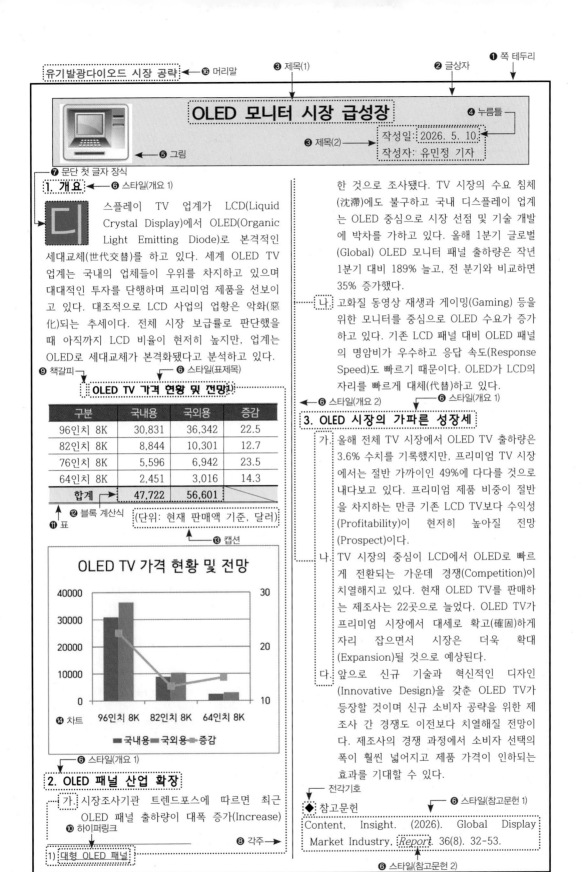

유기발광다이오드 시장 공략 ← ⑯ 머리말

③ 제목(1)   ② 글상자   ❶ 쪽 테두리

OLED 모니터 시장 급성장

③ 제목(2)

작성일: 2026. 5. 10.
작성자: 유민정 기자

④ 누름틀

⑤ 그림

❼ 문단 첫 글자 장식

1. 개요 ← ⑥ 스타일(개요 1)

스플레이 TV 업계가 LCD(Liquid Crystal Display)에서 OLED(Organic Light Emitting Diode)로 본격적인 세대교체(世代交替)를 하고 있다. 세계 OLED TV 업계는 국내의 업체들이 우위를 차지하고 있으며 대대적인 투자를 단행하며 프리미엄 제품을 선보이고 있다. 대조적으로 LCD 사업의 업황은 악화(惡化)되는 추세이다. 전체 시장 보급률로 판단했을 때 아직까지 LCD 비율이 현저히 높지만, 업계는 OLED로 세대교체가 본격화됐다고 분석하고 있다.

⑨ 책갈피   ⑥ 스타일(표제목)

OLED TV 가격 현황 및 전망1)

구분	국내용	국외용	증감
96인치 8K	30,831	36,342	22.5
82인치 8K	8,844	10,301	12.7
76인치 8K	5,596	6,942	23.5
64인치 8K	2,451	3,016	14.3
합계	47,722	56,601	

❶ 표   ⑫ 블록 계산식   (단위: 현재 판매액 기준, 달러)

⑬ 캡션

OLED TV 가격 현황 및 전망

⑭ 차트

■국내용 ■국외용 ■증감

⑥ 스타일(개요 1)

2. OLED 패널 산업 확장

가. 시장조사기관 트렌드포스에 따르면 최근 OLED 패널 출하량이 대폭 증가(Increase)

⑩ 하이퍼링크

❽ 각주 →

1) 대형 OLED 패널

한 것으로 조사됐다. TV 시장의 수요 침체(沈滯)에도 불구하고 국내 디스플레이 업계는 OLED 중심으로 시장 선점 및 기술 개발에 박차를 가하고 있다. 올해 1분기 글로벌(Global) OLED 모니터 패널 출하량은 작년 1분기 대비 189% 늘고, 전 분기와 비교하면 35% 증가했다.

나. 고화질 동영상 재생과 게이밍(Gaming) 등을 위한 모니터를 중심으로 OLED 수요가 증가하고 있다. 기존 LCD 패널 대비 OLED 패널의 명암비가 우수하고 응답 속도(Response Speed)도 빠르기 때문이다. OLED가 LCD의 자리를 빠르게 대체(代替)하고 있다.

← ⑥ 스타일(개요 2)   ⑥ 스타일(개요 1)

3. OLED 시장의 가파른 성장세

가. 올해 전체 TV 시장에서 OLED TV 출하량은 3.6% 수치를 기록했지만, 프리미엄 TV 시장에서는 절반 가까이인 49%에 다다를 것으로 내다보고 있다. 프리미엄 제품 비중이 절반을 차지하는 만큼 기존 LCD TV보다 수익성(Profitability)이 현저히 높아질 전망(Prospect)이다.

나. TV 시장의 중심이 LCD에서 OLED로 빠르게 전환되는 가운데 경쟁(Competition)이 치열해지고 있다. 현재 OLED TV를 판매하는 제조사는 22곳으로 늘었다. OLED TV가 프리미엄 시장에서 대세로 확고(確固)하게 자리 잡으면서 시장은 더욱 확대(Expansion)될 것으로 예상된다.

다. 앞으로 신규 기술과 혁신적인 디자인(Innovative Design)을 갖춘 OLED TV가 등장할 것이며 신규 소비자 공략을 위한 제조사 간 경쟁도 이전보다 치열해질 전망이다. 제조사의 경쟁 과정에서 소비자 선택의 폭이 훨씬 넓어지고 제품 가격이 인하되는 효과를 기대할 수 있다.

전각기호

⑥ 스타일(참고문헌 1)

◆참고문헌

Content, Insight. (2026). Global Display Market Industry, *Report*. 36(8). 32-53.

⑥ 스타일(참고문헌 2)

④ ← ⑮ 쪽 번호

⑰ 꼬리말 → **한국디스플레이산업협회**

OLED 모니터 시장 급성장

작성일: 2026. 5. 10.
작성자: 유민정 기자

1. 개요

스플레이 TV 업계가 LCD(Liquid Crystal Display)에서 OLED(Organic Light Emitting Diode)로 본격적인 세대교체(世代交替)를 하고 있다. 세계 OLED TV 업계는 국내의 업체들이 우위를 차지하고 있으며 대대적인 투자를 단행하며 프리미엄 제품을 선보이고 있다. 대조적으로 LCD 사업의 업황은 악화(惡化)되는 추세이다. 전체 시장 보급률로 판단했을 때 아직까지 LCD 비율이 현저히 높지만, 업계는 OLED로 세대교체가 본격화됐다고 분석하고 있다.

OLED TV 가격 현황 및 전망[1]

구분	국내용	국외용	증감
96인치 8K	30,831	36,342	22.5
82인치 8K	8,844	10,301	12.7
76인치 8K	5,596	6,942	23.5
64인치 8K	2,451	3,016	14.3
합계	47,722	56,601	

(단위: 현재 판매액 기준, 달러)

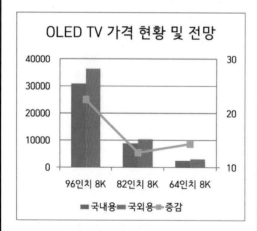

OLED TV 가격 현황 및 전망

■국내용 ■국외용 ■증감

2. OLED 패널 산업 확장

가. 시장조사기관 트렌드포스에 따르면 최근 OLED 패널 출하량이 대폭 증가(Increase)

한 것으로 조사됐다. TV 시장의 수요 침체 (沈滯)에도 불구하고 국내 디스플레이 업계는 OLED 중심으로 시장 선점 및 기술 개발에 박차를 가하고 있다. 올해 1분기 글로벌 (Global) OLED 모니터 패널 출하량은 작년 1분기 대비 189% 늘고, 전 분기와 비교하면 35% 증가했다.

나. 고화질 동영상 재생과 게이밍(Gaming) 등을 위한 모니터를 중심으로 OLED 수요가 증가하고 있다. 기존 LCD 패널 대비 OLED 패널의 명암비가 우수하고 응답 속도(Response Speed)도 빠르기 때문이다. OLED가 LCD의 자리를 빠르게 대체(代替)하고 있다.

3. OLED 시장의 가파른 성장세

가. 올해 전체 TV 시장에서 OLED TV 출하량은 3.6% 수치를 기록했지만, 프리미엄 TV 시장에서는 절반 가까이인 49%에 다다를 것으로 내다보고 있다. 프리미엄 제품 비중이 절반을 차지하는 만큼 기존 LCD TV보다 수익성 (Profitability)이 현저히 높아질 전망 (Prospect)이다.

나. TV 시장의 중심이 LCD에서 OLED로 빠르게 전환되는 가운데 경쟁(Competition)이 치열해지고 있다. 현재 OLED TV를 판매하는 제조사는 22곳으로 늘었다. OLED TV가 프리미엄 시장에서 대세로 확고(確固)하게 자리 잡으면서 시장은 더욱 확대 (Expansion)될 것으로 예상된다.

다. 앞으로 신규 기술과 혁신적인 디자인 (Innovative Design)을 갖춘 OLED TV가 등장할 것이며 신규 소비자 공략을 위한 제조사 간 경쟁도 이전보다 치열해질 전망이다. 제조사의 경쟁 과정에서 소비자 선택의 폭이 훨씬 넓어지고 제품 가격이 인하되는 효과를 기대할 수 있다.

◆ 참고문헌

Content, Insight. (2026). Global Display Market Industry, *Report*. 36(8). 32-53.

---

1) 대형 OLED 패널

④

국 가 기 술 자 격 검 정
워드프로세서 실기시험

※ 무단 전재 금함

(한글 2022)

과 목	제한시간
문서편집기능	30분

B형

── 〈 다음 쪽의 문서를 아래 지시사항에 따라 작성하시오 〉──

- 작성된 답안의 파일은 지정된 경로 및 파일명을 변경하지 마시고 저장해야 합니다. 이를 준수하지 않으면 실격 처리됩니다.
- 편집 용지
  - 용지 종류는 A4 용지(210mm×297mm) 1매에 용지 방향을 세로로 설정하여 문서를 작성하시오.
  - 용지 여백은 왼쪽 · 오른쪽은 20mm, 위쪽 · 아래쪽은 10mm, 머리말 · 꼬리말은 10mm, 기타 여백은 0mm로 지정하시오.
- 문서의 본문은 2단으로 편집하되, 단 간격은 8mm, 구분선은 실선 0.12mm로 설정하시오.
- 글자 모양
  - 글꼴은 별도의 지시가 없는 한 한글 2022의 기본값으로 작성하시오.
  - 영문, 숫자, 기호 등은 별도의 지시가 없는 한 자판에 있는 문자를 사용하시오.
- 문단 모양
  - 정렬 방식, 여백 등은 문단 모양 기능을 이용하여 작성하시오.
  - 문단 모양은 별도의 지시가 없는 한 한글 2022의 기본값으로 작성하시오.
  - 사이 줄 띄우기는 각 1줄만, 사이 띄우기는 1칸만 띄우시오.
- 표에서 내용의 정렬 방법
  (제목 행과 '합계(평균)' 셀은 가운데 정렬, 나머지는 열 단위를 기준으로 아래와 같이 정렬)
  - 내용의 길이가 서로 다른 문자의 경우 왼쪽 정렬
  - 내용의 길이가 서로 다른 숫자의 경우 오른쪽 정렬
  - 내용의 길이가 서로 같을 경우 문자, 숫자 상관없이 가운데 정렬
- 색상은 '기본' 테마가 포함된 색상 팔레트를 사용하시오.
- 각 항목은 별도의 지시가 없는 한 주어진 문서에 기준하여 작성하시오.
- 각 항목은 별도의 지시가 없는 한 기본 설정값으로 처리하시오.
- 문제에 제시된 지시사항은 작성하지 않음.

대 한 상 공 회 의 소

1. 쪽 테두리	• 선의 종류 및 굵기 : 점선 0.4mm, 모두 • 위치 : 쪽 기준, 왼쪽 · 오른쪽 · 위쪽 · 아래쪽 모두 5mm
2. 글상자	• 크기 : 너비 170mm, 높이 25mm, 크기 고정 • 위치 : 본문과의 배치 – 자리 차지, 가로 – 종이의 가운데 0mm, 세로 – 종이의 위 20mm • 바깥 여백 : 아래쪽 7mm • 선 속성 : 검정(RGB:0,0,0), 이중 실선 0.4mm • 색 채우기 : 하늘색(RGB:97,130,214) 80% 밝게
3. 제목	• 제목(1) : 한컴 윤고딕 760, 15pt, 장평(95%), 자간(5%), 진하게, 초록(RGB:40,155,110) 50% 어둡게, 가운데 　　　　 정렬 • 제목(2) : 여백 – 왼쪽(340pt)
4. 누름틀	입력할 내용의 안내문 : '0000. 0. 0.', 입력 데이터 : '2026. 2. 28.'
5. 그림	• 경로 : [25]이기적워드실기\그림\대학생.TIF, 문서에 포함 • 크기 : 너비 28mm, 높이 20mm • 위치 : 본문과의 배치 – 글 앞으로, 가로 – 종이의 왼쪽 23mm, 세로 – 종이의 위 23mm
6. 스타일 (2개소 수정, 3개소 등록)	• 개요 1(수정) : 여백 – 왼쪽(0pt), 휴먼고딕, 11pt, 진하게 • 개요 2(수정) : 여백 – 왼쪽(15pt) • 표제목(등록) : 스타일 이름 – 표제목, 스타일 종류 – 문단, 가운데 정렬, 한컴 윤고딕 740, 진하게 • 참고문헌 1(등록) : 스타일 이름 – 참고문헌 1, 스타일 종류 – 문단, 들여쓰기(15pt) • 참고문헌 2(등록) : 스타일 이름 – 참고문헌 2, 스타일 종류 – 글자, 기울임
7. 문단 첫 글자 장식	• 모양 : 3줄, 글꼴 : 맑은 고딕, 면 색 : 남색(RGB:58,60,132), 본문과의 간격 : 3mm • 글자 색 : 하양(RGB:255,255,255)
8. 각주	글자 모양 : 함초롬돋움, 번호 모양 : 아라비아 숫자
9. 하이퍼링크	• '대학연합신문, %'에 하이퍼링크 설정 • 연결 대상 : 웹 주소 – 'https://www.si.re.kr'
10. 표	• 크기 : 너비 78mm~80mm, 높이 33mm~34mm • 위치 : 글자처럼 취급 • 전체 행 : 셀 높이를 같게 • 모든 셀의 안 여백 : 왼쪽 · 오른쪽 2mm • 테두리 : 표 안쪽은 실선(0.12mm), 표 바깥의 위쪽과 아래쪽은 실선(0.4mm), 표 바깥의 왼쪽과 오른쪽은 　　　　 없음, 평균 행 위쪽은 이중 실선(0.5mm) • 제목 행 : 셀 배경 색 – 보라(RGB:157,92,187) 25% 어둡게, 　　　　 글자 모양 – HY강M, 진하게, 하양(RGB:255,255,255) • 평균 행 : 셀 배경 색 – 초록(RGB:40,155,110) 80% 밝게, 글자 모양 – 진하게 • 문단의 정렬 방식 : 가운데 정렬
11. 블록 계산식	표의 평균 행에 블록 계산식을 이용하여 블록 평균 산출
12. 캡션	표 아래에 삽입 후 오른쪽 정렬
13. 차트	• 차트의 모양 : 이중 축 혼합형(묶은 세로 막대형, 누적 꺾은선형) • 차트의 크기 : 너비 80mm, 높이 65mm, 크기 고정 • 위치 : 본문과의 배치 – 자리 차지, 가로 – 단의 가운데 0mm, 세로 – 문단의 위 0mm • 바깥 여백 : 위쪽 5mm, 아래쪽 8mm • 값 축, 항목 축, 보조 값 축, 범례의 글꼴 설정 : 9pt • 표의 아래 단락에 배치 ※ 혼합형 차트는 차트 종류와 속성을 이용하여 구성하시오.
14. 쪽 번호	번호 위치 : 가운데 아래, 모양 : 아라비아 숫자 원문자, 줄표 넣기 해제, 시작 번호 지정
15. 머리말	HY견고딕, 10pt, 초록(RGB:40,155,110) 25% 어둡게, 오른쪽 정렬
16. 꼬리말	한컴산뜻돋움, 10pt, 진하게, 노랑(RGB:255,215,0) 50% 어둡게, 오른쪽 정렬

❶ 쪽 테두리 ❷ 글상자 ❸ 제목(1) ⓯ 머리말 ▶ 대학생 설문조사 통계 결과

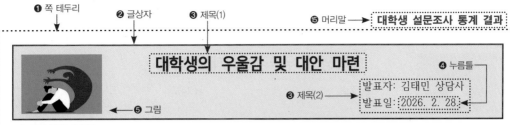

대학생의 우울감 및 대안 마련

❸ 제목(2) ──
❺ 그림

❹ 누름틀
발표자: 김태민 상담사
발표일: 2026. 2. 28.

❼ 문단 첫 글자 장식

1. 개요 ◀── ❻ 스타일(개요 1)

한국 대학생의 45%가 우울(Depression) 증상을 느끼고 있는 것으로 나타났다. 대학생 우울증의 가장 큰 원인으로는 취업 문제가 꼽혔다. 교우(交友)관계, 학업 문제, 정서 문제 등도 원인으로 나타났다. 과열된 학점 경쟁, 취업난 등 스트레스(Stress)가 점차 심화하면서 한국 대학생들의 심리 건강(Psychological Health)이 위험한 수준에 다다른 것으로 해석된다.

❻ 스타일(표제목)

❿ 표

대학생의 우울증 통계

구분	10년 전	현재	향후
한국	28.5	45.5	51.0
중국	22.4	38.2	39.3
미국	33.7	43.8	50.7
일본	24.9	31.3	33.5
평균	27.4	39.7	

⓫ 블록 계산식
⓬ 캡션
(단위: 대학연합신문, %)
❾ 하이퍼링크

⓭ 차트

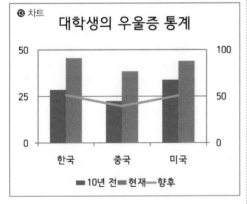

대학생의 우울증 통계

■ 10년 전 ■ 현재 — 향후

2. 연구 결과 분석 ◀── ❻ 스타일(개요 1)

가. 세계대학생연맹협의회(International Federation of University Students)는 지난달 1일부터 8일까지 미국 캘리포니아에서 개최한 제63차 심포지엄(International Symposium)에서 한국, 중국, 미국, 일본의

❽ 각주 ▶

1) 대학생의 우울 정도 분석

대학생 각 3,000명씩을 대상으로 실시한 [대학생의 생활 실태와 사회 의식에 관한 국제 비교 연구]의 결과를 발표하였다.

나. 그 결과 한국 대학생은 45.5%가 우울 증상을 경험하고 있는 것으로 응답했다. 미국 대학생은 43.8%, 중국 대학생은 38.2%, 일본 대학생은 31.3%가 경증에서 중증 수준의 우울증을 겪고 있는 것으로 조사됐다.

❻ 스타일(개요 2)

3. 해결 방안 마련 ◀── ❻ 스타일(개요 1)

가. 대학생의 우울 증상 유병률은 한국, 미국, 중국, 일본 순이었다. 한국 대학생의 정신건강 문제가 사회적 논의 대상으로 대두되고 있지만 정부 차원의 뚜렷한 대책이나 예산은 거의 없는 상황이다. 정부 차원에서 교내 심리 상담센터를 운영하고 체계적인 지원 시스템을 마련해야 한다.

나. 대학은 학생들이 정신적 위기 상태에서 치료와 도움을 받을 수 있도록 정신건강 관리 시스템을 제공해야 한다. 상황이 위급할 때 캠퍼스 근처에서 신속하게 전문화된 우울증 진료를 받을 수 있도록 지원해야 한다.

다. 교수진과 교직원은 대학에서 학생들의 정신건강을 파악하고 이에 대처하는 방법을 의무적으로 교육받아야 한다. 학생들이 정신적으로 건강한 학교생활을 누릴 수 있도록 현실적인 교육 프로그램을 설계하고 도입하는 것이 중요하다.

전각기호
◆ Reference

International Comparative Study. (2026). Life Status and Social Consciousness of University Students, *Report*. 36(9). 8-31.

❻ 스타일(참고문헌 1) ❻ 스타일(참고문헌 2)

⓮ 쪽 번호 ▶ ⑤ ⓰ 꼬리말 ▶ 대학 미래 (제52호 1권 발췌)

대학생의 우울감 및 대안 마련

발표자: 김태민 상담사
발표일: 2026. 2. 28.

1. 개요

국 대학생의 45%가 우울(Depression) 증상을 느끼고 있는 것으로 나타났다. 대학생 우울증의 가장 큰 원인으로는 취업 문제가 꼽혔다. 교우(交友)관계, 학업 문제, 정서 문제 등도 원인으로 나타났다. 과열된 학점 경쟁, 취업난 등 스트레스(Stress)가 점차 심화하면서 한국 대학생들의 심리 건강(Psychological Health)이 위험한 수준에 다다른 것으로 해석된다.

대학생의 우울증 통계[1]

구분	10년 전	현재	향후
한국	28.5	45.5	51.0
중국	22.4	38.2	39.3
미국	33.7	43.8	50.7
일본	24.9	31.3	33.5
평균	27.4	39.7	

(단위: 대학연합신문, %)

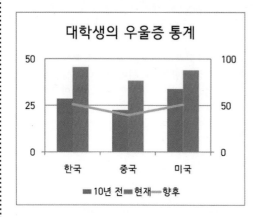

2. 연구 결과 분석

가. 세계대학생연맹협의회(International Federation of University Students)는 지난달 1일부터 8일까지 미국 캘리포니아에서 개최한 제63차 심포지엄(International Symposium)에서 한국, 중국, 미국, 일본의

1) 대학생의 우울 정도 분석

대학생 각 3,000명씩을 대상으로 실시한 [대학생의 생활 실태와 사회 의식에 관한 국제 비교 연구]의 결과를 발표하였다.

나. 그 결과 한국 대학생은 45.5%가 우울 증상을 경험하고 있는 것으로 응답했다. 미국 대학생은 43.8%, 중국 대학생은 38.2%, 일본 대학생은 31.3%가 경증에서 중증 수준의 우울증을 겪고 있는 것으로 조사됐다.

3. 해결 방안 마련

가. 대학생의 우울 증상 유병률은 한국, 미국, 중국, 일본 순이었다. 한국 대학생의 정신건강 문제가 사회적 논의 대상으로 대두되고 있지만 정부 차원의 뚜렷한 대책이나 예산은 거의 없는 상황이다. 정부 차원에서 교내 심리 상담센터를 운영하고 체계적인 지원 시스템을 마련해야 한다.

나. 대학은 학생들이 정신적 위기 상태에서 치료와 도움을 받을 수 있도록 정신건강 관리 시스템을 제공해야 한다. 상황이 위급할 때 캠퍼스 근처에서 신속하게 전문화된 우울증 진료를 받을 수 있도록 지원해야 한다.

다. 교수진과 교직원은 대학에서 학생들의 정신건강을 파악하고 이에 대처하는 방법을 의무적으로 교육받아야 한다. 학생들이 정신적으로 건강한 학교생활을 누릴 수 있도록 현실적인 교육 프로그램을 설계하고 도입하는 것이 중요하다.

◆ Reference
International Comparative Study. (2026). Life Status and Social Consciousness of University Students, *Report*. 36(9). 8-31.

⑤ 대학 미래 (제52호 1권 발췌)

국 가 기 술 자 격 검 정
워드프로세서 실기시험

※ 무단 전재 금함
(한글 2022)

과 목	제한시간
문서편집기능	30분

B형

─── 〈 다음 쪽의 문서를 아래 지시사항에 따라 작성하시오 〉 ───

- 작성된 답안의 파일은 지정된 경로 및 파일명을 변경하지 마시고 저장해야 합니다. 이를 준수하지 않으면 실격 처리됩니다.

- **편집 용지**
  - 용지 종류는 A4 용지(210mm×297mm) 1매에 용지 방향을 세로로 설정하여 문서를 작성하시오.
  - 용지 여백은 왼쪽·오른쪽은 20mm, 위쪽·아래쪽은 10mm, 머리말·꼬리말은 10mm, 기타 여백은 0mm로 지정하시오.

- **문서의 본문은 2단으로 편집하되, 단 간격은 8mm, 구분선은 실선 0.12mm로 설정하시오.**

- **글자 모양**
  - 글꼴은 별도의 지시가 없는 한 한글 2022의 기본값으로 작성하시오.
  - 영문, 숫자, 기호 등은 별도의 지시가 없는 한 자판에 있는 문자를 사용하시오.

- **문단 모양**
  - 정렬 방식, 여백 등은 문단 모양 기능을 이용하여 작성하시오.
  - 문단 모양은 별도의 지시가 없는 한 한글 2022의 기본값으로 작성하시오.
  - 사이 줄 띄우기는 각 1줄만, 사이 띄우기는 1칸만 띄우시오.

- **표에서 내용의 정렬 방법**
  (제목 행과 '합계(평균)' 셀은 가운데 정렬, 나머지는 열 단위를 기준으로 아래와 같이 정렬)
  - 내용의 길이가 서로 다른 문자의 경우 왼쪽 정렬
  - 내용의 길이가 서로 다른 숫자의 경우 오른쪽 정렬
  - 내용의 길이가 서로 같을 경우 문자, 숫자 상관없이 가운데 정렬

- 색상은 '기본' 테마가 포함된 색상 팔레트를 사용하시오.
- 각 항목은 별도의 지시가 없는 한 주어진 문서에 기준하여 작성하시오.
- 각 항목은 별도의 지시가 없는 한 기본 설정값으로 처리하시오.
- 문제에 제시된 지시사항은 작성하지 않음.

대 한 상 공 회 의 소

1. 쪽 테두리	• 선의 종류 및 굵기 : 이중 실선 0.5mm, 모두 • 위치 : 쪽 기준, 왼쪽 · 오른쪽 · 위쪽 · 아래쪽 모두 5mm
2. 글상자	• 크기 : 너비 170mm, 높이 25mm, 크기 고정 • 위치 : 본문과의 배치 – 자리 차지, 가로 – 종이의 가운데 0mm, 세로 – 종이의 위 20mm • 바깥 여백 : 아래쪽 7mm • 선 속성 : 검정(RGB:0,0,0), 이점쇄선 0.2mm • 색 채우기 : 노랑(RGB:255,255,0) 10% 어둡게
3. 제목	• 제목(1) : 한컴 윤고딕 740, 17pt, 장평(105%), 자간(10%), 진하게, 남색(RGB:58,60,132) 50% 어둡게, 가운데 정렬 • 제목(2) : 여백 – 왼쪽(330pt)
4. 누름틀	입력할 내용의 안내문 : '이름 직위', 입력 데이터 : '박현진 기획재정부장'
5. 그림	• 경로 : [25]이기적워드실기\그림\수명.PNG, 문서에 포함 • 크기 : 너비 25mm, 높이 20mm • 위치 : 본문과의 배치 – 글 앞으로, 가로 – 종이의 왼쪽 23mm, 세로 – 종이의 위 23mm • 회전 : 좌우 대칭
6. 스타일 (2개소 수정, 3개소 등록)	• 개요 1(수정) : 여백 – 왼쪽(0pt), HY나무M, 12pt, 진하게 • 개요 2(수정) : 여백 – 왼쪽(15pt) • 표제목(등록) : 스타일 이름 – 표제목, 스타일 종류 – 문단, 가운데 정렬, HY울릉도B, 12pt • 참고문헌 1(등록) : 스타일 이름 – 참고문헌 1, 스타일 종류 – 문단, 내어쓰기(15pt) • 참고문헌 2(등록) : 스타일 이름 – 참고문헌 2, 스타일 종류 – 글자, 밑줄
7. 문단 첫 글자 장식	• 모양 : 3줄, 글꼴 : 한컴 윤체 M, 면 색 : 주황(RGB:255,132,58) 50% 어둡게, 본문과의 간격 : 5mm • 글자 색 : 하양(RGB:255,255,255)
8. 각주	글자 모양 : HY산B, 번호 모양 : 아라비아 숫자 원문자
9. 하이퍼링크	• '통계청과 국가기록원, 세'에 하이퍼링크 설정 • 연결 대상 : 웹 주소 – 'https://kostat.go.kr'

10. 표	• 크기 : 너비 78mm~80mm, 높이 33mm~34mm
	• 위치 : 글자처럼 취급 • 전체 행 : 셀 높이를 같게
	• 모든 셀의 안 여백 : 왼쪽 · 오른쪽 2mm
	• 테두리 : 표 안쪽은 실선(0.12mm), 표 바깥의 위쪽과 아래쪽은 실선(0.4mm), 표 바깥의 왼쪽과 오른쪽은
	        없음, 평균 행 위쪽은 파선(0.4mm)
	• 제목 행 : 셀 배경 색 – 탁한 황갈(RGB:131,77,0) 50% 어둡게,
	        글자 모양 – 한컴 윤체 L, 진하게, 하양(RGB:255,255,255)
	• 평균 행 : 셀 배경 색 – 주황(RGB:255,132,58) 80% 밝게, 글자 모양 – 진하게
	• 문단의 정렬 방식 : 가운데 정렬

11. 블록 계산식	표의 평균 행에 블록 계산식을 이용하여 블록 평균 산출
12. 캡션	표 아래에 삽입 후 오른쪽 정렬
13. 차트	• 차트의 모양 : 3차원 묶은 세로 막대형, 차트 계열색 : 색상 조합 색2 • 차트의 크기 : 너비 80mm, 높이 85mm, 크기 고정 • 위치 : 본문과의 배치 – 자리 차지, 가로 – 단의 가운데 0mm, 세로 – 문단의 위 0mm • 바깥 여백 : 위쪽 5mm, 아래쪽 10mm • 값 축, 항목 축, 범례의 글꼴 설정 : 9pt • 표의 아래 단락에 배치 ※ 혼합형 차트는 차트 종류와 속성을 이용하여 구성하시오.
14. 쪽 번호	번호 위치 : 오른쪽 아래, 모양 : 아라비아 숫자, 줄표 넣기 선택, 시작 번호 지정
15. 머리말	HY강B, 10pt, 초록(RGB:40,155,110) 25% 어둡게, 오른쪽 정렬
16. 꼬리말	HY강M, 10pt, 진하게, 주황(RGB:255,102,0), 왼쪽 정렬

❶ 쪽 테두리　　❷ 글상자　　❸ 제목(1)　　❺ 머리말 ➜ 평균 수명이란 무엇인가요?

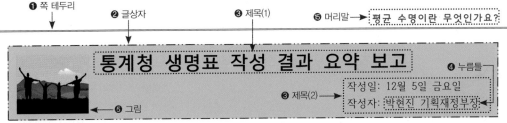

통계청 생명표 작성 결과 요약 보고

❹ 누름틀

작성일: 12월 5일 금요일
작성자: 박현진 기획재정부장

❸ 제목(2) ➜

❺ 그림

❼ 문단 첫 글자 장식

1. 평균 수명 꾸준히 증가 ◄ ❻ 스타일(개요 1)

계청(Korea National Statistical Office)은 국가 보건 수준(Health Level)을 나타내는 주요 지표인 생명표(Life Table)를 작성하여 발표하였다. 생명표는 국가별 보건 수준 비교 및 국가경쟁력(International Competitiveness) 평가(評價)를 제고하기 위해 만들어지는 것이다. 주요 연령별 기대 수명을 보면 지난 10년 동안 모든 연령층에서 지속적으로 증가하였다.

❻ 스타일(표제목)

⑩ 표

주요 연도별 평균 수명①

구분	평균 수명	실제 수명	차이
2010년	77	68	-9
2015년	75	78	3
2020년	78	80	2
2025년	79	92	13
평균	77	80	

❶ 블록 계산식 ➜ (단위: 통계청과 국가기록원, 세)
⑫ 캡션　　❾ 하이퍼링크

⑬ 차트

주요 연도별 평균 수명

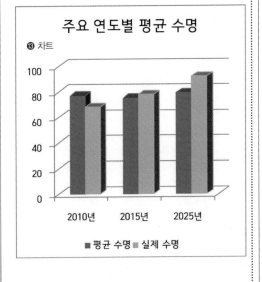

■ 평균 수명　■ 실제 수명

2. 성별 및 연령별 수명 차이 ◄ ❻ 스타일(개요 1)

가. 통계청이 발표한 "생명표"에서 현재 평균 수명(Average Life)은 전체 77.0세, 남자 73.4세, 여자 80.4세로 여자가 남자보다 7.1년 더 오래 사는 것으로 나타났다. 이는 보건의료(Health Medical) 수준이 향상되고, 국민(國民)의 영양 상태(Nutritive Conditions)가 높아진 것에 기인한 것이라 볼 수 있다.

나. 올해의 기대 수명은 남자가 77.1년으로 5년 전에 비해 0.1년 감소하고, 3년 전에 비해 1.1년 감소(減少)했으며, 20년 전의 78.4년 이후 계속 줄어들고 있다고 나타났다. 연령별(Age Bracket) 기대 여명 수치(Numerical Value)는 연령이 높을수록 남녀 모두 기대 여명 증가 속도(速度)가 높은 것으로 나타났다.

❻ 스타일(개요 2)　　❻ 스타일(개요 1)

3. OECD 국가 중 남자 평균 수명 낮아

가. 평균 수명의 국제 비교는 나라마다 작성 기간이 모두 달라 엄밀한 비교가 곤란하기는 하다. 경제 협력 개발 기구인 OECD(Organization For Economic Cooperation And Development)의 회원국 30개국과 평균 수명을 비교해야 한다.

나. 올해 남자는 30개국 평균 수명인 74.7년보다 1.3년 낮은 수준이며, 여자는 30개국 평균 수명인 80.6년 수준인 것으로 조사되었다. 이는 남자의 사망률(Death Rate) 감소 속도가 여자보다 빠르기 때문인 것으로 보인다.

다. 남녀의 평균 수명 차이는 7.1년으로 일본과 프랑스 등과는 비슷하고 폴란드와 헝가리 등의 동유럽의 나라들은 우리나라보다 높은 수준(水準)인 것으로 나타났다.

전각기호

♥ Reference
August, S. (2025). Processes of Vertebrate Evolution, Cambridge. 27(3). 32-35.

❻ 스타일(참고문헌 2)　　❻ 스타일(참고문헌 1)

❽ 각주 ➜
① 인간의 수명은 얼마나 될까?

통계청 생명표 작성 결과 요약 보고

작성일: 12월 5일 금요일
작성자: 박현진 기획재정부장

1. 평균 수명 꾸준히 증가

계청(Korea National Statistical Office)은 국가 보건 수준(Health Level)을 나타내는 주요 지표인 생명표(Life Table)를 작성하여 발표하였다. 생명표는 국가별 보건 수준 비교 및 국가경쟁력(International Competitiveness) 평가(評價)를 제고하기 위해 만들어지는 것이다. 주요 연령별 기대 수명을 보면 지난 10년 동안 모든 연령층에서 지속적으로 증가하였다.

주요 연도별 평균 수명[①]

구분	평균 수명	실제 수명	차이
2010년	77	68	-9
2015년	75	78	3
2020년	78	80	2
2025년	79	92	13
평균	77	80	

(단위: 통계청과 국가기록원, 세)

주요 연도별 평균 수명

■평균 수명 ■실제 수명

2. 성별 및 연령별 수명 차이

가. 통계청이 발표한 "생명표"에서 현재 평균 수명(Average Life)은 전체 77.0세, 남자 73.4세, 여자 80.4세로 여자가 남자보다 7.1년 더 오래 사는 것으로 나타났다. 이는 보건의료(Health Medical) 수준이 향상되고, 국민(國民)의 영양 상태(Nutritive Conditions)가 높아진 것에 기인한 것이라 볼 수 있다.

나. 올해의 기대 수명은 남자가 77.1년으로 5년 전에 비해 0.1년 감소하고, 3년 전에 비해 1.1년 감소(減少)했으며, 20년 전의 78.4년 이후 계속 줄어들고 있다고 나타났다. 연령별(Age Bracket) 기대 여명 수치(Numerical Value)는 연령이 높을수록 남녀 모두 기대 여명 증가 속도(速度)가 높은 것으로 나타났다.

3. OECD 국가 중 남자 평균 수명 낮아

가. 평균 수명의 국제 비교는 나라마다 작성 기간이 모두 달라 엄밀한 비교가 곤란하기는 하다. 경제 협력 개발 기구인 OECD(Organization For Economic Cooperation And Development)의 회원국 30개국과 평균 수명을 비교해야 한다.

나. 올해 남자는 30개국 평균 수명인 74.7년보다 1.3년 낮은 수준이며, 여자는 30개국 평균 수명인 80.6년 수준인 것으로 조사되었다. 이는 남자의 사망률(Death Rate) 감소 속도가 여자보다 빠르기 때문인 것으로 보인다.

다. 남녀의 평균 수명 차이는 7.1년으로 일본과 프랑스 등과는 비슷하고 폴란드와 헝가리 등의 동유럽의 나라들은 우리나라보다 높은 수준(水準)인 것으로 나타났다.

♥ Reference
August, S. (2025). Processes of Vertebrate Evolution, Cambridge. 27(3). 32-35.

[①] 인간의 수명은 얼마나 될까?

평균 수명을 이용한 사망률 예측 모형 비교 연구

국 가 기 술 자 격 검 정
워드프로세서 실기시험

※ 무단 전재 금함
(한글 2022)

과 목	제한시간
문서편집기능	30분

C형

─── 〈 다음 쪽의 문서를 아래 지시사항에 따라 작성하시오 〉 ───

- 작성된 답안의 파일은 지정된 경로 및 파일명을 변경하지 마시고 저장해야 합니다. 이를 준수하지 않으면 실격 처리됩니다.
- 편집 용지
  - 용지 종류는 A4 용지(210mm×297mm) 1매에 용지 방향을 세로로 설정하여 문서를 작성하시오.
  - 용지 여백은 왼쪽 · 오른쪽은 20mm, 위쪽 · 아래쪽은 10mm, 머리말 · 꼬리말은 10mm, 기타 여백은 0mm로 지정하시오.
- 문서의 본문은 1단에서 2단으로 변하는 모양으로 편집하되, 단 간격은 8mm, 구분선은 실선 0.12mm로 설정하시오.
- 글자 모양
  - 글꼴은 별도의 지시가 없는 한 한글 2022의 기본값으로 작성하시오.
  - 영문, 숫자, 기호 등은 별도의 지시가 없는 한 자판에 있는 문자를 사용하시오.
- 문단 모양
  - 정렬 방식, 여백 등은 문단 모양 기능을 이용하여 작성하시오.
  - 문단 모양은 별도의 지시가 없는 한 한글 2022의 기본값으로 작성하시오.
  - 사이 줄 띄우기는 각 1줄만, 사이 띄우기는 1칸만 띄우시오.
- 표에서 내용의 정렬 방법
  (제목 행과 '합계(평균)' 셀은 가운데 정렬, 나머지는 열 단위를 기준으로 아래와 같이 정렬)
  - 내용의 길이가 서로 다른 문자의 경우 왼쪽 정렬
  - 내용의 길이가 서로 다른 숫자의 경우 오른쪽 정렬
  - 내용의 길이가 서로 같을 경우 문자, 숫자 상관없이 가운데 정렬
- 색상은 '기본' 테마가 포함된 색상 팔레트를 사용하시오.
- 각 항목은 별도의 지시가 없는 한 주어진 문서에 기준하여 작성하시오.
- 각 항목은 별도의 지시가 없는 한 기본 설정값으로 처리하시오.
- 문제에 제시된 지시사항은 작성하지 않음.

대 한 상 공 회 의 소

C형	다음 쪽의 문서를 아래의 〈세부지시사항〉에 따라 작성하시오.
1. 다단 설정	모양 – 둘, 구분선 – 구분선 넣기, 적용 범위 – 새 다단으로
2. 쪽 테두리	• 선의 종류 및 굵기 : 이중 실선 0.5mm, 모두 • 위치 : 쪽 기준, 왼쪽 · 오른쪽 · 위쪽 · 아래쪽 모두 5mm
3. 글상자	• 크기 : 너비 170mm, 높이 23mm, 크기 고정 • 위치 : 본문과의 배치 – 자리 차지, 가로 – 종이의 가운데 0mm, 세로 – 종이의 위 20mm • 바깥 여백 : 아래쪽 7mm • 선 속성 : 검정(RGB:0,0,0), 얇고 굵은 이중선 0.5mm • 색 채우기 : 초록(RGB:0,128,0) 80% 밝게
4. 제목	• 제목(1) : HY강M, 17pt, 장평(105%), 자간(–10%), 진하게, 남색(RGB:51,51,153), 가운데 정렬 • 제목(2) : 여백 – 왼쪽(350pt)
5. 누름틀	입력할 내용의 안내문 : '0000. 0. 0.', 입력 데이터 : '2026. 12. 10.'
6. 그림	• 경로 : [25]이기적워드실기\그림\미래.GIF, 문서에 포함 • 크기 : 너비 28mm, 높이 18mm • 위치 : 본문과의 배치 – 글 앞으로, 가로 – 종이의 왼쪽 23mm, 세로 – 종이의 위 23mm
7. 스타일 (2개소 수정, 3개소 등록)	• 개요 1(수정) : 여백 – 왼쪽(0pt), 한컴 윤고딕 760, 11pt, 진하게 • 개요 2(수정) : 여백 – 왼쪽(15pt) • 표제목(등록) : 스타일 이름 – 표제목, 스타일 종류 – 문단, 가운데 정렬, 맑은 고딕, 진하게 • 참고문헌 1(등록) : 스타일 이름 – 참고문헌 1, 스타일 종류 – 문단, 내어쓰기(20pt) • 참고문헌 2(등록) : 스타일 이름 – 참고문헌 2, 스타일 종류 – 글자, 기울임
8. 문단 첫 글자 장식	• 모양 : 2줄, 글꼴 : 한컴산뜻돋움, 면 색 : 주황(RGB:255,132,58) 50% 어둡게, 본문과의 간격 : 3mm • 글자 색 : 하양(RGB:255,255,255)
9. 각주	글자 모양 : 한컴 윤고딕 230, 번호 모양 : 아라비아 숫자
10. 하이퍼링크	• '영화진흥위원회'에 하이퍼링크 설정 • 연결 대상 : 웹 주소 – 'https://kofic.or.kr'
11. 표	• 크기 : 너비 78mm~80mm, 높이 33mm~34mm • 위치 : 글자처럼 취급 • 전체 행 : 셀 높이를 같게 • 모든 셀의 안 여백 : 왼쪽 · 오른쪽 2mm • 테두리 : 표 안쪽은 실선(0.12mm), 표 바깥의 위쪽과 아래쪽은 실선(0.4mm), 표 바깥의 왼쪽과 오른쪽은 　　　　　없음, 구분 행 아래와 평균 행 위쪽은 이중 실선(0.5mm) • 제목 행 : 셀 배경 색 – 초록(RGB:0,128,0) 25% 어둡게, 　　　　　글자 모양 – HY강M, 진하게, 하양(RGB:255,255,255) • 평균 행 : 셀 배경 색 – 시멘트색(RGB:178,178,178) 60% 밝게, 글자 모양 – 진하게 • 문단의 정렬 방식 : 가운데 정렬
12. 블록 계산식	표의 평균 행에 블록 계산식을 이용하여 블록 평균 산출
13. 캡션	표 아래에 삽입 후 오른쪽 정렬
14. 차트	• 차트의 모양 : 이중 축 혼합형(묶은 세로 막대형, 표식이 있는 꺾은선형) • 차트의 크기 : 너비 80mm, 높이 65mm, 크기 고정 • 위치 : 본문과의 배치 – 자리 차지, 가로 – 단의 가운데 0mm, 세로 – 문단의 위 0mm • 바깥 여백 : 위쪽 5mm, 아래쪽 7mm • 값 축, 항목 축, 보조 값 축, 범례의 글꼴 설정 : 9pt • 표의 아래 단락에 배치 ※ 혼합형 차트는 차트 종류와 속성을 이용하여 구성하시오.
15. 쪽 번호	번호 위치 : 오른쪽 아래, 모양 : 아라비아 숫자, 줄표 넣기 선택, 시작 번호 지정
16. 머리말	한컴 윤고딕 740, 10pt, 진하게, 남색(RGB:58,60,132) 50% 어둡게, 오른쪽 정렬
17. 꼬리말	한컴산뜻돋움, 10pt, 진하게, 하늘색(RGB:97,130,214) 25% 어둡게, 왼쪽 정렬

② 쪽 테두리 ③ 글상자 ④ 제목(1) ⑯ 머리말 ━▶ 영진대학교 연극영화과

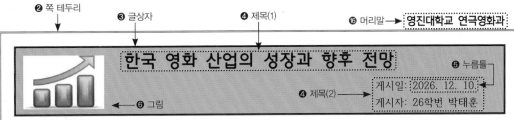

한국 영화 산업의 성장과 향후 전망

⑤ 누름틀

④ 제목(2) ━▶

| 게시일: 2026. 12. 10. |
| 게시자: 26학번 박태훈 |

⑥ 그림

⑧ 문단 첫 글자 장식

1. 개요 ◀━ ⑦ 스타일(개요 1)

우리나라 영화 시장 매출액(Film Market Sales)이 사상 처음으로 1조 원을 돌파한 것으로 집계(集計)됐다. 5일 영화진흥위원회(KOFIC: Korean Film Council) 영화관 입장권 통합전산망에 따르면 지난해 영화 매출액은 1조 817억 원에 이르는 것으로 잠정 집계됐다. 1조 원 시대의 가장 큰 동인(Motive)은 관객 수 증가와 실질 관람료 인상 등에서 찾을 수 있다.

① 다단 설정 ⑦ 스타일(표제목) ⑪ 표

한국 영화 관객 수 성장률 전망

구분	한국 영화	외국 영화	전체
액션	6.2	3.2	5.6
추리	5.8	-1.9	3.1
공포/스릴러	5.5	2.8	7.8
로맨스	3.4	-5.4	4.5
평균	5.2	-0.3	

⑫ 블록 계산식   (단위: 작년 대비 상승률, %)

⑬ 캡션

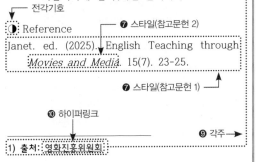

한국 영화 관객 수 성장률 전망

⑭ 차트

■ 한국 영화 ■ 외국 영화 ● 전체

2. 매출액 1조 817억 원 기록 ◀━ ⑦ 스타일(개요 1)

가. 올해 영화를 관람한 총관객 수는 1억 5648만 명으로 늘었다. 더욱 긍정적인 것은 국산 영화(Domestic Film) 관람객(Cinema Audience)이 크게 늘었다는 점이다. 이에 비해 외국 영화(Foreign Film) 관객 수는 약 14% 감소했다.

나. 관람료 인상(Raise)은 매출액 증가의 가장 중요한 요인(Main Factor)으로 꼽힌다. 지난해 7월, CGV, 메가박스(Megabox) 등 국내 대형 상영관들은 관람료(Admission Fee)

를 주중(Weekdays) 15,000원으로, 주말(Weekend)은 17,000원으로 2,000원씩 올렸다.

◀━ ⑦ 스타일(개요 2)

3. 영화 산업 호조세 지속 ◀━ ⑦ 스타일(개요 1)

가. 영화진흥위원회 한승회 연구원(Researcher)은 "관객(觀客) 수는 작년과 비슷한 것으로 예상된다"면서 "티켓 가격(Ticket Price)의 인상, 3D나 4D 등 일반 영화보다 비싼 영화들의 상영(上映)이 늘어난 점, 심야 할인(Late-Night Discount)이 줄어든 점 등에 따라 매출액이 증가한 것으로 보인다"고 설명했다.

나. 1조 원 시대 개막과 더불어 국내 영화 산업의 호조(Upswing)는 한동안 지속될 것으로 보인다. 영진위가 발표한 '한국 영화 흥행구조 및 시장규모 예측'에 따르면 우리나라 영화 산업은 한국 영화(映畫) 선전에 힘입어 총 관객 수가 꾸준히 증가할 것으로 보인다.

다. 국산 영화 관람객 수는 2024년까지 3~6%씩 증가, 5년간 연평균 5.2% 증가할 것으로 전망됐다. 이에 비해 외화 관객 수는 향후 5년간 2%가량 감소(減少)할 것으로 예상됐다. 앞으로도 매출의 상당 부분을 한국 영화가 이끌어가게 될 것이란 분석이다.

전각기호

● Reference ◀━ ⑦ 스타일(참고문헌 2)
Janet. ed. (2025). English Teaching through *Movies and Media*. 15(7). 23-25.

◀━ ⑦ 스타일(참고문헌 1)

⑩ 하이퍼링크

⑨ 각주 ━▶

1) 출처: 영화진흥위원회

졸업 자격 논문 중 발췌 (제2권) ◀━ ⑰ 꼬리말   ⑮ 쪽 번호 ━▶ - 5 -

한국 영화 산업의 성장과 향후 전망

게시일: 2026. 12. 10.
게시자: 26학번 박태훈

1. 개요

우리나라 영화 시장 매출액(Film Market Sales)이 사상 처음으로 1조 원을 돌파한 것으로 집계(集計)됐다. 5일 영화진흥위원회(KOFIC: Korean Film Council) 영화관 입장권 통합전산망에 따르면 지난해 영화 매출액은 1조 817억 원에 이르는 것으로 잠정 집계됐다. 1조 원 시대의 가장 큰 동인(Motive)은 관객 수 증가와 실질 관람료 인상 등에서 찾을 수 있다.

한국 영화 관객 수 성장률 전망

구분	한국 영화	외국 영화	전체
액션	6.2	3.2	5.6
추리	5.8	-1.9	3.1
공포/스릴러	5.5	2.8	7.8
로맨스	3.4	-5.4	4.5
평균	5.2	-0.3	

(단위: 작년 대비 상승률, %)

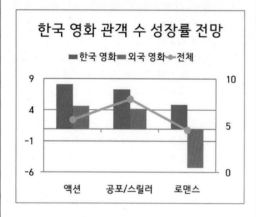

한국 영화 관객 수 성장률 전망

2. 매출액 1조 817억 원 기록

가. 올해 영화를 관람한 총관객 수는 1억 5648만 명으로 늘었다. 더욱 긍정적인 것은 국산 영화(Domestic Film) 관람객(Cinema Audience)이 크게 늘었다는 점이다. 이에 비해 외국 영화(Foreign Film) 관객 수는 약 14% 감소했다.

나. 관람료 인상(Raise)은 매출액 증가의 가장 중요한 요인(Main Factor)으로 꼽힌다. 지난해 7월, CGV, 메가박스(Megabox) 등 국내 대형 상영관들은 관람료(Admission Fee)를 주중(Weekdays) 15,000원으로, 주말(Weekend)은 17,000원으로 2,000원씩 올렸다.

3. 영화 산업 호조세 지속

가. 영화진흥위원회 한승회 연구원(Researcher)은 "관객(觀客) 수는 작년과 비슷한 것으로 예상된다"면서 "티켓 가격(Ticket Price)의 인상, 3D나 4D 등 일반 영화보다 비싼 영화들의 상영(上映)이 늘어난 점, 심야 할인(Late-Night Discount)이 줄어든 점 등에 따라 매출액이 증가한 것으로 보인다"고 설명했다.

나. 1조 원 시대 개막과 더불어 국내 영화 산업의 호조(Upswing)는 한동안 지속될 것으로 보인다. 영진위가 발표한 '한국 영화 흥행구조 및 시장규모 예측'에 따르면 우리나라 영화 산업은 한국 영화(映畫) 선전에 힘입어 총 관객 수가 꾸준히 증가할 것[1]으로 보인다.

다. 국산 영화 관람객 수는 2024년까지 3~6%씩 증가, 5년간 연평균 5.2% 증가할 것으로 전망됐다. 이에 비해 외화 관객 수는 향후 5년간 2%가량 감소(減少)할 것으로 예상됐다. 앞으로도 매출의 상당 부분을 한국 영화가 이끌어가게 될 것이란 분석이다.

◑ Reference
Janet. ed. (2025). English Teaching through *Movies and Media*. 15(7). 23-25.

---

1) 출처: 영화진흥위원회

국 가 기 술 자 격 검 정
워드프로세서 실기시험

※ 무단 전재 금함
(한글 2022)

과 목	제한시간
문서편집기능	30분

C형

─── 〈 다음 쪽의 문서를 아래 지시사항에 따라 작성하시오 〉 ───

- 작성된 답안의 파일은 지정된 경로 및 파일명을 변경하지 마시고 저장해야 합니다. 이를 준수하지 않으면 실격 처리됩니다.
- 편집 용지
  - 용지 종류는 A4 용지(210mm×297mm) 1매에 용지 방향을 세로로 설정하여 문서를 작성하시오.
  - 용지 여백은 왼쪽·오른쪽은 20mm, 위쪽·아래쪽은 10mm, 머리말·꼬리말은 10mm, 기타 여백은 0mm로 지정하시오.
- 문서의 본문은 1단에서 2단으로 변하는 모양으로 편집하되, 단 간격은 8mm, 구분선은 실선 0.12mm로 설정하시오.
- 글자 모양
  - 글꼴은 별도의 지시가 없는 한 한글 2022의 기본값으로 작성하시오.
  - 영문, 숫자, 기호 등은 별도의 지시가 없는 한 자판에 있는 문자를 사용하시오.
- 문단 모양
  - 정렬 방식, 여백 등은 문단 모양 기능을 이용하여 작성하시오.
  - 문단 모양은 별도의 지시가 없는 한 한글 2022의 기본값으로 작성하시오.
  - 사이 줄 띄우기는 각 1줄만, 사이 띄우기는 1칸만 띄우시오.
- 표에서 내용의 정렬 방법
  (제목 행과 '합계(평균)' 셀은 가운데 정렬, 나머지는 열 단위를 기준으로 아래와 같이 정렬)
  - 내용의 길이가 서로 다른 문자의 경우 왼쪽 정렬
  - 내용의 길이가 서로 다른 숫자의 경우 오른쪽 정렬
  - 내용의 길이가 서로 같을 경우 문자, 숫자 상관없이 가운데 정렬
- 색상은 '기본' 테마가 포함된 색상 팔레트를 사용하시오.
- 각 항목은 별도의 지시가 없는 한 주어진 문서에 기준하여 작성하시오.
- 각 항목은 별도의 지시가 없는 한 기본 설정값으로 처리하시오.
- 문제에 제시된 지시사항은 작성하지 않음.

대 한 상 공 회 의 소

C형	다음 쪽의 문서를 아래의 〈세부지시사항〉에 따라 작성하시오.
1. 다단 설정	모양 – 둘, 구분선 – 구분선 넣기, 적용 범위 – 새 다단으로
2. 쪽 테두리	• 선의 종류 및 굵기 : 실선 0.5mm, 모두 • 위치 : 쪽 기준, 왼쪽 · 오른쪽 · 위쪽 · 아래쪽 모두 5mm
3. 글상자	• 크기 : 너비 170mm, 높이 28mm, 크기 고정 • 위치 : 본문과의 배치 – 자리 차지, 가로 – 종이의 가운데 0mm, 세로 – 종이의 위 20mm • 바깥 여백 : 아래쪽 7mm • 선 속성 : 검정(RGB:0,0,0), 이중 실선 0.5mm • 색 채우기 : 하늘색(RGB:97,130,214) 80% 밝게
4. 제목	• 제목(1) : 한컴 윤고딕 760, 18pt, 장평(105%), 자간(-10%), 진하게, 초록(RGB:40,155,110), 가운데 정렬 • 제목(2) : 여백 – 왼쪽(330pt)
5. 누름틀	입력할 내용의 안내문 : '이름 직위', 입력 데이터 : '박주미 입학지원팀장'
6. 그림	• 경로 : [25]이기적워드실기₩그림₩신입생.JPG, 문서에 포함 • 크기 : 너비 25mm, 높이 20mm • 위치 : 본문과의 배치 – 글 앞으로, 가로 – 종이의 왼쪽 23mm, 세로 – 종이의 위 25mm • 회전 : 좌우 대칭
7. 스타일 **(2개소 수정, 3개소 등록)**	• 개요 1(수정) : 여백 – 왼쪽(0pt), HY나무M, 11pt, 진하게 • 개요 2(수정) : 여백 – 왼쪽(18pt) • 표제목(등록) : 스타일 이름 – 표제목, 스타일 종류 – 문단, 가운데 정렬, 함초롬돋움, 진하게 • 참고문헌 1(등록) : 스타일 이름 – 참고문헌 1, 스타일 종류 – 문단, 들여쓰기(15pt) • 참고문헌 2(등록) : 스타일 이름 – 참고문헌 2, 스타일 종류 – 글자, 밑줄
8. 문단 첫 글자 장식	• 모양 : 3줄, 글꼴 : 한컴산뜻돋움, 면 색 : 주황(RGB:255,132,58) 25% 어둡게, 본문과의 간격 : 3mm • 글자 색 : 하양(RGB:255,255,255)
9. 각주	글자 모양 : 한컴 윤고딕 250, 번호 모양 : 아라비아 숫자
10. 하이퍼링크	• '교육부 발표, 명'에 하이퍼링크 설정 • 연결 대상 : 웹 주소 – 'https://moe.go.kr'

11. 표	• 크기 : 너비 78mm~80mm, 높이 33mm~34mm • 위치 : 글자처럼 취급
	• 전체 행 : 셀 높이를 같게 • 모든 셀의 안 여백 : 왼쪽 · 오른쪽 2mm
	• 테두리 : 표 안쪽은 실선(0.12mm), 표 바깥의 위쪽과 아래쪽은 실선(0.4mm), 표 바깥의 왼쪽과 오른쪽은
	    없음, 합계 행 위쪽은 이중 실선(0.5mm)
	• 제목 행 : 셀 배경 색 – 초록(RGB:40,155,110) 50% 어둡게,
	    글자 모양 – 함초롬돋움, 진하게, 하양(RGB:255,255,255)
	• 합계 행 : 셀 배경 색 – 남색(RGB:58,60,132) 80% 밝게, 글자 모양 – 진하게
	• 문단의 정렬 방식 : 가운데 정렬

12. 블록 계산식	표의 합계 행에 블록 계산식을 이용하여 블록 합계 산출
13. 캡션	표 아래에 삽입 후 오른쪽 정렬
14. 차트	• 차트의 모양 : 이중 축 혼합형(묶은 가로 막대형, 표식이 있는 꺾은선형), 차트 계열색 : 색상 조합 색4 • 차트의 크기 : 너비 80mm, 높이 65mm, 크기 고정 • 위치 : 본문과의 배치 – 자리 차지, 가로 – 단의 가운데 0mm, 세로 – 문단의 위 0mm • 바깥 여백 : 위쪽 5mm, 아래쪽 8mm • 값 축, 항목 축, 보조 값 축, 범례의 글꼴 설정 : 9pt • 표의 아래 단락에 배치 ※ 혼합형 차트는 차트 종류와 속성을 이용하여 구성하시오.
15. 쪽 번호	번호 위치 : 왼쪽 아래, 모양 : 아라비아 숫자 원문자, 줄표 넣기 선택, 시작 번호 지정
16. 머리말	한컴 윤고딕 240, 10pt, 진하게, 보라(RGB:157,92,187) 40% 밝게, 오른쪽 정렬
17. 꼬리말	맑은 고딕, 10pt, 진하게, 시멘트색(RGB:178,178,178) 25% 어둡게, 가운데 정렬

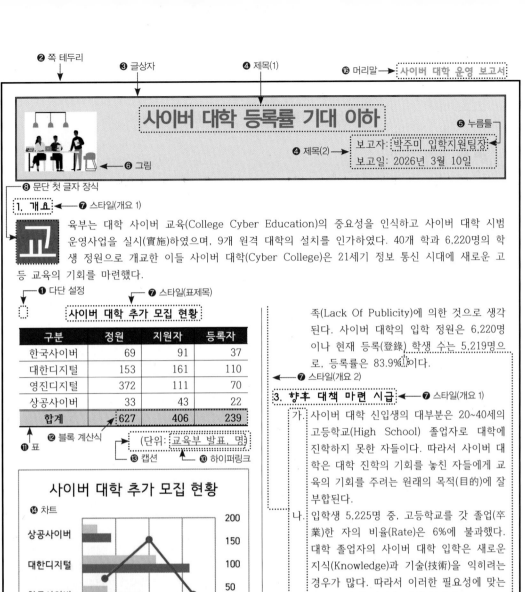

사이버 대학 등록률 기대 이하

❺ 누름틀

❹ 제목(2) → 보고자: 박주미 입학지원팀장
보고일: 2026년 3월 10일

❻ 그림

❽ 문단 첫 글자 장식

1. 개요 ← ❼ 스타일(개요 1)

육부는 대학 사이버 교육(College Cyber Education)의 중요성을 인식하고 사이버 대학 시범 운영사업을 실시(實施)하였으며, 9개 원격 대학의 설치를 인가하였다. 40개 학과 6,220명의 학생 정원으로 개교한 이들 사이버 대학(Cyber College)은 21세기 정보 통신 시대에 새로운 고등 교육의 기회를 마련했다.

❶ 다단 설정 ❼ 스타일(표제목)

사이버 대학 추가 모집 현황

구분	정원	지원자	등록자
한국사이버	69	91	37
대한디지털	153	161	110
영진디지털	372	111	70
상공사이버	33	43	22
합계	627	406	239

❷ 블록 계산식 ❶❶ 표

(단위: 교육부 발표, 명)

⑬ 캡션 ⑩ 하이퍼링크

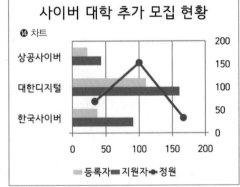

사이버 대학 추가 모집 현황

⑭ 차트

■ 등록자 ■ 지원자 ● 정원

2. 추가 모집과 신입생 분석 ← ❼ 스타일(개요 1)

가. 각 사이버 대학은 2학기를 위한 학생 추가 모집을 시행하였다. 모집(Recruitment) 정원이 가장 많은 대학은 영진디지털대학교는 372명이었으며, 제일 적은 대학은 소리사이버대학은 21명이었다. 그러나 여러 대학에서 지원자(Applicants)로 미달 사태가 발생하였다.

나. 이는 사이버 대학 자체뿐 아니라 2학기 신입생(Freshman) 추가 모집에 대한 홍보 부족(Lack Of Publicity)에 의한 것으로 생각된다. 사이버 대학의 입학 정원은 6,220명이나 현재 등록(登錄) 학생 수는 5,219명으로, 등록률은 83.9%이다.

← ❼ 스타일(개요 2)

3. 향후 대책 마련 시급 ← ❼ 스타일(개요 1)

가. 사이버 대학 신입생의 대부분은 20~40세의 고등학교(High School) 졸업자로 대학에 진학하지 못한 자들이다. 따라서 사이버 대학은 대학 진학의 기회를 놓친 자들에게 교육의 기회를 주려는 원래의 목적(目的)에 잘 부합된다.

나. 입학생 5,225명 중, 고등학교를 갓 졸업(卒業)한 자의 비율(Rate)은 6%에 불과했다. 대학 졸업자의 사이버 대학 입학은 새로운 지식(Knowledge)과 기술(技術)을 익히려는 경우가 많다. 따라서 이러한 필요성에 맞는 학과 개설에 최선을 다해야 한다.

다. 또 이들은 한국사이버대학교나 상공사이버대학교와 같이 기존 대학 부설 형태의 원격 대학을 선호하고 있다. 40세 이상의 입학생 비율이 높은 대학으로는 한국사이버대학교(25%)와 대한디지털대학(24%)이 있다. 이 두 대학은 학생 등록률(Enrollment Ratio)이 심각하게 낮아서 어려움을 겪고 있는 대학이다.

전각기호 ❼ 스타일(참고문헌 1)

◎ Reference

Hui, Y. (2025). Effects of Financial and Educational Environment, Cyber. 213(2). 89-102.

❼ 스타일(참고문헌 2)

❾ 각주 →

1) 영진디지털대학교 발표 참고

사이버 대학 등록률 기대 이하

보고자: 박주미 입학지원팀장
보고일: 2026년 3월 10일

1. 개요

육부는 대학 사이버 교육(College Cyber Education)의 중요성을 인식하고 사이버 대학 시범 운영사업을 실시(實施)하였으며, 9개 원격 대학의 설치를 인가하였다. 40개 학과 6,220명의 학생 정원으로 개교한 이들 사이버 대학(Cyber College)은 21세기 정보 통신 시대에 새로운 고등 교육의 기회를 마련했다.

사이버 대학 추가 모집 현황

구분	정원	지원자	등록자
한국사이버	69	91	37
대한디지털	153	161	110
영진디지털	372	111	70
상공사이버	33	43	22
합계	627	406	239

(단위: 교육부 발표, 명)

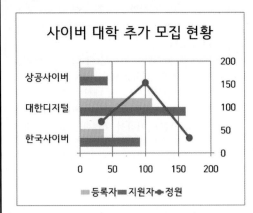

사이버 대학 추가 모집 현황

2. 추가 모집과 신입생 분석

가. 각 사이버 대학은 2학기를 위한 학생 추가 모집을 시행하였다. 모집(Recruitment) 정원이 가장 많은 대학은 영진디지털대학교는 372명이었으며, 제일 적은 대학은 소리사이버대학은 21명이었다. 그러나 여러 대학에서 지원자(Applicants)로 미달 사태가 발생하였다.

나. 이는 사이버 대학 자체뿐 아니라 2학기 신입생(Freshman) 추가 모집에 대한 홍보 부족(Lack Of Publicity)에 의한 것으로 생각된다. 사이버 대학의 입학 정원은 6,220명이나 현재 등록(登錄) 학생 수는 5,219명으로, 등록률은 83.9%[1]이다.

3. 향후 대책 마련 시급

가. 사이버 대학 신입생의 대부분은 20~40세의 고등학교(High School) 졸업자로 대학에 진학하지 못한 자들이다. 따라서 사이버 대학은 대학 진학의 기회를 놓친 자들에게 교육의 기회를 주려는 원래의 목적(目的)에 잘 부합된다.

나. 입학생 5,225명 중, 고등학교를 갓 졸업(卒業)한 자의 비율(Rate)은 6%에 불과했다. 대학 졸업자의 사이버 대학 입학은 새로운 지식(Knowledge)과 기술(技術)을 익히려는 경우가 많다. 따라서 이러한 필요성에 맞는 학과 개설에 최선을 다해야 한다.

다. 또 이들은 한국사이버대학교나 상공사이버대학교와 같이 기존 대학 부설 형태의 원격 대학을 선호하고 있다. 40세 이상의 입학생 비율이 높은 대학으로는 한국사이버대학교(25%)와 대한디지털대학(24%)이 있다. 이 두 대학은 학생 등록률(Enrollment Ratio)이 심각하게 낮아서 어려움을 겪고 있는 대학이다.

◎ Reference
Hui, Y. (2025). Effects of Financial and Educational Environment, Cyber. 213(2). 89-102.

---

1) 영진디지털대학교 발표 참고

국 가 기 술 자 격 검 정

워드프로세서 실기시험

※ 무단 전재 금함
(한글 2022)

과 목	제한시간
문서편집기능	30분

C형

─ 〈 다음 쪽의 문서를 아래 지시사항에 따라 작성하시오 〉 ─

- 작성된 답안의 파일은 지정된 경로 및 파일명을 변경하지 마시고 저장해야 합니다. 이를 준수하지 않으면 실격 처리됩니다.
- 편집 용지
  - 용지 종류는 A4 용지(210mm×297mm) 1매에 용지 방향을 세로로 설정하여 문서를 작성하시오.
  - 용지 여백은 왼쪽 · 오른쪽은 20mm, 위쪽 · 아래쪽은 10mm, 머리말 · 꼬리말은 10mm, 기타 여백은 0mm로 지정하시오.
- 문서의 본문은 1단에서 2단으로 변하는 모양으로 편집하되, 단 간격은 8mm, 구분선은 파선 0.12mm로 설정하시오.
- 글자 모양
  - 글꼴은 별도의 지시가 없는 한 한글 2022의 기본값으로 작성하시오.
  - 영문, 숫자, 기호 등은 별도의 지시가 없는 한 자판에 있는 문자를 사용하시오.
- 문단 모양
  - 정렬 방식, 여백 등은 문단 모양 기능을 이용하여 작성하시오.
  - 문단 모양은 별도의 지시가 없는 한 한글 2022의 기본값으로 작성하시오.
  - 사이 줄 띄우기는 각 1줄만, 사이 띄우기는 1칸만 띄우시오.
- 표에서 내용의 정렬 방법
  (제목 행과 '합계(평균)' 셀은 가운데 정렬, 나머지는 열 단위를 기준으로 아래와 같이 정렬)
  - 내용의 길이가 서로 다른 문자의 경우 왼쪽 정렬
  - 내용의 길이가 서로 다른 숫자의 경우 오른쪽 정렬
  - 내용의 길이가 서로 같을 경우 문자, 숫자 상관없이 가운데 정렬
- 색상은 '기본' 테마가 포함된 색상 팔레트를 사용하시오.
- 각 항목은 별도의 지시가 없는 한 주어진 문서에 기준하여 작성하시오.
- 각 항목은 별도의 지시가 없는 한 기본 설정값으로 처리하시오.
- 문제에 제시된 지시사항은 작성하지 않음.

대 한 상 공 회 의 소

1. 다단 설정	모양 – 둘, 구분선 – 구분선 넣기, 적용 범위 – 새 다단으로
2. 쪽 테두리	• 선의 종류 및 굵기 : 이중 실선 0.5mm, 모두 • 위치 : 쪽 기준, 왼쪽 · 오른쪽 · 위쪽 · 아래쪽 모두 5mm
3. 글상자	• 크기 : 너비 170mm, 높이 25mm, 크기 고정 • 위치 : 본문과의 배치 – 자리 차지, 가로 – 종이의 가운데 0mm, 세로 – 종이의 위 20mm • 바깥 여백 : 아래쪽 5mm • 선 속성 : 검정(RGB:0,0,0), 실선 0.3mm • 색 채우기 : 빨강(RGB:255,0,0) 80% 밝게
4. 제목	• 제목(1) : HY나무M, 15pt, 장평(95%), 자간(5%), 진하게, 초록(RGB:40,155,110) 50% 어둡게, 가운데 정렬 • 제목(2) : 여백 – 왼쪽(330pt)
5. 누름틀	입력할 내용의 안내문 : '이름 직위', 입력 데이터 : '고아람 경제분석실장'
6. 그림	• 경로 : [25]이기적워드실기₩그림₩경제.JPG, 문서에 포함 • 크기 : 너비 30mm, 높이 20mm • 위치 : 본문과의 배치 – 글 앞으로, 가로 – 종이의 왼쪽 25mm, 세로 – 종이의 위 23mm
7. 스타일 (2개소 수정, 3개소 등록)	• 개요 1(수정) : 여백 – 왼쪽(0pt), 한컴 윤고딕 740, 12pt, 진하게 • 개요 2(수정) : 여백 – 왼쪽(15pt) • 표제목(등록) : 스타일 이름 – 표제목, 스타일 종류 – 문단, 가운데 정렬, 양재인장체M, 진하게 • 참고문헌 1(등록) : 스타일 이름 – 참고문헌 1, 스타일 종류 – 문단, 들여쓰기(15pt) • 참고문헌 2(등록) : 스타일 이름 – 참고문헌 2, 스타일 종류 – 글자, 그림자
8. 문단 첫 글자 장식	• 모양 : 2줄, 글꼴 : 맑은 고딕, 면 색 : 빨강(RGB:255,0,0) 50% 어둡게, 본문과의 간격 : 3mm • 글자 색 : 연한 노랑(RGB:250,243,219)
9. 각주	글자 모양 : 함초롬돋움, 번호 모양 : 아라비아 숫자, 뒷 장식 문자 : :
10. 하이퍼링크	• 'e – 나라지표, %'에 하이퍼링크 설정 • 연결 대상 : 웹 주소 – 'https://index.go.kr'
11. 표	• 크기 : 너비 78mm~80mm, 높이 33mm~34mm • 위치 : 글자처럼 취급 • 전체 행 : 셀 높이를 같게 • 모든 셀의 안 여백 : 왼쪽 · 오른쪽 2mm • 테두리 : 표 안쪽은 실선(0.12mm), 표 바깥의 위쪽과 아래쪽은 실선(0.4mm), 표 바깥의 왼쪽과 오른쪽은 　　　　없음, 평균 행 위쪽은 굵고 얇은 이중선(0.5mm) • 제목 행 : 셀 배경 색 – 주황(RGB:255,102,0) 25% 어둡게, 　　　　글자 모양 – 한컴 윤고딕 720, 진하게, 하양(RGB:255,255,255) • 평균 행 : 셀 배경 색 – 탁한 황갈(RGB:131,77,0) 80% 밝게, 글자 모양 – 진하게 • 문단의 정렬 방식 : 가운데 정렬
12. 블록 계산식	표의 평균 행에 블록 계산식을 이용하여 블록 평균 산출
13. 캡션	표 위에 삽입
14. 차트	• 차트의 모양 : 이중 축 혼합형(누적 세로 막대형, 꺾은선형), 차트 계열색 : 색상 조합 색4 • 차트의 크기 : 너비 80mm, 높이 70mm, 크기 고정 • 위치 : 본문과의 배치 – 자리 차지, 가로 – 단의 가운데 0mm, 세로 – 문단의 위 0mm • 바깥 여백 : 위쪽 5mm, 아래쪽 8mm • 값 축, 항목 축, 보조 값 축, 범례의 글꼴 설정 : 9pt • 표의 아래 단락에 배치 ※ 혼합형 차트는 차트 종류와 속성을 이용하여 구성하시오.
15. 쪽 번호	번호 위치 : 가운데 아래, 모양 : 한자 숫자, 줄표 넣기 선택, 시작 번호 지정
16. 머리말	한컴산뜻돋움, 진하게, 하늘색(RGB:97,130,214) 50% 어둡게, 오른쪽 정렬
17. 꼬리말	한컴 윤고딕 740, 진하게, 보라(RGB:157,92,187) 50% 어둡게, 왼쪽 정렬

❷ 쪽 테두리 ❸ 글상자 ❹ 제목(1) ❶ 머리말 → **국내총생산 및 경제성장률**

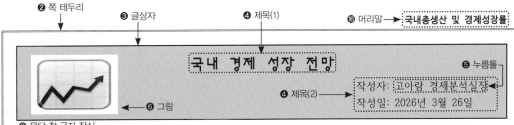

국내 경제 성장 전망

❹ 제목(2)

❺ 누름틀

작성자: 고아람 경제분석실장
작성일: 2026년 3월 26일

❻ 그림

❽ 문단 첫 글자 장식

1. U자형, W자형 전망 ← ❼ 스타일(개요 1)

V 자형이냐, L자형이냐로 엇갈리던 경기전망(Business Forecast)이 'U자형이냐, W자형이냐'로 바뀌고 있다. 올해 경제성장 전망(展望)이 5~6%에서 4%대로 하향 조정되면서 상반기 회복을 전제로 했던 급속한 경기 회복을 의미하는 V자형의 낙관론(Optimistic View)은 이미 힘을 잃었다. 그렇다고 침체 터널(Stagnation Tunnel)이 하염없이 계속되는 일본식 장기불황, 즉 L자형(반등이 없는 불황 지속)도 현실화할 가능성은 크지 않다.

❶ 다단 설정

❼ 스타일(표제목)
⑬ 캡션
산업활동동향 증가율

(단위: e-나라지표, %) ← ❿ 하이퍼링크

구분	작년 1분기	올해 4분기	비중
투자	-2.2	8.7	23.4
생산	4.7	6.3	12.6
판매	2.3	2.9	18.8
기타	5.1	9.1	8.7
평균	2.5	6.8	

⓫ 표 ⓬ 블록 계산식

⑭ 차트

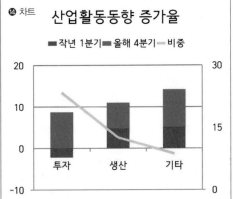

산업활동동향 증가율

■작년 1분기 ■올해 4분기 ■비중

2. 통계상의 분석과 반응 ← ❼ 스타일(개요 1)

가. 관심은 U자형과 W자형이다. U자형은 바닥에서 서서히 되살아나는 'Slow Type' 경기, W자형은 일시적으로 회복 조짐을 보이다가 다시 급하게 떨어지는 'Bungy-Jump Type' 경기를 의미(意味)한다.

나. 통계청이 최근 발표(發表)한 '산업활동동향'에 따르면 경기선행종합지수는 전달보다 0.1% 포인트 상승, 16개월 만에 플러스(Plus)로 반전돼 경기전망을 밝게 했다.

← ❼ 스타일(개요 2)

3. 경기 회복의 변수 ← ❼ 스타일(개요 1)

가. 산업생산 증가율은 전년 동기 대비 8.6% 증가하여, 제로성장에 머물렀던 전월(0.1%)보다 크게 높아졌고 출하증가율(Shipments Growth)도 4.4% 증가했다. 소비/투자(Consumption/Investment) 부문의 냉기는 여전하다. 지난달 설비투자 증가율은 마이너스 5.3%로 여전히 부진했다. 기획재정부 당국자는 "회복 조짐은 있지만 낙관할 단계는 아니다"라고 조심스러운 반응(反應)을 보였다.

나. 결국 회복징후는 분명히 존재하지만, 장래(Future)는 불투명하며 속도도 아주 더딜 것이란 것이 일반적 관측(觀測)이다. 변수(Variables)는 미국(United States)의 정착륙이고, 다른 하나는 국내의 HD건설이다.

다. 두 가지 모두 원만하게 풀린다면 국내 경기는 하반기 이후 본격적인 성장국면(Growth Phase)에 접어드는 U자형으로 갈 것이다. 만약 하나라도 꼬인다면 지금의 회복 조짐은 일시적 반등에 그쳐 다시 고꾸라지는 W자형이 불가피할 전망(Forecasts)이다.

전각기호

★ Reference
Nunny, Y. et al. (2026). Impact of Economic Outlook, Decision. 12(9). 76-83.

❼ 스타일(참고문헌 1) ❼ 스타일(참고문헌 2)

❾ 각주 →
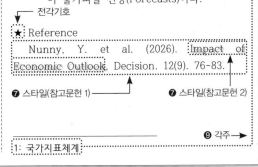

1: 국가지표체계

국내 경제 성장 전망

작성자: 고아람 경제분석실장
작성일: 2026년 3월 26일

1. U자형, W자형 전망

V 자형이냐, L자형이냐로 엇갈리던 경기전망(Business Forecast)이 'U자형이냐, W자형이냐'로 바뀌고 있다. 올해 경제성장 전망(展望)이 5~6%에서 4%대로 하향 조정되면서 상반기 회복을 전제로 했던 급속한 경기 회복을 의미하는 V자형의 낙관론(Optimistic View)은 이미 힘을 잃었다. 그렇다고 침체 터널(Stagnation Tunnel)이 하염없이 계속되는 일본식 장기불황, 즉 L자형(반등이 없는 불황 지속)도 현실화할 가능성은 크지 않다.

산업활동동향 증가율

(단위: e-나라지표, %)

구분	작년 1분기	올해 4분기	비중
투자	-2.2	8.7	23.4
생산	4.7	6.3	12.6
판매	2.3	2.9	18.8
기타	5.1	9.1	8.7
평균	2.5	6.8	

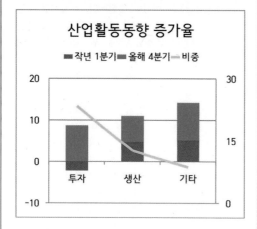

2. 통계상의 분석과 반응

가. 관심은 U자형과 W자형이다. U자형은 바닥에서 서서히 되살아나는 'Slow Type' 경기, W자형은 일시적으로 회복 조짐을 보이다가 다시 급하게 떨어지는 'Bungy-Jump Type' 경기를 의미(意味)한다.

나. 통계청이 최근 발표(發表)한 '산업활동동향'에 따르면 경기선행종합지수는 전달보다 0.1% 포인트 상승, 16개월 만에 플러스(Plus)로 반전돼 경기전망을 밝게 했다.

3. 경기 회복의 변수

가. 산업생산 증가율은 전년 동기 대비 8.6% 증가하여, 제로성장에 머물렀던 전월(0.1%)보다 크게 높아졌고 출하증가율(Shipments Growth)도 4.4% 증가했다. 소비/투자(Consumption/Investment) 부문의 냉기는 여전하다. 지난달 설비투자 증가율은 마이너스 5.3%로 여전히 부진했다. 기획재정부 당국자는 "회복 조짐은 있지만 낙관할 단계는 아니다"라고 조심스러운 반응(反應)을 보였다.

나. 결국 회복징후는 분명히 존재하지만, 장래(Future)는 불투명하며 속도도 아주 더딜 것이란 것이 일반적 관측(觀測)이다. 변수(Variables)는 미국(United States)의 정착륙이고, 다른 하나는 국내의 HD건설이다.

다. 두 가지 모두 원만하게 풀린다면 국내 경기는 하반기 이후 본격적인 성장국면(Growth Phase)에 접어드는 U자형으로 갈 것[1]이다. 만약 하나라도 꼬인다면 지금의 회복 조짐은 일시적 반등에 그쳐 다시 고꾸라지는 W자형이 불가피할 전망(Forecasts)이다.

★ Reference

Nunny, Y. et al. (2026). Impact of Economic Outlook, Decision. 12(9). 76-83.

---

[1]: 국가지표체계

국 가 기 술 자 격 검 정

워드프로세서 실기시험

※ 무단 전재 금함
(한글 2022)

과 목	제한시간
문서편집기능	30분

C형

── ⟨ 다음 쪽의 문서를 아래 지시사항에 따라 작성하시오 ⟩ ──

- 작성된 답안의 파일은 지정된 경로 및 파일명을 변경하지 마시고 저장해야 합니다. 이를 준수하지 않으면 실격 처리됩니다.
- 편집 용지
  - 용지 종류는 A4 용지(210mm×297mm) 1매에 용지 방향을 세로로 설정하여 문서를 작성하시오.
  - 용지 여백은 왼쪽·오른쪽은 20mm, 위쪽·아래쪽은 10mm, 머리말·꼬리말은 10mm, 기타 여백은 0mm로 지정하시오.
- 문서의 본문은 1단에서 2단으로 변하는 모양으로 편집하되, 단 간격은 8mm로 설정하시오.
- 글자 모양
  - 글꼴은 별도의 지시가 없는 한 한글 2022의 기본값으로 작성하시오.
  - 영문, 숫자, 기호 등은 별도의 지시가 없는 한 자판에 있는 문자를 사용하시오.
- 문단 모양
  - 정렬 방식, 여백 등은 문단 모양 기능을 이용하여 작성하시오.
  - 문단 모양은 별도의 지시가 없는 한 한글 2022의 기본값으로 작성하시오.
  - 사이 줄 띄우기는 각 1줄만, 사이 띄우기는 1칸만 띄우시오.
- 표에서 내용의 정렬 방법
  (제목 행과 '합계(평균)' 셀은 가운데 정렬, 나머지는 열 단위를 기준으로 아래와 같이 정렬)
  - 내용의 길이가 서로 다른 문자의 경우 왼쪽 정렬
  - 내용의 길이가 서로 다른 숫자의 경우 오른쪽 정렬
  - 내용의 길이가 서로 같을 경우 문자, 숫자 상관없이 가운데 정렬
- 색상은 '기본' 테마가 포함된 색상 팔레트를 사용하시오.
- 각 항목은 별도의 지시가 없는 한 주어진 문서에 기준하여 작성하시오.
- 각 항목은 별도의 지시가 없는 한 기본 설정값으로 처리하시오.
- 문제에 제시된 지시사항은 작성하지 않음.

대 한 상 공 회 의 소

다음 쪽의 문서를 아래의 〈세부지시사항〉에 따라 작성하시오.

1. 다단 설정	모양 – 둘, 적용 범위 – 새 다단으로
2. 쪽 테두리	• 선의 종류 및 굵기 : 얇고 굵은 이중선 0.5mm, 모두 • 위치 : 쪽 기준, 왼쪽 · 오른쪽 · 위쪽 · 아래쪽 모두 5mm
3. 글상자	• 크기 : 너비 170mm, 높이 27mm, 크기 고정 • 위치 : 본문과의 배치 – 자리 차지, 가로 – 종이의 가운데 0mm, 세로 – 종이의 위 20mm • 바깥 여백 : 아래쪽 7mm • 선 속성 : 검정(RGB:0,0,0), 이중 실선 0.4mm, 사각형 모서리 곡률 – 둥근 모양 • 색 채우기 : 노랑(RGB:255,215,0) 60% 밝게
4. 제목	• 제목(1) : 한컴산뜻돋움, 17pt, 장평(105%), 자간(-5%), 진하게, 보라(RGB:157,92,187) 25% 어둡게, 가운데 정렬 • 제목(2) : 여백 – 왼쪽(320pt)
5. 누름틀	입력할 내용의 안내문 : '0000. 0. 0.', 입력 데이터 : '2027. 1. 31.'
6. 그림	• 경로 : [25]이기적워드실기\그림\아파트.PNG, 문서에 포함 • 크기 : 너비 30mm, 높이 20mm • 위치 : 본문과의 배치 – 글 앞으로, 가로 – 종이의 왼쪽 23mm, 세로 – 종이의 위 24mm
7. 스타일 (2개소 수정, 3개소 등록)	• 개요 1(수정) : 여백 – 왼쪽(0pt), 함초롬돋움, 13pt, 진하게 • 개요 2(수정) : 여백 – 왼쪽(10pt) • 표제목(등록) : 스타일 이름 – 표제목, 스타일 종류 – 문단, 가운데 정렬, 한컴 윤체 L, 11pt, 진하게 • 참고문헌 1(등록) : 스타일 이름 – 참고문헌 1, 스타일 종류 – 문단, 들여쓰기(20pt) • 참고문헌 2(등록) : 스타일 이름 – 참고문헌 2, 스타일 종류 – 글자, 그림자
8. 문단 첫 글자 장식	• 모양 : 2줄, 글꼴 : 한컴 윤고딕 760, 면 색 : 시멘트색(RGB:178,178,178) 80% 밝게, 본문과의 간격 : 3mm • 글자 색 : 노랑(RGB:255,215,0) 50% 어둡게
9. 각주	글자 모양 : HY나무M, 번호 모양 : 아라비아 숫자 원문자
10. 하이퍼링크	• '이기적 부동산 매물, 개'에 하이퍼링크 설정 • 연결 대상 : 웹 주소 – 'https://license.youngjin.com'
11. 표	• 크기 : 너비 78mm~80mm, 높이 33mm~34mm • 위치 : 글자처럼 취급　• 전체 행 : 셀 높이를 같게 • 모든 셀의 안 여백 : 왼쪽 · 오른쪽 2mm • 테두리 : 표 안쪽은 실선(0.12mm), 표 바깥의 위쪽과 아래쪽은 실선(0.5mm), 표 바깥의 왼쪽과 오른쪽은 없음, 합계 행 위쪽은 이중 실선(0.5mm) • 제목 행 : 셀 배경 색 – 보라(RGB:157,92,187) 25% 어둡게, 　　　　글자 모양 – 한컴 윤고딕 740, 진하게, 하양(RGB:255,255,255) • 합계 행 : 셀 배경 색 – 하늘색(RGB:97,130,214) 80% 밝게, 글자 모양 – 진하게 • 문단의 정렬 방식 : 가운데 정렬
12. 블록 계산식	표의 합계 행에 블록 계산식을 이용하여 블록 합계 산출
13. 캡션	표 위에 삽입 후 오른쪽 정렬
14. 차트	• 차트의 모양 : 이중 축 혼합형(묶은 세로 막대형, 표식이 있는 꺾은선형) • 차트의 크기 : 너비 80mm, 높이 70mm, 크기 고정 • 위치 : 본문과의 배치 – 자리 차지, 가로 – 단의 가운데 0mm, 세로 – 문단의 위 0mm • 바깥 여백 : 위쪽 5mm, 아래쪽 8mm • 값 축, 항목 축, 보조 값 축, 범례의 글꼴 설정 : 9pt • 표의 아래 단락에 배치 ※ 혼합형 차트는 차트 종류와 속성을 이용하여 구성하시오.
15. 쪽 번호	번호 위치 : 가운데 아래, 모양 : 아라비아 숫자, 줄표 넣기 선택, 시작 번호 지정
16. 머리말	한컴산뜻돋움, 진하게, 주황(RGB:255,132,58) 25% 어둡게, 오른쪽 정렬
17. 꼬리말	한컴산뜻돋움, 진하게, 초록(RGB:40,155,110) 50% 어둡게, 오른쪽 정렬

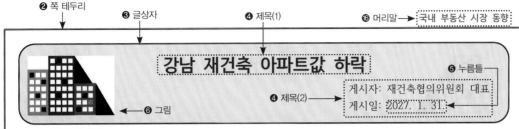

강남 재건축 아파트값 하락

❹ 제목(2)

❺ 누름틀

게시자: 재건축협의위원회 대표
게시일: 2027. 1. 31.

❻ 그림

❽ 문단 첫 글자 장식

1. 당분간 부동산 경기 침체 지속 ◂ ❼ 스타일(개요 1)

토교통부의 발표에 의하면 최근 2~3년간 아파트값의 상승과 하락을 이끌어온 강남의 재건축 아파트(Reconstruction Apartment)가 개발 이익환수제 등 잇따른 악재로 휘청거리고 있다. 일부 단지를 제외하고 사업(事業)의 전면 중단 가능성도 거론된다. 아파트 가격의 선행 지표 역할을 했던 재건축 아파트 가격의 하락(Depreciation)이 시장에 미칠 영향은 어떤 것일까?

❶ 다단 설정

전국 아파트 매물 수 ❼ 스타일(표제목)

⓾ 하이퍼링크

⓭ 캡션 ▸ 단위: 이기적 부동산 매물, 개

구분	3월 말 기준	9월 말 기준	현재
서울	28,724	22,624	19,319
경기	44,587	45,932	36,134
충청	20,579	15,678	18,675
제주	18,321	20,345	15,375
합계	112,211	104,579	

⓫ 표   ⓬ 블록 계산식

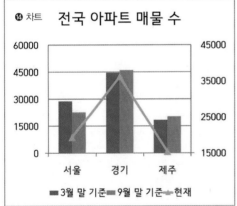

⓮ 차트 전국 아파트 매물 수

❼ 스타일(개요 1)

2. 끝없이 하락하는 부동산 시장

가. 전문가들 사이에서는 "대책이 나오지 않는 한 당분간 부동산 경기 침체(Downward Trend)가 이어질 것"이란 전망(Forecasts)이 많았다. 개발이익환수제가 가시화되면서 강남 재건축 아파트는 추락(Crash)을 거듭하고 있어 강남구 개포동 주공1단지 13평형은 최근 3억

① 한국토지주택공사 ❾ 각주

9,000만 원까지 떨어졌다.

나. 잠실 재건축(Reconstruction) 단지도 사정은 비슷하다. 잠실 시영 아파트 13평형은 5억 1,000만 원에서 4억 7,000만 원으로 떨어졌다. 잠실의 한 부동산 중개업자(Real Estate Agent)는 "이번 달 들어 16개 중개업소 중 계약서(Agreements)를 써 본 업소가 단 한 곳도 없는 실정"이라며 울상을 지었다.

❼ 스타일(개요 2)

3. 각 기업의 부동산 전망 ◂ ❼ 스타일(개요 1)

가. 강남 저밀도(Low Density) 재건축 아파트의 가격 하락은 시장이 전반적인 조정 국면에 들어갔다는 신호탄이라고 볼 수 있다. 시장(Market)을 선도하던 블루칩(Blue Chip)들의 하락은 투자 심리 냉각과 투자 수요(需要) 감소로 이어지면서 침체를 이끌 것이란 전망(展望)이다.

나. 스카이&블루(Sky&Blue)의 유도현 대표는 "재건축 아파트의 하락세는 전체 시장의 가격(價格)을 끌어내리는 요인(Factors)이 될 것"이라고 말했다.

다. 하지만 재건축은 가장 인기 있는 주거지(Residential Area)인 서울 강남권에서 거의 유일(唯一)한 새 아파트 공급처이기 때문에 가격이 끝없이 추락할 수만은 없다는 게 전문가들의 지적이다.

전각기호

■ Reference

Danahany, E. et al. (2023). Characteristics and the Relation, Return. 11(9). 24-32.

❼ 스타일(참고문헌 2)   ❼ 스타일(참고문헌 1)

강남 재건축 아파트값 하락

게시자: 재건축협의위원회 대표
게시일: 2027. 1. 31.

1. 당분간 부동산 경기 침체 지속

국 토교통부의 발표에 의하면 최근 2~3년간 아파트값의 상승과 하락을 이끌어온 강남의 재건축 아파트(Reconstruction Apartment)가 개발 이익환수제 등 잇따른 악재로 휘청거리고 있다. 일부 단지를 제외하고 사업(事業)의 전면 중단 가능성도 거론된다. 아파트 가격의 선행 지표 역할을 했던 재건축 아파트 가격의 하락(Depreciation)이 시장에 미칠 영향은 어떤 것일까?

전국 아파트 매물 수

(단위: 이기적 부동산 매물, 개)

구분	3월 말 기준	9월 말 기준	현재
서울	28,724	22,624	19,319
경기	44,587	45,932	36,134
충청	20,579	15,678	18,675
제주	18,321	20,345	15,375
합계	112,211	104,579	

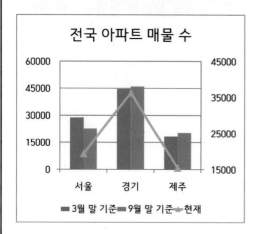

전국 아파트 매물 수

■ 3월 말 기준 ■ 9월 말 기준 ─ 현재

2. 끝없이 하락하는 부동산 시장

가. 전문가들 사이에서는 "대책이 나오지 않는 한 당분간 부동산 경기 침체(Downward Trend)가 이어질 것"이란 전망(Forecasts)[1]이 많았다. 개발이익환수제가 가시화되면서 강남 재건축 아파트는 추락(Crash)을 거듭하고 있어 강남구 개포동 주공1단지 13평형은 최근 3억

9,000만 원까지 떨어졌다.

나. 잠실 재건축(Reconstruction) 단지도 사정은 비슷하다. 잠실 시영 아파트 13평형은 5억 1,000만 원에서 4억 7,000만 원으로 떨어졌다. 잠실의 한 부동산 중개업자(Real Estate Agent)는 "이번 달 들어 16개 중개업소 중 계약서(Agreements)를 써 본 업소가 단 한 곳도 없는 실정"이라며 울상을 지었다.

3. 각 기업의 부동산 전망

가. 강남 저밀도(Low Density) 재건축 아파트의 가격 하락은 시장이 전반적인 조정 국면에 들어갔다는 신호탄이라고 볼 수 있다. 시장(Market)을 선도하던 블루칩(Blue Chip)들의 하락은 투자 심리 냉각과 투자 수요(需要) 감소로 이어지면서 침체를 이끌 것이란 전망(展望)이다.

나. 스카이&블루(Sky&Blue)의 유도현 대표는 "재건축 아파트의 하락세는 전체 시장의 가격(價格)을 끌어내리는 요인(Factors)이 될 것"이라고 말했다.

다. 하지만 재건축은 가장 인기 있는 주거지(Residential Area)인 서울 강남권에서 거의 유일(唯一)한 새 아파트 공급처이기 때문에 가격이 끝없이 추락할 수만은 없다는 게 전문가들의 지적이다.

■ Reference
Danahany, E. et al. (2023). Characteristics and the Relation, Return. 11(9). 24-32.

① 한국토지주택공사

상시 기출문제 09회

국 가 기 술 자 격 검 정

워드프로세서 실기시험

※ 무단 전재 금함

(한글 2022)

과　　　목	제한시간
문서편집기능	30분

C형

──〈 다음 쪽의 문서를 아래 지시사항에 따라 작성하시오 〉──

- 작성된 답안의 파일은 지정된 경로 및 파일명을 변경하지 마시고 저장해야 합니다. 이를 준수하지 않으면 실격 처리됩니다.
- 편집 용지
  - 용지 종류는 A4 용지(210mm×297mm) 1매에 용지 방향을 세로로 설정하여 문서를 작성하시오.
  - 용지 여백은 왼쪽·오른쪽은 20mm, 위쪽·아래쪽은 10mm, 머리말·꼬리말은 10mm, 기타 여백은 0mm로 지정하시오.
- 문서의 본문은 1단에서 2단으로 변하는 모양으로 편집하되, 단 간격은 8mm, 구분선은 이중 실선 0.4mm로 설정하시오.
- 글자 모양
  - 글꼴은 별도의 지시가 없는 한 한글 2022의 기본값으로 작성하시오.
  - 영문, 숫자, 기호 등은 별도의 지시가 없는 한 자판에 있는 문자를 사용하시오.
- 문단 모양
  - 정렬 방식, 여백 등은 문단 모양 기능을 이용하여 작성하시오.
  - 문단 모양은 별도의 지시가 없는 한 한글 2022의 기본값으로 작성하시오.
  - 사이 줄 띄우기는 각 1줄만, 사이 띄우기는 1칸만 띄우시오.
- 표에서 내용의 정렬 방법
  (제목 행과 '합계(평균)' 셀은 가운데 정렬, 나머지는 열 단위를 기준으로 아래와 같이 정렬)
  - 내용의 길이가 서로 다른 문자의 경우 왼쪽 정렬
  - 내용의 길이가 서로 다른 숫자의 경우 오른쪽 정렬
  - 내용의 길이가 서로 같을 경우 문자, 숫자 상관없이 가운데 정렬
- 색상은 '기본' 테마가 포함된 색상 팔레트를 사용하시오.
- 각 항목은 별도의 지시가 없는 한 주어진 문서에 기준하여 작성하시오.
- 각 항목은 별도의 지시가 없는 한 기본 설정값으로 처리하시오.
- 문제에 제시된 지시사항은 작성하지 않음.

대 한 상 공 회 의 소

1. 다단 설정	모양 – 둘, 구분선 – 구분선 넣기, 적용 범위 – 새 다단으로
2. 쪽 테두리	• 선의 종류 및 굵기 : 이점쇄선 0.12mm, 모두 • 위치 : 쪽 기준, 왼쪽 · 오른쪽 · 위쪽 · 아래쪽 모두 5mm
3. 글상자	• 크기 : 너비 170mm, 높이 25mm, 크기 고정 • 위치 : 본문과의 배치 – 자리 차지, 가로 – 종이의 가운데 0mm, 세로 – 종이의 위 20mm • 바깥 여백 : 아래쪽 8mm • 선 속성 : 검정(RGB:0,0,0), 실선 0.5mm • 색 채우기 : 주황(RGB:255,132,58) 80% 밝게
4. 제목	• 제목(1) : 한컴 윤고딕 230, 13pt, 장평(110%), 자간(–10%), 진하게, 하늘색(RGB:97,130,214) 25% 어둡게, 　　　　가운데 정렬 • 제목(2) : 여백 – 왼쪽(330pt)
5. 누름틀	입력할 내용의 안내문 : '이메일@도메인', 입력 데이터 : '이기적@word.com'
6. 그림	• 경로 : [25]이기적워드실기₩그림₩비타민.PNG, 문서에 포함 • 크기 : 너비 30mm, 높이 20mm • 위치 : 본문과의 배치 – 글 앞으로, 가로 – 종이의 왼쪽 25mm, 세로 – 종이의 위 23mm • 회전 : 상하 대칭
7. 스타일 (2개소 수정, 3개소 등록)	• 개요 1(수정) : 여백 – 왼쪽(0pt), 한컴돋움, 12pt, 진하게 • 개요 2(수정) : 여백 – 왼쪽(15pt) • 표제목(등록) : 스타일 이름 – 표제목, 스타일 종류 – 문단, 가운데 정렬, 함초롬돋움, 12pt, 진하게 • 참고문헌 1(등록) : 스타일 이름 – 참고문헌 1, 스타일 종류 – 문단, 들여쓰기(15pt) • 참고문헌 2(등록) : 스타일 이름 – 참고문헌 2, 스타일 종류 – 글자, 진하게
8. 문단 첫 글자 장식	• 모양 : 2줄, 글꼴 : 한컴 윤고딕 740, 면 색 : 남색(RGB:58,60,132), 본문과의 간격 : 3mm • 글자 색 : 하양(RGB:255,255,255)
9. 각주	글자 모양 : HY수평선M, 번호 모양 : 아라비아 숫자
10. 하이퍼링크	• '필요량과 섭취량, %'에 하이퍼링크 설정 • 연결 대상 : 웹 주소 – 'https://www.mohw.go.kr'
11. 표	• 크기 : 너비 78mm~80mm, 높이 33mm~34mm　• 위치 : 글자처럼 취급 • 전체 행 : 셀 높이를 같게　• 모든 셀의 안 여백 : 왼쪽 · 오른쪽 2mm • 테두리 : 표 안쪽은 실선(0.12mm), 표 바깥의 위쪽과 아래쪽은 이중 실선(0.5mm), 표 바깥의 왼쪽과 오른 　　쪽은 없음, 합계 행 위쪽은 실선(0.4mm) • 제목 행 : 셀 배경 색 – 남색(RGB:58,60,132) 40% 밝게, 　　　　글자 모양 – 함초롬돋움, 진하게, 하양(RGB:255,255,255) • 합계 행 : 셀 배경 색 – 초록(RGB:40,155,110) 80% 밝게, 글자 모양 – 진하게 • 문단의 정렬 방식 : 가운데 정렬
12. 블록 계산식	표의 합계 행에 블록 계산식을 이용하여 블록 합계 산출
13. 캡션	표 위에 삽입 후 오른쪽 정렬
14. 차트	• 차트의 모양 : 3차원 원형, 차트 계열색 : 색상 조합 색3　• 데이터 레이블 : 값, 안쪽 끝에 • 차트의 크기 : 너비 80mm, 높이 65mm, 크기 고정 • 위치 : 본문과의 배치 – 자리 차지, 가로 – 단의 가운데 0mm, 세로 – 문단의 위 0mm • 바깥 여백 : 위쪽 5mm, 아래쪽 8mm • 제목의 글꼴 설정 : 돋움체, 진하게 • 데이터 레이블, 범례의 글꼴 설정 : 9pt • 표의 아래 단락에 배치
15. 쪽 번호	번호 위치 : 오른쪽 아래, 모양 : 로마자 대문자 숫자, 줄표 넣기 선택, 시작 번호 지정
16. 머리말	한컴산뜻돋움, 진하게, 보라(RGB:157,92,187), 오른쪽 정렬
17. 꼬리말	한컴산뜻돋움, 밑줄, 주황(RGB:255,132,58) 50% 어둡게, 왼쪽 정렬

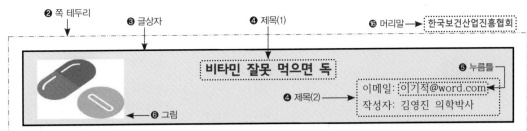

비타민 잘못 먹으면 독

❺ 누름틀

이메일: 이기적@word.com
작성자: 김영진 의학박사

❹ 제목(2)

❻ 그림

❽ 문단 첫 글자 장식

1. 개요 ← ❼ 스타일(개요 1)

영 국식품규격청(FSA)은 비타민(Vitamin)과 미네랄(Mineral)을 과량 섭취하면 오히려 인체에 유해 (Harmfulness)할 수 있다는 내용을 발표하였으며 그 주요 내용(內容)은 다음과 같다. 대부분의 비 타민과 미네랄의 섭취 수준은 해롭지 않지만, 일부 보충제의 함량 수준은 심각하다. 특히, 비타민과 무기 질 보충제를 적정량을 초과하여 복용하는 추세여서 영양 과잉으로 인한 독성(Virulence) 문제가 우려된다.

❶ 다단 설정

1일 에너지 섭취량 ⑩ 하이퍼링크

⑪ 표 ⑬ 캡션 → (단위: 필요량과 섭취량, %)

구분	평균 필요량	평균 섭취량	비고
탄수화물	100	130	115
단백질	50	65	57
비타민A	570	800	685
나트륨	1,500	1,900	1,700
합계	2,220	2,895	

⑫ 블록 계산식

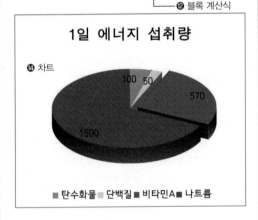

1일 에너지 섭취량

⑭ 차트

100 50
570
1500

■ 탄수화물 ■ 단백질 ■ 비타민A ■ 나트륨

2. 적당한 영양 권장량 섭취 ← ❼ 스타일(개요 1)

가. 식품의약품안전처에서는 일부 비타민의 과잉 섭취(Excessive Intake)에 의한 부작용을 우 려하고 있다.

나. 특히, 크롬(Chromium) 보충 목적으로 사용 되는 피콜린산 크롬(Chromium Picolinate) 은 발암(The Production Of Cancer) 가능 성이 있으므로 가급적 섭취(Intake)하지 말 것을 권고하고 있다.

← ❼ 스타일(개요 2)

3. 향후 조치 및 계획 ← ❼ 스타일(개요 1)

가. 특수한 경우를 제외하고는 영양 권장량 수준 으로 영양소(Nutritive Substance)를 섭취 하는 것이 바람직하다. 제조업체 (Manufacturer)는 이를 위해서 영양소 명 칭, 함량 및 기준치에 대한 비율(%, 영양소 기준치) 등을 표시해야 한다.

나. 의약품과의 중복 관리로 인한 혼동을 방지하 기 위하여 올해부터 영양 보충용 제품 (Supplemental Nutrition Products)의 상 한선을 고시할 계획(計劃)이다. 영양소 기 준치를 보고 영양소가 하루에 섭취해야 할 분량에 비해 얼마나 들어있는지를 소비자 (Consumer)가 쉽게 알 수 있다.

다. 짜고 기름진 맛에 대한 선호도는 나트륨과 지방의 섭취와 연관이 있을 수 있음을 시사 했고, 또한 비만 및 대사증후군과의 상관관 계가 있음을 보여주었다. 가장 중요한 것은 다양한 식품(食品)을 적당한 양으로 섭취함 으로써 영양의 균형(Balance Of Nutrition) 이 맞는 건강한 식생활을 누릴 수 있다.

전각기호

◉ Reference
Marina, L. (2021). The Different of Body Composition, Vitamin, Fitness. 35(2). 72-86.

❼ 스타일(참고문헌 2) ❼ 스타일(참고문헌 1)

1) 한국인 영양소 섭취 기준(KDRIs)

❾ 각주

비타민 잘못 먹으면 독

이메일: 이기적@word.com
작성자: 김영진 의학박사

1. 개요

영 국식품규격청(FSA)은 비타민(Vitamin)과 미네랄(Mineral)을 과량 섭취하면 오히려 인체에 유해 (Harmfulness)할 수 있다는 내용을 발표하였으며 그 주요 내용(內容)은 다음과 같다. 대부분의 비타민과 미네랄의 섭취 수준은 해롭지 않지만, 일부 보충제의 함량 수준은 심각하다. 특히, 비타민과 무기질 보충제를 적정량을 초과하여 복용하는 추세여서 영양 과잉으로 인한 독성(Virulence) 문제가 우려된다.

1일 에너지 섭취량

(단위: 필요량과 섭취량, %)

구분	평균 필요량	평균 섭취량	비고
탄수화물	100	130	115
단백질	50	65	57
비타민A	570	800	685
나트륨	1,500	1,900	1,700
합계	2,220	2,895	

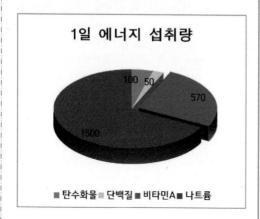

1일 에너지 섭취량

■ 탄수화물 ■ 단백질 ■ 비타민A ■ 나트륨

2. 적당한 영양 권장량 섭취

가. 식품의약품안전처에서는 일부 비타민의 과잉 섭취(Excessive Intake)에 의한 부작용을 우려하고 있다.

나. 특히, 크롬(Chromium) 보충 목적으로 사용되는 피콜린산 크롬(Chromium Picolinate)은 발암(The Production Of Cancer) 가능성이 있으므로 가급적 섭취(Intake)하지 말 것을 권고하고 있다.

3. 향후 조치 및 계획

가. 특수한 경우를 제외하고는 영양 권장량 수준으로 영양소(Nutritive Substance)를 섭취하는 것이 바람직하다. 제조업체(Manufacturer)는 이를 위해서 영양소 명칭, 함량 및 기준치에 대한 비율(%, 영양소 기준치) 등을 표시해야 한다.

나. 의약품과의 중복 관리로 인한 혼동을 방지하기 위하여 올해부터 영양 보충용 제품(Supplemental Nutrition Products)의 상한선을 고시할 계획(計劃)[1]이다. 영양소 기준치를 보고 영양소가 하루에 섭취해야 할 분량에 비해 얼마나 들어있는지를 소비자(Consumer)가 쉽게 알 수 있다.

다. 짜고 기름진 맛에 대한 선호도는 나트륨과 지방의 섭취와 연관이 있을 수 있음을 시사했고, 또한 비만 및 대사증후군과의 상관관계가 있음을 보여주었다. 가장 중요한 것은 다양한 식품(食品)을 적당한 양으로 섭취함으로써 영양의 균형(Balance Of Nutrition)이 맞는 건강한 식생활을 누릴 수 있다.

◉ Reference

Marina, L. (2021). The Different of Body **Composition, Vitamin, Fitness**. 35(2). 72-86.

---

1) 한국인 영양소 섭취 기준(KDRIs)

국 가 기 술 자 격 검 정
워드프로세서 실기시험

※ 무단 전재 금함
(한글 2022)

과　　　목	제한시간
문서편집기능	30분

B형

─〈 다음 쪽의 문서를 아래 지시사항에 따라 작성하시오 〉─

- 작성된 답안의 파일은 지정된 경로 및 파일명을 변경하지 마시고 저장해야 합니다. 이를 준수하지 않으면 실격 처리됩니다.
- 편집 용지
  - 용지 종류는 A4 용지(210mm×297mm) 1매에 용지 방향을 세로로 설정하여 문서를 작성하시오.
  - 용지 여백은 왼쪽 · 오른쪽은 20mm, 위쪽 · 아래쪽은 10mm, 머리말 · 꼬리말은 10mm, 기타 여백은 0mm로 지정하시오.
- 문서의 본문은 2단으로 편집하되, 단 간격은 8mm, 구분선은 파선 0.12mm로 설정하시오.
- 글자 모양
  - 글꼴은 별도의 지시가 없는 한 한글 2022의 기본값으로 작성하시오.
  - 영문, 숫자, 기호 등은 별도의 지시가 없는 한 자판에 있는 문자를 사용하시오.
- 문단 모양
  - 정렬 방식, 여백 등은 문단 모양 기능을 이용하여 작성하시오.
  - 문단 모양은 별도의 지시가 없는 한 한글 2022의 기본값으로 작성하시오.
  - 사이 줄 띄우기는 각 1줄만, 사이 띄우기는 1칸만 띄우시오.
- 표에서 내용의 정렬 방법
  (제목 행과 '합계(평균)' 셀은 가운데 정렬, 나머지는 열 단위를 기준으로 아래와 같이 정렬)
  - 내용의 길이가 서로 다른 문자의 경우 왼쪽 정렬
  - 내용의 길이가 서로 다른 숫자의 경우 오른쪽 정렬
  - 내용의 길이가 서로 같을 경우 문자, 숫자 상관없이 가운데 정렬
- 색상은 '기본' 테마가 포함된 색상 팔레트를 사용하시오.
- 각 항목은 별도의 지시가 없는 한 주어진 문서에 기준하여 작성하시오.
- 각 항목은 별도의 지시가 없는 한 기본 설정값으로 처리하시오.
- 문제에 제시된 지시사항은 작성하지 않음.

대 한 상 공 회 의 소

1. 쪽 테두리	• 선의 종류 및 굵기 : 이중 실선 0.4mm, 모두 • 위치 : 쪽 기준, 왼쪽 · 오른쪽 · 위쪽 · 아래쪽 모두 5mm
2. 글상자	• 크기 : 너비 170mm, 높이 25mm, 크기 고정 • 위치 : 본문과의 배치 – 자리 차지, 가로 – 종이의 가운데 0mm, 세로 – 종이의 위 20mm • 바깥 여백 : 아래쪽 5mm • 선 속성 : 검정(RGB:0,0,0), 원형 점선 0.4mm • 색 채우기 : 탁한 황갈(RGB:131,77,0) 80% 밝게
3. 제목	• 제목(1) : 한컴 윤고딕 230, 15pt, 장평(105%), 자간(– 5%), 진하게, 보라(RGB:128,0,128) 5% 밝게, 가운데 정렬 • 제목(2) : 여백 – 왼쪽(340pt)
4. 누름틀	입력할 내용의 안내문 : '발행기관명', 입력 데이터 : '영진건축연구소'
5. 그림	• 경로 : [25]이기적워드실기₩그림₩건축.BMP, 문서에 포함 • 크기 : 너비 30mm, 높이 20mm • 위치 : 본문과의 배치 – 글 앞으로, 가로 – 종이의 왼쪽 23mm, 세로 – 종이의 위 23mm • 회전 : 좌우 대칭
6. 스타일 **(2개소 수정, 3개소 등록)**	• 개요 1(수정) : 여백 – 왼쪽(0pt), 한컴 윤고딕 740, 12pt, 진하게 • 개요 2(수정) : 여백 – 왼쪽(15pt) • 표제목(등록) : 스타일 이름 – 표제목, 스타일 종류 – 문단, 가운데 정렬, 한컴산뜻돋움, 진하게 • 참고문헌 1(등록) : 스타일 이름 – 참고문헌 1, 스타일 종류 – 문단, 내어쓰기(15pt) • 참고문헌 2(등록) : 스타일 이름 – 참고문헌 2, 스타일 종류 – 글자, 기울임
7. 문단 첫 글자 장식	• 모양 : 3줄, 글꼴 : 맑은 고딕, 면 색 : 빨강(RGB:255,0,0) 50% 어둡게, 본문과의 간격 : 5mm • 글자 색 : 하양(RGB:255,255,255)
8. 각주	글자 모양 : HY울릉도M, 번호 모양 : 아라비아 숫자
9. 하이퍼링크	• '각 건설사 취합, %'에 하이퍼링크 설정 • 연결 대상 : 웹 주소 – 'https://stat.molit.go.kr'

10. 표	• 크기 : 너비 78mm~80mm, 높이 33mm~34mm
	• 위치 : 글자처럼 취급 • 전체 행 : 셀 높이를 같게
	• 모든 셀의 안 여백 : 왼쪽 · 오른쪽 2mm
	• 테두리 : 표 안쪽은 실선(0.2mm), 표 바깥의 위쪽과 아래쪽은 실선(0.4mm), 표 바깥의 왼쪽과 오른쪽은
	  이중 실선(0.4mm), 구분 행 아래쪽과 평균 행 위쪽은 파선(0.4mm)
	• 제목 행 : 셀 배경 색 – 보라(RGB:157,92,187) 25% 어둡게,
	  글자 모양 – HY나무M, 진하게, 하양(RGB:255,255,255)
	• 평균 행 : 셀 배경 색 – 주황(RGB:255,132,58) 80% 밝게, 글자 모양 – 진하게
	• 문단의 정렬 방식 : 가운데 정렬

11. 블록 계산식	표의 평균 행에 블록 계산식을 이용하여 블록 평균 산출
12. 캡션	표 아래에 삽입 후 오른쪽 정렬
13. 차트	• 차트의 모양 : 이중 축 혼합형(누적 세로 막대형, 표식이 있는 꺾은선형) • 차트의 크기 : 너비 80mm, 높이 65mm, 크기 고정 • 위치 : 본문과의 배치 – 자리 차지, 가로 – 단의 가운데 0mm, 세로 – 문단의 위 0mm • 바깥 여백 : 위쪽 5mm, 아래쪽 7mm • 값 축, 항목 축, 보조 값 축, 범례의 글꼴 설정 : 9pt • 표의 아래 단락에 배치 ※ 혼합형 차트는 차트 종류와 속성을 이용하여 구성하시오.
14. 쪽 번호	번호 위치 : 왼쪽 아래, 모양 : 아라비아 숫자 원문자, 줄표 넣기 선택, 시작 번호 지정
15. 머리말	돋움체, 10pt, 진하게, 초록(RGB:0,128,0), 왼쪽 정렬
16. 꼬리말	10pt, 진하게, 노랑(RGB:255,255,0) 75% 어둡게, 오른쪽 정렬

❶ 쪽 테두리
❸ 제목(1)
❷ 글상자
❹ 누름틀

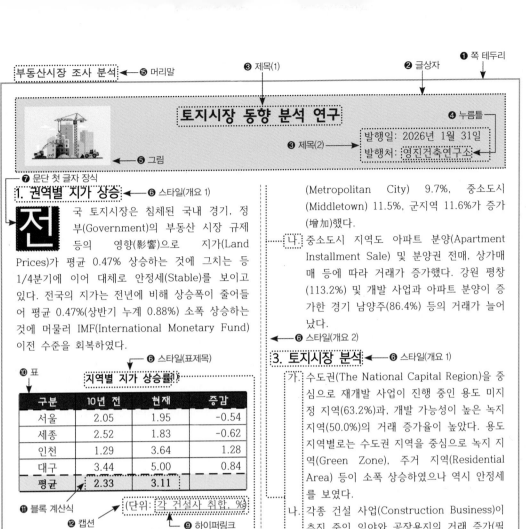

토지시장 동향 분석 연구

❸ 제목(2)
❺ 그림

발행일 : 2026년 1월 31일
발행처 : 영진건축연구소

❼ 문단 첫 글자 장식

1. 권역별 지가 상승 ◀ⓕ 스타일(개요 1)

전국 토지시장은 침체된 국내 경기, 정부(Government)의 부동산 시장 규제 등의 영향(影響)으로 지가(Land Prices)가 평균 0.47% 상승하는 것에 그치는 등 1/4분기에 이어 대체로 안정세(Stable)를 보이고 있다. 전국의 지가는 전년에 비해 상승폭이 줄어들어 평균 0.47%(상반기 누계 0.88%) 소폭 상승하는 것에 머물러 IMF(International Monetary Fund) 이전 수준을 회복하였다.

ⓕ 스타일(표제목)

ⓙ 표

지역별 지가 상승률

구분	10년 전	현재	증감
서울	2.05	1.95	-0.54
세종	2.52	1.83	-0.62
인천	1.29	3.64	1.28
대구	3.44	5.00	0.84
평균	2.33	3.11	

ⓚ 블록 계산식
(단위 : 각 건설사 취합, %)
ⓛ 캡션
ⓘ 하이퍼링크

ⓜ 차트

지역별 지가 상승률

(막대 그래프: 서울, 세종, 대구 / ■10년 전 ■현재 ▲증감)

2. 용도 상황별 증감 분석 ◀ⓕ 스타일(개요 1)

가. 용도 상황별로는 주거용 대지(0.42%) 및 상업용 대지(0.49%) 등의 상승 폭이 작년에 비해 크게 감소한 것으로 나타났다. 지역별로는 필지 수 기준(基準)으로 특별시와 광역시

ⓗ 각주

1) 국토교통 통계누리

(Metropolitan City) 9.7%, 중소도시(Middletown) 11.5%, 군지역 11.6%가 증가(增加)했다.

나. 중소도시 지역도 아파트 분양(Apartment Installment Sale) 및 분양권 전매, 상가매매 등에 따라 거래가 증가했다. 강원 평창(113.2%) 및 개발 사업과 아파트 분양이 증가한 경기 남양주(86.4%) 등의 거래가 늘어났다.
ⓕ 스타일(개요 2)

3. 토지시장 분석 ◀ⓕ 스타일(개요 1)

가. 수도권(The National Capital Region)을 중심으로 재개발 사업이 진행 중인 용도 미지정 지역(63.2%)과, 개발 가능성이 높은 녹지 지역(50.0%)의 거래 증가율이 높았다. 용도 지역별로는 수도권 지역을 중심으로 녹지 지역(Green Zone), 주거 지역(Residential Area) 등이 소폭 상승하였으나 역시 안정세를 보였다.

나. 각종 건설 사업(Construction Business)이 추진 중인 임야와 공장용지의 거래 증가(필지 기준)가 두드러졌다. 건설교통부(Ministry Construction & Transportation)는 국지적인 지가 급등 우려가 상존한다고 보고했다. 이처럼 최근의 부동산 투자는 과거 사놓기만 하면 오르는 손쉬운 투자의 대상이 아닌지 오래이다.

다. 주택, 상가, 토지 등으로 구분되는 부동산 시장의 올바른 접근은 이제 수익성뿐만 아니라 안정성, 환금성, 절세까지도 고려를 해야 하는 입체적인 해법(解法)이 요구되는 시점이다. 면밀한 시장감시(Market Surveillance)를 통해 추가 조치를 취할 계획(計劃)이다.

전각기호

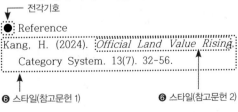

●Reference
Kang, H. (2024). *Official Land Value Rising*, Category System. 13(7). 32-56.

ⓕ 스타일(참고문헌 1)
ⓕ 스타일(참고문헌 2)

토지시장 동향 분석 연구

발행일: 2026년 1월 31일
발행처: 영진건축연구소

1. 권역별 지가 상승

국 토지시장은 침체된 국내 경기, 정부(Government)의 부동산 시장 규제 등의 영향(影響)으로 지가(Land Prices)가 평균 0.47% 상승하는 것에 그치는 등 1/4분기에 이어 대체로 안정세(Stable)를 보이고 있다. 전국의 지가는 전년에 비해 상승폭이 줄어들어 평균 0.47%(상반기 누계 0.88%) 소폭 상승하는 것에 머물러 IMF(International Monetary Fund) 이전 수준을 회복하였다.

지역별 지가 상승률[1]

구분	10년 전	현재	증감
서울	2.05	1.95	-0.54
세종	2.52	1.83	-0.62
인천	1.29	3.64	1.28
대구	3.44	5.00	0.84
평균	2.33	3.11	

(단위: 각 건설사 취합, %)

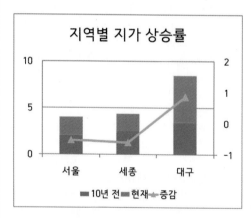

지역별 지가 상승률

2. 용도 상황별 증감 분석

가. 용도 상황별로는 주거용 대지(0.42%) 및 상업용 대지(0.49%) 등의 상승 폭이 작년에 비해 크게 감소한 것으로 나타났다. 지역별로는 필지 수 기준(基準)으로 특별시와 광역시

1) 국토교통 통계누리

(Metropolitan City) 9.7%, 중소도시(Middletown) 11.5%, 군지역 11.6%가 증가(增加)했다.

나. 중소도시 지역도 아파트 분양(Apartment Installment Sale) 및 분양권 전매, 상가매매 등에 따라 거래가 증가했다. 강원 평창(113.2%) 및 개발 사업과 아파트 분양이 증가한 경기 남양주(86.4%) 등의 거래가 늘어났다.

3. 토지시장 분석

가. 수도권(The National Capital Region)을 중심으로 재개발 사업이 진행 중인 용도 미지정 지역(63.2%)과, 개발 가능성이 높은 녹지 지역(50.0%)의 거래 증가율이 높았다. 용도 지역별로는 수도권 지역을 중심으로 녹지 지역(Green Zone), 주거 지역(Residential Area) 등이 소폭 상승하였으나 역시 안정세를 보였다.

나. 각종 건설 사업(Construction Business)이 추진 중인 임야와 공장용지의 거래 증가(필지 기준)가 두드러졌다. 건설교통부(Ministry Construction & Transportation)는 국지적인 지가 급등 우려가 상존한다고 보고했다. 이처럼 최근의 부동산 투자는 과거 사놓기만 하면 오르는 손쉬운 투자의 대상이 아닌지 오래이다.

다. 주택, 상가, 토지 등으로 구분되는 부동산 시장의 올바른 접근은 이제 수익성뿐만 아니라 안정성, 환금성, 절세까지도 고려를 해야 하는 입체적인 해법(解法)이 요구되는 시점이다. 면밀한 시장감시(Market Surveillance)를 통해 추가 조치를 취할 계획(計劃)이다.

● Reference

Kang, H. (2024). *Official Land Value Rising*, Category System. 13(7). 32-56.

국 가 기 술 자 격 검 정
워드프로세서 실기시험

※ 무단 전재 금함
(한글 2022)

과 목	제한시간
문서편집기능	30분

C형

───〈 다음 쪽의 문서를 아래 지시사항에 따라 작성하시오 〉───

- 작성된 답안의 파일은 지정된 경로 및 파일명을 변경하지 마시고 저장해야 합니다. 이를 준수하지 않으면 실격 처리됩니다.
- 편집 용지
  - 용지 종류는 A4 용지(210mm×297mm) 1매에 용지 방향을 세로로 설정하여 문서를 작성하시오.
  - 용지 여백은 왼쪽·오른쪽은 20mm, 위쪽·아래쪽은 10mm, 머리말·꼬리말은 10mm, 기타 여백은 0mm로 지정하시오.
- 문서의 본문은 1단에서 2단으로 변하는 모양으로 편집하되, 단 간격은 8mm, 구분선은 점선 0.12mm로 설정하시오.
- 글자 모양
  - 글꼴은 별도의 지시가 없는 한 한글 2022의 기본값으로 작성하시오.
  - 영문, 숫자, 기호 등은 별도의 지시가 없는 한 자판에 있는 문자를 사용하시오.
- 문단 모양
  - 정렬 방식, 여백 등은 문단 모양 기능을 이용하여 작성하시오.
  - 문단 모양은 별도의 지시가 없는 한 한글 2022의 기본값으로 작성하시오.
  - 사이 줄 띄우기는 각 1줄만, 사이 띄우기는 1칸만 띄우시오.
- 표에서 내용의 정렬 방법
  (제목 행과 '합계(평균)' 셀은 가운데 정렬, 나머지는 열 단위를 기준으로 아래와 같이 정렬)
  - 내용의 길이가 서로 다른 문자의 경우 왼쪽 정렬
  - 내용의 길이가 서로 다른 숫자의 경우 오른쪽 정렬
  - 내용의 길이가 서로 같을 경우 문자, 숫자 상관없이 가운데 정렬
- 색상은 '기본' 테마가 포함된 색상 팔레트를 사용하시오.
- 각 항목은 별도의 지시가 없는 한 주어진 문서에 기준하여 작성하시오.
- 각 항목은 별도의 지시가 없는 한 기본 설정값으로 처리하시오.
- 문제에 제시된 지시사항은 작성하지 않음.

대 한 상 공 회 의 소

1. 다단 설정	모양–둘, 구분선–구분선 넣기, 적용 범위–새 다단으로
2. 쪽 테두리	• 선의 종류 및 굵기 : 얇고 굵은 이중선 0.5mm, 모두 • 위치 : 쪽 기준, 왼쪽 · 오른쪽 · 위쪽 · 아래쪽 모두 5mm
3. 글상자	• 크기 : 너비 170mm, 높이 25mm, 크기 고정 • 위치 : 본문과의 배치–자리 차지, 가로–종이의 가운데 0mm, 세로–종이의 위 20mm • 바깥 여백 : 아래쪽 5mm • 선 속성 : 검정(RGB:0,0,0), 실선 0.12mm • 색 채우기 : 남색(RGB:58,60,132) 80% 밝게
4. 제목	• 제목(1) : HY강M, 16pt, 장평(95%), 자간(5%), 진하게, 보라(RGB:157,92,187) 50% 어둡게, 가운데 정렬 • 제목(2) : 여백–왼쪽(340pt)
5. 누름틀	입력할 내용의 안내문 : '이름 직위', 입력 데이터 : '한나라 문화부기자'
6. 그림	• 경로 : [25]이기적워드실기\그림\외교관.BMP, 문서에 포함 • 크기 : 너비 30mm, 높이 20mm • 위치 : 본문과의 배치–글 앞으로, 가로–종이의 왼쪽 23mm, 세로–종이의 위 23mm • 회전 : 좌우 대칭
7. 스타일 (2개소 수정, 3개소 등록)	• 개요 1(수정) : 여백–왼쪽(0pt), 함초롬돋움, 12pt, 진하게 • 개요 2(수정) : 여백–왼쪽(15pt) • 표제목(등록) : 스타일 이름–표제목, 스타일 종류–문단, 가운데 정렬, 한컴 윤고딕 760, 12pt, 진하게 • 참고문헌 1(등록) : 스타일 이름–참고문헌 1, 스타일 종류–문단, 내어쓰기(20pt) • 참고문헌 2(등록) : 스타일 이름–참고문헌 2, 스타일 종류–글자, 진하게
8. 문단 첫 글자 장식	• 모양 : 2줄, 글꼴 : 맑은 고딕, 면 색 : 하늘색(RGB:97,130,214) 25% 어둡게, 본문과의 간격 : 3mm • 글자 색 : 하양(RGB:255,255,255)
9. 각주	글자 모양 : 한컴 윤고딕 230, 번호 모양 : 아라비아 숫자 원문자
10. 하이퍼링크	• '한국관광공사 발표'에 하이퍼링크 설정 • 연결 대상 : 웹 주소 – 'https://knto.or.kr'

11. 표	• 크기 : 너비 78mm~80mm, 높이 33mm~34mm • 위치 : 글자처럼 취급
	• 전체 행 : 셀 높이를 같게 • 모든 셀의 안 여백 : 왼쪽 · 오른쪽 2mm
	• 테두리 : 표 안쪽은 실선(0.12mm), 표 바깥의 위쪽과 아래쪽은 실선(0.4mm), 표 바깥의 왼쪽과 오른쪽은
	         없음, 구분 행 아래와 합계 행 위쪽은 이중 실선(0.5mm)
	• 제목 행 : 셀 배경 색 : 초록(RGB:40,155,110) 50% 어둡게,
	         글자 모양 – HY강M, 진하게, 하양(RGB:255,255,255)
	• 합계 행 : 셀 배경 색 – 보라(RGB:157,92,187) 80% 밝게, 글자 모양 – 진하게
	• 문단의 정렬 방식 : 가운데 정렬

12. 블록 계산식	표의 합계 행에 블록 계산식을 이용하여 블록 합계 산출
13. 캡션	표 위에 삽입 후 오른쪽 정렬
14. 차트	• 차트의 모양 : 2차원 원형, 차트 계열색 : 색상 조합 색4 • 데이터 레이블 : 백분율(%), 바깥쪽 끝에 • 차트의 크기 : 너비 80mm, 높이 75mm, 크기 고정 • 위치 : 본문과의 배치–자리 차지, 가로–단의 가운데 0mm, 세로–문단의 위 0mm • 바깥 여백 : 위쪽 5mm, 아래쪽 7mm • 제목의 글꼴 설정 : 맑은 고딕, 12pt, 진하게 • 데이터 레이블, 범례의 글꼴 설정 : 9pt • 표의 아래 단락에 배치
15. 쪽 번호	번호 위치 : 왼쪽 아래, 모양 : 아라비아 숫자, 줄표 넣기 선택, 시작 번호 지정
16. 머리말	한컴산뜻돋움, 진하게, 노랑(RGB:255,215,0) 50% 어둡게, 왼쪽 정렬
17. 꼬리말	한컴산뜻돋움, 10pt, 진하게, 하늘색(RGB:97,130,214) 25% 어둡게, 오른쪽 정렬

❷ 쪽 테두리 ❸ 글상자 ❹ 제목(1)

사 이 버   민 간   외 교 관

❹ 제목(2)

❺ 누름틀

작성일: 2025. 6. 23.
작성자: 하나라 문화부기자

❻ 그림

❽ 문단 첫 글자 장식

1. 개요 ← ❼ 스타일(개요 1)

한민국의 사이버 민간 외교관(Cyber Non-Governmental Diplomat)들이 외국의 네티즌(Netizen)들에게 대대적인 대한민국 홍보(弘報)를 하고 있다. 해외에 있는 친구들에게 전자우편(E-mail)을 보낼 때 한국을 홍보할 수 있는 자료를 첨부해 보내자는 운동이다. 이 운동(運動)은 한 웹사이트(Web Site)에서 고안해 낸 것으로 지금은 여러 사이트와 연계하면서 네티즌들에게 많은 호응을 얻고 있다.

❶ 다단 설정   ❼ 스타일(표제목)   ❿ 하이퍼링크

외국인에게 보여주고 싶은 문화

⑬ 캡션 → (단위: 한국관광공사 발표, 개)

구분	수도권 기준	지방 기준	기타
문화유적	328	697	26
전통공연	217	346	12
자연환경	159	279	34
생활모습	189	386	19
합계	893	1,708	

⑪ 표   ⑫ 블록 계산식

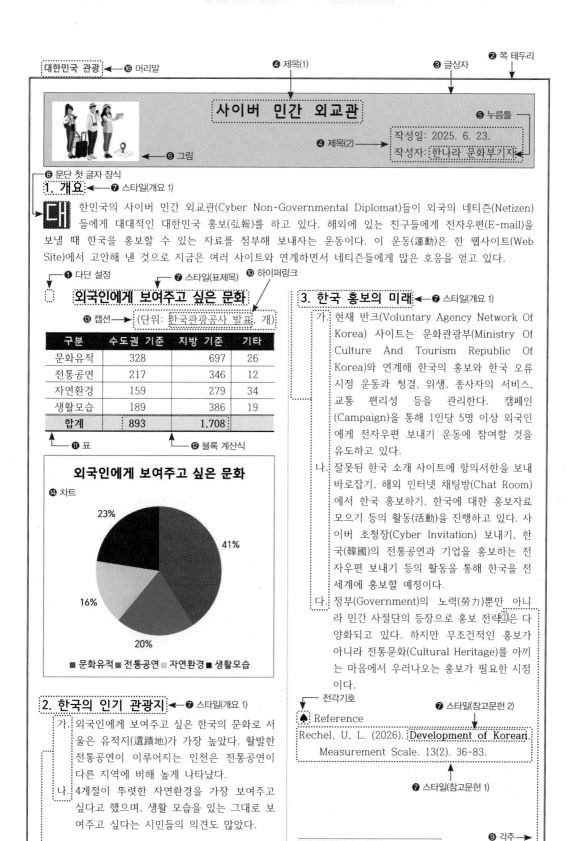

외국인에게 보여주고 싶은 문화

⑭ 차트

23%
41%
16%
20%

■ 문화유적 ■ 전통공연 □ 자연환경 ■ 생활모습

2. 한국의 인기 관광지 ← ❼ 스타일(개요 1)

가. 외국인에게 보여주고 싶은 한국의 문화로 서울은 유적지(遺蹟地)가 가장 높았다. 활발한 전통공연이 이루어지는 인천은 전통공연이 다른 지역에 비해 높게 나타났다.

나. 4계절이 뚜렷한 자연환경을 가장 보여주고 싶다고 했으며, 생활 모습을 있는 그대로 보여주고 싶다는 시민들의 의견도 많았다.

← ❼ 스타일(개요 2)

3. 한국 홍보의 미래 ← ❼ 스타일(개요 1)

가. 현재 반크(Voluntary Agency Network Of Korea) 사이트는 문화관광부(Ministry Of Culture And Tourism Republic Of Korea)와 연계해 한국의 홍보와 한국 오류 시정 운동과 청결, 위생, 종사자의 서비스, 교통 편리성 등을 관리한다. 캠페인(Campaign)을 통해 1인당 5명 이상 외국인에게 전자우편 보내기 운동에 참여할 것을 유도하고 있다.

나. 잘못된 한국 소개 사이트에 항의서한을 보내 바로잡기, 해외 인터넷 채팅방(Chat Room)에서 한국 홍보하기, 한국에 대한 홍보자료 모으기 등의 활동(活動)을 진행하고 있다. 사이버 초청장(Cyber Invitation) 보내기, 한국(韓國)의 전통공연과 기업을 홍보하는 전자우편 보내기 등의 활동을 통해 한국을 전세계에 홍보할 예정이다.

다. 정부(Government)의 노력(勞力)뿐만 아니라 민간 사절단의 등장으로 홍보 전략① 은 다양화되고 있다. 하지만 무조건적인 홍보가 아니라 전통문화(Cultural Heritage)를 아끼는 마음에서 우러나오는 홍보가 필요한 시점이다.

전각기호

❼ 스타일(참고문헌 2)

♠ Reference
Rechel, U. L. (2026). Development of Korean Measurement Scale. 13(2). 36-83.

❼ 스타일(참고문헌 1)

❾ 각주 →

① 대한민국 구석구석

⑰ 꼬리말 → 한국인/외국인 모두 꼭 가봐야 할 '한국 관광지 100선'

사이버 민간 외교관

작성일: 2025. 6. 23.
작성자: 한나라 문화부기자

1. 개요

대한민국의 사이버 민간 외교관(Cyber Non-Governmental Diplomat)들이 외국의 네티즌(Netizen)들에게 대대적인 대한민국 홍보(弘報)를 하고 있다. 해외에 있는 친구들에게 전자우편(E-mail)을 보낼 때 한국을 홍보할 수 있는 자료를 첨부해 보내자는 운동이다. 이 운동(運動)은 한 웹사이트(Web Site)에서 고안해 낸 것으로 지금은 여러 사이트와 연계하면서 네티즌들에게 많은 호응을 얻고 있다.

외국인에게 보여주고 싶은 문화

(단위: 한국관광공사 발표, 개)

구분	수도권 기준	지방 기준	기타
문화유적	328	697	26
전통공연	217	346	12
자연환경	159	279	34
생활모습	189	386	19
합계	893	1,708	

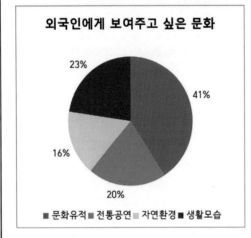

외국인에게 보여주고 싶은 문화

41%
23%
16%
20%

■ 문화유적 ■ 전통공연 ■ 자연환경 ■ 생활모습

2. 한국의 인기 관광지

가. 외국인에게 보여주고 싶은 한국의 문화로 서울은 유적지(遺蹟地)가 가장 높았다. 활발한 전통공연이 이루어지는 인천은 전통공연이 다른 지역에 비해 높게 나타났다.

나. 4계절이 뚜렷한 자연환경을 가장 보여주고 싶다고 했으며, 생활 모습을 있는 그대로 보여주고 싶다는 시민들의 의견도 많았다.

3. 한국 홍보의 미래

가. 현재 반크(Voluntary Agency Network Of Korea) 사이트는 문화관광부(Ministry Of Culture And Tourism Republic Of Korea)와 연계해 한국의 홍보와 한국 오류 시정 운동과 청결, 위생, 종사자의 서비스, 교통 편리성 등을 관리한다. 캠페인(Campaign)을 통해 1인당 5명 이상 외국인에게 전자우편 보내기 운동에 참여할 것을 유도하고 있다.

나. 잘못된 한국 소개 사이트에 항의서한을 보내 바로잡기, 해외 인터넷 채팅방(Chat Room)에서 한국 홍보하기, 한국에 대한 홍보자료 모으기 등의 활동(活動)을 진행하고 있다. 사이버 초청장(Cyber Invitation) 보내기, 한국(韓國)의 전통공연과 기업을 홍보하는 전자우편 보내기 등의 활동을 통해 한국을 전 세계에 홍보할 예정이다.

다. 정부(Government)의 노력(勞力)뿐만 아니라 민간 사절단의 등장으로 홍보 전략①은 다양화되고 있다. 하지만 무조건적인 홍보가 아니라 전통문화(Cultural Heritage)를 아끼는 마음에서 우러나오는 홍보가 필요한 시점이다.

♠ Reference
Rechel, U. L. (2026). **Development of Korean**, Measurement Scale. 13(2). 36-83.

① 대한민국 구석구석

- 3 -

한국인/외국인 모두 꼭 가봐야 할 '한국 관광지 100선'

국 가 기 술 자 격 검 정

워드프로세서 실기시험

※ 무단 전재 금함

(한글 2022)

과 목	제한시간
문서편집기능	30분

B형

─── 〈 다음 쪽의 문서를 아래 지시사항에 따라 작성하시오 〉 ───

- 작성된 답안의 파일은 지정된 경로 및 파일명을 변경하지 마시고 저장해야 합니다. 이를 준수하지 않으면 실격 처리됩니다.
- 편집 용지
  - 용지 종류는 A4 용지(210mm×297mm) 1매에 용지 방향을 세로로 설정하여 문서를 작성하시오.
  - 용지 여백은 왼쪽·오른쪽은 20mm, 위쪽·아래쪽은 10mm, 머리말·꼬리말은 10mm, 기타 여백은 0mm로 지정하시오.
- 문서의 본문은 2단으로 편집하되, 단 간격은 8mm, 구분선은 긴 파선 0.12mm로 설정하시오.
- 글자 모양
  - 글꼴은 별도의 지시가 없는 한 한글 2022의 기본값으로 작성하시오.
  - 영문, 숫자, 기호 등은 별도의 지시가 없는 한 자판에 있는 문자를 사용하시오.
- 문단 모양
  - 정렬 방식, 여백 등은 문단 모양 기능을 이용하여 작성하시오.
  - 문단 모양은 별도의 지시가 없는 한 한글 2022의 기본값으로 작성하시오.
  - 사이 줄 띄우기는 각 1줄만, 사이 띄우기는 1칸만 띄우시오.
- 표에서 내용의 정렬 방법
  (제목 행과 '합계(평균)' 셀은 가운데 정렬, 나머지는 열 단위를 기준으로 아래와 같이 정렬)
  - 내용의 길이가 서로 다른 문자의 경우 왼쪽 정렬
  - 내용의 길이가 서로 다른 숫자의 경우 오른쪽 정렬
  - 내용의 길이가 서로 같을 경우 문자, 숫자 상관없이 가운데 정렬
- 색상은 '기본' 테마가 포함된 색상 팔레트를 사용하시오.
- 각 항목은 별도의 지시가 없는 한 주어진 문서에 기준하여 작성하시오.
- 각 항목은 별도의 지시가 없는 한 기본 설정값으로 처리하시오.
- 문제에 제시된 지시사항은 작성하지 않음.

대 한 상 공 회 의 소

1. 쪽 테두리	• 선의 종류 및 굵기 : 실선 0.5mm, 모두 • 위치 : 쪽 기준, 왼쪽 · 오른쪽 · 위쪽 · 아래쪽 모두 5mm
2. 글상자	• 크기 : 너비 170mm, 높이 25mm, 크기 고정 • 위치 : 본문과의 배치 – 자리 차지, 가로 – 종이의 가운데 0mm, 세로 – 종이의 위 20mm • 바깥 여백 : 아래쪽 8mm • 선 속성 : 검정(RGB:0,0,0), 이중 실선 0.4mm • 색 채우기 : 주황(RGB:255,102,0) 80% 밝게
3. 제목	• 제목(1) : 한컴 윤고딕 760, 13pt, 장평(95%), 자간(10%), 진하게, 검은 군청(RGB:27,23,96) 15% 밝게, 가운데 정렬 • 제목(2) : 여백 – 왼쪽(340pt)
4. 누름틀	입력할 내용의 안내문 : '소속 이름', 입력 데이터 : '홍보팀장 서인혜'
5. 그림	• 경로 : [25]이기적워드실기\그림\생명.BMP, 문서에 포함 • 크기 : 너비 30mm, 높이 21mm • 위치 : 본문과의 배치 – 글 앞으로, 가로 – 종이의 왼쪽 23mm, 세로 – 종이의 위 22mm • 회전 : 좌우 대칭
6. 스타일 (2개소 수정, 3개소 등록)	• 개요 1(수정) : 여백 – 왼쪽(0pt), HY그래픽, 13pt, 진하게 • 개요 2(수정) : 여백 – 왼쪽(15pt) • 표제목(등록) : 스타일 이름 – 표제목, 스타일 종류 – 문단, 가운데 정렬, 한컴 윤고딕 240 • 참고문헌 1(등록) : 스타일 이름 – 참고문헌 1, 스타일 종류 – 문단, 내어쓰기(15pt) • 참고문헌 2(등록) : 스타일 이름 – 참고문헌 2, 스타일 종류 – 글자, 진하게
7. 문단 첫 글자 장식	• 모양 : 3줄, 글꼴 : 함초롬돋움, 면 색 : 파랑(RGB:0,0,255) 25% 밝게, 본문과의 간격 : 5mm • 글자 색 : 하양(RGB:255,255,255)
8. 각주	글자 모양 : 한컴 윤고딕 720, 번호 모양 : 아라비아 숫자
9. 하이퍼링크	• '국가통계 기준, 명'에 하이퍼링크 설정 • 연결 대상 : 웹 주소 – 'https://kosis.kr'
10. 표	• 크기 : 너비 78mm~80mm, 높이 33mm~34mm • 위치 : 글자처럼 취급 • 전체 행 : 셀 높이를 같게 • 모든 셀의 안 여백 : 왼쪽 · 오른쪽 2mm • 테두리 : 표 안쪽은 실선(0.12mm), 표 바깥의 위쪽과 아래쪽은 실선(0.4mm), 표 바깥의 왼쪽과 오른쪽은 없음, 구분 행 아래쪽은 파선(0.12mm), 합계 행 위쪽은 이중 실선(0.5mm) • 제목 행 : 셀 배경 색 – 빨강(RGB:255,0,0) 40% 밝게, 글자 모양 – 맑은 고딕, 진하게, 하양(RGB:255,255,255) • 합계 행 : 셀 배경 색 – 연한 올리브색(RGB:227,220,193) 80% 밝게, 글자 모양 – 진하게 • 문단의 정렬 방식 : 가운데 정렬
11. 블록 계산식	표의 합계 행에 블록 계산식을 이용하여 블록 합계 산출
12. 캡션	표 아래에 삽입 후 오른쪽 정렬
13. 차트	• 차트의 모양 : 도넛형, 차트 계열색 : 색상 조합 색4 • 데이터 레이블 : 값 • 차트의 크기 : 너비 80mm, 높이 65mm, 크기 고정 • 위치 : 본문과의 배치 – 자리 차지, 가로 – 단의 가운데 0mm, 세로 – 문단의 위 0mm • 바깥 여백 : 위쪽 5mm, 아래쪽 10mm • 제목의 글꼴 설정 : 한컴산뜻돋움, 진하게 • 데이터 레이블, 범례의 글꼴 설정 : 9pt • 표의 아래 단락에 배치
14. 쪽 번호	번호 위치 : 오른쪽 아래, 모양 : 아라비아 숫자, 줄표 넣기 선택, 시작 번호 지정
15. 머리말	한컴 윤고딕 760, 10pt, 남색(RGB:58,60,132) 50% 어둡게, 오른쪽 정렬
16. 꼬리말	한컴 윤고딕 740, 10pt, 진하게, 노랑(RGB:255,255,0) 50% 어둡게, 왼쪽 정렬

❶ 쪽 테두리　　❷ 글상자　　❸ 제목(1)　　❺ 머리말 → 국가통계포털 하반기 조사

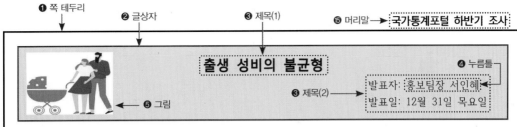

출생 성비의 불균형

❸ 제목(2)

❹ 누름틀

발표자: 홍보팀장 서인혜
발표일: 12월 31일 목요일

❺ 그림

❼ 문단 첫 글자 장식

1. 개요 ← ❻ 스타일(개요 1)

별을 알아내는 방법이 그것이다.

선사시대(The Prehistoric Age)의 수수께끼 중 하나는 낮은 인구성장률이다. 대부분의 인류학자(Anthropologist)들은 질병(Disease), 기근(Famine), 짐승의 습격(Surprise Attack) 등의 요인 때문이라고 하지만, 유아살해(Infanticide)를 낮은 인구성장률의 요인으로 지목하는 학자들도 적지 않다. 먹을거리가 부족한 수렵 채집사회에서는 유아살해로 가족계획을 했다는 설명(說明)이 학자들의 견해이다.

나. 태아의 성감별은 남아선호사상이 강한 우리나라에서 극심한 성비 불균형을 가져왔다. 그 결과 첫째 아이의 남녀성비가 107.2%라는 불균형을 초래했으며, 이후 여자아이 100명당 남자아이는 111명으로 불균형은 더욱 심화되었다.

← ❻ 스타일(개요 2)

3. 성별에 대한 미래 ← ❻ 스타일(개요 1)

가. 불균형의 심화는 둘째 아이보다 첫째 아이가 성비의 불균형이 더욱 심한 것으로 나타났고, 셋째 아이보다는 넷째 아이의 성비 불균형이 더욱 심각한 것으로 나타났다. 이런 남아선호 현상의 뚜렷한 결과는 초등학교(Elementary School)에 가보면 알 수 있다.

나. 대구 시내 한 초등학교는 여학생 100명대 남학생 126명으로 남자아이가 월등히 많다는 것이 통계청(National Statistical Office)의 결과이다. 남녀 역할(Male And Female Roles)에 대한 정체성(Identity)과 협동(協同) 활동이 곤란해져 공동체(Community) 의식을 함양하는 것에 문제(問題)[1]가 생길 수 있다.

다. 요즘은 아이를 적게 낳는 부부들이 늘어나면서 오히려 출생 성비의 불균형(Imbalance)이 점차 해소되어 가고 있는 것을 볼 수 있다. 아들이든 딸이든 새로 탄생하는 생명(生命)은 환영받아야 할 것이다.

❿ 표

❻ 스타일(표제목)

지역별 출산 통계

구분	남자	여자	비중
수도권	27,811	25,342	17.7
충청도	72,737	65,132	27.4
제주도	8,735	5,312	5.6
기타	9,834	10,325	6.1
합계	119,117	106,111	

⓫ 블록 계산식

(단위: 국가통계 기준, 명)

⓬ 캡션　　❾ 하이퍼링크

⓭ 차트

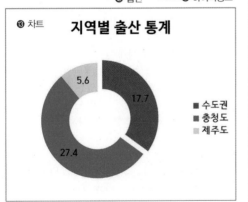

지역별 출산 통계

5.6
17.7
27.4

■ 수도권
■ 충청도
■ 제주도

― 전각기호

▶ Reference

Janival, K. (2022). Significance Prevention and Relief, Women-policy. 53(2). 71-86.

❻ 스타일(참고문헌 1)　　❻ 스타일(참고문헌 2)

2. 현대의 남녀성비 실태 ← ❻ 스타일(개요 1)

가. 20세기에 들어서는 의학의 발달(發達)이 유아 대신 태아의 생명을 위협했다. 1996년 이후 우리나라에서 불법이 되었지만, 이전에는 양수(Amniotic Fluid)를 뽑아내 태아의 성

❽ 각주 →

1) 총조사인구

출생 성비의 불균형

발표자: 홍보팀장 서인혜
발표일: 12월 31일 목요일

1. 개요

선 사시대(The Prehistoric Age)의 수수께끼 중 하나는 낮은 인구성장률이다. 대부분의 인류학자(Anthropologist)들은 질병(Disease), 기근(Famine), 짐승의 습격(Surprise Attack) 등의 요인 때문이라고 하지만, 유아살해(Infanticide)를 낮은 인구성장률의 요인으로 지목하는 학자들도 적지 않다. 먹을거리가 부족한 수렵 채집사회에서는 유아살해로 가족계획을 했다는 설명(說明)이 학자들의 견해이다.

지역별 출산 통계

구분	남자	여자	비중
수도권	27,811	25,342	17.7
충청도	72,737	65,132	27.4
제주도	8,735	5,312	5.6
기타	9,834	10,325	6.1
합계	119,117	106,111	

(단위: 국가통계 기준, 명)

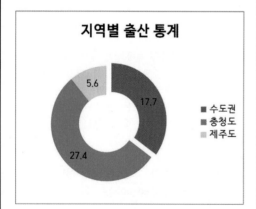

지역별 출산 통계

- 수도권
- 충청도
- 제주도

5.6
17.7
27.4

2. 현대의 남녀성비 실태

가. 20세기에 들어서는 의학의 발달(發達)이 유아 대신 태아의 생명을 위협했다. 1996년 이후 우리나라에서 불법이 되었지만, 이전에는 양수(Amniotic Fluid)를 뽑아내 태아의 성별을 알아내는 방법이 그것이다.

나. 태아의 성감별은 남아선호사상이 강한 우리나라에서 극심한 성비 불균형을 가져왔다. 그 결과 첫째 아이의 남녀성비가 107.2%라는 불균형을 초래했으며, 이후 여자아이 100명당 남자아이는 111명으로 불균형은 더욱 심화되었다.

3. 성별에 대한 미래

가. 불균형의 심화는 둘째 아이보다 첫째 아이가 성비의 불균형이 더욱 심한 것으로 나타났고, 셋째 아이보다는 넷째 아이의 성비 불균형이 더욱 심각한 것으로 나타났다. 이런 남아선호 현상의 뚜렷한 결과는 초등학교(Elementary School)에 가보면 알 수 있다.

나. 대구 시내 한 초등학교는 여학생 100명대 남학생 126명으로 남자아이가 월등히 많다는 것이 통계청(National Statistical Office)의 결과이다. 남녀 역할(Male And Female Roles)에 대한 정체성(Identity)과 협동(協同) 활동이 곤란해져 공동체(Community) 의식을 함양하는 것에 문제(問題)[1]가 생길 수 있다.

다. 요즘은 아이를 적게 낳는 부부들이 늘어나면서 오히려 출생 성비의 불균형(Imbalance)이 점차 해소되어 가고 있는 것을 볼 수 있다. 아들이든 딸이든 새로 탄생하는 생명(生命)은 환영받아야 할 것이다.

▶ Reference

Janival, K. (2022). Significance Prevention and Relief, **Women-policy**. 53(2). 71-86.

---

1) 총조사인구

국 가 기 술 자 격 검 정

워드프로세서 실기시험

※ 무단 전재 금함
(한글 2022)

과　　목	제한시간
문서편집기능	30분

B형

─── 〈 다음 쪽의 문서를 아래 지시사항에 따라 작성하시오 〉 ───

- 작성된 답안의 파일은 지정된 경로 및 파일명을 변경하지 마시고 저장해야 합니다. 이를 준수하지 않으면 실격 처리됩니다.
- 편집 용지
  - 용지 종류는 A4 용지(210mm×297mm) 1매에 용지 방향을 세로로 설정하여 문서를 작성하시오.
  - 용지 여백은 왼쪽·오른쪽은 20mm, 위쪽·아래쪽은 10mm, 머리말·꼬리말은 10mm, 기타 여백은 0mm로 지정하시오.
- 문서의 본문은 2단으로 편집하되, 단 간격은 8mm, 구분선은 이중 실선 0.4mm로 설정하시오.
- 글자 모양
  - 글꼴은 별도의 지시가 없는 한 한글 2022의 기본값으로 작성하시오.
  - 영문, 숫자, 기호 등은 별도의 지시가 없는 한 자판에 있는 문자를 사용하시오.
- 문단 모양
  - 정렬 방식, 여백 등은 문단 모양 기능을 이용하여 작성하시오.
  - 문단 모양은 별도의 지시가 없는 한 한글 2022의 기본값으로 작성하시오.
  - 사이 줄 띄우기는 각 1줄만, 사이 띄우기는 1칸만 띄우시오.
- 표에서 내용의 정렬 방법
  (제목 행과 '합계(평균)' 셀은 가운데 정렬, 나머지는 열 단위를 기준으로 아래와 같이 정렬)
  - 내용의 길이가 서로 다른 문자의 경우 왼쪽 정렬
  - 내용의 길이가 서로 다른 숫자의 경우 오른쪽 정렬
  - 내용의 길이가 서로 같을 경우 문자, 숫자 상관없이 가운데 정렬
- 색상은 '기본' 테마가 포함된 색상 팔레트를 사용하시오.
- 각 항목은 별도의 지시가 없는 한 주어진 문서에 기준하여 작성하시오.
- 각 항목은 별도의 지시가 없는 한 기본 설정값으로 처리하시오.
- 문제에 제시된 지시사항은 작성하지 않음.

대 한 상 공 회 의 소

다음 쪽의 문서를 아래의 〈세부지시사항〉에 따라 작성하시오.

1. 쪽 테두리	• 선의 종류 및 굵기 : 이중 실선 0.4mm, 모두 • 위치 : 쪽 기준, 왼쪽 · 오른쪽 · 위쪽 · 아래쪽 모두 5mm
2. 글상자	• 크기 : 너비 170mm, 높이 23mm, 크기 고정 • 위치 : 본문과의 배치 – 자리 차지, 가로 – 종이의 가운데 0mm, 세로 – 종이의 위 20mm • 바깥 여백 : 아래쪽 8mm • 선 속성 : 검정(RGB:0,0,0), 점선 0.4mm • 색 채우기 : 노랑(RGB:255,215,0) 80% 밝게
3. 제목	• 제목(1) : 휴먼고딕, 15pt, 장평(110%), 자간(5%), 진하게, 주황(RGB:255,102,0) 25% 어둡게, 가운데 정렬 • 제목(2) : 여백 – 왼쪽(340pt)
4. 누름틀	입력할 내용의 안내문 : '쇼핑몰 부서', 입력 데이터 : '영진쇼핑몰 홍보팀'
5. 그림	• 경로 : [25]이기적워드실기\그림\HUMAN.JPG, 문서에 포함 • 크기 : 너비 28mm, 높이 18mm • 위치 : 본문과의 배치 – 글 앞으로, 가로 – 종이의 왼쪽 23mm, 세로 – 종이의 위 23mm • 회전 : 좌우 대칭
6. 스타일 (2개소 수정, 3개소 등록)	• 개요 1(수정) : 여백 – 왼쪽(0pt), 한컴 윤고딕 740, 11pt, 진하게 • 개요 2(수정) : 여백 – 왼쪽(18pt) • 표제목(등록) : 스타일 이름 – 표제목, 스타일 종류 – 문단, 가운데 정렬, 함초롬돋움, 진하게 • 참고문헌 1(등록) : 스타일 이름 – 참고문헌 1, 스타일 종류 – 문단, 내어쓰기(20pt) • 참고문헌 2(등록) : 스타일 이름 – 참고문헌 2, 스타일 종류 – 글자, 밑줄
7. 문단 첫 글자 장식	• 모양 : 3줄, 글꼴 : 돋움체, 면 색 : 주황(RGB:255,132,58) 25% 어둡게, 본문과의 간격 : 3mm • 글자 색 : 하양(RGB:255,255,255)
8. 각주	글자 모양 : 한컴돋움, 번호 모양 : 아라비아 숫자
9. 하이퍼링크	• '각 쇼핑몰 취합, 백억 원'에 하이퍼링크 설정 • 연결 대상 : 웹 주소 – 'http://www.keri.org'
10. 표	• 크기 : 너비 78mm~80mm, 높이 33mm~34mm • 위치 : 글자처럼 취급 • 전체 행 : 셀 높이를 같게 • 모든 셀의 안 여백 : 왼쪽 · 오른쪽 2mm • 테두리 : 표 안쪽은 실선(0.12mm), 표 바깥의 위쪽과 아래쪽은 실선(0.4mm), 표 바깥의 왼쪽과 오른쪽은 　　　　　　없음, 합계 행 위쪽은 이중 실선(0.5mm) • 제목 행 : 셀 배경 색 – 보라(RGB:157,92,187) 25% 어둡게, 　　　　　　글자 모양 – 함초롬돋움, 진하게, 하양(RGB:255,255,255) • 합계 행 : 셀 배경 색 – 노랑(RGB:255,215,0) 80% 밝게, 글자 모양 – 진하게 • 문단의 정렬 방식 : 가운데 정렬
11. 블록 계산식	표의 합계 행에 블록 계산식을 이용하여 블록 합계 산출
12. 캡션	표 위에 삽입 후 오른쪽 정렬
13. 차트	• 차트의 모양 : 2차원 원형, 차트 계열색 : 색상 조합 색4 • 데이터 레이블 : 백분율(%), 바깥쪽 끝에 • 차트의 크기 : 너비 80mm, 높이 70mm, 크기 고정 • 위치 : 본문과의 배치 – 자리 차지, 가로 – 단의 가운데 0mm, 세로 – 문단의 위 0mm • 바깥 여백 : 위쪽 5mm, 아래쪽 8mm • 제목의 글꼴 설정 : 맑은 고딕, 진하게 • 데이터 레이블, 범례의 글꼴 설정 : 9pt • 표의 아래 단락에 배치
14. 쪽 번호	번호 위치 : 가운데 아래, 모양 : 로마자 대문자 숫자, 줄표 넣기 선택, 시작 번호 지정
15. 머리말	한컴산뜻돋움, 10pt, 진하게, 노랑(RGB:255,215,0) 50% 어둡게, 왼쪽 정렬
16. 꼬리말	HY견고딕, 10pt, 하늘색(RGB:97,130,214) 50% 어둡게, 오른쪽 정렬

❶ 쪽 테두리
❸ 제목(1)
❷ 글상자

온라인 쇼핑 역대 최대 매출

❹ 누름틀

❸ 제목(2) ➡ 발표일: 2026. 6. 12.
발표자: 영진쇼핑몰 홍보팀

◀━❺ 그림

❼ 문단 첫 글자 장식

1. 올해 2조 원 돌파 유력 ◀━❻ 스타일(개요 1)

V홈쇼핑 상위 4개 회사가 올해는 모두 취급고 2조 원을 돌파하는 <쿼드러플 더블(Quadruple Double)>을 달성할 전망이다. 국내 첫 홈쇼핑 방송 이후 25년 만이다. 대한샵, 서울홈쇼핑, 상공홈쇼핑, 한국홈쇼핑 4개 회사의 취급고는 각각 2조 원을 넘어 총 9조 원을 돌파(突破)할 것으로 예상(Expectation)된다.

❻ 스타일(표제목)

홈쇼핑 업체별 취급고 추이
❾ 하이퍼링크

❿ 표
⓬ 캡션 ➡ (단위: 각 쇼핑몰 취합, 백억 원)

구분	지난 10년	향후 10년	증감
서울홈쇼핑	126	342	134
상공홈쇼핑	238	516	277
한국홈쇼핑	95	271	133
기타홈쇼핑	509	624	316
합계	968	1,753	

⓫ 블록 계산식

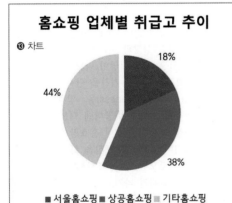

홈쇼핑 업체별 취급고 추이

⓭ 차트

18%
44%
38%

■ 서울홈쇼핑 ■ 상공홈쇼핑 ■ 기타홈쇼핑

2. 홈쇼핑 매출 분석 ◀━❻ 스타일(개요 1)

가. 지난 1분기에 이어 2분기 실적도 순항 중이라는 점에서 이와 같은 전망(Prospect)을 더욱 밝게 했다. 통상 기온이 올라가면 비수기(Off-Season)에 접어들지만, 올해 2분기 홈쇼핑(Home Shopping) 업체들의 매출은 큰 영향을 받지 않은 것으로 조사

(Investigation)됐다.

나. 대한샵, 서울홈쇼핑은 지난해 같은 기간과 비교해 취급고가 각각 12%씩 증가할 것으로 예상(Expectation)된다. 상공홈쇼핑의 경우 작년 2분기에 4579억 원의 취급고를 기록했으나 올해 2분기는 5510억 원으로 급상승할 것으로 집계됐다.

◀━❻ 스타일(개요 2)

3. TV홈쇼핑 증가 추세 ◀━❻ 스타일(개요 1)

가. 인터넷(Internet) 부문 매출(賣出)이 연간 25%가량 신장하며 취급고 상승(Increase)을 이끌었다. 우리홈쇼핑(Woori Home Shopping)을 인수하며 후발주자로 나선 한국홈쇼핑[1]도 올해 취급고 2조 원 돌파가 확실시된다. 취급고 성장률(Growth Rate)은 인터넷 부문이 크게 늘면서 15%대를 넘나들었지만, 영업이익은 후퇴하거나 한 자릿수 증가에 그쳤다.

나. 경제증권 연구원은 인터넷 부문 매출(Sales)이 높아질 경우 수익성은 전반적으로 낮아지는 경향이 있다고 예상했다. 작년에 각각 한 자릿수 성장과 마이너스 성장(成長)으로 한때 시장 포화 전망이 나왔던 것과 대비된다. 업체별로 배송기간을 단축하고 가격 경쟁력(Competitiveness)을 앞세워 국민의 소비패턴 변화를 이끌어낸 덕분이다.

다. 이러한 추세에 맞추어 홈쇼핑사업자들은 라이브커머스 콘텐츠 제작을 확대하고 모바일 전용 프로모션 등을 출시하며 비즈니스 전략을 변화시켜 나가고 있다. 이러한 추세에 따라 국내 라이브커머스 시장은 확대되는 반면, 시장 내의 경쟁(競爭) 구도는 심화될 것으로 전망된다.

❽ 각주

전각기호
▲ Reference
❻ 스타일(참고문헌 2)

Yuen, P. (2025). Future Intention to Multidimensional, Commitment. 3(18). 32-33.

❻ 스타일(참고문헌 1)

1) 한국홈쇼핑 발표 자료 기준

⓮ 쪽 번호 ➡ - V - ⓰ 꼬리말 ➡ **국내 홈쇼핑 비즈니스 전략**

온라인 쇼핑 역대 최대 매출

발표일: 2026. 6. 12.

발표자: 영진쇼핑몰 홍보팀

1. 올해 2조 원 돌파 유력

T V홈쇼핑 상위 4개 회사가 올해는 모두 취급고 2조 원을 돌파하는 <쿼드러플 더블(Quadruple Double)>을 달성할 전망이다. 국내 첫 홈쇼핑 방송 이후 25년 만이다. 대한샵, 서울홈쇼핑, 상공홈쇼핑, 한국홈쇼핑 4개 회사의 취급고는 각각 2조 원을 넘어 총 9조 원을 돌파(突破)할 것으로 예상(Expectation)된다.

홈쇼핑 업체별 취급고 추이

(단위: 각 쇼핑몰 취합, 백억 원)

구분	지난 10년	향후 10년	증감
서울홈쇼핑	126	342	134
상공홈쇼핑	238	516	277
한국홈쇼핑	95	271	133
기타홈쇼핑	509	624	316
합계	968	1,753	

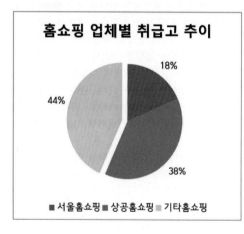

홈쇼핑 업체별 취급고 추이

18%
44%
38%

■서울홈쇼핑 ■상공홈쇼핑 ■기타홈쇼핑

2. 홈쇼핑 매출 분석

가. 지난 1분기에 이어 2분기 실적도 순항 중이라는 점에서 이와 같은 전망(Prospect)을 더욱 밝게 했다. 통상 기온이 올라가면 비수기(Off-Season)에 접어들지만, 올해 2분기 홈쇼핑(Home Shopping) 업체들의 매출은 큰 영향을 받지 않은 것으로 조사(Investigation)됐다.

나. 대한샵, 서울홈쇼핑은 지난해 같은 기간과 비교해 취급고가 각각 12%씩 증가할 것으로 예상(Expectation)된다. 상공홈쇼핑의 경우 작년 2분기에 4579억 원의 취급고를 기록했으나 올해 2분기는 5510억 원으로 급상승할 것으로 집계됐다.

3. TV홈쇼핑 증가 추세

가. 인터넷(Internet) 부문 매출(賣出)이 연간 25%가량 신장하며 취급고 상승(Increase)을 이끌었다. 우리홈쇼핑(Woori Home Shopping)을 인수하며 후발주자로 나선 한국홈쇼핑[1]도 올해 취급고 2조 원 돌파가 확실시된다. 취급고 성장률(Growth Rate)은 인터넷 부문이 크게 늘면서 15%대를 넘나들었지만, 영업이익은 후퇴하거나 한 자릿수 증가에 그쳤다.

나. 경제증권 연구원은 인터넷 부문 매출(Sales)이 높아질 경우 수익성은 전반적으로 낮아지는 경향이 있다고 예상했다. 작년에 각각 한 자릿수 성장과 마이너스 성장(成長)으로 한때 시장 포화 전망이 나왔던 것과 대비된다. 업체별로 배송기간을 단축하고 가격 경쟁력(Competitiveness)을 앞세워 국민의 소비패턴 변화를 이끌어낸 덕분이다.

다. 이러한 추세에 맞추어 홈쇼핑사업자들은 라이브커머스 콘텐츠 제작을 확대하고 모바일 전용 프로모션 등을 출시하며 비즈니스 전략을 변화시켜 나가고 있다. 이러한 추세에 따라 국내 라이브커머스 시장은 확대되는 반면, 시장 내의 경쟁(競爭) 구도는 심화될 것으로 전망된다.

♠ Reference

Yuen, P. (2025). Future Intention to Multidimensional, Commitment. 3(18). 32-33.

---

1) 한국홈쇼핑 발표 자료 기준

상시 기출문제 14회

국 가 기 술 자 격 검 정

워드프로세서 실기시험

※ 무단 전재 금함
(한글 2022)

과 목	제한시간
문서편집기능	30분

B형

─── 〈 다음 쪽의 문서를 아래 지시사항에 따라 작성하시오 〉 ───

- 작성된 답안의 파일은 지정된 경로 및 파일명을 변경하지 마시고 저장해야 합니다. 이를 준수하지 않으면 실격 처리됩니다.
- 편집 용지
  - 용지 종류는 A4 용지(210mm×297mm) 1매에 용지 방향을 세로로 설정하여 문서를 작성하시오.
  - 용지 여백은 왼쪽 · 오른쪽은 20mm, 위쪽 · 아래쪽은 10mm, 머리말 · 꼬리말은 10mm, 기타 여백은 0mm로 지정하시오.
- 문서의 본문은 2단으로 편집하되, 단 간격은 8mm로 설정하시오.
- 글자 모양
  - 글꼴은 별도의 지시가 없는 한 한글 2022의 기본값으로 작성하시오.
  - 영문, 숫자, 기호 등은 별도의 지시가 없는 한 자판에 있는 문자를 사용하시오.
- 문단 모양
  - 정렬 방식, 여백 등은 문단 모양 기능을 이용하여 작성하시오.
  - 문단 모양은 별도의 지시가 없는 한 한글 2022의 기본값으로 작성하시오.
  - 사이 줄 띄우기는 각 1줄만, 사이 띄우기는 1칸만 띄우시오.
- 표에서 내용의 정렬 방법
  (제목 행과 '합계(평균)' 셀은 가운데 정렬, 나머지는 열 단위를 기준으로 아래와 같이 정렬)
  - 내용의 길이가 서로 다른 문자의 경우 왼쪽 정렬
  - 내용의 길이가 서로 다른 숫자의 경우 오른쪽 정렬
  - 내용의 길이가 서로 같을 경우 문자, 숫자 상관없이 가운데 정렬
- 색상은 '기본' 테마가 포함된 색상 팔레트를 사용하시오.
- 각 항목은 별도의 지시가 없는 한 주어진 문서에 기준하여 작성하시오.
- 각 항목은 별도의 지시가 없는 한 기본 설정값으로 처리하시오.
- 문제에 제시된 지시사항은 작성하지 않음.

대 한 상 공 회 의 소

다음 쪽의 문서를 아래의 〈세부지시사항〉에 따라 작성하시오.

1. 쪽 테두리	• 선의 종류 및 굵기 : 이중 실선 0.5mm, 모두 • 위치 : 쪽 기준, 왼쪽 · 오른쪽 · 위쪽 · 아래쪽 모두 5mm
2. 글상자	• 크기 : 너비 170mm, 높이 25mm, 크기 고정 • 위치 : 본문과의 배치 – 자리 차지, 가로 – 종이의 가운데 0mm, 세로 – 종이의 위 20mm • 바깥 여백 : 아래쪽 8mm • 선 속성 : 검정(RGB:0,0,0), 실선 0.4mm • 색 채우기 : 시멘트색(RGB:178,178,178) 80% 밝게
3. 제목	• 제목(1) : 한컴산뜻돋움, 18pt, 장평(105%), 자간(−5%), 진하게, 루비색(RGB:199,82,82) 25% 어둡게, 가운데 정렬 • 제목(2) : 여백 – 왼쪽(330pt)
4. 누름틀	입력할 내용의 안내문 : '0000. 0. 0.', 입력 데이터 : '2026. 4. 1.'
5. 그림	• 경로 : [25]이기적워드실기₩그림₩통계.PNG, 문서에 포함 • 크기 : 너비 30mm, 높이 18mm • 위치 : 본문과의 배치 – 글 앞으로, 가로 – 종이의 왼쪽 23mm, 세로 – 종이의 위 23mm • 회전 : 좌우 대칭
6. 스타일 (2개소 수정, 3개소 등록)	• 개요 1(수정) : 여백 – 왼쪽(0pt), 한컴 윤고딕 740, 13pt, 진하게 • 개요 2(수정) : 여백 – 왼쪽(15pt) • 표제목(등록) : 스타일 이름 – 표제목, 스타일 종류 – 문단, 가운데 정렬, 한컴 윤고딕 760, 진하게 • 참고문헌 1(등록) : 스타일 이름 – 참고문헌 1, 스타일 종류 – 문단, 들여쓰기(5pt) • 참고문헌 2(등록) : 스타일 이름 – 참고문헌 2, 스타일 종류 – 글자, 기울임
7. 문단 첫 글자 장식	• 모양 : 3줄, 글꼴 : 함초롬돋움, 면 색 : 검정(RGB:0,0,0) 35% 밝게, 본문과의 간격 : 3mm • 글자 색 : 노랑(RGB:255,255,0)
8. 각주	글자 모양 : 돋움체, 번호 모양 : 아라비아 숫자
9. 하이퍼링크	• '교육부 통계 참고 및 변형'에 하이퍼링크 설정 • 연결 대상 : 웹 주소 – 'https://www.index.go.kr'
10. 표	• 크기 : 너비 78mm~80mm, 높이 33mm~34mm • 위치 : 글자처럼 취급　• 전체 행 : 셀 높이를 같게 • 모든 셀의 안 여백 : 왼쪽 · 오른쪽 2mm • 테두리 : 표 안쪽은 실선(0.12mm), 표 바깥의 위쪽과 아래쪽은 실선(0.5mm), 표 바깥의 왼쪽과 오른쪽은 없음, 합계 행 위쪽은 얇고 굵은 이중선(0.5mm) • 제목 행 : 셀 배경 색 – 주황(RGB:255,102,0), 　　　　　 글자 모양 – HY강M, 진하게, 하양(RGB:255,255,255) • 합계 행 : 셀 배경 색 – 빨강(RGB:255,0,0) 80% 밝게, 글자 모양 – 진하게 • 문단의 정렬 방식 : 가운데 정렬
11. 블록 계산식	표의 합계 행에 블록 계산식을 이용하여 블록 합계 산출
12. 캡션	표 아래에 삽입 후 오른쪽 정렬
13. 차트	• 차트의 모양 : 2차원 원형, 차트 계열색 : 색상 조합 색3 • 데이터 레이블 : 백분율(%), 바깥쪽 끝에 • 차트의 크기 : 너비 80mm, 높이 80mm, 크기 고정 • 위치 : 본문과의 배치 – 자리 차지, 가로 – 단의 가운데 0mm, 세로 – 문단의 위 0mm • 바깥 여백 : 위쪽 5mm, 아래쪽 8mm • 제목의 글꼴 설정 : 한컴산뜻돋움, 진하게 • 데이터 레이블, 범례의 글꼴 설정 : 9pt • 표의 아래 단락에 배치
14. 쪽 번호	번호 위치 : 가운데 아래, 모양 : 로마자 대문자 숫자, 줄표 넣기 선택, 시작 번호 지정
15. 머리말	맑은 고딕, 10pt, 진하게, 남색(RGB:51,51,153) 25% 어둡게, 오른쪽 정렬
16. 꼬리말	한컴돋움, 10pt, 진하게, 보라(RGB:128,0,128) 5% 밝게, 오른쪽 정렬

❶ 쪽 테두리　❷ 글상자　❸ 제목(1)　❺ 머리말 → **졸업자 취업 통계 조사 결과 발표**

졸업자 취업 통계

❹ 누름틀

❸ 제목(2) →
분석일: 2026. 4. 1.
분석자: 이솜희 취업담당자

❺ 그림

❼ 문단 첫 글자 장식

1. 개요　← ❻ 스타일(개요 1)

올 해 고등학교와 4년제 대학(College 또는 University) 졸업자 중 취업(就業) 의지가 있으면서 취업을 하지 못한 사람이 처음으로 10만 명을 넘어섰다. 또 전문대(Junior College) 졸업자를 포함한 미취업자(Unemployed) 역시 16만 명을 넘어 사상 최고치에 이르는 것으로 추산됐다. 특히 고교 졸업자는 거의 찾아볼 수 없을 지경이다.

❻ 스타일(표제목)

❿ 표

졸업생 취업률 추이1)

구분	고졸	2년제대졸	4년제대졸
대기업	32	56	3,651
중소기업	95	150	1,530
계약직	256	394	232
취업준비생	861	231	156
합계	1,244	831	5,569

⓫ 블록 계산식　(단위: 대학졸업자 취업률, 명)

⓬ 캡션

⓭ 차트

고등학교 졸업생의 취업률 현황

2%　8%
21%
69%

■ 대기업　■ 중소기업　■ 계약직　■ 취업준비생

2. 취업률 분석 결과 보고　← ❻ 스타일(개요 1)

가. 취업 현황(Employment Status)과 연도별

❽ 각주 →

1) 교육부 통계 참고 및 변형

❾ 하이퍼링크

취업률 추이를 살펴보면 지난 9일부터 15일까지 갤럽 리서치(Gallop Research)가 4년제 대학과 전문대학을 대상으로 설문조사를 한 결과, 취업대상자 22만 4,727명 가운데 12만 4명이 취업한 것으로 조사되어, 미취업자가 10만 4,723명인 것으로 나타났다.

나. 또한 지난해 대졸 미취업자는 8만 6,000여 명으로 최고를 기록(記錄)했다. 전문대도 졸업생 21만 3,363명 가운데 15만 3,621명만 일자리를 얻었으며, 6만 명 가까운 졸업생이 취업하지 못했다.

← ❻ 스타일(개요 2)

3. 취업률 추이　← ❻ 스타일(개요 1)

가. 이에 따라 4년제 대학과 전문대 졸업자 총 43만 8,000여 명 가운데 27만 3,000여 명만 일자리를 찾았고 16만 5,000여 명이 취업에 실패(失敗)한 것으로 나타났다. 평균적으로는 전문대 졸업생이 가장 높은 취업률을 보여준다.

나. 전문대를 포함한 전체 미취업 대졸자는 지난해 12만 4,000명으로 감소했다가 올해 다시 급증했다. 전문대 졸업자 취업률도 72.0%로 지난해보다 7.4% 떨어진 것으로 조사됐다.

다. 그러나 이러한 높은 미취업률에도 불구하고 소위 3D(Dirty, Difficult, Dangerous) 업종(業種)이라 불리는 업종의 구인난(Shortage Of Labor)은 갈수록 심화되고 있다. 이에 정부는 노동시장의 안정화와 경제 안정을 도모하기 위한 미취업자 구제 계획(Program To Help The Unemployed)을 관계 부처와 협의 중이다.

— 전각기호

♣ Reference
Michel, M. (2024). A study on the strategies, *Encouragement Policy*. 13(5). 23-32.

❻ 스타일(참고문헌 2)　　❻ 스타일(참고문헌 1)

⓮ 쪽 번호 → - Ⅲ -　⓰ 꼬리말 → **대학 알리미 통계 깊게 보기**

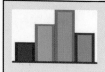

졸업자 취업 통계

분석일: 2026. 4. 1.
분석자: 이솜희 취업담당자

1. 개요

올해 고등학교와 4년제 대학(College 또는 University) 졸업자 중 취업(就業) 의지가 있으면서 취업을 하지 못한 사람이 처음으로 10만 명을 넘어섰다. 또 전문대(Junior College) 졸업자를 포함한 미취업자(Unemployed) 역시 16만 명을 넘어 사상 최고치에 이르는 것으로 추산됐다. 특히 고교 졸업자는 거의 찾아볼 수 없을 지경이다.

졸업생 취업률 추이[1]

구분	고졸	2년제 대졸	4년제 대졸
대기업	32	56	3,651
중소기업	95	150	1,530
계약직	256	394	232
취업준비생	861	231	156
합계	1,244	831	5,569

(단위: 대학졸업자 취업률, 명)

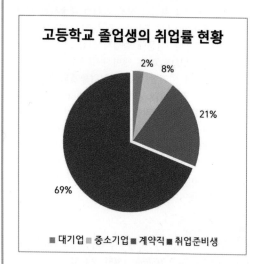

고등학교 졸업생의 취업률 현황

2% 8%

21%

69%

■ 대기업 ■ 중소기업 ■ 계약직 ■ 취업준비생

2. 취업률 분석 결과 보고

가. 취업 현황(Employment Status)과 연도별

취업률 추이를 살펴보면 지난 9일부터 15일까지 갤럽 리서치(Gallop Research)가 4년제 대학과 전문대학을 대상으로 설문조사를 한 결과, 취업대상자 22만 4,727명 가운데 12만 4명이 취업한 것으로 조사되어, 미취업자가 10만 4,723명인 것으로 나타났다.

나. 또한 지난해 대졸 미취업자는 8만 6,000여 명으로 최고를 기록(記錄)했다. 전문대도 졸업생 21만 3,363명 가운데 15만 3,621명만 일자리를 얻었으며, 6만 명 가까운 졸업생이 취업하지 못했다.

3. 취업률 추이

가. 이에 따라 4년제 대학과 전문대 졸업자 총 43만 8,000여 명 가운데 27만 3,000여 명만 일자리를 찾았고 16만 5,000여 명이 취업에 실패(失敗)한 것으로 나타났다. 평균적으로는 전문대 졸업생이 가장 높은 취업률을 보여준다.

나. 전문대를 포함한 전체 미취업 대졸자는 지난해 12만 4,000명으로 감소했다가 올해 다시 급증했다. 전문대 졸업자 취업률도 72.0%로 지난해보다 7.4% 떨어진 것으로 조사됐다.

다. 그러나 이러한 높은 미취업률에도 불구하고 소위 3D(Dirty, Difficult, Dangerous) 업종(業種)이라 불리는 업종의 구인난(Shortage Of Labor)은 갈수록 심화되고 있다. 이에 정부는 노동시장의 안정화와 경제 안정을 도모하기 위한 미취업자 구제 계획(Program To Help The Unemployed)을 관계 부처와 협의 중이다.

♣ Reference
Michel, M. (2024). A study on the strategies. *Encouragement Policy*. 13(5). 23-32.

---

1) 교육부 통계 참고 및 변형

국 가 기 술 자 격 검 정

워드프로세서 실기시험

※ 무단 전재 금함
(한글 2022)

과 목	제한시간
문서편집기능	30분

B형

〈 다음 쪽의 문서를 아래 지시사항에 따라 작성하시오 〉

- 작성된 답안의 파일은 지정된 경로 및 파일명을 변경하지 마시고 저장해야 합니다. 이를 준수하지 않으면 실격 처리됩니다.
- 편집 용지
  - 용지 종류는 A4 용지(210mm×297mm) 1매에 용지 방향을 세로로 설정하여 문서를 작성하시오.
  - 용지 여백은 왼쪽·오른쪽은 20mm, 위쪽·아래쪽은 10mm, 머리말·꼬리말은 10mm, 기타 여백은 0mm로 지정하시오.
- 문서의 본문은 2단으로 편집하되, 단 간격은 8mm, 구분선은 실선 0.12mm로 설정하시오.
- 글자 모양
  - 글꼴은 별도의 지시가 없는 한 한글 2022의 기본값으로 작성하시오.
  - 영문, 숫자, 기호 등은 별도의 지시가 없는 한 자판에 있는 문자를 사용하시오.
- 문단 모양
  - 정렬 방식, 여백 등은 문단 모양 기능을 이용하여 작성하시오.
  - 문단 모양은 별도의 지시가 없는 한 한글 2022의 기본값으로 작성하시오.
  - 사이 줄 띄우기는 각 1줄만, 사이 띄우기는 1칸만 띄우시오.
- 표에서 내용의 정렬 방법
  (제목 행과 '합계(평균)' 셀은 가운데 정렬, 나머지는 열 단위를 기준으로 아래와 같이 정렬)
  - 내용의 길이가 서로 다른 문자의 경우 왼쪽 정렬
  - 내용의 길이가 서로 다른 숫자의 경우 오른쪽 정렬
  - 내용의 길이가 서로 같을 경우 문자, 숫자 상관없이 가운데 정렬
- 색상은 '기본' 테마가 포함된 색상 팔레트를 사용하시오.
- 각 항목은 별도의 지시가 없는 한 주어진 문서에 기준하여 작성하시오.
- 각 항목은 별도의 지시가 없는 한 기본 설정값으로 처리하시오.
- 문제에 제시된 지시사항은 작성하지 않음.

대 한 상 공 회 의 소

1. 쪽 테두리	• 선의 종류 및 굵기 : 이중 실선 0.4mm, 모두 • 위치 : 쪽 기준, 왼쪽 · 오른쪽 · 위쪽 · 아래쪽 모두 5mm
2. 글상자	• 크기 : 너비 170mm, 높이 23mm, 크기 고정 • 위치 : 본문과의 배치 – 자리 차지, 가로 – 종이의 가운데 0mm, 세로 – 종이의 위 20mm • 바깥 여백 : 아래쪽 7mm • 선 속성 : 검정(RGB:0,0,0), 원형 점선 0.3mm • 색 채우기 : 탁한 황갈(RGB:131,77,0) 80% 밝게
3. 제목	• 제목(1) : 한컴 백제 M, 15pt, 장평(105%), 자간(-5%), 진하게, 주황(RGB:255,102,0) 50% 어둡게, 가운데 정렬 • 제목(2) : 여백 – 왼쪽(340pt)
4. 누름틀	입력할 내용의 안내문 : '기관명 부서', 입력 데이터 : '영진일보 사회부'
5. 그림	• 경로 : [25]이기적워드실기₩그림₩지폐.GIF, 문서에 포함 • 크기 : 너비 30mm, 높이 18mm • 위치 : 본문과의 배치 – 글 앞으로, 가로 – 종이의 왼쪽 23mm, 세로 – 종이의 위 23mm
6. 스타일 (2개소 수정, 3개소 등록)	• 개요 1(수정) : 여백 – 왼쪽(0pt), 한컴 윤고딕 230, 12pt, 진하게 • 개요 2(수정) : 여백 – 왼쪽(15pt) • 표제목(등록) : 스타일 이름 – 표제목, 스타일 종류 – 문단, 가운데 정렬, 한컴 윤체 L, 진하게 • 참고문헌 1(등록) : 스타일 이름 – 참고문헌 1, 스타일 종류 – 문단, 들여쓰기(20pt) • 참고문헌 2(등록) : 스타일 이름 – 참고문헌 2, 스타일 종류 – 글자, 기울임
7. 문단 첫 글자 장식	• 모양 : 2줄, 글꼴 : 한컴 윤고딕 250, 면 색 : 빨강(RGB:255,0,0) 50% 어둡게, 본문과의 간격 : 3mm • 글자 색 : 하양(RGB:255,255,255)
8. 각주	글자 모양 : HY강M, 번호 모양 : 아라비아 숫자
9. 하이퍼링크	• '항목당 비율 기준, %'에 하이퍼링크 설정 • 연결 대상 : 웹 주소 – 'https://www.nps.or.kr'

10. 표	• 크기 : 너비 78mm~80mm, 높이 33mm~34mm
	• 위치 : 글자처럼 취급 • 전체 행 : 셀 높이를 같게
	• 모든 셀의 안 여백 : 왼쪽 · 오른쪽 2mm
	• 테두리 : 표 안쪽은 실선(0.12mm), 표 바깥의 위쪽과 아래쪽은 실선(0.5mm), 표 바깥의 왼쪽과 오른쪽은
	      없음, 합계 행 위쪽은 이중 실선(0.5mm)
	• 제목 행 : 셀 배경 색 – 검은 군청(RGB:27,23,96) 15% 밝게,
	              글자 모양 – 한컴산뜻돋움, 진하게, 하양(RGB:255,255,255)
	• 합계 행 : 셀 배경 색 – 노랑(RGB:255,215,0) 80% 밝게, 글자 모양 – 진하게
	• 문단의 정렬 방식 : 가운데 정렬

11. 블록 계산식	표의 합계 행에 블록 계산식을 이용하여 블록 합계 산출
12. 캡션	표 아래에 삽입 후 오른쪽 정렬
13. 차트	• 차트의 모양 : 2차원 원형, 차트 계열색 : 색상 조합 색3 • 데이터 레이블 : 백분율(%), 안쪽 끝에 • 차트의 크기 : 너비 80mm, 높이 65mm, 크기 고정 • 위치 : 본문과의 배치 – 자리 차지, 가로 – 단의 가운데 0mm, 세로 – 문단의 위 0mm • 바깥 여백 : 위쪽 5mm, 아래쪽 8mm • 제목의 글꼴 설정 : 굴림체, 진하게 • 데이터 레이블, 범례의 글꼴 설정 : 9pt • 표의 아래 단락에 배치
14. 쪽 번호	번호 위치 : 오른쪽 아래, 모양 : 로마자 대문자 숫자, 줄표 넣기 선택, 시작 번호 지정
15. 머리말	한컴 윤고딕 720, 10pt, 진하게, 노랑(RGB:255,215,0) 25% 어둡게, 오른쪽 정렬
16. 꼬리말	한컴돋움, 10pt, 진하게, 초록(RGB:0,128,0) 25% 어둡게, 가운데 정렬

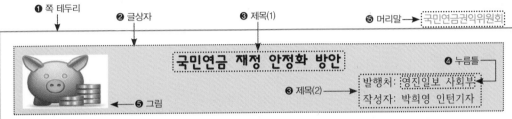

국민연금 재정 안정화 방안

❹ 누름틀

❸ 제목(2)

발행처: 영진일보 사회부
작성자: 박희영 인턴기자

❺ 그림

❼ 문단 첫 글자 장식

1. 개요　◀ ❻ 스타일(개요 1)

1 5살부터 64살까지를 생산 가능 인구(Productive Age)로 봤을 때 이들이 65살 이상 노인을 부양하는 비율(比率), 즉 노인부양비는 올해 11.6%에서 5년 후에는 21.3%, 10년 후에는 35.7%, 약 50년 뒤에는 62.5%로 늘어날 것으로 전망된다. 이렇게 된다면 2080년에는 0.6명이 한 명의 노인을 부양해야 한다. 생산 가능 인구를 늘리는 방안 도입이 시급하다.

❿ 표　❻ 스타일(표제목)

연기금 자산 구성 변동1)

구분	올해	추정치	증감
주식	22	19	-3
채권	65	43	-22
대출	43	33	-10
기타	9	7	-3
합계	139	102	

⓫ 블록 계산식

⓬ 캡션

(단위: 항목당 비율 기준, %)　❾ 하이퍼링크

연기금 자산 구성 변동

⓭ 차트

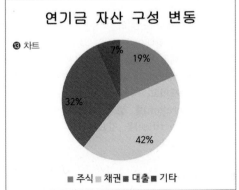

7%　19%　32%　42%

■ 주식 ■ 채권 ■ 대출 ■ 기타

2. 자산(Assets) 편식 심각　◀ ❻ 스타일(개요 1)

가. 이러한 시점에서 갈수록 악화되고 있는 국민연금(Nation Pension)의 재정(Finance) 안정화를 위한 방안(Plan)이 국회(國會)에 상정되었으나 국회(Congress) 통과는 힘들 것으로 보인다. 한국개발연구원의 자료에 따르면

❽ 각주

1) 국민연금공단 홈페이지

국민연금 기금의 금융(金融) 부분 투자 비중에서 채권은 91%를 차지했고, 주식은 5%였다.

나. 국민연금이 발행 국공채(Government Bond) 물량을 대거 흡수하면서 채권 가격(Price)이 시장 원리에서 벗어나 있다고 불만(Dissatisfaction)을 털어놓는다. 의도하지 않은 이런 현상은 재정 안정화 대책(Counterplan)이 채택되어 국민연금 기금의 증가세에 가속이 붙으면 더 빈번하게 출현할 수 있다.

◀ ❻ 스타일(개요 2)

3. 개선 대책 필요　◀ ❻ 스타일(개요 1)

가. 이러한 상황은 노령 연금을 운영하는 다른 선진국이 주식, 채권, 부동산(Real Estate), 해외자산 등 다양한 자산(資産)에 분산투자(Investment)를 하고 있는 것과 대조된다. 국민연금의 고갈(Exhaustion)에 대한 우려의 목소리가 높아지고 있다.

나. 먼저 우리 앞에 나타난 해법(Solution)은 재정 안정화 대책이며, 구조의 개선(Reformation)이라는 해법은 아직 현실화되지 못한 상태이다.

다. 어떤 해결 방법을 택할 것인지 정부뿐만 아니라 국민이 여러 가지로 신중히 생각해야 할 문제이고, 더 내고 덜 받아도 다음 세대(Generation)를 생각하라며 국민(國民)들의 희생(Sacrifice)을 강요하기도 하여 문제가 되고 있다.

전각기호　❻ 스타일(참고문헌 1)

◆ Reference

　Legan, H. L. (2026). National Pension Against, Transformation. 23(3). 37-40.
　Jennifer, M. A. (2026). Fiscal Stabilization Measures, *Survey*. 13(5). 11-15.

❻ 스타일(참고문헌 2)

국민연금 재정 안정화 방안

발행처: 영진일보 사회부
작성자: 박희영 인턴기자

1. 개요

1 5살부터 64살까지를 생산 가능 인구 (Productive Age)로 봤을 때 이들이 65살 이상 노인을 부양하는 비율(比率), 즉 노인부양비는 올해 11.6%에서 5년 후에는 21.3%, 10년 후에는 35.7%, 약 50년 뒤에는 62.5%로 늘어날 것으로 전망된다. 이렇게 된다면 2080년에는 0.6명이 한 명의 노인을 부양해야 한다. 생산 가능 인구를 늘리는 방안 도입이 시급하다.

연기금 자산 구성 변동[1]

구분	올해	추정치	증감
주식	22	19	-3
채권	65	43	-22
대출	43	33	-10
기타	9	7	-3
합계	139	102	

(단위: 항목당 비율 기준, %)

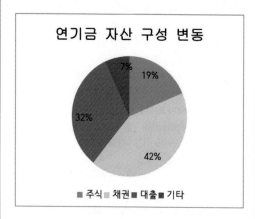

연기금 자산 구성 변동

19%
7%
32%
42%

■ 주식 ■ 채권 ■ 대출 ■ 기타

2. 자산(Assets) 편식 심각

가. 이러한 시점에서 갈수록 악화되고 있는 국민연금(Nation Pension)의 재정(Finance) 안정화를 위한 방안(Plan)이 국회(國會)에 상정되었으나 국회(Congress) 통과는 힘들 것으로 보인다. 한국개발연구원의 자료에 따르면

1) 국민연금공단 홈페이지

국민연금 기금의 금융(金融) 부분 투자 비중에서 채권은 91%를 차지했고, 주식은 5%였다.

나. 국민연금이 발행 국공채(Government Bond) 물량을 대거 흡수하면서 채권 가격(Price)이 시장 원리에서 벗어나 있다고 불만(Dissatisfaction)을 털어놓는다. 의도하지 않은 이런 현상은 재정 안정화 대책(Counterplan)이 채택되어 국민연금 기금의 증가세에 가속이 붙으면 더 빈번하게 출현할 수 있다.

3. 개선 대책 필요

가. 이러한 상황은 노령 연금을 운영하는 다른 선진국이 주식, 채권, 부동산(Real Estate), 해외자산 등 다양한 자산(資産)에 분산투자(Investment)를 하고 있는 것과 대조된다. 국민연금의 고갈(Exhaustion)에 대한 우려의 목소리가 높아지고 있다.

나. 먼저 우리 앞에 나타난 해법(Solution)은 재정 안정화 대책이며, 구조의 개선(Reformation)이라는 해법은 아직 현실화되지 못한 상태이다.

다. 어떤 해결 방법을 택할 것인지 정부뿐만 아니라 국민이 여러 가지로 신중히 생각해야 할 문제이고, 더 내고 덜 받아도 다음 세대(Generation)를 생각하라며 국민(國民)들의 희생(Sacrifice)을 강요하기도 하여 문제가 되고 있다.

◆ Reference

Legan, H, L. (2026). National Pension Against, Transformation. 23(3). 37-40.

Jennifer, M, A. (2026). Fiscal Stabilization Measures, *Survey*. 13(5). 11-15.

누군가 해내기 전까지는
모든 것이 '불가능한 것'이다.

브루스 웨인(Bruce Wayne), <배트맨> 中

실전 모의고사

학습 방향

실제 시험을 보는 것처럼 실전 모의고사를 풀어보며 모든 기능을 빠짐없이 적용할 수 있는 연습을 하세요. 하나의 기능이 누락될 때마다 감점되는 점수는 치명적입니다. 정확하게 기능을 편집했는지 점검해 보고, 틀린 부분에 집중해서 연습하세요.

자격증은
이기적

국 가 기 술 자 격 검 정
워드프로세서 실기시험

※ 무단 전재 금함
(한글 2022)

과 목	제한시간
문서편집기능	30분

B형

——— 〈 다음 쪽의 문서를 아래 지시사항에 따라 작성하시오 〉 ———

• 작성된 답안의 파일은 지정된 경로 및 파일명을 변경하지 마시고 저장해야 합니다. 이를 준수하지 않으면 실격 처리됩니다.

• 편집 용지
  - 용지 종류는 A4 용지(210mm×297mm) 1매에 용지 방향을 세로로 설정하여 문서를 작성하시오.
  - 용지 여백은 왼쪽·오른쪽은 20mm, 위쪽·아래쪽은 10mm, 머리말·꼬리말은 10mm, 기타 여백은 0mm로 지정하시오.

• 문서의 본문은 2단으로 편집하되, 단 간격은 8mm, 구분선은 실선 0.12mm로 설정하시오.

• 글자 모양
  - 글꼴은 별도의 지시가 없는 한 한글 2022의 기본값으로 작성하시오.
  - 영문, 숫자, 기호 등은 별도의 지시가 없는 한 자판에 있는 문자를 사용하시오.

• 문단 모양
  - 정렬 방식, 여백 등은 문단 모양 기능을 이용하여 작성하시오.
  - 문단 모양은 별도의 지시가 없는 한 한글 2022의 기본값으로 작성하시오.
  - 사이 줄 띄우기는 각 1줄만, 사이 띄우기는 1칸만 띄우시오.

• 표에서 내용의 정렬 방법
  (제목 행과 '합계(평균)' 셀은 가운데 정렬, 나머지는 열 단위를 기준으로 아래와 같이 정렬)
  - 내용의 길이가 서로 다른 문자의 경우 왼쪽 정렬
  - 내용의 길이가 서로 다른 숫자의 경우 오른쪽 정렬
  - 내용의 길이가 서로 같을 경우 문자, 숫자 상관없이 가운데 정렬

• 색상은 '기본' 테마가 포함된 색상 팔레트를 사용하시오.
• 각 항목은 별도의 지시가 없는 한 주어진 문서에 기준하여 작성하시오.
• 각 항목은 별도의 지시가 없는 한 기본 설정값으로 처리하시오.
• 문제에 제시된 지시사항은 작성하지 않음.

대 한 상 공 회 의 소

1. 쪽 테두리	• 선의 종류 및 굵기 : 이중 실선 0.5mm, 모두 • 위치 : 쪽 기준, 왼쪽 · 오른쪽 · 위쪽 · 아래쪽 모두 5mm
2. 글상자	• 크기 : 너비 170mm, 높이 25mm, 크기 고정 • 위치 : 본문과의 배치 – 자리 차지, 가로 – 종이의 가운데 0mm, 세로 – 종이의 위 20mm • 바깥 여백 : 아래쪽 7mm • 선 속성 : 검정(RGB:0,0,0), 이점쇄선 0.2mm • 색 채우기 : 주황(RGB:255,132,58) 80% 밝게
3. 제목	• 제목(1) : 한컴 윤고딕 740, 17pt, 장평(105%), 자간(10%), 진하게, 남색(RGB:58,60,132) 50% 어둡게, 가운데 정렬 • 제목(2) : 여백 – 왼쪽(340pt)
4. 누름틀	입력할 내용의 안내문 : '이름 직위', 입력 데이터 : '김주현 선임연구원'
5. 그림	• 경로 : [25]이기적워드실기₩그림₩방송.TIF, 문서에 포함 • 크기 : 너비 30mm, 높이 20mm • 위치 : 본문과의 배치 – 글 앞으로, 가로 – 종이의 왼쪽 23mm, 세로 – 종이의 위 23mm • 회전 : 좌우 대칭
6. 스타일 **(2개소 수정, 3개소 등록)**	• 개요 1(수정) : 여백 – 왼쪽(0pt), HY나무M, 12pt, 진하게 • 개요 2(수정) : 여백 – 왼쪽(15pt) • 표제목(등록) : 스타일 이름 – 표제목, 스타일 종류 – 문단, 가운데 정렬, HY울릉도B, 12pt • 참고문헌 1(등록) : 스타일 이름 – 참고문헌 1, 스타일 종류 – 문단, 내어쓰기(15pt) • 참고문헌 2(등록) : 스타일 이름 – 참고문헌 2, 스타일 종류 – 글자, 진하게, 밑줄
7. 문단 첫 글자 장식	• 모양 : 3줄, 글꼴 : 한컴 윤체 M, 면 색 : 하늘색(RGB:97,130,214) 50% 어둡게, 본문과의 간격 : 5mm • 글자 색 : 하양(RGB:255,255,255)
8. 각주	글자 모양 : HY산B, 번호 모양 : 아라비아 숫자 원문자
9. 하이퍼링크	• '방송사 종류, %'에 하이퍼링크 설정 • 연결 대상 : 웹 주소 – 'http://kba.or.kr'
10. 표	• 크기 : 너비 78mm~80mm, 높이 33mm~34mm • 위치 : 글자처럼 취급 • 전체 행 : 셀 높이를 같게 • 모든 셀의 안 여백 : 왼쪽 · 오른쪽 2mm • 테두리 : 표 안쪽은 실선(0.12mm), 표 바깥의 위쪽과 아래쪽은 이중 실선(0.4mm), 표 바깥의 왼쪽과 오른쪽은 없음, 합계 행 위쪽은 파선(0.4mm) • 제목 행 : 셀 배경 색 – 주황(RGB:255,132,58) 50% 어둡게, 　　　 글자 모양 – 한컴 윤체 L, 진하게, 하양(RGB:255,255,255) • 합계 행 : 셀 배경 색 – 연한 노랑(RGB:250,243,219), 글자 모양 – 진하게 • 문단의 정렬 방식 : 가운데 정렬
11. 블록 계산식	표의 합계 행에 블록 계산식을 이용하여 블록 합계 산출
12. 캡션	표 아래에 삽입 후 오른쪽 정렬
13. 차트	• 차트의 모양 : 3차원 묶은 세로 막대형, 차트 계열색 : 색상 조합 색3 • 차트의 크기 : 너비 80mm, 높이 65mm, 크기 고정 • 위치 : 본문과의 배치 – 자리 차지, 가로 – 단의 가운데 0mm, 세로 – 문단의 위 0mm • 바깥 여백 : 위쪽 5mm, 아래쪽 8mm • 값 축, 항목 축, 범례의 글꼴 설정 : 9pt • 표의 아래 단락에 배치 ※ 혼합형 차트는 차트 종류와 속성을 이용하여 구성하시오.
14. 쪽 번호	번호 위치 : 왼쪽 아래, 모양 : 아라비아 숫자, 줄표 넣기 선택, 시작 번호 지정
15. 머리말	HY강B, 10pt, 초록(RGB:40,155,110) 25% 어둡게, 오른쪽 정렬
16. 꼬리말	HY강M, 10pt, 진하게, 보라(RGB:157,92,187), 가운데 정렬

❶ 쪽 테두리 ❷ 글상자 ❸ 제목(1) ❺ 머리말 → 방송통신진흥회 발표자료

미디어 시장 변화와 경쟁

❹ 누름틀

❸ 제목(2) →
작성일: 8월 25일 금요일
작성자: 김주현 선임연구원

❺ 그림

❼ 문단 첫 글자 장식

1. 차별규제 해소 ← ❻ 스타일(개요 1)

해 종합편성 채널 선정, 스마트TV, N 스크린 서비스 등 경쟁을 가속시키는 요소들이 한꺼번에 밀려왔다. 여러 사건을 통해 미디어 빅뱅(Media Big Bang)의 조짐은 예상(Expectation)됐지만 빅뱅은 이제 현실이 되어가고 있다. 사실상 미디어 시장(Media Market)에서 제대로 된 경쟁(競爭)은 보기 힘들었다.

❻ 스타일(표제목)

방송광고 점유율 추이

❿ 표

구분	3년 전 기준	현재 기준	증감
지상파	63	21	-3.0
인터넷	51	67	0.8
OTT	17	106	16.1
기타	23	32	0.7
합계	154	226	

⓫ 블록 계산식

(단위: 방송사 종류, %)

⓬ 캡션   ❾ 하이퍼링크

⓭ 차트

방송광고 점유율 추이

■ 3년 전 기준 ■ 현재 기준 ■ 증감

2. 성장률과 증가 추세 ← ❻ 스타일(개요 1)

가. 종합편성 채널 4개가 등장하면서 미디어 시장의 위기감은 더욱 확대(擴大)되었다. 선정된 종합편성 채널(Channel)이 단기적인 목표로 세운 것은 지상파 방송사와 어깨를 견줄만한 수준의 경쟁력(Competitiveness)을 확보하는 것이다. 과거 방송 콘텐츠(Broadcasting Contents) 시장은 사실상 지

상파 방송사가 독과점해 왔지만, 이제 대기업이 집중 투자(Investment)하는 복수채널 사용사업자(MPP)와의 경쟁이 현실이 됐다.

다. 대한방송협회에 따르면 지상파 방송의 매출액, 광고 점유율, 영업 이익률, TV 시청시간, 점유율 등이 모두 하락하는 추세이다. 지상파 방송의 광고 점유율은 87%에서 3년 사이에 46%로 급격히 하락(下落)했다. 또한 국내 지상파 3사 영업 이익률은 16%까지 감소(Decrease)했으며, 하루 평균 TV 시청시간도 이미 유료 방송이 지상파 방송을 앞서고 있다.

← ❻ 스타일(개요 2)

3. 방송시간 제한 완화 ← ❻ 스타일(개요 1)

가. 방송시간 제한(制限)은 완화되는 추세이지만 종편은 24시간 방송이 완전히 보장①된다.

나. 방송광고 판매 정책(Policy)이 확정되지는 않았지만, 종편은 KOBACO와 같은 광고판매 대행회사를 거치지 않고 직접 영업을 하게 될 확률(Probability)도 높다. 한편으로는 시청자를 사로잡을 새로운 기술(Technology)과 서비스(Service)를 앞세워 미디어 시장에서 주도권을 장악할 준비(準備)를 하고 있다.

다. 지상파 3사는 오픈하이브리드TV(OHTV)와 다채널서비스(MMS)를 공동으로 추진하기로 했다.

전각기호

● Reference
Enjung. L. et al. (2025). Function as Intended, <u>Considerations</u>. 27(9). 32-43.

❻ 스타일(참고문헌 1)   ❻ 스타일(참고문헌 2)

① 한국방송협회 기준   ❽ 각주 →

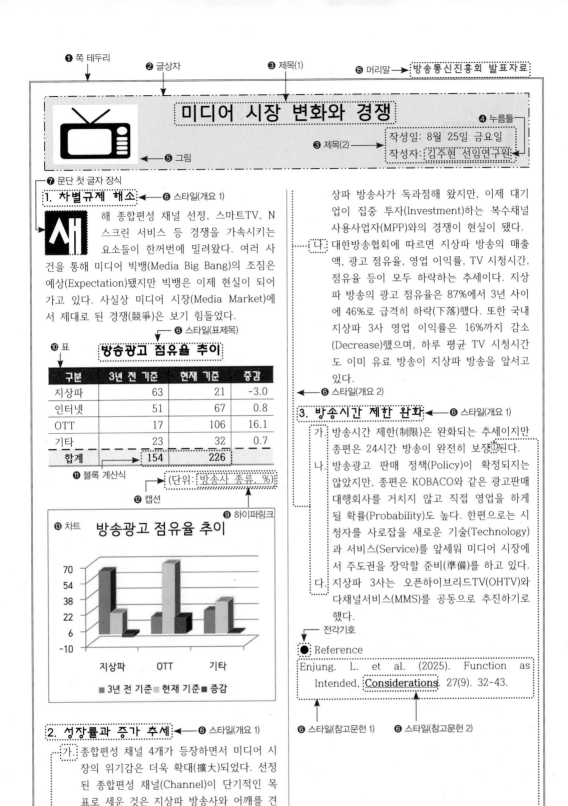

미디어 시장 변화와 경쟁

작성일: 8월 25일 금요일
작성자: 김주현 선임연구원

1. 차별규제 해소

 해 종합편성 채널 선정, 스마트TV, N 스크린 서비스 등 경쟁을 가속시키는 요소들이 한꺼번에 밀려왔다. 여러 사건을 통해 미디어 빅뱅(Media Big Bang)의 조짐은 예상(Expectation)됐지만 빅뱅은 이제 현실이 되어가고 있다. 사실상 미디어 시장(Media Market)에서 제대로 된 경쟁(競爭)은 보기 힘들었다.

방송광고 점유율 추이

구분	3년 전 기준	현재 기준	증감
지상파	63	21	-3.0
인터넷	51	67	0.8
OTT	17	106	16.1
기타	23	32	0.7
합계	154	226	

(단위: 방송사 종류, %)

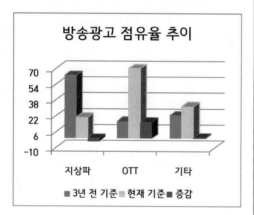

방송광고 점유율 추이

■3년 전 기준 ■현재 기준 ■증감

2. 성장률과 증가 추세

가. 종합편성 채널 4개가 등장하면서 미디어 시장의 위기감은 더욱 확대(擴大)되었다. 선정된 종합편성 채널(Channel)이 단기적인 목표로 세운 것은 지상파 방송사와 어깨를 견줄만한 수준의 경쟁력(Competitiveness)을 확보하는 것이다. 과거 방송 콘텐츠(Broadcasting Contents) 시장은 사실상 지

상파 방송사가 독과점해 왔지만, 이제 대기업이 집중 투자(Investment)하는 복수채널사용사업자(MPP)와의 경쟁이 현실이 됐다.

나. 대한방송협회에 따르면 지상파 방송의 매출액, 광고 점유율, 영업 이익률, TV 시청시간, 점유율 등이 모두 하락하는 추세이다. 지상파 방송의 광고 점유율은 87%에서 3년 사이에 46%로 급격히 하락(下落)했다. 또한 국내 지상파 3사 영업 이익률은 16%까지 감소(Decrease)했으며, 하루 평균 TV 시청시간도 이미 유료 방송이 지상파 방송을 앞서고 있다.

3. 방송시간 제한 완화

가. 방송시간 제한(制限)은 완화되는 추세이지만 종편은 24시간 방송이 완전히 보장①된다.

나. 방송광고 판매 정책(Policy)이 확정되지는 않았지만, 종편은 KOBACO와 같은 광고판매 대행회사를 거치지 않고 직접 영업을 하게 될 확률(Probability)도 높다. 한편으로는 시청자를 사로잡을 새로운 기술(Technology)과 서비스(Service)를 앞세워 미디어 시장에서 주도권을 장악할 준비(準備)를 하고 있다.

다. 지상파 3사는 오픈하이브리드TV(OHTV)와 다채널서비스(MMS)를 공동으로 추진하기로 했다.

● Reference

Enjung. L. et al. (2025). Function as Intended, **Considerations**. 27(9). 32-43.

---

① 한국방송협회 기준

발표 후 폐기해야 하는 자료임

국 가 기 술 자 격 검 정

워드프로세서 실기시험

※ 무단 전재 금함
(한글 2022)

과 목	제한시간
문서편집기능	30분

B형

— 〈 다음 쪽의 문서를 아래 지시사항에 따라 작성하시오 〉 —

- 작성된 답안의 파일은 지정된 경로 및 파일명을 변경하지 마시고 저장해야 합니다. 이를 준수하지 않으면 실격 처리됩니다.
- 편집 용지
  - 용지 종류는 A4 용지(210mm×297mm) 1매에 용지 방향을 세로로 설정하여 문서를 작성하시오.
  - 용지 여백은 왼쪽·오른쪽은 20mm, 위쪽·아래쪽은 10mm, 머리말·꼬리말은 10mm, 기타 여백은 0mm로 지정하시오.
- 문서의 본문은 2단으로 편집하되, 단 간격은 8mm, 구분선은 실선 0.2mm로 설정하시오.
- 글자 모양
  - 글꼴은 별도의 지시가 없는 한 한글 2022의 기본값으로 작성하시오.
  - 영문, 숫자, 기호 등은 별도의 지시가 없는 한 자판에 있는 문자를 사용하시오.
- 문단 모양
  - 정렬 방식, 여백 등은 문단 모양 기능을 이용하여 작성하시오.
  - 문단 모양은 별도의 지시가 없는 한 한글 2022의 기본값으로 작성하시오.
  - 사이 줄 띄우기는 각 1줄만, 사이 띄우기는 1칸만 띄우시오.
- 표에서 내용의 정렬 방법
  (제목 행과 '합계(평균)' 셀은 가운데 정렬, 나머지는 열 단위를 기준으로 아래와 같이 정렬)
  - 내용의 길이가 서로 다른 문자의 경우 왼쪽 정렬
  - 내용의 길이가 서로 다른 숫자의 경우 오른쪽 정렬
  - 내용의 길이가 서로 같을 경우 문자, 숫자 상관없이 가운데 정렬
- 색상은 '기본' 테마가 포함된 색상 팔레트를 사용하시오.
- 각 항목은 별도의 지시가 없는 한 주어진 문서에 기준하여 작성하시오.
- 각 항목은 별도의 지시가 없는 한 기본 설정값으로 처리하시오.
- 문제에 제시된 지시사항은 작성하지 않음.

대 한 상 공 회 의 소

1. 쪽 테두리	• 선의 종류 및 굵기 : 실선 0.5mm, 모두 • 위치 : 쪽 기준, 왼쪽·오른쪽·위쪽·아래쪽 모두 5mm
2. 글상자	• 크기 : 너비 165mm, 높이 23mm, 크기 고정 • 위치 : 본문과의 배치 – 자리 차지, 가로 – 종이의 가운데 0mm, 세로 – 종이의 위 20mm • 바깥 여백 : 아래쪽 5mm • 선 속성 : 검정(RGB:0,0,0), 이중 실선 0.4mm • 색 채우기 : 연한 노랑(RGB:250,243,219) 25% 어둡게
3. 제목	• 제목(1) : 한컴 소망 M, 15pt, 장평(105%), 자간(10%), 진하게, 남색(RGB:58,60,132) 25% 어둡게, 가운데 정렬 • 제목(2) : 여백 – 왼쪽(330pt)
4. 누름틀	입력할 내용의 안내문 : '년–월–일', 입력 데이터 : '2025–7–23'
5. 그림	• 경로 : [25]이기적워드실기\그림\역할.TIF, 문서에 포함 • 크기 : 너비 25mm, 높이 20mm • 위치 : 본문과의 배치 – 글 앞으로, 가로 – 종이의 왼쪽 25mm, 세로 – 종이의 위 22mm
6. 스타일 (2개소 수정, 3개소 등록)	• 개요 1(수정) : 여백 – 왼쪽(0pt), HY강B, 12pt, 진하게 • 개요 2(수정) : 여백 – 왼쪽(15pt) • 표제목(등록) : 스타일 이름 – 표제목, 스타일 종류 – 문단, 가운데 정렬, HY견고딕, 12pt, 진하게 • 참고문헌 1(등록) : 스타일 이름 – 참고문헌 1, 스타일 종류 – 문단, 내어쓰기(15pt) • 참고문헌 2(등록) : 스타일 이름 – 참고문헌 2, 스타일 종류 – 글자, 기울임
7. 문단 첫 글자 장식	• 모양 : 3줄, 글꼴 : 맑은 고딕, 면 색 : 검은 군청(RGB:27,23,96) 25% 밝게, 본문과의 간격 : 4mm • 글자 색 : 연한 노랑(RGB:250,243,219) 10% 어둡게
8. 각주	글자 모양 : 굴림체, 번호 모양 : 아라비아 숫자
9. 하이퍼링크	• '국가별, %'에 하이퍼링크 설정 • 연결 대상 : 웹 주소 – 'http://www.humanrights.go.kr'
10. 표	• 크기 : 너비 78mm~80mm, 높이 33mm~34mm • 위치 : 글자처럼 취급 • 전체 행 : 셀 높이를 같게 • 모든 셀의 안 여백 : 왼쪽·오른쪽 2mm • 테두리 : 표 안쪽은 실선(0.12mm), 표 바깥의 위쪽과 아래쪽은 이중 실선(0.5mm), 표 바깥의 왼쪽과 오른쪽은 없음, 평균 행 위쪽은 실선(0.4mm) • 제목 행 : 셀 배경 색 – 노랑(RGB:255,255,0) 75% 어둡게, 　　　　　글자 모양 – 한컴 윤고딕 720, 진하게, 하양(RGB:255,255,255) • 평균 행 : 셀 배경 색 – 남색(RGB:51,51,153) 80% 밝게, 글자 모양 – 진하게 • 문단의 정렬 방식 : 가운데 정렬
11. 블록 계산식	표의 평균 행에 블록 계산식을 이용하여 블록 평균 산출
12. 캡션	표 아래에 삽입 후 오른쪽 정렬
13. 차트	• 차트의 모양 : 이중 축 혼합형(묶은 세로 막대형, 표식이 있는 꺾은선형) • 차트의 크기 : 너비 80mm, 높이 70mm, 크기 고정 • 위치 : 본문과의 배치 – 자리 차지, 가로 – 단의 가운데 0mm, 세로 – 문단의 위 0mm • 바깥 여백 : 위쪽 5mm, 아래쪽 7mm • 값 축, 항목 축, 보조 값 축, 범례의 글꼴 설정 : 9pt • 표의 아래 단락에 배치 ※ 혼합형 차트는 차트 종류와 속성을 이용하여 구성하시오.
14. 쪽 번호	번호 위치 : 오른쪽 아래, 모양 : 아라비아 숫자 원문자, 줄표 넣기 해제, 시작 번호 지정
15. 머리말	한컴돋움, 10pt, 진하게, 초록(RGB:40,155,110) 25% 어둡게, 왼쪽 정렬
16. 꼬리말	한컴 윤고딕 250, 10pt, 밑줄, 에메랄드 블루(RGB:53,135,145) 25% 어둡게, 가운데 정렬

❶ 쪽 테두리
❷ 글상자
❸ 제목(1)

성 역할 고정관념 변화

❹ 누름틀
조사자: 사회부 홍준용
조사일: 2025-7-23

❸ 제목(2)
❺ 그림

❻ 스타일(개요 1)

1. 개요

❼ 문단 첫 글자 장식

한 신문의 지면 광고에 '여자는 회사로, 남자는 슈퍼마켓으로'라는 광고 문구(An Advertisement Catchphrase)가 나온다. 보수적이라고 알려진 아시아 국가에서 시장을 보는 남자들이 늘고 있다. 실제로 '남자들의 시장행 증가'는 최근 홍콩 리서치 회사(Hongkong Research Company)인 아시아마켓인텔리전스(Asiamarket-Intelligence)가 10개국 남녀 1,000명을 대상으로 한 설문조사에서 나타났다.

❻ 스타일(표제목)

❿ 표

장보는 남성 비율

구분	14년 12월	24년 12월	20년 증가율
일본	5.7	12.3	15.3
태국	36.9	50.9	23.6
중국	10.3	20.8	13.3
한국	26.2	38.1	12.7
평균	19.8	30.5	

⓫ 블록 계산식 ⓬ 캡션 ▶ (단위: 국가별, %)
❾ 하이퍼링크

⓭ 차트

장보는 남성 비율
■ 14년 12월 ─■─ 20년 증가율

(차트: 일본, 중국, 한국)

❻ 스타일(개요 1)

2. 국가별 특성

가. 남성이 식료품(Foodstuffs) 구매에 가장 적극적인 나라는 태국(The Kingdom Of

❽ 각주 ▶

1) 출처: 국가통계포털

Thailand)으로, 48%가 "직접 가족의 먹을거리를 고른다"고 답했다. 중국(China)과 대만(Taiwan)에서도 장보는 남성 비율이 45%와 43%나 됐다.

나. 특히 한국에서는 1년 사이 20%에서 30% 이상으로 껑충 뛰었다. 서울 '캄스 클럽(Kams Club)'에 가면 부부가 함께 카트를 밀며 식품을 고르는 풍경을 쉽게 발견(發見)할 수 있다. 그러나 부부가 함께 쇼핑(Shopping)하는 경우가 대부분으로 대다수 중년 남성은 혼자 슈퍼마켓(Supermarket)에 가는 것을 꺼린다.

다. 이에 따라 세계 각국의 슈퍼마켓 판매 전략(Sales Strategy)도 달라질 조짐이다. 홍콩(Hongkong)의 'Well-Come' 마케팅 책임자 더글라스 브라운(Duglas Brown)은 "매장 곳곳에 남성용 잡지(Magazine For Man), 맥주(Beer), 감자칩(Potato Chip)처럼 남자들이 충동구매하기 쉬운 물건들을 배치하겠다"고 말했다.

◀─❻ 스타일(개요 2)

❻ 스타일(개요 1)

3. 여성의 사회 진출

가. 한편 정부는 맞벌이 부부(Working Couple)와 저소득층 여성을 위한 근본적인 보육정책 발전방안을 마련할 계획(計劃)이어서 앞으로 여성의 사회 진출은 더욱 가속할 것으로 예상(豫想)된다.

나. 이러한 정부의 방침에 대해 여성단체 한 관계자는 "여성들이 성차별(Sexism)의 벽에 부딪혀 취업에 좌절을 겪지 않도록 기업에 정보(情報)를 제공하고 여성을 고용한 기업에 적절한 인센티브(Incentives)를 부여하는 것이 바람직하다"라고 말했다.

전각기호

★ Reference
Study on Women,. (2025). *Social Participation* in Korea. 19(2). 45-49.

❻ 스타일(참고문헌 1) ❻ 스타일(참고문헌 2)

성역할 고정관념 변화

조사자: 사회부 홍준용
조사일: 2025-7-23

1. 개요

신문의 지면 광고에 '여자는 회사로, 남자는 슈퍼마켓으로'라는 광고 문구 (An Advertisement Catchphrase)[1] 가 나온다. 보수적이라고 알려진 아시아 국가에서 시장을 보는 남자들이 늘고 있다. 실제로 '남자들의 시장행 증가'는 최근 홍콩 리서치 회사 (Hongkong Research Company)인 아시아마켓 인텔리전스(Asiamarket-Intelligence)가 10개국 남녀 1,000명을 대상으로 한 설문조사에서 나타났다.

장보는 남성 비율

구분	14년 12월	24년 12월	20년 증가율
일본	5.7	12.3	15.3
태국	36.9	50.9	23.6
중국	10.3	20.8	13.3
한국	26.2	38.1	12.7
평균	19.8	30.5	

(단위: 국가별, %)

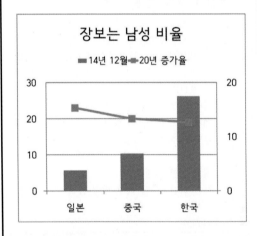

장보는 남성 비율

■14년 12월 ●20년 증가율

2. 국가별 특성

가. 남성이 식료품(Foodstuffs) 구매에 가장 적극적인 나라는 태국(The Kingdom Of Thailand)으로, 48%가 "직접 가족의 먹을거리를 고른다"고 답했다. 중국(China)과 대만 (Taiwan)에서도 장보는 남성 비율이 45%와 43%나 됐다.

나. 특히 한국에서는 1년 사이 20%에서 30% 이상으로 껑충 뛰었다. 서울 '캄스 클럽(Kams Club)'에 가면 부부가 함께 카트를 밀며 식품을 고르는 풍경을 쉽게 발견(發見)할 수 있다. 그러나 부부가 함께 쇼핑(Shopping)하는 경우가 대부분으로 대다수 중년 남성은 혼자 슈퍼마켓(Supermarket)에 가는 것을 꺼린다.

다. 이에 따라 세계 각국의 슈퍼마켓 판매 전략 (Sales Strategy)도 달라질 조짐이다. 홍콩 (Hongkong)의 'Well-Come' 마케팅 책임자 더글라스 브라운(Duglas Brown)은 "매장 곳곳에 남성용 잡지(Magazine For Man), 맥주(Beer), 감자칩(Potato Chip)처럼 남자들이 충동구매하기 쉬운 물건들을 배치하겠다"고 말했다.

3. 여성의 사회 진출

가. 한편 정부는 맞벌이 부부(Working Couple)와 저소득층 여성을 위한 근본적인 보육정책 발전방안을 마련할 계획(計劃)이어서 앞으로 여성의 사회 진출은 더욱 가속할 것으로 예상(豫想)된다.

나. 이러한 정부의 방침에 대해 여성단체 한 관계자는 "여성들이 성차별(Sexism)의 벽에 부딪혀 취업에 좌절을 겪지 않도록 기업에 정보(情報)를 제공하고 여성을 고용한 기업에 적절한 인센티브(Incentives)를 부여하는 것이 바람직하다"라고 말했다.

★ Reference

Study on Women,. (2025). *Social Participation in Korea*. 19(2). 45-49.

1) 출처: 국가통계포털

국 가 기 술 자 격 검 정
워드프로세서 실기시험

※ 무단 전재 금함
 (한글 2022)

과 목	제한시간
문서편집기능	30분

C형

──── 〈 다음 쪽의 문서를 아래 지시사항에 따라 작성하시오 〉 ────

- 작성된 답안의 파일은 지정된 경로 및 파일명을 변경하지 마시고 저장해야 합니다. 이를 준수하지 않으면 실격 처리됩니다.
- 편집 용지
  - 용지 종류는 A4 용지(210mm×297mm) 1매에 용지 방향을 세로로 설정하여 문서를 작성하시오.
  - 용지 여백은 왼쪽 · 오른쪽은 20mm, 위쪽 · 아래쪽은 10mm, 머리말 · 꼬리말은 10mm, 기타 여백은 0mm로 지정하시오.
- 문서의 본문은 1단에서 2단으로 변하는 모양으로 편집하되, 단 간격은 8mm, 구분선은 이중 실선 0.4mm로 설정하시오.
- 글자 모양
  - 글꼴은 별도의 지시가 없는 한 한글 2022의 기본값으로 작성하시오.
  - 영문, 숫자, 기호 등은 별도의 지시가 없는 한 자판에 있는 문자를 사용하시오.
- 문단 모양
  - 정렬 방식, 여백 등은 문단 모양 기능을 이용하여 작성하시오.
  - 문단 모양은 별도의 지시가 없는 한 한글 2022의 기본값으로 작성하시오.
  - 사이 줄 띄우기는 각 1줄만, 사이 띄우기는 1칸만 띄우시오.
- 표에서 내용의 정렬 방법
  (제목 행과 '합계(평균)' 셀은 가운데 정렬, 나머지는 열 단위를 기준으로 아래와 같이 정렬)
  - 내용의 길이가 서로 다른 문자의 경우 왼쪽 정렬
  - 내용의 길이가 서로 다른 숫자의 경우 오른쪽 정렬
  - 내용의 길이가 서로 같을 경우 문자, 숫자 상관없이 가운데 정렬
- 색상은 '기본' 테마가 포함된 색상 팔레트를 사용하시오.
- 각 항목은 별도의 지시가 없는 한 주어진 문서에 기준하여 작성하시오.
- 각 항목은 별도의 지시가 없는 한 기본 설정값으로 처리하시오.
- 문제에 제시된 지시사항은 작성하지 않음.

대 한 상 공 회 의 소

1. 다단 설정	모양 – 둘, 구분선 – 구분선 넣기, 적용 범위 – 새 다단으로
2. 쪽 테두리	• 선의 종류 및 굵기 : 파선 0.5mm, 모두 • 위치 : 쪽 기준, 왼쪽 · 오른쪽 · 위쪽 · 아래쪽 모두 5mm
3. 글상자	• 크기 : 너비 170mm, 높이 23mm, 크기 고정 • 위치 : 본문과의 배치 – 자리 차지, 가로 – 종이의 가운데 0mm, 세로 – 종이의 위 20mm • 바깥 여백 : 아래쪽 7mm • 선 속성 : 검정(RGB:0,0,0), 이중 실선 0.5mm • 색 채우기 : 초록(RGB:40,155,110) 80% 밝게
4. 제목	• 제목(1) : 함초롬돋움, 15pt, 장평(105%), 자간(5%), 진하게, 주황(RGB:255,132,58) 50% 어둡게, 가운데 정렬 • 제목(2) : 여백 – 왼쪽(340pt)
5. 누름틀	입력할 내용의 안내문 : '0000 – 00 – 00', 입력 데이터 : '2025 – 12 – 15'
6. 그림	• 경로 : [25]이기적워드실기₩그림₩아이.PNG, 문서에 포함 • 크기 : 너비 28mm, 높이 18mm • 위치 : 본문과의 배치 – 글 앞으로, 가로 – 종이의 왼쪽 23mm, 세로 – 종이의 위 23mm
7. 스타일 (2개소 수정, 3개소 등록)	• 개요 1(수정) : 여백 – 왼쪽(0pt), 한컴 소망 B, 11pt • 개요 2(수정) : 여백 – 왼쪽(10pt) • 표제목(등록) : 스타일 이름 – 표제목, 스타일 종류 – 문단, 가운데 정렬, 한컴 윤체 L, 11pt, 진하게 • 참고문헌 1(등록) : 스타일 이름 – 참고문헌 1, 스타일 종류 – 문단, 들여쓰기(20pt) • 참고문헌 2(등록) : 스타일 이름 – 참고문헌 2, 스타일 종류 – 글자, 진하게
8. 문단 첫 글자 장식	• 모양 : 2줄, 글꼴 : 한컴 윤고딕 250, 면 색 : 보라(RGB:157,92,187) 50% 어둡게, 본문과의 간격 : 3mm • 글자 색 : 시멘트색(RGB:178,178,178) 80% 밝게
9. 각주	글자 모양 : HY울릉도M, 번호 모양 : 아라비아 숫자
10. 하이퍼링크	• '각 대학별 신입생, %'에 하이퍼링크 설정 • 연결 대상 : 웹 주소 – 'https://www.si.re.kr'
11. 표	• 크기 : 너비 78mm~80mm, 높이 33mm~34mm　• 위치 : 글자처럼 취급 • 전체 행 : 셀 높이를 같게　• 모든 셀의 안 여백 : 왼쪽 · 오른쪽 2mm • 테두리 : 표 안쪽은 실선(0.12mm), 표 바깥의 위쪽과 아래쪽은 실선(0.5mm), 표 바깥의 왼쪽과 오른쪽은 　　없음, 구분 행 아래와 합계 행 위쪽은 이중 실선(0.5mm) • 제목 행 : 셀 배경 색 – 노랑(RGB:255,215,0) 25% 어둡게, 　　　　글자 모양 – 휴먼고딕, 진하게, 하양(RGB:255,255,255) • 합계 행 : 셀 배경 색 – 주황(RGB:255,132,58) 80% 밝게, 글자 모양 – 진하게 • 문단의 정렬 방식 : 가운데 정렬
12. 블록 계산식	표의 합계 행에 블록 계산식을 이용하여 블록 합계 산출
13. 캡션	표 위에 삽입 후 오른쪽 정렬
14. 차트	• 차트의 모양 : 이중 축 혼합형(100% 기준 누적 세로 막대형, 표식이 있는 꺾은선형), 　　차트 계열색 : 색상 조합 색4 • 차트의 크기 : 너비 80mm, 높이 70mm, 크기 고정 • 위치 : 본문과의 배치 – 자리 차지, 가로 – 단의 가운데 0mm, 세로 – 문단의 위 0mm • 바깥 여백 : 위쪽 5mm, 아래쪽 7mm • 값 축, 항목 축, 보조 값 축, 범례의 글꼴 설정 : 9pt • 표의 아래 단락에 배치 ※ 혼합형 차트는 차트 종류와 속성을 이용하여 구성하시오.
15. 쪽 번호	번호 위치 : 왼쪽 아래, 모양 : 아라비아 숫자, 줄표 넣기 선택, 시작 번호 지정
16. 머리말	MD개성체, 10pt, 진하게, 하늘색(RGB:97,130,214) 25% 어둡게, 오른쪽 정렬
17. 꼬리말	MD이솝체, 10pt, 진하게, 보라(RGB:157,92,187) 25% 어둡게, 오른쪽 정렬

❷ 쪽 테두리 ❸ 글상자 ❹ 제목(1) ❺ 누름틀

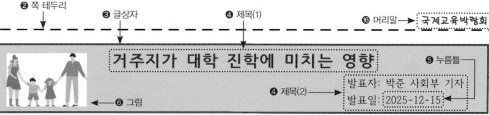

거주지가 대학 진학에 미치는 영향

❹ 제목(2)
발표자: 박준 사회부 기자
발표일: 2025-12-15

❻ 그림

❽ 문단 첫 글자 장식

1. 개요 ← ❼ 스타일(개요 1)

김 모(43) 씨는 2년 전 경기도 성남시에서 서울시 강남구 일원동으로 이사(移徙)를 했다. 고등학교(High School) 1학년, 초등학교(Elementary School) 6학년, 2학년의 자녀 교육(Children Education)을 위해서다. 김 씨처럼 자녀 교육을 위해 강남으로 이사하는 소위 '맹모강남지교'가 합리적인 선택(Rational Choice)임을 보여주는 연구 결과(Research Findings)가 나왔다.

❶ 다단 설정 ❼ 스타일(표제목) ❿ 하이퍼링크

서울 자치구별 대학 진학률[1]

⓫ 표 ⓭ 캡션 → (단위: 각 대학별 신입생, %)

구분	하위	상위	전체
서울 서초구	0.17	0.68	1.35
서울 강남구	0.13	0.59	1.12
서울 동대문구	0.10	0.42	0.32
기타	0.11	0.25	0.49
합계	0.51	1.94	

⓬ 블록 계산식

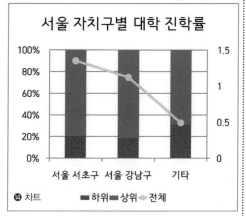

서울 자치구별 대학 진학률

⓮ 차트 ■하위 ■상위 ━전체

2. 명문대 진학률 ← ❼ 스타일(개요 1)

가. 2년제 이상 대학 졸업자(College Graduates) 중 서울 지역에 사는 4,500명을 대상으로 개별 면담조사(Interview)를 통해 명문대 진학에서 거주지 효과(Residence Effect)를 분석했다. 논문(論文)에서 상위대학이란 포항공대, 과학기술대, 서울대, 연세대, 고려대, 성균관대, 서강대, 한양대, 이화여대, 한국외대 등 10개 대학이다.

❾ 각주 →
1) 자료: 서울도시연구회

나. 조사 결과 상위대학 진학(進學) 인원을 고등학교 3학년 학생 수당 비율로 환산하면 서초구가 37%로 가장 높고 강남구가 33%, 광진구가 31%로 2, 3위를 차지했다. 진학률이 낮은 자치구는 동대문구 10%, 용산구 10%, 중랑구 11%, 강북구 11% 등으로 나타났다.

← ❼ 스타일(개요 2)

3. 거주지 효과 ← ❼ 스타일(개요 1)

가. 명문대 진학률에 영향을 미치는 변수(Variable)들을 동등한 조건(Condition) 아래서 측정하면 격차(Gap)는 더욱 크게 벌어졌다.

나. 조사에 따르면 소득(Income) 2분위(300만 원대)에서 3분위(400만 원대)로 100만 원이 증가할 때 명문대 진학률이 2.5% 포인트 증가(增加)했다. 또한 전업주부의 비율(Ratio)이 10% 증가하면 명문대 진학률이 3% 포인트 증가했다.

다. 이러한 거주지 효과(效果)는 개별가구의 특성과는 별개로 학생들(Students) 간의 학습 경쟁, 사교육 시장(Private Education Business)의 발전 정도, 학부모(Parents)가 공유하는 대학입시 정보 등 지역사회(Local Community)가 공유한 교육 여건(Circumstances) 때문에 발생한다고 분석한다.

전각기호
◆ Reference

Psychological Associatio. (2025). A study classifications, keywords. 25(3). 34-37.

❼ 스타일(참고문헌 1) ❼ 스타일(참고문헌 2)

⓰ 꼬리말 → **장소: 서울교육청 대회의실**

거주지가 대학 진학에 미치는 영향

발표자: 박준 사회부 기자
발표일: 2025-12-15

1. 개요

김 모(43) 씨는 2년 전 경기도 성남시에서 서울시 강남구 일원동으로 이사(移徙)를 했다. 고등학교 (High School) 1학년, 초등학교(Elementary School) 6학년, 2학년의 자녀 교육(Children Education)을 위해서다. 김 씨처럼 자녀 교육을 위해 강남으로 이사하는 소위 '맹모강남지교'가 합리적인 선택(Rational Choice)임을 보여주는 연구 결과(Research Findings)가 나왔다.

서울 자치구별 대학 진학률[1]

(단위: 각 대학별 신입생, %)

구분	하위	상위	전체
서울 서초구	0.17	0.68	1.35
서울 강남구	0.13	0.59	1.12
서울 동대문구	0.10	0.42	0.32
기타	0.11	0.25	0.49
합계	0.51	1.94	

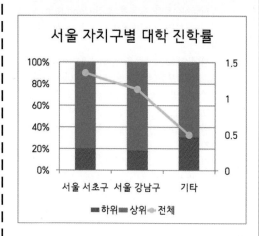

서울 자치구별 대학 진학률

하위 상위 전체

2. 명문대 진학률

가. 2년제 이상 대학 졸업자(College Graduates) 중 서울 지역에 사는 4,500명을 대상으로 개별 면담조사(Interview)를 통해 명문대 진학에서 거주지 효과(Residence Effect)를 분석했다. 논문(論文)에서 상위대학이란 포항공대, 과학기술대, 서울대, 연세대, 고려대, 성균관대, 서강대, 한양대, 이화여대, 한국외대 등 10개 대학이다.

1) 자료: 서울도시연구회

나. 조사 결과 상위대학 진학(進學) 인원을 고등학교 3학년 학생 수당 비율로 환산하면 서초구가 37%로 가장 높고 강남구가 33%, 광진구가 31%로 2, 3위를 차지했다. 진학률이 낮은 자치구는 동대문구 10%, 용산구 10%, 중랑구 11%, 강북구 11% 등으로 나타났다.

3. 거주지 효과

가. 명문대 진학률에 영향을 미치는 변수(Variable)들을 동등한 조건(Condition) 아래서 측정하면 격차(Gap)는 더욱 크게 벌어졌다.

나. 조사에 따르면 소득(Income) 2분위(300만 원대)에서 3분위(400만 원대)로 100만 원이 증가할 때 명문대 진학률이 2.5% 포인트 증가(增加)했다. 또한 전업주부의 비율(Ratio)이 10% 증가하면 명문대 진학률이 3% 포인트 증가했다.

다. 이러한 거주지 효과(效果)는 개별가구의 특성과는 별개로 학생들(Students) 간의 학습 경쟁, 사교육 시장(Private Education Business)의 발전 정도, 학부모(Parents)가 공유하는 대학입시 정보 등 지역사회(Local Community)가 공유한 교육 여건(Circumstances) 때문에 발생한다고 분석한다.

◆ Reference

Psychological Associatio. (2025). A study classifications, **keywords**. 25(3). 34-37.

장소: 서울교육청 대회의실

국 가 기 술 자 격 검 정
워드프로세서 실기시험

※ 무단 전재 금함
(한글 2022)

과 목	제한시간
문서편집기능	30분

B형

─ 〈 다음 쪽의 문서를 아래 지시사항에 따라 작성하시오 〉 ─

- 작성된 답안의 파일은 지정된 경로 및 파일명을 변경하지 마시고 저장해야 합니다. 이를 준수하지 않으면 실격 처리됩니다.
- 편집 용지
  - 용지 종류는 A4 용지(210mm×297mm) 1매에 용지 방향을 세로로 설정하여 문서를 작성하시오.
  - 용지 여백은 왼쪽·오른쪽은 20mm, 위쪽·아래쪽은 10mm, 머리말·꼬리말은 10mm, 기타 여백은 0mm로 지정하시오.
- 문서의 본문은 2단으로 편집하되, 단 간격은 8mm, 구분선은 이중 실선 0.4mm로 설정하시오.
- 글자 모양
  - 글꼴은 별도의 지시가 없는 한 한글 2022의 기본값으로 작성하시오.
  - 영문, 숫자, 기호 등은 별도의 지시가 없는 한 자판에 있는 문자를 사용하시오.
- 문단 모양
  - 정렬 방식, 여백 등은 문단 모양 기능을 이용하여 작성하시오.
  - 문단 모양은 별도의 지시가 없는 한 한글 2022의 기본값으로 작성하시오.
  - 사이 줄 띄우기는 각 1줄만, 사이 띄우기는 1칸만 띄우시오.
- 표에서 내용의 정렬 방법
  (제목 행과 '합계(평균)' 셀은 가운데 정렬, 나머지는 열 단위를 기준으로 아래와 같이 정렬)
  - 내용의 길이가 서로 다른 문자의 경우 왼쪽 정렬
  - 내용의 길이가 서로 다른 숫자의 경우 오른쪽 정렬
  - 내용의 길이가 서로 같을 경우 문자, 숫자 상관없이 가운데 정렬
- 색상은 '기본' 테마가 포함된 색상 팔레트를 사용하시오.
- 각 항목은 별도의 지시가 없는 한 주어진 문서에 기준하여 작성하시오.
- 각 항목은 별도의 지시가 없는 한 기본 설정값으로 처리하시오.
- 문제에 제시된 지시사항은 작성하지 않음.

대 한 상 공 회 의 소

1. 쪽 테두리	• 선의 종류 및 굵기 : 이중 실선 0.4mm, 모두 • 위치 : 쪽 기준, 왼쪽·오른쪽·위쪽·아래쪽 모두 5mm
2. 글상자	• 크기 : 너비 170mm, 높이 23mm, 크기 고정 • 위치 : 본문과의 배치 - 자리 차지, 가로 - 종이의 가운데 0mm, 세로 - 종이의 위 20mm • 바깥 여백 : 아래쪽 8mm • 선 속성 : 검정(RGB:0,0,0), 실선 0.2mm • 색 채우기 : 하늘색(RGB:97,130,214) 80% 밝게
3. 제목	• 제목(1) : HY나무M, 16pt, 장평(110%), 자간(5%), 진하게, 초록(RGB:40,155,110) 25% 어둡게, 가운데 정렬 • 제목(2) : 여백 - 왼쪽(340pt)
4. 누름틀	입력할 내용의 안내문 : '0000. 0. 0.', 입력 데이터 : '2026. 8. 27.'
5. 그림	• 경로 : [25]이기적워드실기\그림\회로.PNG, 문서에 포함 • 크기 : 너비 28mm, 높이 18mm • 위치 : 본문과의 배치 - 글 앞으로, 가로 - 종이의 왼쪽 23mm, 세로 - 종이의 위 23mm
6. 스타일 (2개소 수정, 3개소 등록)	• 개요 1(수정) : 여백 - 왼쪽(0pt), HY그래픽, 13pt, 진하게 • 개요 2(수정) : 여백 - 왼쪽(16pt) • 표제목(등록) : 스타일 이름 - 표제목, 스타일 종류 - 문단, 가운데 정렬, 한컴 윤고딕 240, 진하게 • 참고문헌 1(등록) : 스타일 이름 - 참고문헌 1, 스타일 종류 - 문단, 내어쓰기(20pt) • 참고문헌 2(등록) : 스타일 이름 - 참고문헌 2, 스타일 종류 - 글자, 밑줄
7. 문단 첫 글자 장식	• 모양 : 3줄, 글꼴 : 돋움체, 면 색 : 초록(RGB:40,155,110), 본문과의 간격 : 3mm • 글자 색 : 하양(RGB:255,255,255)
8. 각주	글자 모양 : 한컴돋움, 번호 모양 : 아라비아 숫자
9. 하이퍼링크	• '분기별, 십억 원'에 하이퍼링크 설정 • 연결 대상 : 웹 주소 - 'https://license.korcham.net'

10. 표	• 크기 : 너비 78mm~80mm, 높이 33mm~34mm
	• 위치 : 글자처럼 취급
	• 전체 행 : 셀 높이를 같게
	• 모든 셀의 안 여백 : 왼쪽·오른쪽 2mm
	• 테두리 : 표 안쪽은 실선(0.12mm), 표 바깥의 위쪽과 아래쪽은 실선(0.4mm), 표 바깥의 왼쪽과 오른쪽은
	    없음, 평균 행 위쪽은 이중 실선(0.5mm)
	• 제목 행 : 셀 배경 색 - 보라(RGB:157,92,187) 25% 어둡게,
	    글자 모양 - 함초롬돋움, 진하게, 하양(RGB:255,255,255)
	• 평균 행 : 셀 배경 색 - 남색(RGB:58,60,132) 80% 밝게, 글자 모양 - 진하게
	• 문단의 정렬 방식 : 가운데 정렬

11. 블록 계산식	표의 평균 행에 블록 계산식을 이용하여 블록 평균 산출
12. 캡션	표 위에 삽입 후 오른쪽 정렬
13. 차트	• 차트의 모양 : 2차원 원형, 차트 계열색 : 색상 조합 색4 • 데이터 레이블 : 백분율(%), 바깥쪽 끝에 • 차트의 크기 : 너비 80mm, 높이 80mm, 크기 고정 • 위치 : 본문과의 배치 - 자리 차지, 가로 - 단의 가운데 0mm, 세로 - 문단의 위 0mm • 바깥 여백 : 위쪽 5mm, 아래쪽 8mm • 제목의 글꼴 설정 : 한컴산뜻돋움, 진하게 • 데이터 레이블, 범례의 글꼴 설정 : 9pt • 표의 아래 단락에 배치
14. 쪽 번호	번호 위치 : 가운데 아래, 모양 : 로마자 대문자 숫자, 줄표 넣기 선택, 시작 번호 지정
15. 머리말	맑은 고딕, 10pt, 진하게, 보라(RGB:157,92,187), 왼쪽 정렬
16. 꼬리말	한컴돋움, 10pt, 진하게, 남색(RGB:58,60,132) 25% 어둡게, 오른쪽 정렬

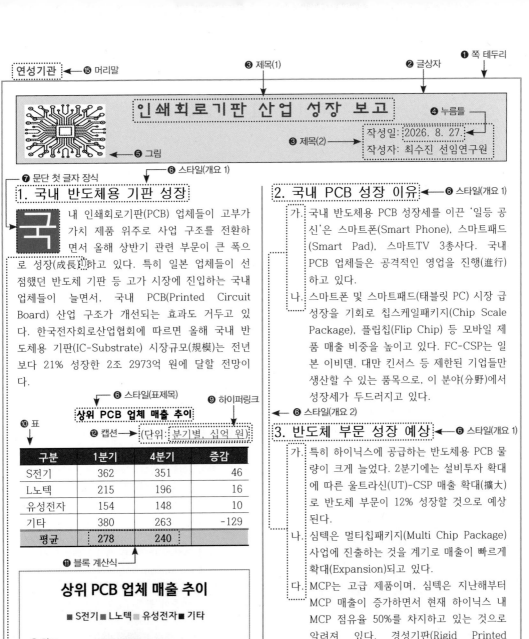

인쇄회로기판 산업 성장 보고

작성일: 2026. 8. 27.
작성자: 최수진 선임연구원

1. 국내 반도체용 기판 성장

국내 인쇄회로기판(PCB) 업체들이 고부가 가치 제품 위주로 사업 구조를 전환하면서 올해 상반기 관련 부문이 큰 폭으로 성장(成長)하고 있다. 특히 일본 업체들이 선점했던 반도체 기판 등 고가 시장에 진입하는 국내 업체들이 늘면서, 국내 PCB(Printed Circuit Board) 산업 구조가 개선되는 효과도 거두고 있다. 한국전자회로산업협회에 따르면 올해 국내 반도체용 기판(IC-Substrate) 시장규모(規模)는 전년보다 21% 성장한 2조 2973억 원에 달할 전망이다.

상위 PCB 업체 매출 추이

(단위: 분기별, 십억 원)

구분	1분기	4분기	증감
S전기	362	351	46
L노텍	215	196	16
유성전자	154	148	10
기타	380	263	-129
평균	278	240	

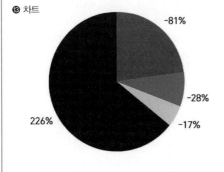

상위 PCB 업체 매출 추이

■ S전기　■ L노텍　■ 유성전자　■ 기타

- -81%
- -28%
- -17%
- 226%

1) 자료: 금감원 전자공시시스템

2. 국내 PCB 성장 이유

가. 국내 반도체용 PCB 성장세를 이끈 '일등 공신'은 스마트폰(Smart Phone), 스마트패드(Smart Pad), 스마트TV 3총사다. 국내 PCB 업체들은 공격적인 영업을 진행(進行)하고 있다.

나. 스마트폰 및 스마트패드(태블릿 PC) 시장 급성장을 기회로 칩스케일패키지(Chip Scale Package), 플립칩(Flip Chip) 등 모바일 제품 매출 비중을 높이고 있다. FC-CSP는 일본 이비덴, 대만 킨서스 등 제한된 기업들만 생산할 수 있는 품목으로, 이 분야(分野)에서 성장세가 두드러지고 있다.

3. 반도체 부문 성장 예상

가. 특히 하이닉스에 공급하는 반도체용 PCB 물량이 크게 늘었다. 2분기에는 설비투자 확대에 따른 울트라신(UT)-CSP 매출 확대(擴大)로 반도체 부문이 12% 성장할 것으로 예상된다.

나. 심텍은 멀티칩패키지(Multi Chip Package) 사업에 진출하는 것을 계기로 매출이 빠르게 확대(Expansion)되고 있다.

다. MCP는 고급 제품이며, 심텍은 지난해부터 MCP 매출이 증가하면서 현재 하이닉스 내 MCP 점유율 50%를 차지하고 있는 것으로 알려져 있다. 경성기판(Rigid Printed Circuit)과 연성기판(Flexible Printed Circuit)이 연평균 성장률 7~8%로 상당히 빠른 성장 속도이다.

● Reference

Chemmy, I,. (2025). Estimation Criteria Considering, Manufacturer. 21(8), 54-55.

인쇄회로기판 산업 성장 보고

작성일: 2026. 8. 27.
작성자: 최수진 선임연구원

1. 국내 반도체용 기판 성장

국내 인쇄회로기판(PCB) 업체들이 고부가 가치 제품 위주로 사업 구조를 전환하면서 올해 상반기 관련 부문이 큰 폭으로 성장(成長)[1]하고 있다. 특히 일본 업체들이 선점했던 반도체 기판 등 고가 시장에 진입하는 국내 업체들이 늘면서, 국내 PCB(Printed Circuit Board) 산업 구조가 개선되는 효과도 거두고 있다. 한국전자회로산업협회에 따르면 올해 국내 반도체용 기판(IC-Substrate) 시장규모(規模)는 전년보다 21% 성장한 2조 2973억 원에 달할 전망이다.

상위 PCB 업체 매출 추이

(단위: 분기별, 십억 원)

구분	1분기	4분기	증감
S전기	362	351	46
L노텍	215	196	16
유성전자	154	148	10
기타	380	263	-129
평균	278	240	

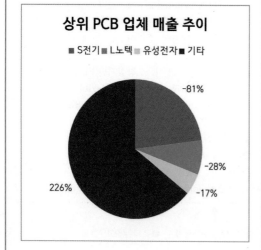

2. 국내 PCB 성장 이유

가. 국내 반도체용 PCB 성장세를 이끈 '일등 공신'은 스마트폰(Smart Phone), 스마트패드(Smart Pad), 스마트TV 3총사다. 국내 PCB 업체들은 공격적인 영업을 진행(進行)하고 있다.

나. 스마트폰 및 스마트패드(태블릿 PC) 시장 급성장을 기회로 칩스케일패키지(Chip Scale Package), 플립칩(Flip Chip) 등 모바일 제품 매출 비중을 높이고 있다. FC-CSP는 일본 이비덴, 대만 킨서스 등 제한된 기업들만 생산할 수 있는 품목으로, 이 분야(分野)에서 성장세가 두드러지고 있다.

3. 반도체 부문 성장 예상

가. 특히 하이닉스에 공급하는 반도체용 PCB 물량이 크게 늘었다. 2분기에는 설비투자 확대에 따른 울트라신(UT)-CSP 매출 확대(擴大)로 반도체 부문이 12% 성장할 것으로 예상된다.

나. 심텍은 멀티칩패키지(Multi Chip Package) 사업에 진출하는 것을 계기로 매출이 빠르게 확대(Expansion)되고 있다.

다. MCP는 고급 제품이며, 심텍은 지난해부터 MCP 매출이 증가하면서 현재 하이닉스 내 MCP 점유율 50%를 차지하고 있는 것으로 알려져 있다. 경성기판(Rigid Printed Circuit)과 연성기판(Flexible Printed Circuit)이 연평균 성장률 7~8%로 상당히 빠른 성장 속도이다.

● Reference
Chemmy, I,. (2025). Estimation Criteria Considering, <u>Manufacturer</u>. 21(8), 54-55.

---

1) 자료: 금감원 전자공시시스템

실전 모의고사 05회

국 가 기 술 자 격 검 정
워드프로세서 실기시험

※ 무단 전재 금함
(한글 2022)

과 목	제한시간
문서편집기능	30분

B형

──── 〈 다음 쪽의 문서를 아래 지시사항에 따라 작성하시오 〉 ────

- 작성된 답안의 파일은 지정된 경로 및 파일명을 변경하지 마시고 저장해야 합니다. 이를 준수하지 않으면 실격 처리됩니다.
- 편집 용지
  - 용지 종류는 A4 용지(210mm×297mm) 1매에 용지 방향을 세로로 설정하여 문서를 작성하시오.
  - 용지 여백은 왼쪽 · 오른쪽은 20mm, 위쪽 · 아래쪽은 10mm, 머리말 · 꼬리말은 10mm, 기타 여백은 0mm로 지정하시오.
- 문서의 본문은 2단으로 편집하되, 단 간격은 8mm로 설정하시오.
- 글자 모양
  - 글꼴은 별도의 지시가 없는 한 한글 2022의 기본값으로 작성하시오.
  - 영문, 숫자, 기호 등은 별도의 지시가 없는 한 자판에 있는 문자를 사용하시오.
- 문단 모양
  - 정렬 방식, 여백 등은 문단 모양 기능을 이용하여 작성하시오.
  - 문단 모양은 별도의 지시가 없는 한 한글 2022의 기본값으로 작성하시오.
  - 사이 줄 띄우기는 각 1줄만, 사이 띄우기는 1칸만 띄우시오.
- 표에서 내용의 정렬 방법
  (제목 행과 '합계(평균)' 셀은 가운데 정렬, 나머지는 열 단위를 기준으로 아래와 같이 정렬)
  - 내용의 길이가 서로 다른 문자의 경우 왼쪽 정렬
  - 내용의 길이가 서로 다른 숫자의 경우 오른쪽 정렬
  - 내용의 길이가 서로 같을 경우 문자, 숫자 상관없이 가운데 정렬
- 색상은 '기본' 테마가 포함된 색상 팔레트를 사용하시오.
- 각 항목은 별도의 지시가 없는 한 주어진 문서에 기준하여 작성하시오.
- 각 항목은 별도의 지시가 없는 한 기본 설정값으로 처리하시오.
- 문제에 제시된 지시사항은 작성하지 않음.

대 한 상 공 회 의 소

1. 쪽 테두리	• 선의 종류 및 굵기 : 이중 실선 0.5mm, 모두 • 위치 : 쪽 기준, 왼쪽 · 오른쪽 · 위쪽 · 아래쪽 모두 5mm
2. 글상자	• 크기 : 너비 170mm, 높이 25mm, 크기 고정 • 위치 : 본문과의 배치 – 자리 차지, 가로 – 종이의 가운데 0mm, 세로 – 종이의 위 20mm • 바깥 여백 : 아래쪽 8mm • 선 속성 : 검정(RGB:0,0,0), 실선 0.4mm • 색 채우기 : 보라(RGB:157,92,187) 60% 밝게
3. 제목	• 제목(1) : HY그래픽, 18pt, 장평(105%), 자간(-5%), 진하게, 남색(RGB:58,60,132) 25% 어둡게, 가운데 정렬 • 제목(2) : 여백 – 왼쪽(330pt)
4. 누름틀	입력할 내용의 안내문 : '0000. 0. 0.', 입력 데이터 : '2026. 12. 1.'
5. 그림	• 경로 : [25]이기적워드실기\그림\신입생.JPG, 문서에 포함 • 크기 : 너비 30mm, 높이 20mm • 위치 : 본문과의 배치 – 글 앞으로, 가로 – 종이의 왼쪽 23mm, 세로 – 종이의 위 23mm • 회전 : 좌우 대칭
6. 스타일 **(2개소 수정, 3개소 등록)**	• 개요 1(수정) : 여백 – 왼쪽(0pt), 한컴 윤고딕 740, 13pt, 진하게 • 개요 2(수정) : 여백 – 왼쪽(15pt) • 표제목(등록) : 스타일 이름 – 표제목, 스타일 종류 – 문단, 가운데 정렬, 한컴 윤고딕 760, 진하게 • 참고문헌 1(등록) : 스타일 이름 – 참고문헌 1, 스타일 종류 – 문단, 내어쓰기(20pt) • 참고문헌 2(등록) : 스타일 이름 – 참고문헌 2, 스타일 종류 – 글자, 기울임
7. 문단 첫 글자 장식	• 모양 : 3줄, 글꼴 : 함초롬돋움, 면 색 : 검정(RGB:0,0,0) 35% 밝게, 본문과의 간격 : 3mm • 글자 색 : 시멘트색(RGB:178,178,178) 80% 밝게
8. 각주	글자 모양 : 돋움체, 번호 모양 : 아라비아 숫자
9. 하이퍼링크	• '실제 등록 학생 수, 명'에 하이퍼링크 설정 • 연결 대상 : 웹 주소 – 'https://license.youngjin.com'
10. 표	• 크기 : 너비 78mm~80mm, 높이 33mm~34mm • 위치 : 글자처럼 취급 • 전체 행 : 셀 높이를 같게 • 모든 셀의 안 여백 : 왼쪽 · 오른쪽 2mm • 테두리 : 표 안쪽은 실선(0.12mm), 표 바깥의 위쪽과 아래쪽은 실선(0.5mm), 표 바깥의 왼쪽과 오른쪽은 　　　　　없음, 합계 행 위쪽은 얇고 굵은 이중선(0.5mm) • 제목 행 : 셀 배경 색 – 연한 노랑(RGB:250,243,219) 50% 어둡게, 　　　　　글자 모양 – HY강M, 진하게, 하양(RGB:255,255,255) • 합계 행 : 셀 배경 색 – 초록(RGB:0,128,0) 80% 밝게, 글자 모양 – 진하게 • 문단의 정렬 방식 : 가운데 정렬
11. 블록 계산식	표의 합계 행에 블록 계산식을 이용하여 블록 합계 산출
12. 캡션	표 아래에 삽입 후 오른쪽 정렬
13. 차트	• 차트의 모양 : 2차원 원형, 차트 계열색 : 색상 조합 색3 • 데이터 레이블 : 백분율(%), 바깥쪽 끝에 • 차트의 크기 : 너비 80mm, 높이 65mm, 크기 고정 • 위치 : 본문과의 배치 – 자리 차지, 가로 – 단의 가운데 0mm, 세로 – 문단의 위 0mm • 바깥 여백 : 위쪽 5mm, 아래쪽 5mm • 제목의 글꼴 설정 : 한컴산뜻돋움, 진하게 • 데이터 레이블, 범례의 글꼴 설정 : 9pt • 표의 아래 단락에 배치
14. 쪽 번호	번호 위치 : 가운데 아래, 모양 : 로마자 대문자 숫자, 줄표 넣기 선택, 시작 번호 지정
15. 머리말	맑은 고딕, 10pt, 진하게, 남색(RGB:51,51,153) 25% 어둡게, 오른쪽 정렬
16. 꼬리말	한컴돋움, 10pt, 진하게, 보라(RGB:128,0,128) 5% 밝게, 왼쪽 정렬

❶ 쪽 테두리　　❷ 글상자　　❸ 제목(1)　　❺ 머리말 → **한국대학교 소식지 제29호**

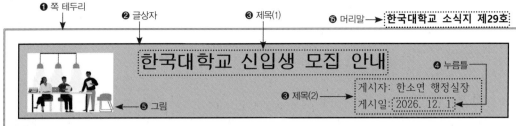

한국대학교 신입생 모집 안내

❹ 누름틀

❸ 제목(2) →
게시자: 한소연 행정실장
게시일: 2026. 12. 1.

❺ 그림

❼ 문단 첫 글자 장식

1. 본원 소개 ← ❻ 스타일(개요 1)

본원은 변화하는 산업(産業) 환경에 능동적으로 대처함과 아울러 교육(Education)의 근본이념에 입각하여 인재 양성(Training)을 목적으로 설립(Foundation)되었습니다. 첨단 산업(High Tech Industry)에 필요한 역군(役軍)을 길러내기 위해 전자공학(Electronic Engineering), 사무자동화(Office Automation), 그리고 컴퓨터 그래픽(Computer Graphic)과 CAD 컴퓨터 이용 설계(Computer Aided Design) 등의 분야를 집중적으로 교육하고 있으며 인격 지도와 아울러 전문인 기술을 습득(Learning)하도록 하고 있습니다. 본원에서는 1월 2일 본원 설명회 및 취업 상담(Employment Consultation)을 개최할 예정이니, 관심이 있는 모든 분들의 참여 부탁드립니다.

❻ 스타일(표제목)

작년 대비 신입생 모집 수

❿ 표

구분	작년 신입생	올해 신입생	증감
EDPS	1,000	1,150	150
OA	1,500	1,560	60
CG	500	630	130
CAD	510	340	-170
합계	3,510	3,680	

⓫ 블록 계산식　　(단위: 실제 등록 학생 수, 명)
⓬ 캡션　　❾ 하이퍼링크

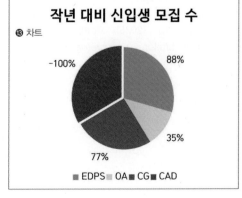

⓭ 차트

작년 대비 신입생 모집 수

-100%　88%　35%　77%

■ EDPS ■ OA ■ CG ■ CAD

2. 전형 방법 ← ❻ 스타일(개요 1)

가. 학생 모집(Invitation) 전형 방법 중 특차1은 우선적으로 수학능력 성적 100%를 기준으로 학교장(Headmaster)의 추천(推薦)을 받은 학생을 대상으로 선발합니다. 특차2는 수학능력 성적 80%와 학생부 성적 20%를 합쳐서 선발합니다.

나. 일반 전형은 학생부 성적 50%와 서류(Document) 전형 30%, 면접(Interview) 20%를 합쳐서 선발합니다. 고등학교 생활기록부 또는 내신등급 연명부 1부 또는 검정고시 합격증 사본 1부, 또는 대학 수학능력시험 성적 통지서 원본 1부를 제출(提出)하여야 합니다.

← ❻ 스타일(개요 2)

3. 합격자 발표 ← ❻ 스타일(개요 1)

가. 합격자 발표(Announcement)는 2월 6일 10시입니다.

나. 최종 합격자 명단은 수험생들의 편의(Convenience)를 위하여 본원 홈페이지 게시판(Bulletin Board)에서 확인하실 수 있습니다.

다. 또한 인터넷을 사용하기 어려운 분들을 위해 ARS(자동 응답 시스템)을 통하여 발표(發表)할 예정이므로 전화(774-0123)를 이용하시기 바랍니다.

전각기호

♠ Reference

Jung, L. Taco,. (2025). Comparison Study between Lifelong, *Instructor*. 89-90.

❻ 스타일(참고문헌 1)　　❻ 스타일(참고문헌 2)

❽ 각주 →

1) 한국대학교 공식 발표 자료에 따름

발표일은 12월 2일임 ← ❺ 꼬리말　　- III - ← ⓮ 쪽 번호

한국대학교 신입생 모집 안내

게시자: 한소연 행정실장
게시일: 2026. 12. 1.

1. 본원 소개

원은 변화하는 산업(産業) 환경에 능동적으로 대처함과 아울러 교육(Education)의 근본이념에 입각하여 인재 양성(Training)을 목적으로 설립(Foundation)되었습니다. 첨단 산업(High Tech Industry)에 필요한 역군(役軍)을 길러내기 위해 전자공학(Electronic Engineering), 사무자동화(Office Automation), 그리고 컴퓨터 그래픽(Computer Graphic)과 CAD 컴퓨터 이용 설계(Computer Aided Design) 등의 분야를 집중적으로 교육하고 있으며 인격 지도와 아울러 전문적인 기술을 습득(Learning)하도록 하고 있습니다. 본원에서는 1월 2일 본원 설명회 및 취업 상담(Employment Consultation)을 개최할 예정이니, 관심이 있는 모든 분들의 참여 부탁드립니다.

작년 대비 신입생 모집 수

구분	작년 신입생	올해 신입생	증감
EDPS	1,000	1,150	150
OA	1,500	1,560	60
CG	500	630	130
CAD	510	340	-170
합계	3,510	3,680	

(단위: 실제 등록 학생 수, 명)

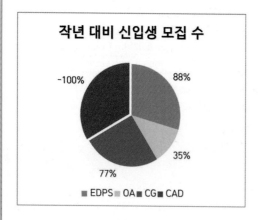

작년 대비 신입생 모집 수

-100%
88%
35%
77%

■ EDPS ■ OA ■ CG ■ CAD

2. 전형 방법

가. 학생 모집(Invitation) 전형 방법 중 특차1은 우선적으로 수학능력 성적 100%를 기준으로 학교장(Headmaster)의 추천(推薦)을 받은 학생을 대상으로 선발합니다. 특차2는 수학능력 성적 80%와 학생부 성적 20%를 합쳐서 선발합니다.

나. 일반 전형은 학생부 성적 50%와 서류(Document) 전형 30%, 면접(Interview) 20%를 합쳐서 선발합니다. 고등학교 생활기록부 또는 내신등급 연명부 1부 또는 검정고시 합격증 사본 1부, 또는 대학 수학능력시험 성적 통지서 원본 1부를 제출(提出)하여야 합니다.

3. 합격자 발표

가. 합격자 발표(Announcement)는 2월 6일 10시입니다.

나. 최종 합격자 명단은 수험생들의 편의(Convenience)를 위하여 본원 홈페이지 게시판(Bulletin Board)에서 확인[1]하실 수 있습니다.

다. 또한 인터넷을 사용하기 어려운 분들을 위해 ARS(자동 응답 시스템)을 통하여 발표(發表)할 예정이므로 전화(774-0123)를 이용하시기 바랍니다.

♠ Reference

Jung, L. Taco,. (2025). Comparison Study between Lifelong, *Instructor*. 89-90.

---

1) 한국대학교 공식 발표 자료에 따름

발표일은 12월 2일임   - III -

실전 모의고사 06회

국 가 기 술 자 격 검 정
워드프로세서 실기시험

※ 무단 전재 금함
(한글 2022)

과　　　목	제한시간
문서편집기능	30분

B형

──〈 다음 쪽의 문서를 아래 지시사항에 따라 작성하시오 〉──

- 작성된 답안의 파일은 지정된 경로 및 파일명을 변경하지 마시고 저장해야 합니다. 이를 준수하지 않으면 실격 처리됩니다.
- 편집 용지
  - 용지 종류는 A4 용지(210mm×297mm) 1매에 용지 방향을 세로로 설정하여 문서를 작성하시오.
  - 용지 여백은 왼쪽·오른쪽은 20mm, 위쪽·아래쪽은 10mm, 머리말·꼬리말은 10mm, 기타 여백은 0mm로 지정하시오.
- 문서의 본문은 2단으로 편집하되, 단 간격은 8mm, 구분선은 파선 0.12mm로 설정하시오.
- 글자 모양
  - 글꼴은 별도의 지시가 없는 한 한글 2022의 기본값으로 작성하시오.
  - 영문, 숫자, 기호 등은 별도의 지시가 없는 한 자판에 있는 문자를 사용하시오.
- 문단 모양
  - 정렬 방식, 여백 등은 문단 모양 기능을 이용하여 작성하시오.
  - 문단 모양은 별도의 지시가 없는 한 한글 2022의 기본값으로 작성하시오.
  - 사이 줄 띄우기는 각 1줄만, 사이 띄우기는 1칸만 띄우시오.
- 표에서 내용의 정렬 방법
  (제목 행과 '합계(평균)' 셀은 가운데 정렬, 나머지는 열 단위를 기준으로 아래와 같이 정렬)
  - 내용의 길이가 서로 다른 문자의 경우 왼쪽 정렬
  - 내용의 길이가 서로 다른 숫자의 경우 오른쪽 정렬
  - 내용의 길이가 서로 같을 경우 문자, 숫자 상관없이 가운데 정렬
- 색상은 '기본' 테마가 포함된 색상 팔레트를 사용하시오.
- 각 항목은 별도의 지시가 없는 한 주어진 문서에 기준하여 작성하시오.
- 각 항목은 별도의 지시가 없는 한 기본 설정값으로 처리하시오.
- 문제에 제시된 지시사항은 작성하지 않음.

대 한 상 공 회 의 소

B형	다음 쪽의 문서를 아래의 〈세부지시사항〉에 따라 작성하시오.
1. 쪽 테두리	• 선의 종류 및 굵기 : 이중 실선 0.4mm, 모두 • 위치 : 쪽 기준, 왼쪽 · 오른쪽 · 위쪽 · 아래쪽 모두 5mm
2. 글상자	• 크기 : 너비 170mm, 높이 25mm, 크기 고정 • 위치 : 본문과의 배치 – 자리 차지, 가로 – 종이의 가운데 0mm, 세로 – 종이의 위 20mm • 바깥 여백 : 아래쪽 5mm • 선 속성 : 검정(RGB:0,0,0), 원형 점선 0.4mm • 색 채우기 : 보라(RGB:157,92,187) 80% 밝게
3. 제목	• 제목(1) : 한컴 윤고딕 230, 15pt, 장평(105%), 자간(-5%), 진하게, 남색(RGB:58,60,132), 가운데 정렬 • 제목(2) : 여백 – 왼쪽(340pt)
4. 누름틀	입력할 내용의 안내문 : '발행기관명', 입력 데이터 : '이기적 게임연구소'
5. 그림	• 경로 : [25]이기적워드실기₩그림₩게임.JPG, 문서에 포함 • 크기 : 너비 30mm, 높이 20mm • 위치 : 본문과의 배치 – 글 앞으로, 가로 – 종이의 왼쪽 23mm, 세로 – 종이의 위 23mm
6. 스타일 (2개소 수정, 3개소 등록)	• 개요 1(수정) : 여백 – 왼쪽(0pt), 한컴 윤고딕 740, 12pt, 진하게 • 개요 2(수정) : 여백 – 왼쪽(15pt) • 표제목(등록) : 스타일 이름 – 표제목, 스타일 종류 – 문단, 가운데 정렬, 한컴 윤고딕 240, 진하게 • 참고문헌 1(등록) : 스타일 이름 – 참고문헌 1, 스타일 종류 – 문단, 내어쓰기(15pt) • 참고문헌 2(등록) : 스타일 이름 – 참고문헌 2, 스타일 종류 – 글자, 기울임
7. 문단 첫 글자 장식	• 모양 : 3줄, 글꼴 : 맑은 고딕, 면 색 : 하늘색(RGB:97,130,214) 50% 어둡게, 본문과의 간격 : 5mm • 글자 색 : 하양(RGB:255,255,255)
8. 각주	글자 모양 : HY궁서, 번호 모양 : 아라비아 숫자
9. 하이퍼링크	• '게임업체별, 억 원'에 하이퍼링크 설정 • 연결 대상 : 웹 주소 – 'https://mcst.go.kr'
10. 표	• 크기 : 너비 78mm~80mm, 높이 33mm~34mm • 위치 : 글자처럼 취급 • 전체 행 : 셀 높이를 같게 • 모든 셀의 안 여백 : 왼쪽 · 오른쪽 2mm • 테두리 : 표 안쪽은 실선(0.2mm), 표 바깥의 위쪽과 아래쪽은 실선(0.4mm), 표 바깥의 왼쪽과 오른쪽은 　　　　이중 실선(0.4mm), 구분 행 아래쪽과 평균 행 위쪽은 파선(0.4mm) • 제목 행 : 셀 배경 색 – 보라(RGB:157,92,187) 25% 어둡게, 　　　　글자 모양 – HY나무M, 진하게, 하양(RGB:255,255,255) • 평균 행 : 셀 배경 색 – 주황(RGB:255,132,58) 80% 밝게, 글자 모양 – 진하게 • 문단의 정렬 방식 : 가운데 정렬
11. 블록 계산식	표의 평균 행에 블록 계산식을 이용하여 블록 평균 산출
12. 캡션	표 아래에 삽입 후 오른쪽 정렬
13. 차트	• 차트의 모양 : 이중 축 혼합형(누적 세로 막대형, 표식이 있는 꺾은선형) • 차트의 크기 : 너비 80mm, 높이 65mm, 크기 고정 • 위치 : 본문과의 배치 – 자리 차지, 가로 – 단의 가운데 0mm, 세로 – 문단의 위 0mm • 바깥 여백 : 위쪽 5mm, 아래쪽 7mm • 값 축, 항목 축, 보조 값 축, 범례의 글꼴 설정 : 9pt • 표의 아래 단락에 배치 ※ 혼합형 차트는 차트 종류와 속성을 이용하여 구성하시오.
14. 쪽 번호	번호 위치 : 왼쪽 아래, 모양 : 아라비아 숫자 원문자, 줄표 넣기 선택, 시작 번호 지정
15. 머리말	돋움체, 10pt, 진하게, 주황(RGB:255,132,58) 25% 어둡게, 왼쪽 정렬
16. 꼬리말	함초롬돋움, 10pt, 진하게, 초록(RGB:40,155,110) 50% 어둡게, 오른쪽 정렬

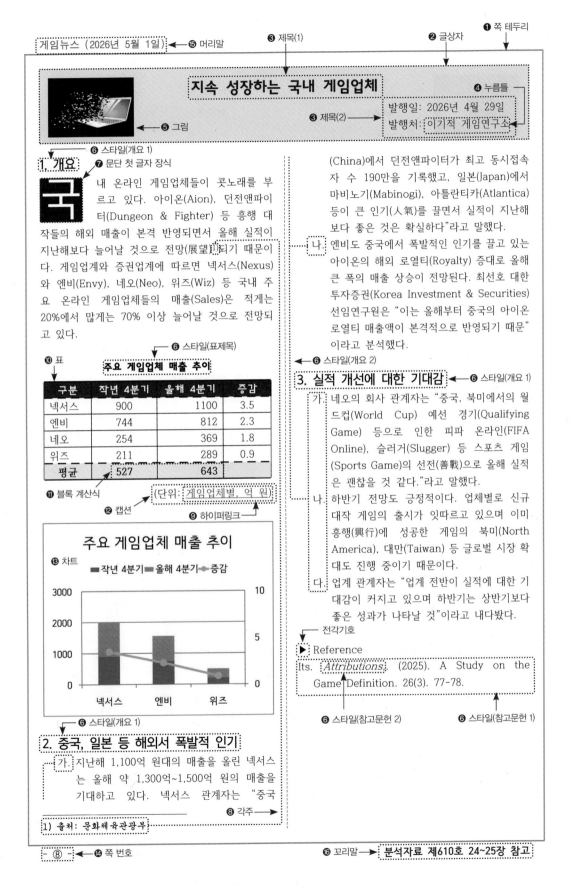

게임뉴스 (2026년 5월 1일) ← ⑮ 머리말

❶ 쪽 테두리
❷ 글상자
❸ 제목(1)

지속 성장하는 국내 게임업체

❹ 누름틀

발행일: 2026년 4월 29일
발행처: 이기적 게임연구소

❸ 제목(2)
❺ 그림

1. 개요
❻ 스타일(개요 1)
❼ 문단 첫 글자 장식

국내 온라인 게임업체들이 콧노래를 부르고 있다. 아이온(Aion), 던전앤파이터(Dungeon & Fighter) 등 흥행 대작들의 해외 매출이 본격 반영되면서 올해 실적이 지난해보다 늘어날 것으로 전망(展望)되기 때문이다. 게임업계와 증권업계에 따르면 넥서스(Nexus)와 엔비(Envy), 네오(Neo), 위즈(Wiz) 등 국내 주요 온라인 게임업체들의 매출(Sales)은 적게는 20%에서 많게는 70% 이상 늘어날 것으로 전망되고 있다.

⑩ 표
❻ 스타일(표제목)

주요 게임업체 매출 추이

구분	작년 4분기	올해 4분기	증감
넥서스	900	1100	3.5
엔비	744	812	2.3
네오	254	369	1.8
위즈	211	289	0.9
평균	527	643	

⑪ 블록 계산식
⑫ 캡션
(단위: 게임업체별, 억 원)
⑨ 하이퍼링크

⑬ 차트

주요 게임업체 매출 추이

■작년 4분기 ■올해 4분기 ●증감

(넥서스, 엔비, 위즈)
(3000 2000 1000 0 / 10 5 0)

❻ 스타일(개요 1)

2. 중국, 일본 등 해외서 폭발적 인기

가. 지난해 1,100억 원대의 매출을 올린 넥서스는 올해 약 1,300억~1,500억 원의 매출을 기대하고 있다. 넥서스 관계자는 "중국

❽ 각주
1) 출처: 문화체육관광부

(China)에서 던전앤파이터가 최고 동시접속자 수 190만을 기록했고, 일본(Japan)에서 마비노기(Mabinogi), 아틀란티카(Atlantica) 등이 큰 인기(人氣)를 끌면서 실적이 지난해보다 좋은 것은 확실하다"라고 말했다.

나. 엔비도 중국에서 폭발적인 인기를 끌고 있는 아이온의 해외 로열티(Royalty) 증대로 올해 큰 폭의 매출 상승이 전망된다. 최선호 대한투자증권(Korea Investment & Securities) 선임연구원은 "이는 올해부터 중국의 아이온 로열티 매출액이 본격적으로 반영되기 때문"이라고 분석했다.

❻ 스타일(개요 2)
❻ 스타일(개요 1)

3. 실적 개선에 대한 기대감

가. 네오의 회사 관계자는 "중국, 북미에서의 월드컵(World Cup) 예선 경기(Qualifying Game) 등으로 인한 피파 온라인(FIFA Online), 슬러거(Slugger) 등 스포츠 게임(Sports Game)의 선전(善戰)으로 올해 실적은 괜찮을 것 같다."라고 말했다.

나. 하반기 전망도 긍정적이다. 업체별로 신규 대작 게임의 출시가 잇따르고 있으며 이미 흥행(興行)에 성공한 게임의 북미(North America), 대만(Taiwan) 등 글로벌 시장 확대도 진행 중이기 때문이다.

다. 업계 관계자는 "업계 전반이 실적에 대한 기대감이 커지고 있으며 하반기는 상반기보다 좋은 성과가 나타날 것"이라고 내다봤다.

전각기호
▶ Reference
Its. *Attributions*. (2025). A Study on the Game Definition. 26(3). 77-78.

❻ 스타일(참고문헌 2)
❻ 스타일(참고문헌 1)

- ⑧ - ← ⑭ 쪽 번호

⑯ 꼬리말 분석자료 제610호 24~25장 참고

지속 성장하는 국내 게임업체

발행일: 2026년 4월 29일
발행처: 이기적 게임연구소

1. 개요

내 온라인 게임업체들이 콧노래를 부르고 있다. 아이온(Aion), 던전앤파이터(Dungeon & Fighter) 등 흥행 대작들의 해외 매출이 본격 반영되면서 올해 실적이 지난해보다 늘어날 것으로 전망(展望)[1]되기 때문이다. 게임업계와 증권업계에 따르면 넥서스(Nexus)와 엔비(Envy), 네오(Neo), 위즈(Wiz) 등 국내 주요 온라인 게임업체들의 매출(Sales)은 적게는 20%에서 많게는 70% 이상 늘어날 것으로 전망되고 있다.

주요 게임업체 매출 추이

구분	작년 4분기	올해 4분기	증감
넥서스	900	1100	3.5
엔비	744	812	2.3
네오	254	369	1.8
위즈	211	289	0.9
평균	527	643	

(단위: 게임업체별, 억 원)

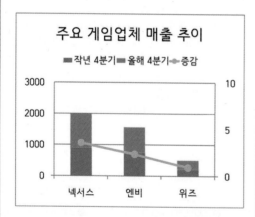

2. 중국, 일본 등 해외서 폭발적 인기

가. 지난해 1,100억 원대의 매출을 올린 넥서스는 올해 약 1,300억~1,500억 원의 매출을 기대하고 있다. 넥서스 관계자는 "중국(China)에서 던전앤파이터가 최고 동시접속자 수 190만을 기록했고, 일본(Japan)에서 마비노기(Mabinogi), 아틀란티카(Atlantica) 등이 큰 인기(人氣)를 끌면서 실적이 지난해보다 좋은 것은 확실하다"라고 말했다.

나. 엔비도 중국에서 폭발적인 인기를 끌고 있는 아이온의 해외 로열티(Royalty) 증대로 올해 큰 폭의 매출 상승이 전망된다. 최선호 대한투자증권(Korea Investment & Securities) 선임연구원은 "이는 올해부터 중국의 아이온 로열티 매출액이 본격적으로 반영되기 때문"이라고 분석했다.

3. 실적 개선에 대한 기대감

가. 네오의 회사 관계자는 "중국, 북미에서의 월드컵(World Cup) 예선 경기(Qualifying Game) 등으로 인한 피파 온라인(FIFA Online), 슬러거(Slugger) 등 스포츠 게임(Sports Game)의 선전(善戰)으로 올해 실적은 괜찮을 것 같다."라고 말했다.

나. 하반기 전망도 긍정적이다. 업체별로 신규 대작 게임의 출시가 잇따르고 있으며 이미 흥행(興行)에 성공한 게임의 북미(North America), 대만(Taiwan) 등 글로벌 시장 확대도 진행 중이기 때문이다.

다. 업계 관계자는 "업계 전반이 실적에 대한 기대감이 커지고 있으며 하반기는 상반기보다 좋은 성과가 나타날 것"이라고 내다봤다.

▶ Reference

Its. *Attributions,.* (2025). A Study on the Game Definition. 26(3). 77-78.

1) 출처: 문화체육관광부

분석자료 제610호 24~25장 참고

국 가 기 술 자 격 검 정

워드프로세서 실기시험

※ 무단 전재 금함
(한글 2022)

과 목	제한시간
문서편집기능	30분

B형

〈 다음 쪽의 문서를 아래 지시사항에 따라 작성하시오 〉

- 작성된 답안의 파일은 지정된 경로 및 파일명을 변경하지 마시고 저장해야 합니다. 이를 준수하지 않으면 실격 처리됩니다.
- 편집 용지
  - 용지 종류는 A4 용지(210mm×297mm) 1매에 용지 방향을 세로로 설정하여 문서를 작성하시오.
  - 용지 여백은 왼쪽·오른쪽은 20mm, 위쪽·아래쪽은 10mm, 머리말·꼬리말은 10mm, 기타 여백은 0mm로 지정하시오.
- 문서의 본문은 2단으로 편집하되, 단 간격은 8mm, 구분선은 실선 0.12mm로 설정하시오.
- 글자 모양
  - 글꼴은 별도의 지시가 없는 한 한글 2022의 기본값으로 작성하시오.
  - 영문, 숫자, 기호 등은 별도의 지시가 없는 한 자판에 있는 문자를 사용하시오.
- 문단 모양
  - 정렬 방식, 여백 등은 문단 모양 기능을 이용하여 작성하시오.
  - 문단 모양은 별도의 지시가 없는 한 한글 2022의 기본값으로 작성하시오.
  - 사이 줄 띄우기는 각 1줄만, 사이 띄우기는 1칸만 띄우시오.
- 표에서 내용의 정렬 방법
  (제목 행과 '합계(평균)' 셀은 가운데 정렬, 나머지는 열 단위를 기준으로 아래와 같이 정렬)
  - 내용의 길이가 서로 다른 문자의 경우 왼쪽 정렬
  - 내용의 길이가 서로 다른 숫자의 경우 오른쪽 정렬
  - 내용의 길이가 서로 같을 경우 문자, 숫자 상관없이 가운데 정렬
- 색상은 '기본' 테마가 포함된 색상 팔레트를 사용하시오.
- 각 항목은 별도의 지시가 없는 한 주어진 문서에 기준하여 작성하시오.
- 각 항목은 별도의 지시가 없는 한 기본 설정값으로 처리하시오.
- 문제에 제시된 지시사항은 작성하지 않음.

대 한 상 공 회 의 소

1. 쪽 테두리	• 선의 종류 및 굵기 : 점선 0.4mm, 모두 • 위치 : 쪽 기준, 왼쪽 · 오른쪽 · 위쪽 · 아래쪽 모두 5mm
2. 글상자	• 크기 : 너비 170mm, 높이 25mm, 크기 고정 • 위치 : 본문과의 배치 – 자리 차지, 가로 – 종이의 가운데 0mm, 세로 – 종이의 위 20mm • 바깥 여백 : 아래쪽 8mm • 선 속성 : 검정(RGB:0,0,0), 이중 실선 0.4mm • 색 채우기 : 주황(RGB:255,132,58) 80% 밝게
3. 제목	• 제목(1) : 한컴 윤고딕 760, 18pt, 장평(95%), 자간(5%), 진하게, 보라(RGB:157,92,187) 50% 어둡게, 가운데 　　　　정렬 • 제목(2) : 여백 – 왼쪽(340pt)
4. 누름틀	입력할 내용의 안내문 : '0000. 0. 0.', 입력 데이터 : '2026. 10. 29.'
5. 그림	• 경로 : [25]이기적워드실기\그림\관광객.BMP, 문서에 포함 • 크기 : 너비 28mm, 높이 18mm • 위치 : 본문과의 배치 – 글 앞으로, 가로 – 종이의 왼쪽 23mm, 세로 – 종이의 위 24mm • 회전 : 좌우 대칭
6. 스타일 (2개소 수정, 3개소 등록)	• 개요 1(수정) : 여백 – 왼쪽(0pt), 휴먼고딕, 11pt, 진하게 • 개요 2(수정) : 여백 – 왼쪽(15pt) • 표제목(등록) : 스타일 이름 – 표제목, 스타일 종류 – 문단, 가운데 정렬, 한컴 윤고딕 740, 진하게 • 참고문헌 1(등록) : 스타일 이름 – 참고문헌 1, 스타일 종류 – 문단, 내어쓰기(15pt) • 참고문헌 2(등록) : 스타일 이름 – 참고문헌 2, 스타일 종류 – 글자, 기울임
7. 문단 첫 글자 장식	• 모양 : 3줄, 글꼴 : 맑은 고딕, 면 색 : 보라(RGB:157,92,187), 본문과의 간격 : 3mm • 글자 색 : 남색(RGB:58,60,132) 80% 밝게
8. 각주	글자 모양 : 함초롬돋움, 번호 모양 : 아라비아 숫자 원문자
9. 하이퍼링크	• '한국관광공사'에 하이퍼링크 설정 • 연결 대상 : 웹 주소 – 'https://kto.visitkorea.or.kr'
10. 표	• 크기 : 너비 78mm~80mm, 높이 33mm~34mm • 위치 : 글자처럼 취급　• 전체 행 : 셀 높이를 같게 • 모든 셀의 안 여백 : 왼쪽 · 오른쪽 2mm • 테두리 : 표 안쪽은 실선(0.12mm), 표 바깥의 위쪽과 아래쪽은 실선(0.4mm), 표 바깥의 왼쪽과 오른쪽은 　　　　없음, 구분 행 아래쪽과 합계 행 위쪽은 이중 실선(0.5mm) • 제목 행 : 셀 배경 색 – 주황(RGB:255,132,58), 　　　　글자 모양 – HY강M, 진하게, 하양(RGB:255,255,255) • 합계 행 : 셀 배경 색 – 하늘색(RGB:97,130,214) 80% 밝게, 글자 모양 – 진하게 • 문단의 정렬 방식 : 가운데 정렬
11. 블록 계산식	표의 합계 행에 블록 계산식을 이용하여 블록 합계 산출
12. 캡션	표 아래에 삽입 후 오른쪽 정렬
13. 차트	• 차트의 모양 : 이중 축 혼합형(묶은 세로 막대형, 누적 꺾은선형) • 차트의 크기 : 너비 80mm, 높이 65mm, 크기 고정 • 위치 : 본문과의 배치 – 자리 차지, 가로 – 단의 가운데 0mm, 세로 – 문단의 위 0mm • 바깥 여백 : 위쪽 5mm, 아래쪽 8mm • 값 축, 항목 축, 보조 값 축, 범례의 글꼴 설정 : 9pt • 표의 아래 단락에 배치 ※ 혼합형 차트는 차트 종류와 속성을 이용하여 구성하시오.
14. 쪽 번호	번호 위치 : 왼쪽 아래, 모양 : 아라비아 숫자 원문자, 줄표 넣기 해제, 시작 번호 지정
15. 머리말	HY견고딕, 10pt, 노랑(RGB:255,215,0) 50% 어둡게, 오른쪽 정렬
16. 꼬리말	한컴산뜻돋움, 10pt, 진하게, 초록(RGB:40,155,110) 25% 어둡게, 가운데 정렬

❶ 쪽 테두리　　❷ 글상자　　❸ 제목(1)　　❶ 머리말 ▶ **2025년 관광 업계 동향**

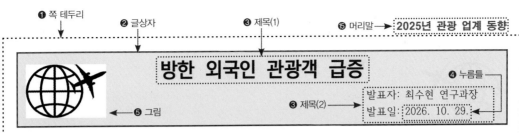

방한 외국인 관광객 급증

❹ 누름틀

발표자: 최수현 연구과장
발표일: 2026. 10. 29.

❺ 그림　　❸ 제목(2) ▶

❼ 문단 첫 글자 장식

1. 관광 업계 환호성 ◀ ❻ 스타일(개요 1)

외국 관광객(Foreign Tourist)들의 관련 업계에 따르면 지난달 한 달간 한국 관광(觀光)을 위해 입국한 일본인은 다음 [표]에서 나타난 바와 같이 모두 31만 1천여 명으로 무려 28.1%가 증가했다. 이 같은 증가율(Rate Of Increase)은 지난 1월의 0.6%, 2월의 13.0%에 이어 계속하여 증가세가 지속될 것으로 보인다.

❿ 표 ← ❻ 스타일(표제목)

국가별 관광객 수

구분	10년 전 기준	현재	증감
일본	1,840	3,110	1,270
미국	5,200	5,600	400
대만	3,200	3,400	200
중국	4,200	4,700	500
합계	14,440	16,810	

⓫ 블록 계산식　　⓬ 캡션　　(단위: 한국관광공사 천 명) ❾ 하이퍼링크

⓭ 차트

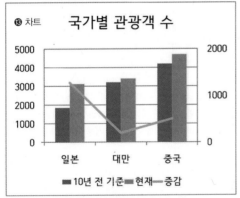

국가별 관광객 수

■10년 전 기준 ■현재 ─증감

2. 일본인 관광객의 증가 원인 ◀ ❻ 스타일(개요 1)

가. 특히 일본(Japan)의 황금연휴(Consecutive Holidays)인 다음 달 5일까지 작년 같은 기간보다 23.8% 늘어난 모두 5만 2천여 명의 일본인 관광객이 일본 내 여행사(Tourist Agency)를 통해 한국 관광을 예약(豫約)해 놓은 것으로 알려져 일본인들의 방한 러시가 절정을 이룰 전망이다. 외국 관광객의 증가

는 연말까지 지속될 것으로 예상된다.

나. 이처럼 일본인 관광객들이 대거 한국으로 몰리고 있는 것은 여러 가지 이유가 있다. 일본 내 금융 시장(Financial Market) 불안과 불투명한 경기전망이나 홍콩(Hong Kong) 여행 기피 현상으로 인한 반사 이익 때문으로 분석된다.

다. 일본인들의 단거리 여행지로 각광받던 홍콩은 1997년 7월 중국(China) 반환(返還)을 계기로 모든 부문에서 초고가 정책(Policy)을 추구하고 있다. 이에 홍콩 방문(訪問) 일본인은 1997년 이후 40% 가까이 감소한 데 이어 올해도 매월 30%가량의 감소세를 보이고 있다.

◀ ❻ 스타일(개요 2)

3. 관광 상품 개발 ◀ ❻ 스타일(개요 1)

가. 최근 들어서 재래시장에서 김치(Kimchi)나 김(Seaweed), 의류(Clothes)의 구입이 늘고 있다. 쇼핑(Shopping)을 즐기기 위해 전례 없이 단체 여행(Group Tour)으로 한국을 찾는 일본인들이 많아지고 있다.

나. 이에 따라 홍콩이 고가 정책(政策)을 펴다가 외면을 당하게 된 것을 교훈으로 삼아야 한다. 우리도 눈앞의 이익보다는 지금의 일본인 관광객 증가세를 이어갈 수 있도록 다각적인 상품 개발(Development)과 친절(Kindness)에 노력을 기울여야 할 것이다.

전각기호

◎ Reference
Kangho, L,. (2026). Perception the Service, *Facilities in Korea*, 26(3). 102-110.

❻ 스타일(참고문헌 2)　　❻ 스타일(참고문헌 1)

---

① 일본 출국 관광객 기준　　❽ 각주 ▶

방한 외국인 관광객 급증

발표자: 최수현 연구과장
발표일: 2026. 10. 29.

1. 관광 업계 환호성

외국 관광객(Foreign Tourist)들의 관련 업계에 따르면 지난달 한 달간 한국 관광(觀光)을 위해 입국한 일본인은 다음 [표]에서 나타난 바와 같이 모두 31만 1천여 명으로 무려 28.1%가 증가했다. 이 같은 증가율(Rate Of Increase)은 지난 1월의 0.6%, 2월의 13.0%에 이어 계속하여 증가세가 지속될 것으로 보인다.

국가별 관광객 수

구분	10년 전 기준	현재	증감
일본	1,840	3,110	1,270
미국	5,200	5,600	400
대만	3,200	3,400	200
중국	4,200	4,700	500
합계	14,440	16,810	

(단위: 한국관광공사, 천 명)

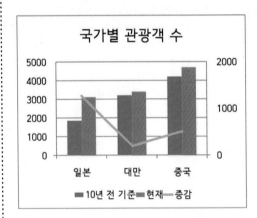

국가별 관광객 수

2. 일본인 관광객의 증가 원인

가. 특히 일본(Japan)의 황금연휴(Consecutive Holidays)인 다음 달 5일까지 작년 같은 기간보다 23.8% 늘어난 모두 5만 2천여 명의 일본인 관광객이 일본 내 여행사(Tourist Agency)를 통해 한국 관광을 예약(豫約)해 놓은 것으로 알려져 일본인들의 방한 러시가 절정을 이룰 전망이다. 외국 관광객의 증가는 연말까지 지속될 것으로 예상①된다.

나. 이처럼 일본인 관광객들이 대거 한국으로 몰리고 있는 것은 여러 가지 이유가 있다. 일본 내 금융 시장(Financial Market) 불안과 불투명한 경기전망이나 홍콩(Hong Kong) 여행 기피 현상으로 인한 반사 이익 때문으로 분석된다.

다. 일본인들의 단거리 여행지로 각광받던 홍콩은 1997년 7월 중국(China) 반환(返還)을 계기로 모든 부문에서 초고가 정책(Policy)을 추구하고 있다. 이에 홍콩 방문(訪問) 일본인은 1997년 이후 40% 가까이 감소한 데 이어 올해도 매월 30%가량의 감소세를 보이고 있다.

3. 관광 상품 개발

가. 최근 들어서 재래시장에서 김치(Kimchi)나 김(Seaweed), 의류(Clothes)의 구입이 늘고 있다. 쇼핑(Shopping)을 즐기기 위해 전례 없이 단체 여행(Group Tour)으로 한국을 찾는 일본인들이 많아지고 있다.

나. 이에 따라 홍콩이 고가 정책(政策)을 펴다가 외면을 당하게 된 것을 교훈으로 삼아야 한다. 우리도 눈앞의 이익보다는 지금의 일본인 관광객 증가세를 이어갈 수 있도록 다각적인 상품 개발(Development)과 친절(Kindness)에 노력을 기울여야 할 것이다.

◎ Reference

Kangho, L,. (2026). Perception the Service, *Facilities in Korea*. 26(3). 102-110.

---

① 일본 출국 관광객 기준

실전 모의고사 08회

국 가 기 술 자 격 검 정
워드프로세서 실기시험

※ 무단 전재 금함
(한글 2022)

과 목	제한시간
문서편집기능	30분

B형

── 〈 다음 쪽의 문서를 아래 지시사항에 따라 작성하시오 〉 ──

- 작성된 답안의 파일은 지정된 경로 및 파일명을 변경하지 마시고 저장해야 합니다. 이를 준수하지 않으면 실격 처리됩니다.
- 편집 용지
  - 용지 종류는 A4 용지(210mm×297mm) 1매에 용지 방향을 세로로 설정하여 문서를 작성하시오.
  - 용지 여백은 왼쪽 · 오른쪽은 20mm, 위쪽 · 아래쪽은 10mm, 머리말 · 꼬리말은 10mm, 기타 여백은 0mm로 지정하시오.
- 문서의 본문은 2단으로 편집하되, 단 간격은 8mm, 구분선은 긴 파선 0.12mm로 설정하시오.
- 글자 모양
  - 글꼴은 별도의 지시가 없는 한 한글 2022의 기본값으로 작성하시오.
  - 영문, 숫자, 기호 등은 별도의 지시가 없는 한 자판에 있는 문자를 사용하시오.
- 문단 모양
  - 정렬 방식, 여백 등은 문단 모양 기능을 이용하여 작성하시오.
  - 문단 모양은 별도의 지시가 없는 한 한글 2022의 기본값으로 작성하시오.
  - 사이 줄 띄우기는 각 1줄만, 사이 띄우기는 1칸만 띄우시오.
- 표에서 내용의 정렬 방법
  (제목 행과 '합계(평균)' 셀은 가운데 정렬, 나머지는 열 단위를 기준으로 아래와 같이 정렬)
  - 내용의 길이가 서로 다른 문자의 경우 왼쪽 정렬
  - 내용의 길이가 서로 다른 숫자의 경우 오른쪽 정렬
  - 내용의 길이가 서로 같을 경우 문자, 숫자 상관없이 가운데 정렬
- 색상은 '기본' 테마가 포함된 색상 팔레트를 사용하시오.
- 각 항목은 별도의 지시가 없는 한 주어진 문서에 기준하여 작성하시오.
- 각 항목은 별도의 지시가 없는 한 기본 설정값으로 처리하시오.
- 문제에 제시된 지시사항은 작성하지 않음.

대 한 상 공 회 의 소

1. 쪽 테두리	• 선의 종류 및 굵기 : 실선 0.5mm, 모두 • 위치 : 쪽 기준, 왼쪽 · 오른쪽 · 위쪽 · 아래쪽 모두 5mm
2. 글상자	• 크기 : 너비 170mm, 높이 25mm, 크기 고정 • 위치 : 본문과의 배치 – 자리 차지, 가로 – 종이의 가운데 0mm, 세로 – 종이의 위 20mm • 바깥 여백 : 아래쪽 8mm • 선 속성 : 검정(RGB:0,0,0), 이중 실선 0.4mm • 색 채우기 : 노랑(RGB:255,215,0) 80% 밝게
3. 제목	• 제목(1) : 한컴 윤고딕 760, 20pt, 장평(95%), 자간(10%), 진하게, 연한 노랑(RGB:250,243,219) 75% 어둡게, 　　　가운데 정렬 • 제목(2) : 여백 – 왼쪽(340pt)
4. 누름틀	입력할 내용의 안내문 : '소속 이름', 입력 데이터 : '정책홍보실 황지연'
5. 그림	• 경로 : [25]이기적워드실기\그림\홍보.JPG, 문서에 포함 • 크기 : 너비 30mm, 높이 21mm • 위치 : 본문과의 배치 – 글 앞으로, 가로 – 종이의 왼쪽 23mm, 세로 – 종이의 위 22mm • 회전 : 좌우 대칭
6. 스타일 (2개소 수정, 3개소 등록)	• 개요 1(수정) : 여백 – 왼쪽(0pt), HY그래픽, 13pt, 진하게 • 개요 2(수정) : 여백 – 왼쪽(15pt) • 표제목(등록) : 스타일 이름 – 표제목, 스타일 종류 – 문단, 가운데 정렬, 한컴 윤고딕 240, 13pt, 진하게 • 참고문헌 1(등록) : 스타일 이름 – 참고문헌 1, 스타일 종류 – 문단, 내어쓰기(15pt) • 참고문헌 2(등록) : 스타일 이름 – 참고문헌 2, 스타일 종류 – 글자, 진하게
7. 문단 첫 글자 장식	• 모양 : 3줄, 글꼴 : 함초롬돋움, 면 색 : 보라(RGB:157,92,187) 25% 어둡게, 본문과의 간격 : 5mm • 글자 색 : 하양(RGB:255,255,255)
8. 각주	글자 모양 : 한컴 윤고딕 720, 번호 모양 : 아라비아 숫자
9. 하이퍼링크	• '소장 자료 기준, 권'에 하이퍼링크 설정 • 연결 대상 : 웹 주소 – 'https://museum.go.kr'
10. 표	• 크기 : 너비 78mm~80mm, 높이 33mm~34mm • 위치 : 글자처럼 취급　• 전체 행 : 셀 높이를 같게 • 모든 셀의 안 여백 : 왼쪽 · 오른쪽 2mm • 테두리 : 표 안쪽은 실선(0.12mm), 표 바깥의 위쪽과 아래쪽은 실선(0.4mm), 표 바깥의 왼쪽과 오른쪽은 　　　없음, 합계 행 위쪽은 이중 실선(0.5mm) • 제목 행 : 셀 배경 색 – 노랑(RGB:255,215,0) 50% 어둡게, 　　　글자 모양 – 맑은 고딕, 진하게, 하양(RGB:255,255,255) • 합계 행 : 셀 배경 색 – 시멘트색(RGB:178,178,178) 60% 밝게, 글자 모양 – 진하게 • 문단의 정렬 방식 : 가운데 정렬
11. 블록 계산식	표의 합계 행에 블록 계산식을 이용하여 블록 합계 산출
12. 캡션	표 아래에 삽입 후 오른쪽 정렬
13. 차트	• 차트의 모양 : 도넛형, 차트 계열색 : 색상 조합 색4 • 데이터 레이블 : 백분율(%), 글자 채우기 : 밝은 색, 글자 윤곽선 : 밝은 색 • 차트의 크기 : 너비 80mm, 높이 75mm, 크기 고정 • 위치 : 본문과의 배치 – 자리 차지, 가로 – 단의 가운데 0mm, 세로 – 문단의 위 0mm • 바깥 여백 : 위쪽 5mm, 아래쪽 8mm • 제목의 글꼴 설정 : 한컴산뜻돋움, 진하게 • 데이터 레이블, 범례의 글꼴 설정 : 9pt • 표의 아래 단락에 배치
14. 쪽 번호	번호 위치 : 오른쪽 아래, 모양 : 아라비아 숫자, 줄표 넣기 선택, 시작 번호 지정
15. 머리말	한컴 윤고딕 760, 10pt, 진하게, 남색(RGB:58,60,132) 50% 어둡게, 오른쪽 정렬
16. 꼬리말	한컴 윤고딕 740, 10pt, 진하게, 노랑(RGB:255,215,0) 50% 어둡게, 왼쪽 정렬

① 쪽 테두리　②글상자　③제목(1)　⑮머리말 → **월간박물관정보지**

역사를 담은 국립중앙박물관

④ 누름틀

③ 제목(2) →　발표자: 정책홍보실 황지연
　　　　　　　발표일: 2026년 7월 29일

⑤ 그림

⑦ 문단 첫 글자 장식

1. 연구 성과　← ⑥ 스타일(개요 1)

국립중앙박물관은 1946년 우리나라 최초(最初)의 문화재 발굴사업이었던 경주(Gyeongju)의 호우총 발굴조사를 시작으로 구석기시대에서부터 청동기시대(Bronze Age), 철기시대(Iron Age) 등의 문화유적지를 발굴 조사하여 왔으며, 1994년 천안(Cheonan) 창당동 유적(Relic) 발굴에 이르기까지 총 130여 회의 발굴조사를 실시하였다. 그 후 제32책 <천마총> 발간에 이르기까지 문화유적지의 전 과정과 함께 문화유산(Cultural Heritage)으로서의 가치(價値) 등을 수록하고 있다. 또한 국내외 홍보로 우리 전통문화(Tradition Culture)를 위해 노력하고 있다.

← ⑥ 스타일(표제목)

⑩ 표

도서 보유 현황

구분	상반기 기준	하반기 기준	증감
동양서	17,347	19,869	2,432
서양서	2,633	2,842	209
논문	2,118	2,208	90
기타	1,247	2,912	1,665
합계	23,345	27,831	

⑪ 블록 계산식

(단위: 소장 자료 기준, 권)

⑫ 캡션　⑨ 하이퍼링크

도서 보유 현황

⑬ 차트

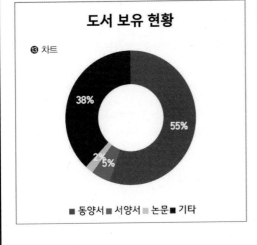

38%
55%
2%
5%

■ 동양서　■ 서양서　■ 논문　■ 기타

2. 출판물 발간　← ⑥ 스타일(개요 1)

가. 1946년 최초의 발굴조사로 성과(成果)를 올렸던 경주의 호우총 발굴조사 보고서(Report)를 시작으로 발굴조사 보고서 시리즈(Series)가 발행되었다. <박물관신문>은 전국 박물관(Museum)과 행정기관(Administrative Organ) 등을 비롯하여 타국 박물관에까지 배포되고 있다.

나. 국립중앙박물관은 우리의 전통문화에 대한 다양한 장르의 영상 자료(Image Data)와 전문(專門)도서를 보유하고 있다. 영상 자료는 총 145종이며, 각종 전통문화에 대한 전문도서(Special Books) 26,000여 권을 소장하고 있다.

← ⑥ 스타일(개요 2)　⑥ 스타일(개요 1)

3. 외국박물관 내 한국실 설치 현황

가. 국립중앙박물관은 한국실 설치를 지원(支援)하여 우리의 유물을 상설 전시하고 있다.

나. 미국의 L.A Country 박물관, 샌프란시스코(San Francisco) 동양미술관, Smithsonian Freer Galley, 보스턴(Boston)박물관, 시애틀(Seattle)박물관, 프랑스의 기메미술관(Guimet Galley), 일본의 도쿄박물관, 오사카 동양도자기미술관, 영국의 Victoria Albert 박물관 등 총 4개국 9개 박물관에 한국실이 설치되어 있다. 더 많은 한국실 설치를 위해 국립중앙박물관은 계속 노력 중이다.

전각기호

◑ Reference
E, William,. (2022). **Cultural Tourist Product** Cultural Tourists. 12(9). 32-35.

⑥ 스타일(참고문헌 1)　⑥ 스타일(참고문헌 2)

⑧ 각주

1) 2025년 12월 발표 기준

역사를 담은 국립중앙박물관

발표자: 정책홍보실 황지연

발표일: 2026년 7월 29일

1. 연구 성과

립중앙박물관은 1946년 우리나라 최초(最初)의 문화재 발굴사업이었던 경주(Gyeongju)의 호우총 발굴조사를 시작으로 구석기시대에서부터 청동기시대(Bronze Age), 철기시대(Iron Age) 등의 문화유적지를 발굴 조사하여 왔으며, 1994년 천안(Cheonan) 창당동 유적(Relic) 발굴에 이르기까지 총 130여 회의 발굴조사를 실시하였다. 그 후 제32책 <천마총> 발간에 이르기까지 문화유적지의 전 과정과 함께 문화유산(Cultural Heritage)으로서의 가치(價値) 등을 수록하고 있다. 또한 국내외 홍보로 우리 전통문화(Tradition Culture)를 위해 노력하고 있다.

도서 보유 현황

구분	상반기 기준	하반기 기준	증감
동양서	17,347	19,869	2,432
서양서	2,633	2,842	209
논문	2,118	2,208	90
기타	1,247	2,912	1,665
합계	23,345	27,831	

(단위: 소장 자료 기준, 권)

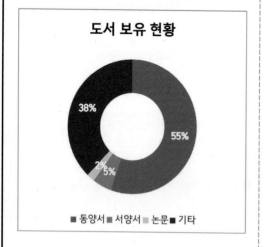

도서 보유 현황

38%

55%

2%

5%

■ 동양서 ■ 서양서 ■ 논문 ■ 기타

2. 출판물 발간

가. 1946년 최초의 발굴조사로 성과(成果)를 올렸던 경주의 호우총 발굴조사 보고서(Report)를 시작으로 발굴조사 보고서 시리즈(Series)가 발행되었다. <박물관신문>[1]은 전국 박물관(Museum)과 행정기관(Administrative Organ) 등을 비롯하여 타국 박물관에까지 배포되고 있다.

나. 국립중앙박물관은 우리의 전통문화에 대한 다양한 장르의 영상 자료(Image Data)와 전문(專門)도서를 보유하고 있다. 영상 자료는 총 145종이며, 각종 전통문화에 대한 전문도서(Special Books) 26,000여 권을 소장하고 있다.

3. 외국박물관 내 한국실 설치 현황

가. 국립중앙박물관은 한국실 설치를 지원(支援)하여 우리의 유물을 상설 전시하고 있다.

나. 미국의 L.A Country 박물관, 샌프란시스코(San Francisco) 동양미술관, Smithsonian Freer Galley, 보스턴(Boston)박물관, 시애틀(Seattle)박물관, 프랑스의 기메미술관(Guimet Galley), 일본의 도쿄박물관, 오사카 동양도자기미술관, 영국의 Victoria Albert 박물관 등 총 4개국 9개 박물관에 한국실이 설치되어 있다. 더 많은 한국실 설치를 위해 국립중앙박물관은 계속 노력 중이다.

◑ Reference

E, William,. (2022). **Cultural Tourist Product**, Cultural Tourists. 12(9). 32-35.

---

1) 2025년 12월 발표 기준

실전 모의고사 09회

국 가 기 술 자 격 검 정

워드프로세서 실기시험

※ 무단 전재 금함
(한글 2022)

과　　목	제한시간
문서편집기능	30분

C형

〈 다음 쪽의 문서를 아래 지시사항에 따라 작성하시오 〉

- 작성된 답안의 파일은 지정된 경로 및 파일명을 변경하지 마시고 저장해야 합니다. 이를 준수하지 않으면 실격 처리됩니다.
- 편집 용지
  - 용지 종류는 A4 용지(210mm×297mm) 1매에 용지 방향을 세로로 설정하여 문서를 작성하시오.
  - 용지 여백은 왼쪽·오른쪽은 20mm, 위쪽·아래쪽은 10mm, 머리말·꼬리말은 10mm, 기타 여백은 0mm로 지정하시오.
- 문서의 본문은 1단에서 2단으로 변하는 모양으로 편집하되, 단 간격은 8mm, 구분선은 이중 실선 0.4mm로 설정하시오.
- 글자 모양
  - 글꼴은 별도의 지시가 없는 한 한글 2022의 기본값으로 작성하시오.
  - 영문, 숫자, 기호 등은 별도의 지시가 없는 한 자판에 있는 문자를 사용하시오.
- 문단 모양
  - 정렬 방식, 여백 등은 문단 모양 기능을 이용하여 작성하시오.
  - 문단 모양은 별도의 지시가 없는 한 한글 2022의 기본값으로 작성하시오.
  - 사이 줄 띄우기는 각 1줄만, 사이 띄우기는 1칸만 띄우시오.
- 표에서 내용의 정렬 방법
  (제목 행과 '합계(평균)' 셀은 가운데 정렬, 나머지는 열 단위를 기준으로 아래와 같이 정렬)
  - 내용의 길이가 서로 다른 문자의 경우 왼쪽 정렬
  - 내용의 길이가 서로 다른 숫자의 경우 오른쪽 정렬
  - 내용의 길이가 서로 같을 경우 문자, 숫자 상관없이 가운데 정렬
- 색상은 '기본' 테마가 포함된 색상 팔레트를 사용하시오.
- 각 항목은 별도의 지시가 없는 한 주어진 문서에 기준하여 작성하시오.
- 각 항목은 별도의 지시가 없는 한 기본 설정값으로 처리하시오.
- 문제에 제시된 지시사항은 작성하지 않음.

대 한 상 공 회 의 소

C형	다음 쪽의 문서를 아래의 〈세부지시사항〉에 따라 작성하시오.

1. 다단 설정	모양 – 둘, 구분선 – 구분선 넣기, 적용 범위 – 새 다단으로
2. 쪽 테두리	• 선의 종류 및 굵기 : 이점쇄선 0.4mm, 모두 • 위치 : 쪽 기준, 왼쪽 · 오른쪽 · 위쪽 · 아래쪽 모두 5mm
3. 글상자	• 크기 : 너비 170mm, 높이 25mm, 크기 고정 • 위치 : 본문과의 배치 – 자리 차지, 가로 – 종이의 가운데 0mm, 세로 – 종이의 위 20mm • 바깥 여백 : 아래쪽 5mm • 선 속성 : 검정(RGB:0,0,0), 실선 0.5mm • 색 채우기 : 시멘트색(RGB:178,178,178) 60% 밝게
4. 제목	• 제목(1) : 한컴 윤고딕 230, 15pt, 장평(110%), 자간(–10%), 진하게, 주황(RGB:255,132,58) 50% 어둡게, 가운데 정렬 • 제목(2) : 여백 – 왼쪽(310pt)
5. 누름틀	입력할 내용의 안내문 : '이메일@도메인', 입력 데이터 : 'youngjin@word.com'
6. 그림	• 경로 : [25]이기적워드실기₩그림₩인류.TIF, 문서에 포함 • 크기 : 너비 30mm, 높이 20mm • 위치 : 본문과의 배치 – 글 앞으로, 가로 – 종이의 왼쪽 25mm, 세로 – 종이의 위 23mm
7. 스타일 (2개소 수정, 3개소 등록)	• 개요 1(수정) : 여백 – 왼쪽(0pt), 한컴돋움, 12pt, 진하게 • 개요 2(수정) : 여백 – 왼쪽(18pt) • 표제목(등록) : 스타일 이름 – 표제목, 스타일 종류 – 문단, 가운데 정렬, 함초롬돋움, 12pt, 진하게 • 참고문헌 1(등록) : 스타일 이름 – 참고문헌 1, 스타일 종류 – 문단, 들여쓰기(15pt) • 참고문헌 2(등록) : 스타일 이름 – 참고문헌 2, 스타일 종류 – 글자, 진하게
8. 문단 첫 글자 장식	• 모양 : 2줄, 글꼴 : 한컴 윤고딕 740, 면 색 : 남색(RGB:58,60,132), 본문과의 간격 : 3mm • 글자 색 : 하양(RGB:255,255,255)
9. 각주	글자 모양 : HY수평선M, 번호 모양 : 아라비아 숫자
10. 하이퍼링크	• 'Science Story'에 하이퍼링크 설정 • 연결 대상 : 웹 주소 – 'http://sanggong.com'
11. 표	• 크기 : 너비 78mm~80mm, 높이 33mm~34mm • 위치 : 글자처럼 취급 • 전체 행 : 셀 높이를 같게 • 모든 셀의 안 여백 : 왼쪽 · 오른쪽 2mm • 테두리 : 표 안쪽은 실선(0.12mm), 표 바깥의 위쪽과 아래쪽은 이중 실선(0.5mm), 표 바깥의 왼쪽과 오른쪽은 없음, 합계 행 위쪽은 실선(0.4mm) • 제목 행 : 셀 배경 색 – 탁한 황갈(RGB:131,77,0) 25% 어둡게, 　　　　　글자 모양 – 맑은 고딕, 진하게, 하양(RGB:255,255,255) • 합계 행 : 셀 배경 색 – 남색(RGB:51,51,153) 80% 밝게, 글자 모양 – 진하게 • 문단의 정렬 방식 : 가운데 정렬
12. 블록 계산식	표의 합계 행에 블록 계산식을 이용하여 블록 합계 산출
13. 캡션	표 위에 삽입 후 오른쪽 정렬
14. 차트	• 차트의 모양 : 3차원 원형, 차트 계열색 : 색상 조합 색3 • 데이터 레이블 : 값, 바깥쪽 끝에 • 차트의 크기 : 너비 80mm, 높이 65mm, 크기 고정 • 위치 : 본문과의 배치 – 자리 차지, 가로 – 단의 가운데 0mm, 세로 – 문단의 위 0mm • 바깥 여백 : 위쪽 5mm, 아래쪽 7mm • 제목의 글꼴 설정 : 돋움체, 진하게 • 데이터 레이블, 범례의 글꼴 설정 : 9pt • 표의 아래 단락에 배치
15. 쪽 번호	번호 위치 : 오른쪽 아래, 모양 : 로마자 대문자 숫자, 줄표 넣기 선택, 시작 번호 지정
16. 머리말	한컴산뜻돋움, 진하게, 남색(RGB:51,51,153) 25% 어둡게, 오른쪽 정렬
17. 꼬리말	한컴산뜻돋움, 밑줄, 빨강(RGB:255,0,0) 25% 어둡게, 왼쪽 정렬

❷ 쪽 테두리　　❸ 글상자　　❹ 제목(1)　　⑯ 머리말 → **한국지질자원연구회 제37기**

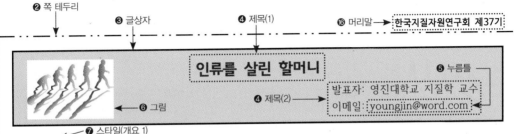

인류를 살린 할머니

❺ 누름틀

발표자: 영진대학교 지질학 교수
이메일: youngjin@word.com

❻ 그림　　❹ 제목(2)

❼ 스타일(개요 1)

1. 개요
❽ 문단 첫 글자 장식

미국 캘리포니아대학교(University Of California)의 이상희 교수는 미시간대(University Of Michigan)의 레이첼 카스파리(Rachel Kaspary) 교수와 함께 유골 분석을 통해 약 3만 년 전 인류 사회에서 노년층이 급증하면서부터 인구가 증가하고 문화가 태동하기 시작했다는 사실을 밝혀내 5일 미국립과학원회보(PNAS) 인터넷판에 발표했다.

❶ 다단 설정　　❼ 스타일(표제목)

시대별 유골의 연령비
⑬ 캡션
(단위: 추정치, 세)

⑪ 표

구분	노년층	젊은층	비율
원시인류	17	316	0.12
호모속원인	22	166	0.25
네안데르탈인	29	96	0.39
크로마뇽인	14	24	2.08
합계	82	602	

⑫ 블록 계산식

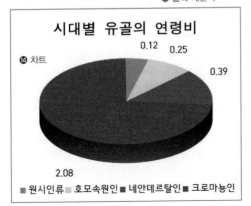

⑭ 차트

시대별 유골의 연령비
0.12　0.25　0.39　2.08
■원시인류 ■호모속원인 ■네안데르탈인 ■크로마뇽인

2. 유골의 연령 측정 결과
❼ 스타일(개요 1)

가. 연구팀은 오스트랄로피테쿠스(Australopithecus)부터 초 중기 플라이스토세(Pleistocene) 호모속원인, 유럽과 서아시아의 네안데르탈인(Neanderthal Man)부터 후기 구석기시대 크로마뇽인(Cromagnon Man)까지 시기별 4개 집단에 속하는 총 768구의 원시 인류 유골(遺骨)에 대한 연령 측정을 시행했다.

나. 논문에 따르면 3만 년 전 현생 인류의 직계 조상인 호모사피엔스(Homo Sapiens)는 전의 네안데르탈인보다 노년층의 비가 무려 5배나 증가했다. 박 교수는 "인류의 수명이 급증하면서 더 많은 자손을 낳을 수 있게 되고, 동시에 나이 든 세대가 직접 자신이 낳지 않더라도 자손들에게 생존의 지혜를 전해주고 손자들을 돌봄으로써 가족을 번창(Childcare)시켰기 때문"이라고 설명했다.

❼ 스타일(개요 2)

3. 할머니 가설의 확립
❼ 스타일(개요 1)

가. 동물은 죽을 때까지 생식이 가능하다. 그러나 인간은 다른 동물과 달리 45세 전후에 폐경을 맞이해 더 이상 생식(Reproduction)을 할 수 없게 되어도 70세 정도까지 장수한다. 이 미스터리(Mystery)를 풀기 위해 제시된 것이 바로 '할머니 가설(Grandmother Hypothesis)'이다.

나. 나이 든 세대는 인류(人類) 문화 발달(Cultural Development)에도 기여한 것으로 보인다. 박 교수는 "나이 든 세대가 급증한 시기는, 인류가 장신구를 사용하고 동굴 벽화(Cave Paintings)를 그렸으며 장례(Funeral) 행위를 시작했던 때와 일치한다"고 말했다.

다. 나이 든 세대의 지혜(智慧)와 보살핌이 현생 인류를 양적인 면뿐만 아니라 질적으로도 발전시킨 것이다.

┌─ 전각기호　　❼ 스타일(참고문헌 1)

♠ Reference
Rachel, Y. (2025). This study was performed by **questionnaire**. 21(10). 320-589.

❼ 스타일(참고문헌 2)

❾ 각주

1) 출처: Science Story

⑩ 하이퍼링크

⑰ 꼬리말 → 문화소식지 (2013년부터 2026년까지 활동)

인류를 살린 할머니

발표자: 영진대학교 지질학 교수
이메일: youngjin@word.com

1. 개요

미국 캘리포니아대학교(University Of California)의 이상희 교수는 미시간대(University Of Michigan)의 레이첼 카스파리(Rachel Kaspary) 교수와 함께 유골 분석을 통해 약 3만 년 전 인류 사회에서 노년층이 급증하면서부터 인구가 증가하고 문화가 태동하기 시작했다는 사실을 밝혀내 5일 미국립과학원회보(PNAS) 인터넷판에 발표했다.

시대별 유골의 연령비

(단위: 추정치, 세)

구분	노년층	젊은층	비율
원시인류	17	316	0.12
호모속원인	22	166	0.25
네안데르탈인	29	96	0.39
크로마뇽인	14	24	2.08
합계	82	602	

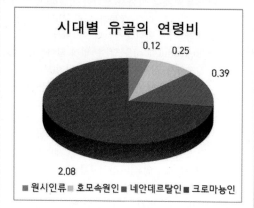

시대별 유골의 연령비

0.12 0.25

0.39

2.08

■ 원시인류 ■ 호모속원인 ■ 네안데르탈인 ■ 크로마뇽인

2. 유골의 연령 측정 결과

가. 연구팀은 오스트랄로피테쿠스(Australopithecus)부터 초 중기 플라이스토세(Pleistocene) 호모속원인, 유럽과 서아시아의 네안데르탈인(Neanderthal Man)부터 후기 구석기시대 크로마뇽인(Cromagnon Man)까지 시기별 4개 집단에 속하는 총 768구의 원시 인류 유골(遺骨)에 대한 연령 측정을 시행했다.

나. 논문에 따르면 3만 년 전 현생 인류의 직계 조상인 호모사피엔스(Homo Sapiens)는 전의 네안데르탈인보다 노년층의 비가 무려 5배나 증가했다. 박 교수는 "인류의 수명이 급증하면서 더 많은 자손을 낳을 수 있게 되고, 동시에 나이 든 세대가 직접 자신이 낳지 않더라도 자손들에게 생존의 지혜를 전해주고 손자들을 돌봄으로써 가족을 번창(Childcare)시켰기 때문"이라고 설명했다.

3. 할머니 가설의 확립

가. 동물은 죽을 때까지 생식이 가능하다. 그러나 인간은 다른 동물과 달리 45세 전후에 폐경을 맞이해 더 이상 생식(Reproduction)을 할 수 없게 되어도 70세 정도까지 장수한다. 이 미스터리(Mystery)를 풀기 위해 제시된 것이 바로 '할머니 가설[1](Grandmother Hypothesis)'이다.

나. 나이 든 세대는 인류(人類) 문화 발달(Cultural Development)에도 기여한 것으로 보인다. 박 교수는 "나이 든 세대가 급증한 시기는, 인류가 장신구를 사용하고 동굴 벽화(Cave Paintings)를 그렸으며 장례(Funeral) 행위를 시작했던 때와 일치한다"고 말했다.

다. 나이 든 세대의 지혜(智慧)와 보살핌이 현생 인류를 양적인 면뿐만 아니라 질적으로도 발전시킨 것이다.

♠ Reference
Rachel, Y. (2025). This study was performed by **questionnaire**. 21(10). 320-589.

---

1) 출처: <u>Science Story</u>

국 가 기 술 자 격 검 정

워드프로세서 실기시험

※ 무단 전재 금함
(한글 2022)

과 목	제한시간
문서편집기능	30분

C형

──── 〈 다음 쪽의 문서를 아래 지시사항에 따라 작성하시오 〉 ────

- 작성된 답안의 파일은 지정된 경로 및 파일명을 변경하지 마시고 저장해야 합니다. 이를 준수하지 않으면 실격 처리됩니다.
- 편집 용지
  - 용지 종류는 A4 용지(210mm×297mm) 1매에 용지 방향을 세로로 설정하여 문서를 작성하시오.
  - 용지 여백은 왼쪽·오른쪽은 20mm, 위쪽·아래쪽은 10mm, 머리말·꼬리말은 10mm, 기타 여백은 0mm로 지정하시오.
- 문서의 본문은 1단에서 2단으로 변하는 모양으로 편집하되, 단 간격은 8mm로 설정하시오.
- 글자 모양
  - 글꼴은 별도의 지시가 없는 한 한글 2022의 기본값으로 작성하시오.
  - 영문, 숫자, 기호 등은 별도의 지시가 없는 한 자판에 있는 문자를 사용하시오.
- 문단 모양
  - 정렬 방식, 여백 등은 문단 모양 기능을 이용하여 작성하시오.
  - 문단 모양은 별도의 지시가 없는 한 한글 2022의 기본값으로 작성하시오.
  - 사이 줄 띄우기는 각 1줄만, 사이 띄우기는 1칸만 띄우시오.
- 표에서 내용의 정렬 방법
  (제목 행과 '합계(평균)' 셀은 가운데 정렬, 나머지는 열 단위를 기준으로 아래와 같이 정렬)
  - 내용의 길이가 서로 다른 문자의 경우 왼쪽 정렬
  - 내용의 길이가 서로 다른 숫자의 경우 오른쪽 정렬
  - 내용의 길이가 서로 같을 경우 문자, 숫자 상관없이 가운데 정렬
- 색상은 '기본' 테마가 포함된 색상 팔레트를 사용하시오.
- 각 항목은 별도의 지시가 없는 한 주어진 문서에 기준하여 작성하시오.
- 각 항목은 별도의 지시가 없는 한 기본 설정값으로 처리하시오.
- 문제에 제시된 지시사항은 작성하지 않음.

대 한 상 공 회 의 소

1. 다단 설정	모양 – 둘, 적용 범위 – 새 다단으로
2. 쪽 테두리	• 선의 종류 및 굵기 : 얇고 굵은 이중선 0.5mm, 모두 • 위치 : 쪽 기준, 왼쪽 · 오른쪽 · 위쪽 · 아래쪽 모두 5mm
3. 글상자	• 크기 : 너비 170mm, 높이 30mm, 크기 고정 • 위치 : 본문과의 배치 – 자리 차지, 가로 – 종이의 가운데 0mm, 세로 – 종이의 위 20mm • 바깥 여백 : 아래쪽 7mm • 선 속성 : 검정(RGB:0,0,0), 이중 실선 0.4mm • 색 채우기 : 연한 노랑(RGB:250,243,219)
4. 제목	• 제목(1) : 한컴산뜻돋움, 17pt, 장평(105%), 자간(–5%), 진하게, 초록(RGB:40,155,110) 25% 어둡게, 가운데 정렬 • 제목(2) : 여백 – 왼쪽(340pt)
5. 누름틀	입력할 내용의 안내문 : '0000. 0. 0.', 입력 데이터 : '2025. 12. 31.'
6. 그림	• 경로 : [25]이기적워드실기₩그림₩농가.PNG, 문서에 포함 • 크기 : 너비 30mm, 높이 20mm • 위치 : 본문과의 배치 – 글 앞으로, 가로 – 종이의 왼쪽 23mm, 세로 – 종이의 위 25mm • 회전 : 좌우 대칭
7. 스타일 (2개소 수정, 3개소 등록)	• 개요 1(수정) : 여백 – 왼쪽(0pt), 한컴 윤체 L, 13pt, 진하게 • 개요 2(수정) : 여백 – 왼쪽(10pt) • 표제목(등록) : 스타일 이름 – 표제목, 스타일 종류 – 문단, 가운데 정렬, 함초롬돋움, 11pt, 진하게 • 참고문헌 1(등록) : 스타일 이름 – 참고문헌 1, 스타일 종류 – 문단, 들여쓰기(20pt) • 참고문헌 2(등록) : 스타일 이름 – 참고문헌 2, 스타일 종류 – 글자, 그림자
8. 문단 첫 글자 장식	• 모양 : 2줄, 글꼴 : 한컴 윤고딕 760, 면 색 : 시멘트색(RGB:178,178,178) 80% 밝게, 본문과의 간격 : 3mm • 글자 색 : 초록(RGB:40,155,110) 50% 어둡게
9. 각주	글자 모양 : HY나무M, 번호 모양 : 아라비아 숫자 원문자
10. 하이퍼링크	• '세계식량농업보고서, 달러'에 하이퍼링크 설정 • 연결 대상 : 웹 주소 – 'https://www.fao.or.kr'
11. 표	• 크기 : 너비 78mm~80mm, 높이 33mm~34mm • 위치 : 글자처럼 취급　　• 전체 행 : 셀 높이를 같게 • 모든 셀의 안 여백 : 왼쪽 · 오른쪽 2mm • 테두리 : 표 안쪽은 실선(0.12mm), 표 바깥의 위쪽과 아래쪽은 실선(0.5mm), 표 바깥의 왼쪽과 오른쪽은 　　　　 없음, 합계 행 위쪽은 이중 실선(0.5mm) • 제목 행 : 셀 배경 색 – 남색(RGB:51,51,153) 25% 어둡게, 　　　　 글자 모양 – 한컴 윤고딕 740, 진하게, 하양(RGB:255,255,255) • 합계 행 : 셀 배경 색 – 빨강(RGB:255,0,0) 80% 밝게, 글자 모양 – 진하게 • 문단의 정렬 방식 : 가운데 정렬
12. 블록 계산식	표의 합계 행에 블록 계산식을 이용하여 블록 합계 산출
13. 캡션	표 위에 삽입 후 오른쪽 정렬
14. 차트	• 차트의 모양 : 이중 축 혼합형(묶은 세로 막대형, 표식이 있는 꺾은선형) • 차트의 크기 : 너비 80mm, 높이 70mm, 크기 고정 • 위치 : 본문과의 배치 – 자리 차지, 가로 – 단의 가운데 0mm, 세로 – 단의 위 0mm • 바깥 여백 : 위쪽 5mm, 아래쪽 8mm • 값 축, 항목 축, 보조 값 축, 범례의 글꼴 설정 : 9pt • 표의 아래 단락에 배치 ※ 혼합형 차트는 차트 종류와 속성을 이용하여 구성하시오.
15. 쪽 번호	번호 위치 : 가운데 아래, 모양 : 아라비아 숫자, 줄표 넣기 선택, 시작 번호 지정
16. 머리말	한컴산뜻돋움, 진하게, 검은 군청(RGB:27,23,96) 25% 밝게, 오른쪽 정렬
17. 꼬리말	한컴산뜻돋움, 진하게, 빨강(RGB:255,0,0) 40% 밝게, 오른쪽 정렬

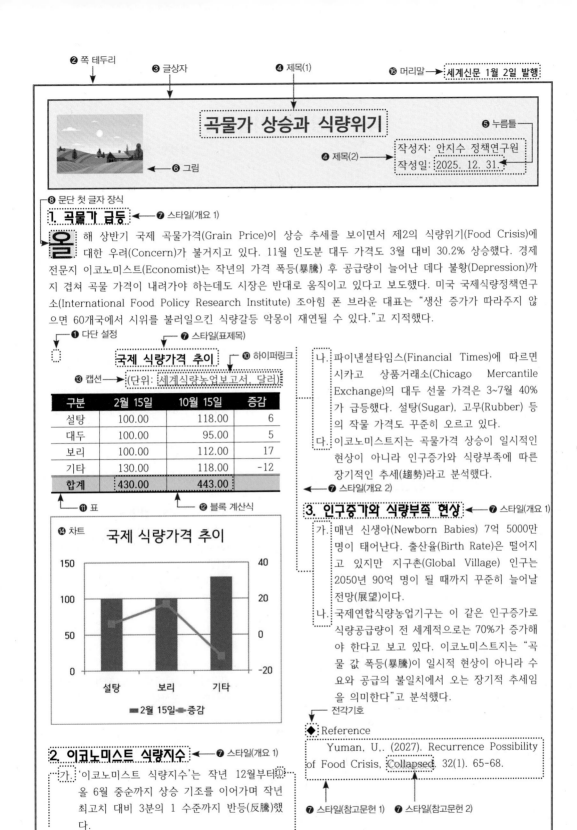

❷ 쪽 테두리　❸ 글상자　❹ 제목(1)　❶⑥ 머리말 → 세계신문 1월 2일 발행

곡물가 상승과 식량위기

❹ 제목(2)　❺ 누름틀

작성자: 안지수 정책연구원
작성일: 2025. 12. 31.

❻ 그림

❽ 문단 첫 글자 장식

1. 곡물가 급등　← ❼ 스타일(개요 1)

올 해 상반기 국제 곡물가격(Grain Price)이 상승 추세를 보이면서 제2의 식량위기(Food Crisis)에 대한 우려(Concern)가 불거지고 있다. 11월 인도분 대두 가격도 3월 대비 30.2% 상승했다. 경제 전문지 이코노미스트(Economist)는 작년의 가격 폭등(暴騰) 후 공급량이 늘어난 데다 불황(Depression)까지 겹쳐 곡물 가격이 내려가야 하는데도 시장은 반대로 움직이고 있다고 보도했다. 미국 국제식량정책연구소(International Food Policy Research Institute) 조아힘 폰 브라운 대표는 "생산 증가가 따라주지 않으면 60개국에서 시위를 불러일으킨 식량갈등 악몽이 재연될 수 있다."고 지적했다.

❶ 다단 설정　❼ 스타일(표제목)

국제 식량가격 추이　❿ 하이퍼링크

❸ 캡션 → (단위: 세계식량농업보고서, 달러)

구분	2월 15일	10월 15일	증감
설탕	100.00	118.00	6
대두	100.00	95.00	5
보리	100.00	112.00	17
기타	130.00	118.00	-12
합계	430.00	443.00	

❶ 표　❷ 블록 계산식

❹ 차트

국제 식량가격 추이

■2월 15일 ■증감

나. 파이낸셜타임스(Financial Times)에 따르면 시카고 상품거래소(Chicago Mercantile Exchange)의 대두 선물 가격은 3~7월 40%가 급등했다. 설탕(Sugar), 고무(Rubber) 등의 작물 가격도 꾸준히 오르고 있다.

다. 이코노미스트지는 곡물가격 상승이 일시적인 현상이 아니라 인구증가와 식량부족에 따른 장기적인 추세(趨勢)라고 분석했다.

← ❼ 스타일(개요 2)

3. 인구증가와 식량부족 현상　← ❼ 스타일(개요 1)

가. 매년 신생아(Newborn Babies) 7억 5000만 명이 태어난다. 출산율(Birth Rate)은 떨어지고 있지만 지구촌(Global Village) 인구는 2050년 90억 명이 될 때까지 꾸준히 늘어날 전망(展望)이다.

나. 국제연합식량농업기구는 이 같은 인구증가로 식량공급량이 전 세계적으로는 70%가 증가해야 한다고 보고 있다. 이코노미스트지는 "곡물 값 폭등(暴騰)이 일시적 현상이 아니라 수요와 공급의 불일치에서 오는 장기적 추세임을 의미한다"고 분석했다.

전각기호

◆ Reference
　Yuman, U,. (2027). Recurrence Possibility of Food Crisis, Collapsed. 32(1). 65-68.

❼ 스타일(참고문헌 1)　❼ 스타일(참고문헌 2)

2. 이코노미스트 식량지수　← ❼ 스타일(개요 1)

가. '이코노미스트 식량지수'는 작년 12월부터① 올 6월 중순까지 상승 기조를 이어가며 작년 최고치 대비 3분의 1 수준까지 반등(反騰)했다.

❾ 각주 →

① 유엔식량농업기구 한국협회

곡물가 상승과 식량위기

작성자: 안지수 정책연구원
작성일: 2025. 12. 31.

1. 곡물가 급등

올 해 상반기 국제 곡물가격(Grain Price)이 상승 추세를 보이면서 제2의 식량위기(Food Crisis)에 대한 우려(Concern)가 불거지고 있다. 11월 인도분 대두 가격도 3월 대비 30.2% 상승했다. 경제 전문지 이코노미스트(Economist)는 작년의 가격 폭등(暴騰) 후 공급량이 늘어난 데다 불황(Depression)까지 겹쳐 곡물 가격이 내려가야 하는데도 시장은 반대로 움직이고 있다고 보도했다. 미국 국제식량정책연구소(International Food Policy Research Institute) 조아힘 폰 브라운 대표는 "생산 증가가 따라주지 않으면 60개국에서 시위를 불러일으킨 식량갈등 악몽이 재연될 수 있다."고 지적했다.

국제 식량가격 추이

(단위: 세계식량농업보고서, 달러)

구분	2월 15일	10월 15일	증감
설탕	100.00	118.00	6
대두	100.00	95.00	5
보리	100.00	112.00	17
기타	130.00	118.00	-12
합계	430.00	443.00	

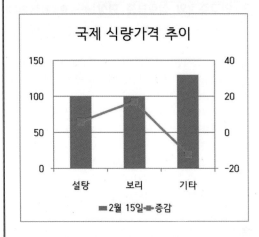

국제 식량가격 추이

■2월 15일 ◆증감

2. 이코노미스트 식량지수

가. '이코노미스트 식량지수'는 작년 12월부터[①] 올 6월 중순까지 상승 기조를 이어가며 작년 최고치 대비 3분의 1 수준까지 반등(反騰)했다.

---

① 유엔식량농업기구 한국협회

나. 파이낸셜타임스(Financial Times)에 따르면 시카고 상품거래소(Chicago Mercantile Exchange)의 대두 선물 가격은 3~7월 40%가 급등했다. 설탕(Sugar), 고무(Rubber) 등의 작물 가격도 꾸준히 오르고 있다.

다. 이코노미스트지는 곡물가격 상승이 일시적인 현상이 아니라 인구증가와 식량부족에 따른 장기적인 추세(趨勢)라고 분석했다.

3. 인구증가와 식량부족 현상

가. 매년 신생아(Newborn Babies) 7억 5000만 명이 태어난다. 출산율(Birth Rate)은 떨어지고 있지만 지구촌(Global Village) 인구는 2050년 90억 명이 될 때까지 꾸준히 늘어날 전망(展望)이다.

나. 국제연합식량농업기구는 이 같은 인구증가로 식량공급량이 전 세계적으로는 70%가 증가해야 한다고 보고 있다. 이코노미스트지는 "곡물 값 폭등(暴騰)이 일시적 현상이 아니라 수요와 공급의 불일치에서 오는 장기적 추세임을 의미한다"고 분석했다.

◆ Reference
Yuman, U,. (2027). Recurrence Possibility of Food Crisis, Collapsed. 32(1). 65-68.

실전 모의고사 11회

워드프로세서 실기시험

※ 무단 전재 금함
(한글 2022)

과 　 목	제한시간
문서편집기능	30분

C형

〈 다음 쪽의 문서를 아래 지시사항에 따라 작성하시오 〉

- 작성된 답안의 파일은 지정된 경로 및 파일명을 변경하지 마시고 저장해야 합니다. 이를 준수하지 않으면 실격 처리됩니다.
- 편집 용지
  - 용지 종류는 A4 용지(210mm×297mm) 1매에 용지 방향을 세로로 설정하여 문서를 작성하시오.
  - 용지 여백은 왼쪽·오른쪽은 20mm, 위쪽·아래쪽은 10mm, 머리말·꼬리말은 10mm, 기타 여백은 0mm로 지정하시오.
- 문서의 본문은 1단에서 2단으로 변하는 모양으로 편집하되, 단 간격은 8mm, 구분선은 점선 0.12mm로 설정하시오.
- 글자 모양
  - 글꼴은 별도의 지시가 없는 한 한글 2022의 기본값으로 작성하시오.
  - 영문, 숫자, 기호 등은 별도의 지시가 없는 한 자판에 있는 문자를 사용하시오.
- 문단 모양
  - 정렬 방식, 여백 등은 문단 모양 기능을 이용하여 작성하시오.
  - 문단 모양은 별도의 지시가 없는 한 한글 2022의 기본값으로 작성하시오.
  - 사이 줄 띄우기는 각 1줄만, 사이 띄우기는 1칸만 띄우시오.
- 표에서 내용의 정렬 방법
  (제목 행과 '합계(평균)' 셀은 가운데 정렬, 나머지는 열 단위를 기준으로 아래와 같이 정렬)
  - 내용의 길이가 서로 다른 문자의 경우 왼쪽 정렬
  - 내용의 길이가 서로 다른 숫자의 경우 오른쪽 정렬
  - 내용의 길이가 서로 같을 경우 문자, 숫자 상관없이 가운데 정렬
- 색상은 '기본' 테마가 포함된 색상 팔레트를 사용하시오.
- 각 항목은 별도의 지시가 없는 한 주어진 문서에 기준하여 작성하시오.
- 각 항목은 별도의 지시가 없는 한 기본 설정값으로 처리하시오.
- 문제에 제시된 지시사항은 작성하지 않음.

대 한 상 공 회 의 소

1. 다단 설정	모양 – 둘, 구분선 – 구분선 넣기, 적용 범위 – 새 다단으로
2. 쪽 테두리	• 선의 종류 및 굵기 : 얇고 굵은 이중선 0.5mm, 모두 • 위치 : 쪽 기준, 왼쪽 · 오른쪽 · 위쪽 · 아래쪽 모두 5mm
3. 글상자	• 크기 : 너비 170mm, 높이 25mm, 크기 고정 • 위치 : 본문과의 배치 – 자리 차지, 가로 – 종이의 가운데 0mm, 세로 – 종이의 위 20mm • 바깥 여백 : 아래쪽 5mm • 선 속성 : 검정(RGB:0,0,0), 실선 0.12mm • 색 채우기 : 보라(RGB:157,92,187) 80% 밝게
4. 제목	• 제목(1) : 한컴 윤고딕 760, 18pt, 장평(110%), 자간(−5%), 진하게, 남색(RGB:58,60,132), 가운데 정렬 • 제목(2) : 여백 – 왼쪽(340pt)
5. 누름틀	입력할 내용의 안내문 : '이름 직위', 입력 데이터 : '전현식 선임연구원'
6. 그림	• 경로 : [25]이기적워드실기\그림\비즈니스.PNG, 문서에 포함 • 크기 : 너비 28mm, 높이 18mm • 위치 : 본문과의 배치 – 글 앞으로, 가로 – 종이의 왼쪽 23mm, 세로 – 종이의 위 24mm • 회전 : 좌우 대칭
7. 스타일 (2개소 수정, 3개소 등록)	• 개요 1(수정) : 여백 – 왼쪽(0pt), HY강M, 11pt, 진하게 • 개요 2(수정) : 여백 – 왼쪽(13pt) • 표제목(등록) : 스타일 이름 – 표제목, 스타일 종류 – 문단, 가운데 정렬, 함초롬돋움, 13pt, 진하게 • 참고문헌 1(등록) : 스타일 이름 – 참고문헌 1, 스타일 종류 – 문단, 내어쓰기(20pt) • 참고문헌 2(등록) : 스타일 이름 – 참고문헌 2, 스타일 종류 – 글자, 진하게
8. 문단 첫 글자 장식	• 모양 : 2줄, 글꼴 : 맑은 고딕, 면 색 : 노랑(RGB:255,215,0) 80% 밝게, 본문과의 간격 : 3mm • 글자 색 : 남색(RGB:58,60,132) 50% 어둡게
9. 각주	글자 모양 : 한컴 윤고딕 230, 번호 모양 : 아라비아 숫자
10. 하이퍼링크	• '금융감독원 홈페이지'에 하이퍼링크 설정 • 연결 대상 : 웹 주소 – 'https://www.fss.or.kr'
11. 표	• 크기 : 너비 78mm~80mm, 높이 33mm~34mm • 위치 : 글자처럼 취급 • 전체 행 : 셀 높이를 같게 • 모든 셀의 안 여백 : 왼쪽 · 오른쪽 2mm • 테두리 : 표 안쪽은 실선(0.12mm), 표 바깥의 위쪽과 아래쪽은 실선(0.4mm), 표 바깥의 왼쪽과 오른쪽은 　　　　　　없음, 구분 행 아래와 합계 행 위쪽은 이중 실선(0.5mm) • 제목 행 : 셀 배경 색 – 노랑(RGB:255,215,0) 25% 어둡게, 　　　　　　글자 모양 – HY강M, 진하게, 하양(RGB:255,255,255) • 합계 행 : 셀 배경 색 – 초록(RGB:40,155,110) 60% 밝게, 글자 모양 – 진하게 • 문단의 정렬 방식 : 가운데 정렬
12. 블록 계산식	표의 합계 행에 블록 계산식을 이용하여 블록 합계 산출
13. 캡션	표 위에 삽입 후 오른쪽 정렬
14. 차트	• 차트의 모양 : 2차원 원형, 차트 계열색 : 색상 조합 색3 • 데이터 레이블 : 백분율(%), 바깥쪽 끝에 • 차트의 크기 : 너비 80mm, 높이 75mm, 크기 고정 • 위치 : 본문과의 배치 – 자리 차지, 가로 – 단의 가운데 0mm, 세로 – 문단의 위 0mm • 바깥 여백 : 위쪽 5mm, 아래쪽 7mm • 제목의 글꼴 설정 : 맑은 고딕, 진하게 • 데이터 레이블, 범례의 글꼴 설정 : 9pt • 표의 아래 단락에 배치
15. 쪽 번호	번호 위치 : 오른쪽 아래, 모양 : 아라비아 숫자, 줄표 넣기 선택, 시작 번호 지정
16. 머리말	한컴산뜻돋움, 10pt, 진하게, 하늘색(RGB:97,130,214) 25% 어둡게, 오른쪽 정렬
17. 꼬리말	한컴산뜻돋움, 진하게, 노랑(RGB:255,215,0) 50% 어둡게, 왼쪽 정렬

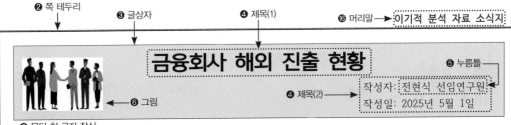

금융회사 해외 진출 현황

❺ 누름틀
❹ 제목(2)

작성자: 전현식 선임연구원
작성일: 2025년 5월 1일

❻ 그림
❽ 문단 첫 글자 장식

1. 아시아로 눈을 돌리는 금융사 ← ❼ 스타일(개요 1)

시 내 중심가에 있는 상공은행 캄보디아 지점의 창구는 현지 고객(顧客)들로 붐빈다. 두 달 전 계좌(Account)를 개설했다는 회사원 티수텐트라(여/33)는 "친구의 소개로 이 은행을 이용하게 됐는데 캄보디아(Cambodia) 은행에 비해 서비스(Service)가 좋고, 계좌 보안(Security)도 뛰어나다."며 만족했다. 해외에 나가 현지인(Local People)을 고객으로 끌어당기고 있는 금융사는 이 은행뿐이 아니다. 한국생명 베트남(Vietnam) 법인은 지난해 4월 영업(Business)을 시작한 이후 6개월 만에 초회 보험료 100만 달러를 돌파했다. 2014년 현지 은행을 인수해 설립(設立)된 고려은행 인도네시아(Indonesia) 법인은 6년 만에 지점 수를 17개로 늘렸다.

❶ 다단 설정
❼ 스타일(표제목)

해외 진출 금융회사
❸ 캡션
(단위: 년도별 기준, %)

❶ 표

구분	23년	24년 초	24년 말	증감
은행	120	135	153	2.3
보험	43	88	95	3.2
금융투자	28	36	69	1.2
여신전문	10	14	16	2.3
합계	201	273	333	

❶ 블록 계산식

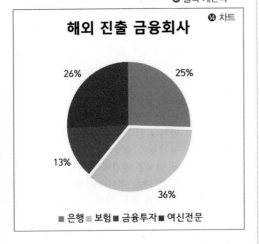

❹ 차트

해외 진출 금융회사

26%　25%
13%
36%

■ 은행 ■ 보험 ■ 금융투자 ■ 여신전문

2. 금융권의 고객 유치 노력 ← ❼ 스타일(개요 1)

가. 금융사들은 현지인을 위한 소매영업을 본격화하고 있다.

나. 서울종합금융증권 프놈펜(Phnom Penh) 사무소는 캄보디아 재경부와 금융자문 협약

❾ 각주

1) 자료: 금융감독원 홈페이지
❿ 하이퍼링크

을 하고, 증권거래소(Stock Exchange) 개장에 맞춰 공기업의 상장작업을 진행 중이다.

다. 호찌민(Ho Chi Minh) 증권거래소 레하이짜 상임이사는 "한국거래소의 정보기술(Information Technology) 시스템을 도입(導入)하기로 하고 작업을 진행 중인데 뛰어난 성능에 아주 만족한다."고 말했다.

❼ 스타일(개요 2)

3. 국내시장의 한계 ← ❼ 스타일(개요 1)

가. 금융(Financial Business)도 미뤄두었던 해외 진출에 속도를 내고 있다.

나. 이러한 현상은 국내시장(Domestic Market)의 한계 때문이며 중국, 인도(印度), 베트남 등 신흥국(Newly Emerging Nation)의 금융시장은 점점 열리고 있다.

다. 갖춘 글로벌 금융회사에 안방이 야금야금 먹히고 있는 마당에 생존을 위해선 지금이라도 해외로 나가야 한다고 금융사들은 판단했다.

라. 국내 금융사들이 활발히 해외시장을 공략하고 있지만 아직은 걸음마 수준으로 가시적인 성과(成果)를 내는 것보다는 해외 진출 자체에 의미를 두고 있는 회사도 많다.

전각기호

♣ Reference
Endollfin, L. (2024). The Reactions and Strategies of Markets. 25(8). 79-80.

❼ 스타일(참고문헌 1)　❼ 스타일(참고문헌 2)

금융회사 해외 진출 현황

작성자: 전현식 선임연구원
작성일: 2025년 5월 1일

1. 아시아로 눈을 돌리는 금융사

시내 중심가에 있는 상공은행 캄보디아 지점의 창구는 현지 고객(顧客)들로 붐빈다. 두 달 전 계좌(Account)를 개설했다는 회사원 티수텐트라(여/33)는 "친구의 소개로 이 은행을 이용하게 됐는데 캄보디아(Cambodia) 은행에 비해 서비스(Service)가 좋고, 계좌 보안(Security)도 뛰어나다."며 만족했다. 해외에 나가 현지인(Local People)을 고객으로 끌어당기고 있는 금융사는 이 은행뿐이 아니다. 한국생명 베트남(Vietnam) 법인은 지난해 4월 영업(Business)을 시작한 이후 6개월 만에 초회 보험료 100만 달러를 돌파했다. 2014년 현지 은행을 인수해 설립(設立)된 고려은행 인도네시아(Indonesia) 법인은 6년 만에 지점 수를 17개로 늘렸다.

해외 진출 금융회사

(단위: 년도별 기준, %)

구분	23년	24년 초	24년 말	증감
은행	120	135	153	2.3
보험	43	88	95	3.2
금융투자	28	36	69	1.2
여신전문	10	14	16	2.3
합계	201	273	333	

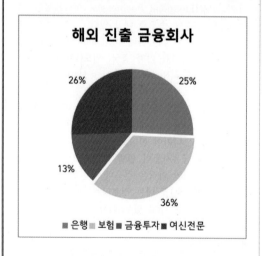

해외 진출 금융회사

26% 25% 13% 36%

■ 은행 ■ 보험 ■ 금융투자 ■ 여신전문

2. 금융권의 고객 유치 노력

가. 금융사들은 현지인을 위한 소매영업을 본격화하고 있다.

나. 서울종합금융증권 프놈펜(Phnom Penh)[1] 사무소는 캄보디아 재경부와 금융자문 협약

을 하고, 증권거래소(Stock Exchange) 개장에 맞춰 공기업의 상장작업을 진행 중이다.

다. 호찌민(Ho Chi Minh) 증권거래소 레하이짜 상임이사는 "한국거래소의 정보기술(Information Technology) 시스템을 도입(導入)하기로 하고 작업을 진행 중인데 뛰어난 성능에 아주 만족한다."고 말했다.

3. 국내시장의 한계

가. 금융(Financial Business)도 미뤄두었던 해외 진출에 속도를 내고 있다.

나. 이러한 현상은 국내시장(Domestic Market)의 한계 때문이며 중국, 인도(印度), 베트남 등 신흥국(Newly Emerging Nation)의 금융시장은 점점 열리고 있다.

다. 갖춘 글로벌 금융회사에 안방이 야금야금 먹히고 있는 마당에 생존을 위해선 지금이라도 해외로 나가야 한다고 금융사들은 판단했다.

라. 국내 금융사들이 활발히 해외시장을 공략하고 있지만 아직은 걸음마 수준으로 가시적인 성과(成果)를 내는 것보다는 해외 진출 자체에 의미를 두고 있는 회사도 많다.

♣ Reference
Endollfin, L. (2024). The Reactions and **Strategies of Markets**. 25(8). 79-80.

---

1) 자료: 금융감독원 홈페이지

국 가 기 술 자 격 검 정

워드프로세서 실기시험

※ 무단 전재 금함
(한글 2022)

과　　　목	제한시간
문서편집기능	30분

C형

─── 〈 다음 쪽의 문서를 아래 지시사항에 따라 작성하시오 〉 ───

- 작성된 답안의 파일은 지정된 경로 및 파일명을 변경하지 마시고 저장해야 합니다. 이를 준수하지 않으면 실격 처리됩니다.
- 편집 용지
  - 용지 종류는 A4 용지(210mm×297mm) 1매에 용지 방향을 세로로 설정하여 문서를 작성하시오.
  - 용지 여백은 왼쪽·오른쪽은 20mm, 위쪽·아래쪽은 10mm, 머리말·꼬리말은 10mm, 기타 여백은 0mm로 지정하시오.
- 문서의 본문은 1단에서 2단으로 변하는 모양으로 편집하되, 단 간격은 8mm, 구분선은 실선 0.12mm로 설정하시오.
- 글자 모양
  - 글꼴은 별도의 지시가 없는 한 한글 2022의 기본값으로 작성하시오.
  - 영문, 숫자, 기호 등은 별도의 지시가 없는 한 자판에 있는 문자를 사용하시오.
- 문단 모양
  - 정렬 방식, 여백 등은 문단 모양 기능을 이용하여 작성하시오.
  - 문단 모양은 별도의 지시가 없는 한 한글 2022의 기본값으로 작성하시오.
  - 사이 줄 띄우기는 각 1줄만, 사이 띄우기는 1칸만 띄우시오.
- 표에서 내용의 정렬 방법
  (제목 행과 '합계(평균)' 셀은 가운데 정렬, 나머지는 열 단위를 기준으로 아래와 같이 정렬)
  - 내용의 길이가 서로 다른 문자의 경우 왼쪽 정렬
  - 내용의 길이가 서로 다른 숫자의 경우 오른쪽 정렬
  - 내용의 길이가 서로 같을 경우 문자, 숫자 상관없이 가운데 정렬
- 색상은 '기본' 테마가 포함된 색상 팔레트를 사용하시오.
- 각 항목은 별도의 지시가 없는 한 주어진 문서에 기준하여 작성하시오.
- 각 항목은 별도의 지시가 없는 한 기본 설정값으로 처리하시오.
- 문제에 제시된 지시사항은 작성하지 않음.

대 한 상 공 회 의 소

1. 다단 설정	모양 – 둘, 구분선 – 구분선 넣기, 적용 범위 – 새 다단으로
2. 쪽 테두리	• 선의 종류 및 굵기 : 실선 0.5mm, 모두 • 위치 : 쪽 기준, 왼쪽 · 오른쪽 · 위쪽 · 아래쪽 모두 5mm
3. 글상자	• 크기 : 너비 170mm, 높이 28mm, 크기 고정 • 위치 : 본문과의 배치 – 자리 차지, 가로 – 종이의 가운데 0mm, 세로 – 종이의 위 20mm • 바깥 여백 : 아래쪽 7mm • 선 속성 : 검정(RGB:0,0,0), 이중 실선 0.5mm • 색 채우기 : 노랑(RGB:255,215,0) 80% 밝게
4. 제목	• 제목(1) : 한컴 윤고딕 760, 18pt, 장평(105%), 자간(–10%), 진하게, 빨강(RGB:255,0,0) 25% 어둡게, 가운데 정렬 • 제목(2) : 여백 – 왼쪽(340pt)
5. 누름틀	입력할 내용의 안내문 : '이름 직위', 입력 데이터 : '최유민 수습기자'
6. 그림	• 경로 : [25]이기적워드실기\그림\경기.JPG, 문서에 포함 • 크기 : 너비 28mm, 높이 18mm • 위치 : 본문과의 배치 – 글 앞으로, 가로 – 종이의 왼쪽 23mm, 세로 – 종이의 위 25mm • 회전 : 좌우 대칭
7. 스타일 (2개소 수정, 3개소 등록)	• 개요 1(수정) : 여백 – 왼쪽(0pt), 함초롬돋움, 11pt, 진하게 • 개요 2(수정) : 여백 – 왼쪽(18pt) • 표제목(등록) : 스타일 이름 – 표제목, 스타일 종류 – 문단, 가운데 정렬, HY나무M, 진하게 • 참고문헌 1(등록) : 스타일 이름 – 참고문헌 1, 스타일 종류 – 문단, 들여쓰기(15pt) • 참고문헌 2(등록) : 스타일 이름 – 참고문헌 2, 스타일 종류 – 글자, 밑줄
8. 문단 첫 글자 장식	• 모양 : 3줄, 글꼴 : 한컴산뜻돋움, 면 색 : 주황(RGB:255,132,58) 25% 어둡게, 본문과의 간격 : 3mm • 글자 색 : 하양(RGB:255,255,255)
9. 각주	글자 모양 : 한컴 윤고딕 250, 번호 모양 : 아라비아 숫자
10. 하이퍼링크	• '통계청 5월 발표'에 하이퍼링크 설정 • 연결 대상 : 웹 주소 – 'http://kostat.go.kr'
11. 표	• 크기 : 너비 78mm~80mm, 높이 33mm~34mm • 위치 : 글자처럼 취급 • 전체 행 : 셀 높이를 같게 • 모든 셀의 안 여백 : 왼쪽 · 오른쪽 2mm • 테두리 : 표 안쪽은 실선(0.12mm), 표 바깥의 위쪽과 아래쪽은 실선(0.4mm), 표 바깥의 왼쪽과 오른쪽은 　　　　　없음, 평균 행 위쪽은 이중 실선(0.5mm) • 제목 행 : 셀 배경 색 – 하늘색(RGB:97,130,214) 50% 어둡게, 　　　　　글자 모양 – 함초롬돋움, 진하게, 하양(RGB:255,255,255) • 평균 행 : 셀 배경 색 – 하늘색(RGB:97,130,214) 80% 밝게, 글자 모양 – 진하게 • 문단의 정렬 방식 : 가운데 정렬
12. 블록 계산식	표의 평균 행에 블록 계산식을 이용하여 블록 평균 산출
13. 캡션	표 아래에 삽입 후 오른쪽 정렬
14. 차트	• 차트의 모양 : 이중 축 혼합형(묶은 가로 막대형, 표식이 있는 꺾은선형) • 차트의 크기 : 너비 80mm, 높이 65mm, 크기 고정 • 위치 : 본문과의 배치 – 자리 차지, 가로 – 단의 가운데 0mm, 세로 – 문단의 위 0mm • 바깥 여백 : 위쪽 5mm, 아래쪽 7mm • 값 축, 항목 축, 보조 값 축, 범례의 글꼴 설정 : 9pt • 표의 아래 단락에 배치 ※ 혼합형 차트는 차트 종류와 속성을 이용하여 구성하시오.
15. 쪽 번호	번호 위치 : 왼쪽 아래, 모양 : 아라비아 숫자 원문자, 줄표 넣기 선택, 시작 번호 지정
16. 머리말	맑은 고딕, 10pt, 진하게, 남색(RGB:51,51,153) 40% 밝게, 오른쪽 정렬
17. 꼬리말	한컴 윤고딕 240, 10pt, 진하게, 주황(RGB:255,102,0) 25% 어둡게, 가운데 정렬

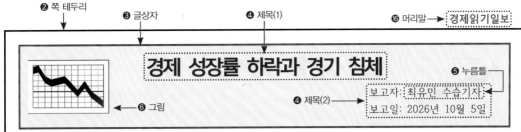

경제 성장률 하락과 경기 침체

❺ 누름틀

❻ 그림 ← ❹ 제목(2)

보고자: 최유민 수습기자
보고일: 2026년 10월 5일

❽ 문단 첫 글자 장식

1. 개요 ← ❼ 스타일(개요 1)

바야흐로 '마이너스' 성장 시대다. 4분기 경제 성장률(Rate Of Economic Growth)은 전기 대비 5.6% 떨어졌다. 전년 동기와 비교하면 3.4% 추락(墜落)했다. 김경주 한화증권 이코노미스트(Economist)는 "쇼크 수준의 추락"이라고 한다. 눈에 보이는 경제지표(Economic Indicator)는 최악이다. 지난해 경제 성장률은 1998년 외환위기(-6.0%) 이후, 분기 수치로는 가장 형편없는 성적표다.

❶ 다단 설정 ❼ 스타일(표제목) ⑪ 표

분기별 경제 성장률 비교

구분	올해 1분기	올해 4분기	증감
생산	-0.42	-10.41	-5.42
제조	77.11	66.82	71.97
소비	-9.14	-19.46	-14.30
기타	-19.43	1.47	-8.98
평균	12.03	9.61	

⑫ 블록 계산식

(단위: 전년 대비 증감률, %) ⑬ 캡션

⑭ 차트

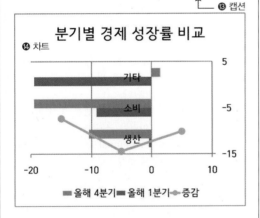

분기별 경제 성장률 비교

2. 죽음의 바다에 진입 ← ❼ 스타일(개요 1)

가. 지난해 12월 -18.6%를 기록한 광공업(Mining Industry) 생산율도 40년 만에 최악의 수치로 나타났다. 더 이상 추락할 곳이 없어 보인다. "최악 다음은 바닥을 치는 것"이라며 "자금 불황(不況)은 조속한 시일 내에 극복할 수 있을 것"이라는 낙관론(Optimistic View)이 나온다. 하지만 실상(Actual Circumstances)은 완전히 딴판이다.

나. 최악의 경기지표를 바닥으로 판단하면 오산(Misjudgment)이라는 지적이 전문가들의 중론(Public Opinion)이다. 겉으로 드러난 경기지표를 단순하게 보지 말고 행간을 꼼꼼히 읽으라는 것이다.

❼ 스타일(개요 2)

3. 외환위기보다 속도 빨라 ← ❼ 스타일(개요 1)

가. 경제는 지금 '죽음의 바다'로 향하고 있다. 외환위기 이후 쾌속 질주하던 대한민국호의 앞길에는 세계 경기 침체(Economic Slump), 원화 약세에 따른 투자부담 증가 등 악재(Negative Factor)가 가득하다. 이는 다시는 겪고 싶지 않았던 외환위기(Money Crisis) 때와 비슷한 강도의 침체(沈滯)를 예고한다.

나. 그럼에도 정부는 연일 '낙관론'을 설파하고 있어 아쉽다. 이러한 근거(根據)는 국제통화기금(IMF: International Monetary Fund)이 전망한 '경제 성장률 4% 회복'이다. 그러나 국제통화기금은 올해 경제 성장률을 -4%로 예상했다. 이에 따르면 지금처럼 팍팍한 민생으로 돌아오는 데도 꼬박 2년이 걸린다는 이야기가 된다. 경기하강 속도가 하루가 다르게 빨라지고 있는 지금, 지나친 낙관론보다는 경제 부활을 위해 비책(秘策)이 필요할 때다.

전각기호

▼ Reference ← ❼ 스타일(참고문헌 2)

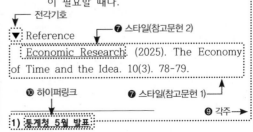

Economic Research. (2025). The Economy of Time and the Idea. 10(3). 78-79.

⑩ 하이퍼링크 ❼ 스타일(참고문헌 1) ❾ 각주

1) 통계청 5월 발표

경제 성장률 하락과 경기 침체

보고자: 최유민 수습기자
보고일: 2026년 10월 5일

1. 개요

 야흐로 '마이너스' 성장 시대. 4분기 경제 성장률(Rate Of Economic Growth)은 전기 대비 5.6% 떨어졌다. 전년 동기와 비교하면 3.4% 추락(墜落)했다. 김경주 한화증권 이코노미스트(Economist)는 "쇼크 수준의 추락"이라고 한다. 눈에 보이는 경제지표(Economic Indicator)는 최악이다. 지난해 경제 성장률은 1998년 외환위기(-6.0%) 이후, 분기 수치로는 가장 형편없는 성적표다.

분기별 경제 성장률 비교

구분	올해 1분기	올해 4분기	증감
생산	-0.42	-10.41	-5.42
제조	77.11	66.82	71.97
소비	-9.14	-19.46	-14.30
기타	-19.43	1.47	-8.98
평균	12.03	9.61	

(단위: 전년 대비 증감률, %)

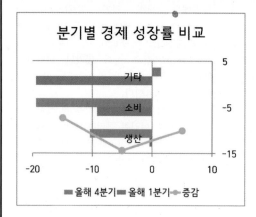

분기별 경제 성장률 비교

2. 죽음의 바다에 진입

가. 지난해 12월 -18.6%를 기록한 광공업(Mining Industry) 생산율도 40년 만에 최악의 수치로 나타났다. 더 이상 추락할 곳이 없어 보인다. "최악 다음은 바닥을 치는 것"이라며 "자금 불황(不況)은 조속한 시일 내에 극복할 수 있을 것"이라는 낙관론(Optimistic View)이 나온다. 하지만 실상(Actual Circumstances)은 완전히 딴판이다.

나. 최악의 경기지표를 바닥으로 판단하면 오산(Misjudgment)이라는 지적이 전문가들의 중론(Public Opinion)이다. 겉으로 드러난 경기지표를 단순하게 보지 말고 행간을 꼼꼼히 읽으라는 것이다.

3. 외환위기보다 속도 빨라

가. 경제는 지금 '죽음의 바다'로 향하고 있다. 외환위기 이후 쾌속 질주하던 대한민국호의 앞길에는 세계 경기 침체(Economic Slump), 원화 약세에 따른 투자부담 증가 등 악재(Negative Factor)가 가득하다. 이는 다시는 겪고 싶지 않았던 외환위기(Money Crisis) 때와 비슷한 강도의 침체(沈滯)를 예고[1]한다.

나. 그럼에도 정부는 연일 '낙관론'을 설파하고 있어 아쉽다. 이러한 근거(根據)는 국제통화기금(IMF: International Monetary Fund)이 전망한 '경제 성장률 4% 회복'이다. 그러나 국제통화기금은 올해 경제 성장률을 -4%로 예상했다. 이에 따르면 지금처럼 팍팍한 민생으로 돌아오는 데도 꼬박 2년이 걸린다는 이야기가 된다. 경기하강 속도가 하루가 다르게 빨라지고 있는 지금, 지나친 낙관론보다는 경제 부활을 위해 비책(秘策)이 필요할 때다.

▼ Reference
Economic Research. (2025). The Economy of Time and the Idea. 10(3). 78-79.

---

1) 통계청 5월 발표

국 가 기 술 자 격 검 정
워드프로세서 실기시험

※ 무단 전재 금함
(한글 2022)

과　　　목	제한시간
문서편집기능	30분

C형

──〈 다음 쪽의 문서를 아래 지시사항에 따라 작성하시오 〉──

- 작성된 답안의 파일은 지정된 경로 및 파일명을 변경하지 마시고 저장해야 합니다. 이를 준수하지 않으면 실격 처리됩니다.
- 편집 용지
  - 용지 종류는 A4 용지(210mm×297mm) 1매에 용지 방향을 세로로 설정하여 문서를 작성하시오.
  - 용지 여백은 왼쪽 · 오른쪽은 20mm, 위쪽 · 아래쪽은 10mm, 머리말 · 꼬리말은 10mm, 기타 여백은 0mm로 지정하시오.
- 문서의 본문은 1단에서 2단으로 변하는 모양으로 편집하되, 단 간격은 8mm, 구분선은 파선 0.12mm로 설정하시오.
- 글자 모양
  - 글꼴은 별도의 지시가 없는 한 한글 2022의 기본값으로 작성하시오.
  - 영문, 숫자, 기호 등은 별도의 지시가 없는 한 자판에 있는 문자를 사용하시오.
- 문단 모양
  - 정렬 방식, 여백 등은 문단 모양 기능을 이용하여 작성하시오.
  - 문단 모양은 별도의 지시가 없는 한 한글 2022의 기본값으로 작성하시오.
  - 사이 줄 띄우기는 각 1줄만, 사이 띄우기는 1칸만 띄우시오.
- 표에서 내용의 정렬 방법
  (제목 행과 '합계(평균)' 셀은 가운데 정렬, 나머지는 열 단위를 기준으로 아래와 같이 정렬)
  - 내용의 길이가 서로 다른 문자의 경우 왼쪽 정렬
  - 내용의 길이가 서로 다른 숫자의 경우 오른쪽 정렬
  - 내용의 길이가 서로 같을 경우 문자, 숫자 상관없이 가운데 정렬
- 색상은 '기본' 테마가 포함된 색상 팔레트를 사용하시오.
- 각 항목은 별도의 지시가 없는 한 주어진 문서에 기준하여 작성하시오.
- 각 항목은 별도의 지시가 없는 한 기본 설정값으로 처리하시오.
- 문제에 제시된 지시사항은 작성하지 않음.

대 한 상 공 회 의 소

1. 다단 설정	모양 – 둘, 구분선 – 구분선 넣기, 적용 범위 – 새 다단으로
2. 쪽 테두리	• 선의 종류 및 굵기 : 실선 0.3mm, 모두 • 위치 : 쪽 기준, 왼쪽 · 오른쪽 · 위쪽 · 아래쪽 모두 5mm
3. 글상자	• 크기 : 너비 170mm, 높이 25mm, 크기 고정 • 위치 : 본문과의 배치 – 자리 차지, 가로 – 종이의 가운데 0mm, 세로 – 종이의 위 20mm • 바깥 여백 : 아래쪽 5mm • 선 속성 : 검정(RGB:0,0,0), 파선 0.2mm • 색 채우기 : 하늘색(RGB:97,130,214) 80% 밝게
4. 제목	• 제목(1) : 한컴 윤고딕 760, 18pt, 장평(95%), 자간(5%), 진하게, 검은 바다색(RGB:28,61,98) 50% 어둡게, 　　　　　가운데 정렬 • 제목(2) : 여백 – 왼쪽(340pt)
5. 누름틀	입력할 내용의 안내문 : '발간처 팀명', 입력 데이터 : '이기적 기획팀'
6. 그림	• 경로 : [25]이기적워드실기\그림\진통제.PNG, 문서에 포함 • 크기 : 너비 26mm, 높이 20mm • 위치 : 본문과의 배치 – 글 앞으로, 가로 – 종이의 왼쪽 25mm, 세로 – 종이의 위 23mm • 회전 : 상하 대칭
7. 스타일 (2개소 수정, 3개소 등록)	• 개요 1(수정) : 여백 – 왼쪽(0pt), 함초롬돋움, 11pt, 진하게 • 개요 2(수정) : 여백 – 왼쪽(13pt) • 표제목(등록) : 스타일 이름 – 표제목, 스타일 종류 – 문단, 가운데 정렬, HY헤드라인M, 진하게 • 참고문헌 1(등록) : 스타일 이름 – 참고문헌 1, 스타일 종류 – 문단, 내어쓰기(15pt) • 참고문헌 2(등록) : 스타일 이름 – 참고문헌 2, 스타일 종류 – 글자, 외곽선
8. 문단 첫 글자 장식	• 모양 : 2줄, 글꼴 : 돋움체, 면 색 : 초록(RGB:0,128,0), 본문과의 간격 : 3mm • 글자 색 : 시멘트색(RGB:178,178,178) 80% 밝게
9. 각주	글자 모양 : 함초롬돋움, 번호 모양 : 아라비아 숫자, 뒷 장식 문자 : .
10. 하이퍼링크	• '년도별 기준, 만 개'에 하이퍼링크 설정 • 연결 대상 : 웹 주소 – 'https://kostat.go.kr/ansk'
11. 표	• 크기 : 너비 78mm~80mm, 높이 33mm~34mm　• 위치 : 글자처럼 취급 • 전체 행 : 셀 높이를 같게　• 모든 셀의 안 여백 : 왼쪽 · 오른쪽 2mm • 테두리 : 표 안쪽은 실선(0.12mm), 표 바깥의 위쪽과 아래쪽은 실선(0.4mm), 표 바깥의 왼쪽과 오른쪽은 　　　　　없음, 평균 행 위쪽은 굵고 얇은 이중선(0.5mm) • 제목 행 : 셀 배경 색 – 남색(RGB:51,51,153) 25% 어둡게, 　　　　　글자 모양 – HY강M, 진하게, 하양(RGB:255,255,255) • 평균 행 : 셀 배경 색 – 탁한 황갈(RGB:131,77,0) 80% 밝게, 글자 모양 – 진하게 • 문단의 정렬 방식 : 가운데 정렬
12. 블록 계산식	표의 평균 행에 블록 계산식을 이용하여 블록 평균 산출
13. 캡션	표 아래에 삽입
14. 차트	• 차트의 모양 : 이중 축 혼합형(누적 세로 막대형, 꺾은선형) • 차트의 크기 : 너비 80mm, 높이 70mm, 크기 고정 • 위치 : 본문과의 배치 – 자리 차지, 가로 – 단의 가운데 0mm, 세로 – 문단의 위 0mm • 바깥 여백 : 위쪽 5mm, 아래쪽 8mm • 값 축, 항목 축, 보조 값 축, 범례의 글꼴 설정 : 9pt • 표의 아래 단락에 배치 ※ 혼합형 차트는 차트 종류와 속성을 이용하여 구성하시오.
15. 쪽 번호	번호 위치 : 왼쪽 아래, 모양 : 한자 숫자, 줄표 넣기 선택, 시작 번호 지정
16. 머리말	한컴 윤고딕 740, 진하게, 보라(RGB:157,92,187) 50% 어둡게, 오른쪽 정렬
17. 꼬리말	한컴산뜻돋움, 진하게, 하늘색(RGB:97,130,214) 50% 어둡게, 오른쪽 정렬

진통제에 대한 진실

❺ 누름틀

❻ 그림

❹ 제목(2)

발행기관: 이기적 기획팀
발행부서: 의약관계부서

❽ 문단 첫 글자 장식

1. 개요　← ❼ 스타일(개요 1)

최근 습관적으로 진통제(Anodynia)를 복용하는 사람들이 늘어나고 있다. 약간의 두통이나 생리통 등을 느끼면 무심코 진통제를 복용하는 것이 당연시되어 있다. 심지어 진통제를 많이 먹으면 몸에 좋지 않다는 사실에도 불구하고 진통제 사용(使用)을 멈추지 않고 있다. 진통제와 약물 간의 상호작용(Interaction)에 의한 부작용(Side Effects)은 더욱 위험(危險)하다.

❶ 다단 설정　　❼ 스타일(표제목)

⑪ 표

진통제 복용 추세

구분	1분기 통계	4분기 통계	누적
A제약	17.2	30.5	86.6
H약품	15.4	17.3	53.1
Y제약	13.1	20.9	42.9
외국사	10.6	18.2	34.7
평균	14.08	21.73	

(단위: 년도별 기준, 만 개)

⑩ 하이퍼링크　⑫ 블록 계산식　⑬ 캡션

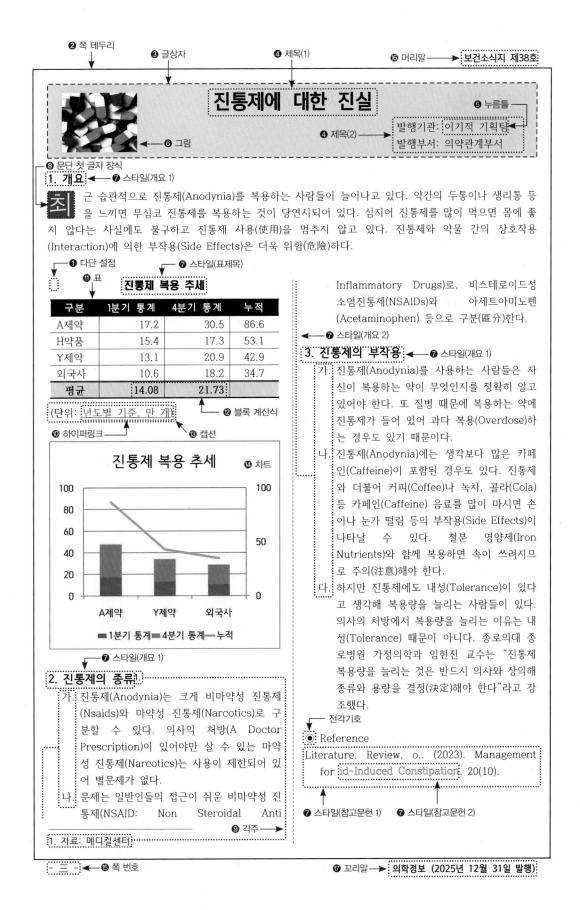

진통제 복용 추세 ⑭ 차트

■1분기 통계 ■4분기 통계 ─누적

❼ 스타일(개요 1)

2. 진통제의 종류

가. 진통제(Anodynia)는 크게 비마약성 진통제(Nsaids)와 마약성 진통제(Narcotics)로 구분할 수 있다. 의사의 처방(A Doctor Prescription)이 있어야만 살 수 있는 마약성 진통제(Narcotics)는 사용이 제한되어 있어 별문제가 없다.

나. 문제는 일반인들의 접근이 쉬운 비마약성 진통제(NSAID: Non Steroidal Anti

❾ 각주

1. 자료: 메디컬센터

Inflammatory Drugs)로, 비스테로이드성 소염진통제(NSAIDs)와 아세트아미노펜(Acetaminophen) 등으로 구분(區分)한다.

❼ 스타일(개요 2)

3. 진통제의 부작용　← ❼ 스타일(개요 1)

가. 진통제(Anodynia)를 사용하는 사람들은 자신이 복용하는 약이 무엇인지를 정확히 알고 있어야 한다. 또 질병 때문에 복용하는 약에 진통제가 들어 있어 과다 복용(Overdose)하는 경우도 있기 때문이다.

나. 진통제(Anodynia)에는 생각보다 많은 카페인(Caffeine)이 포함된 경우도 있다. 진통제와 더불어 커피(Coffee)나 녹차, 콜라(Cola) 등 카페인(Caffeine) 음료를 많이 마시면 손이나 눈가 떨림 등의 부작용(Side Effects)이 나타날 수 있다. 철분 영양제(Iron Nutrients)와 함께 복용하면 속이 쓰려지므로 주의(注意)해야 한다.

다. 하지만 진통제에도 내성(Tolerance)이 있다고 생각해 복용량을 늘리는 사람들이 있다. 의사의 처방에서 복용량을 늘리는 이유는 내성(Tolerance) 때문이 아니다. 종로의대 종로병원 가정의학과 임현진 교수는 "진통제 복용량을 늘리는 것은 반드시 의사와 상의해 종류와 용량을 결정(決定)해야 한다"라고 강조했다.

전각기호

◉ Reference
Literature, Review, o,. (2023). Management for id-Induced Constipation. 20(10).

❼ 스타일(참고문헌 1)　❼ 스타일(참고문헌 2)

진통제에 대한 진실

발행기관: 이기적 기획팀
발행부서: 의약관계부서

1. 개요

최근 습관적으로 진통제(Anodynia)를 복용하는 사람들이 늘어나고 있다. 약간의 두통이나 생리통 등을 느끼면 무심코 진통제를 복용하는 것이 당연시되어 있다. 심지어 진통제를 많이 먹으면 몸에 좋지 않다는 사실에도 불구하고 진통제 사용(使用)을 멈추지 않고 있다. 진통제와 약물 간의 상호작용(Interaction)에 의한 부작용(Side Effects)은 더욱 위험(危險)하다.

진통제 복용 추세

구분	1분기 통계	4분기 통계	누적
A제약	17.2	30.5	86.6
H약품	15.4	17.3	53.1
Y제약	13.1	20.9	42.9
외국사	10.6	18.2	34.7
평균	14.08	21.73	

(단위: 년도별 기준, 만 개)

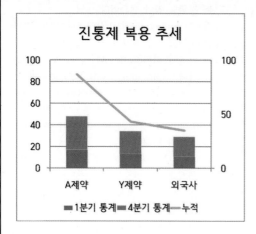

진통제 복용 추세
■1분기 통계 ■4분기 통계 ─누적

2. 진통제의 종류[1].

가. 진통제(Anodynia)는 크게 비마약성 진통제(Nsaids)와 마약성 진통제(Narcotics)로 구분할 수 있다. 의사의 처방(A Doctor Prescription)이 있어야만 살 수 있는 마약성 진통제(Narcotics)는 사용이 제한되어 있어 별문제가 없다.

나. 문제는 일반인들의 접근이 쉬운 비마약성 진통제(NSAID: Non Steroidal Anti Inflammatory Drugs)로, 비스테로이드성 소염진통제(NSAIDs)와 아세트아미노펜(Acetaminophen) 등으로 구분(區分)한다.

3. 진통제의 부작용

가. 진통제(Anodynia)를 사용하는 사람들은 자신이 복용하는 약이 무엇인지를 정확히 알고 있어야 한다. 또 질병 때문에 복용하는 약에 진통제가 들어 있어 과다 복용(Overdose)하는 경우도 있기 때문이다.

나. 진통제(Anodynia)에는 생각보다 많은 카페인(Caffeine)이 포함된 경우도 있다. 진통제와 더불어 커피(Coffee)나 녹차, 콜라(Cola) 등 카페인(Caffeine) 음료를 많이 마시면 손이나 눈가 떨림 등의 부작용(Side Effects)이 나타날 수 있다. 철분 영양제(Iron Nutrients)와 함께 복용하면 속이 쓰려지므로 주의(注意)해야 한다.

다. 하지만 진통제에도 내성(Tolerance)이 있다고 생각해 복용량을 늘리는 사람들이 있다. 의사의 처방에서 복용량을 늘리는 이유는 내성(Tolerance) 때문이 아니다. 종로의대 종로병원 가정의학과 임현진 교수는 "진통제 복용량을 늘리는 것은 반드시 의사와 상의해 종류와 용량을 결정(決定)해야 한다"라고 강조했다.

◉ Reference

Literature, Review, o,. (2023). Management for id-Induced Constipation. 20(10).

1. 자료: 메디컬센터

실전 모의고사 14회

국 가 기 술 자 격 검 정
워드프로세서 실기시험

※ 무단 전재 금함
(한글 2022)

과　　목	제한시간
문서편집기능	30분

C형

〈 다음 쪽의 문서를 아래 지시사항에 따라 작성하시오 〉

- 작성된 답안의 파일은 지정된 경로 및 파일명을 변경하지 마시고 저장해야 합니다. 이를 준수하지 않으면 실격 처리됩니다.
- 편집 용지
  - 용지 종류는 A4 용지(210mm×297mm) 1매에 용지 방향을 세로로 설정하여 문서를 작성하시오.
  - 용지 여백은 왼쪽 · 오른쪽은 20mm, 위쪽 · 아래쪽은 10mm, 머리말 · 꼬리말은 10mm, 기타 여백은 0mm로 지정하시오.
- 문서의 본문은 1단에서 2단으로 변하는 모양으로 편집하되, 단 간격은 8mm, 구분선은 파선 0.12mm로 설정하시오.
- 글자 모양
  - 글꼴은 별도의 지시가 없는 한 한글 2022의 기본값으로 작성하시오.
  - 영문, 숫자, 기호 등은 별도의 지시가 없는 한 자판에 있는 문자를 사용하시오.
- 문단 모양
  - 정렬 방식, 여백 등은 문단 모양 기능을 이용하여 작성하시오.
  - 문단 모양은 별도의 지시가 없는 한 한글 2022의 기본값으로 작성하시오.
  - 사이 줄 띄우기는 각 1줄만, 사이 띄우기는 1칸만 띄우시오.
- 표에서 내용의 정렬 방법
  (제목 행과 '합계(평균)' 셀은 가운데 정렬, 나머지는 열 단위를 기준으로 아래와 같이 정렬)
  - 내용의 길이가 서로 다른 문자의 경우 왼쪽 정렬
  - 내용의 길이가 서로 다른 숫자의 경우 오른쪽 정렬
  - 내용의 길이가 서로 같을 경우 문자, 숫자 상관없이 가운데 정렬
- 색상은 '기본' 테마가 포함된 색상 팔레트를 사용하시오.
- 각 항목은 별도의 지시가 없는 한 주어진 문서에 기준하여 작성하시오.
- 각 항목은 별도의 지시가 없는 한 기본 설정값으로 처리하시오.
- 문제에 제시된 지시사항은 작성하지 않음.

대 한 상 공 회 의 소

1. 다단 설정	모양 – 둘, 구분선 – 구분선 넣기, 적용 범위 – 새 다단으로
2. 쪽 테두리	• 선의 종류 및 굵기 : 이중 실선 0.5mm, 모두 • 위치 : 쪽 기준, 왼쪽 · 오른쪽 · 위쪽 · 아래쪽 모두 5mm
3. 글상자	• 크기 : 너비 170mm, 높이 25mm, 크기 고정 • 위치 : 본문과의 배치 – 자리 차지, 가로 – 종이의 가운데 0mm, 세로 – 종이의 위 20mm • 바깥 여백 : 아래쪽 7mm • 선 속성 : 검정(RGB:0,0,0), 실선 0.12mm • 색 채우기 : 보라(RGB:157,92,187) 80% 밝게
4. 제목	• 제목(1) : HY강M, 15pt, 장평(105%), 자간(−5%), 진하게, 하늘색(RGB:97,130,214) 25% 어둡게, 가운데 정렬 • 제목(2) : 여백 – 왼쪽(350pt)
5. 누름틀	입력할 내용의 안내문 : '사이트 URL', 입력 데이터 : 'YJ.co.kr'
6. 그림	• 경로 : [25]이기적워드실기₩그림₩범죄.PNG, 문서에 포함 • 크기 : 너비 30mm, 높이 18mm • 위치 : 본문과의 배치 – 글 앞으로, 가로 – 종이의 왼쪽 23mm, 세로 – 종이의 위 23mm
7. 스타일 (2개소 수정, 3개소 등록)	• 개요 1(수정) : 여백 – 왼쪽(0pt), 한컴 백제 M, 12pt, 진하게 • 개요 2(수정) : 여백 – 왼쪽(15pt) • 표제목(등록) : 스타일 이름 – 표제목, 스타일 종류 – 문단, 가운데 정렬, HY크리스탈M, 진하게 • 참고문헌 1(등록) : 스타일 이름 – 참고문헌 1, 스타일 종류 – 문단, 들여쓰기(20pt) • 참고문헌 2(등록) : 스타일 이름 – 참고문헌 2, 스타일 종류 – 글자, 기울임
8. 문단 첫 글자 장식	• 모양 : 2줄, 글꼴 : 한컴산뜻돋움, 면 색 : 검은 군청(RGB:27,23,96), 본문과의 간격 : 3mm • 글자 색 : 하양(RGB:255,255,255)
9. 각주	글자 모양 : 한컴 윤체 L, 번호 모양 : 아라비아 숫자
10. 하이퍼링크	• '한국보험학회'에 하이퍼링크 설정 • 연결 대상 : 웹 주소 – 'www.kinsurance.or.kr'

11. 표	• 크기 : 너비 78mm~80mm, 높이 33mm~34mm • 위치 : 글자처럼 취급
	• 전체 행 : 셀 높이를 같게 • 모든 셀의 안 여백 : 왼쪽 · 오른쪽 2mm
	• 테두리 : 표 안쪽은 실선(0.12mm), 표 바깥의 위쪽과 아래쪽은 실선(0.5mm), 표 바깥의 왼쪽과 오른쪽은
	      없음, 구분 행 아래와 합계 행 위쪽은 이중 실선(0.5mm)
	• 제목 행 : 셀 배경 색 – 보라(RGB:128,0,128) 5% 밝게,
	      글자 모양 – MD아트체, 진하게, 하양(RGB:255,255,255)
	• 합계 행 : 셀 배경 색 – 빨강(RGB:255,0,0) 80% 밝게, 글자 모양 – 진하게
	• 문단의 정렬 방식 : 가운데 정렬

12. 블록 계산식	표의 합계 행에 블록 계산식을 이용하여 블록 합계 산출
13. 캡션	표 아래에 삽입 후 오른쪽 정렬
14. 차트	• 차트의 모양 : 이중 축 혼합형(묶은 가로 막대형, 표식이 있는 꺾은선형) • 차트의 크기 : 너비 80mm, 높이 70mm, 크기 고정 • 위치 : 본문과의 배치 – 자리 차지, 가로 – 단의 가운데 0mm, 세로 – 문단의 위 0mm • 바깥 여백 : 위쪽 5mm, 아래쪽 8mm • 값 축, 항목 축, 보조 값 축, 범례의 글꼴 설정 : 9pt • 표의 아래 단락에 배치 ※ 혼합형 차트는 차트 종류와 속성을 이용하여 구성하시오.
15. 쪽 번호	번호 위치 : 오른쪽 아래, 모양 : 로마자 소문자 숫자, 줄표 넣기 선택, 시작 번호 지정
16. 머리말	한컴 윤고딕 230, 10pt, 진하게, 초록(RGB:0,128,0) 50% 어둡게, 오른쪽 정렬
17. 꼬리말	한컴 윤고딕 760, 10pt, 진하게, 빨강(RGB:255,0,0) 25% 어둡게, 왼쪽 정렬

❷ 쪽 테두리　　❸ 글상자　　❹ 제목(1)　　⓰ 머리말 → **보험연구원 논문 학술저널**

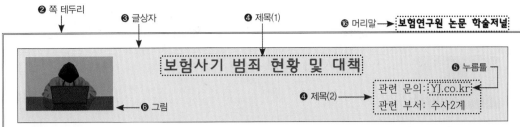

보험사기 범죄 현황 및 대책

❹ 제목(2)　　❺ 누름틀

관련 문의: YJ.co.kr
관련 부서: 수사2계

❻ 그림

❽ 문단 첫 글자 장식

I. 개요 ← ❼ 스타일(개요 1)

보험사기 범죄는 다른 위법행위(Violation)를 매개로 보험 사고(Accident)를 유발하는 사례(Case)가 많고 보험 상품(Insurance Product)에 따라 수법이 다양하며 전문적인 지식을 바탕으로 지능적으로 이뤄진다는 점이 특징(特徵)이다. 1990년대 초부터 발생하기 시작한 보험사기 범죄는 조직적인 보험사기단의 등장과 IMF(International Monetary Fund) 경제 위기(Economic Crisis) 발발로 인해 본격적으로 증가(Increase)하기 시작했다.

❶ 다단 설정　　❼ 스타일(표제목)　　⑪ 표

보험사기 적발 인원 현황

구분	10년 전	현재	증감률
고의사고	4,042	4,931	8.1
허위사고	6,074	7,530	7.9
피해과장	2,978	6,805	4.3
사후가입	2,934	3,297	8.5
합계	16,028	22,563	

⑫ 블록 계산식

(단위: 보험사 비용 청구, 건) ⑬ 캡션

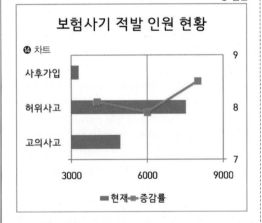

보험사기 적발 인원 현황

⑭ 차트

황도 추이로 미루어 볼 때 최고치 경신이 유력하다. 특히 최근 경기 침체(沈滯)로 인해 서민경제가 어려워짐에 따라 보험사기 범죄가 급격하게 증가할 것이라는 우려 섞인 시선을 보내고 있다.

← ❼ 스타일(개요 2)

3. 인프라 구축 ← ❼ 스타일(개요 1)

가. 특히 보상적 범죄 심리와 비교적 관대한 사회적인 분위기로 모방 범죄(Copycat Crime)가 자주 발생하고 범죄의 피해가 보험료 인상을 통해 다른 보험 계약자들에게까지 돌아가게 된다는 점에서 보험사기 범죄 예방 및 해결 대책 마련은 매우 중요하다.

나. 최근 점점 증가하고 있는 보험사기 범죄(犯罪)에 대한 대책(Measures)이 필요하다. 보험업계(Insurance Industry)에서는 이러한 보험사기 범죄를 방지(防止)하고자 자체적으로 전문성을 갖춘 보험사기 조사 전담조직을 운영하는 한편 전산 시스템(Computer System) 구축 및 상호 정보 공유(Information Sharing) 등 다각적인 노력을 기울이고 있다.

다. 아울러 경찰 등 수사 당국(Investigator)과 적극적인 공조를 통해 보험사기 범죄를 적발(摘發)하는 데에도 힘을 쏟고 있다.

전각기호

▶ Reference ← ❼ 스타일(참고문헌 2)

Marine, et al. (2027). Law Provisions in the *Korean Commercial Code*. 25(1). 13-15.

⑩ 하이퍼링크　　❼ 스타일(참고문헌 1)

2. 급격한 증가세 ← ❼ 스타일(개요 1)

가. 경기 불황과 대량 실직으로 인해 보험사기가 일반인들에게 손쉽게 돈을 벌 수 있는 수단으로 인식되기 시작하면서 급속한 증가세를 보였다.

나. 지난해 금융 감독원(Financial Supervisory Service)이 발표한 보험사기 적발현황 자료에 따르면 지난 3년간 적발 인원이 50% 이상 증가했으며 아직 집계가 덜 된 지난해 현

1) 한국보험학회

❾ 각주 →

보험사기 범죄 현황 및 대책

관련 문의: YJ.co.kr

관련 부서: 수사2계

I. 개요

보험사기 범죄는 다른 위법행위(Violation)를 매개로 보험 사고(Accident)를 유발하는 사례(Case)가 많고 보험 상품(Insurance Product)에 따라 수법이 다양하며 전문적인 지식을 바탕으로 지능적으로 이뤄진다는 점이 특징(特徵)이다. 1990년대 초부터 발생하기 시작한 보험사기 범죄는 조직적인 보험사기단의 등장과 IMF(International Monetary Fund) 경제 위기(Economic Crisis) 발발로 인해 본격적으로 증가(Increase)하기 시작했다.

보험사기 적발 인원 현황

구분	10년 전	현재	증감률
고의사고	4,042	4,931	8.1
허위사고	6,074	7,530	7.9
피해과장	2,978	6,805	4.3
사후가입	2,934	3,297	8.5
합계	16,028	22,563	

(단위: 보험사 비용 청구, 건)

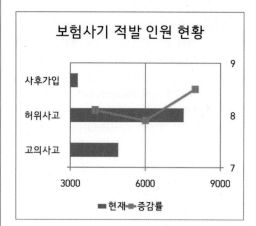

2. 급격한 증가세

가. 경기 불황과 대량 실직으로 인해 보험사기가 일반인들에게 손쉽게 돈을 벌 수 있는 수단으로 인식되기 시작하면서 급속한 증가세를 보였다.

나. 지난해 금융 감독원(Financial Supervisory Service)이 발표한 보험사기 적발현황 자료에 따르면 지난 3년간 적발 인원이 50% 이상 증가했으며 아직 집계가 덜 된 지난해 현황도 추이로 미루어 볼 때 최고치 경신이 유력하다. 특히 최근 경기 침체(沈滯)로 인해 서민경제가 어려워짐에 따라 보험사기 범죄가 급격하게 증가할 것이라는 우려 섞인 시선을 보내고 있다.

3. 인프라 구축

가. 특히 보상적 범죄 심리와 비교적 관대한 사회적인 분위기로 모방 범죄(Copycat Crime)가 자주 발생하고 범죄의 피해가 보험료 인상을 통해 다른 보험 계약자들에게까지 돌아가게 된다는 점에서 보험사기 범죄 예방 및 해결 대책 마련은 매우 중요하다.

나. 최근 점점 증가하고 있는 보험사기 범죄(犯罪)에 대한 대책(Measures)이 필요하다. 보험업계(Insurance Industry)에서는 이러한 보험사기 범죄를 방지(防止)하고자 자체적으로 전문성을 갖춘 보험사기 조사 전담조직을 운영하는 한편 전산 시스템(Computer System) 구축 및 상호 정보 공유(Information Sharing) 등 다각적인 노력[1]을 기울이고 있다.

다. 아울러 경찰 등 수사 당국(Investigator)과 적극적인 공조를 통해 보험사기 범죄를 적발(摘發)하는 데에도 힘을 쏟고 있다.

▶ Reference

Marine, et al. (2027). Law Provisions in the *Korean Commercial Code*. 25(1). 13-15.

---

[1] 한국보험학회

국 가 기 술 자 격 검 정

워드프로세서 실기시험

※ 무단 전재 금함
(한글 2022)

과 목	제한시간
문서편집기능	30분

C형

— 〈 다음 쪽의 문서를 아래 지시사항에 따라 작성하시오 〉 —

- 작성된 답안의 파일은 지정된 경로 및 파일명을 변경하지 마시고 저장해야 합니다. 이를 준수하지 않으면 실격 처리됩니다.
- 편집 용지
  - 용지 종류는 A4 용지(210mm×297mm) 1매에 용지 방향을 세로로 설정하여 문서를 작성하시오.
  - 용지 여백은 왼쪽·오른쪽은 20mm, 위쪽·아래쪽은 10mm, 머리말·꼬리말은 10mm, 기타 여백은 0mm로 지정하시오.
- 문서의 본문은 1단에서 2단으로 변하는 모양으로 편집하되, 단 간격은 8mm, 구분선은 실선 0.12mm로 설정하시오.
- 글자 모양
  - 글꼴은 별도의 지시가 없는 한 한글 2022의 기본값으로 작성하시오.
  - 영문, 숫자, 기호 등은 별도의 지시가 없는 한 자판에 있는 문자를 사용하시오.
- 문단 모양
  - 정렬 방식, 여백 등은 문단 모양 기능을 이용하여 작성하시오.
  - 문단 모양은 별도의 지시가 없는 한 한글 2022의 기본값으로 작성하시오.
  - 사이 줄 띄우기는 각 1줄만, 사이 띄우기는 1칸만 띄우시오.
- 표에서 내용의 정렬 방법
  (제목 행과 '합계(평균)' 셀은 가운데 정렬, 나머지는 열 단위를 기준으로 아래와 같이 정렬)
  - 내용의 길이가 서로 다른 문자의 경우 왼쪽 정렬
  - 내용의 길이가 서로 다른 숫자의 경우 오른쪽 정렬
  - 내용의 길이가 서로 같을 경우 문자, 숫자 상관없이 가운데 정렬
- 색상은 '기본' 테마가 포함된 색상 팔레트를 사용하시오.
- 각 항목은 별도의 지시가 없는 한 주어진 문서에 기준하여 작성하시오.
- 각 항목은 별도의 지시가 없는 한 기본 설정값으로 처리하시오.
- 문제에 제시된 지시사항은 작성하지 않음.

대 한 상 공 회 의 소

1. 다단 설정	모양-둘, 구분선-구분선 넣기, 적용 범위-새 다단으로
2. 쪽 테두리	• 선의 종류 및 굵기 : 실선 0.5mm, 모두 • 위치 : 쪽 기준, 왼쪽 · 오른쪽 · 위쪽 · 아래쪽 모두 5mm
3. 글상자	• 크기 : 너비 170mm, 높이 23mm, 크기 고정 • 위치 : 본문과의 배치-자리 차지, 가로-종이의 가운데 0mm, 세로-종이의 위 20mm • 바깥 여백 : 아래쪽 7mm • 선 속성 : 검정(RGB:0,0,0), 이중 실선 0.5mm • 색 채우기 : 탁한 황갈(RGB:131,77,0) 60% 밝게
4. 제목	• 제목(1) : 한컴산뜻돋움, 17pt, 장평(105%), 자간(-10%), 진하게, 남색(RGB:51,51,153), 가운데 정렬 • 제목(2) : 여백-왼쪽(350pt)
5. 누름틀	입력할 내용의 안내문 : '이름 직위', 입력 데이터 : '정그린 인턴기자'
6. 그림	• 경로 : [25]이기적워드실기₩그림₩거래소.PNG, 문서에 포함 • 크기 : 너비 28mm, 높이 18mm • 위치 : 본문과의 배치-글 앞으로, 가로-종이의 왼쪽 23mm, 세로-종이의 위 23mm • 회전 : 좌우 대칭
7. 스타일 (2개소 수정, 3개소 등록)	• 개요 1(수정) : 여백-왼쪽(0pt), 한컴 윤고딕 230, 11pt, 진하게 • 개요 2(수정) : 여백-왼쪽(15pt) • 표제목(등록) : 스타일 이름-표제목, 스타일 종류-문단, 가운데 정렬, 맑은 고딕, 진하게 • 참고문헌 1(등록) : 스타일 이름-참고문헌 1, 스타일 종류-문단, 내어쓰기(20pt) • 참고문헌 2(등록) : 스타일 이름-참고문헌 2, 스타일 종류-글자, 기울임
8. 문단 첫 글자 장식	• 모양 : 2줄, 글꼴 : 한컴산뜻돋움, 면 색 : 탁한 황갈(RGB:131,77,0), 본문과의 간격 : 3mm • 글자 색 : 노랑(RGB:255,255,0)
9. 각주	글자 모양 : 맑은 고딕, 번호 모양 : 아라비아 숫자
10. 하이퍼링크	• '증권거래소'에 하이퍼링크 설정 • 연결 대상 : 웹 주소 - 'http://www.krx.co.kr'
11. 표	• 크기 : 너비 78mm~80mm, 높이 33mm~34mm • 위치 : 글자처럼 취급 • 전체 행 : 셀 높이를 같게 • 모든 셀의 안 여백 : 왼쪽 · 오른쪽 2mm • 테두리 : 표 안쪽은 실선(0.12mm), 표 바깥의 위쪽과 아래쪽은 실선(0.4mm), 표 바깥의 왼쪽과 오른쪽은 　　　　　없음, 구분 행 아래와 합계 행 위쪽은 이중 실선(0.5mm) • 제목 행 : 셀 배경 색-검은 군청(RGB:27,23,96), 　　　　　글자 모양-함초롬돋움, 진하게, 하양(RGB:255,255,255) • 합계 행 : 셀 배경 색-탁한 황갈(RGB:131,77,0) 80% 밝게, 글자 모양-진하게 • 문단의 정렬 방식 : 가운데 정렬
12. 블록 계산식	표의 합계 행에 블록 계산식을 이용하여 블록 합계 산출
13. 캡션	표 아래에 삽입 후 오른쪽 정렬
14. 차트	• 차트의 모양 : 이중 축 혼합형(묶은 세로 막대형, 표식이 있는 꺾은선형) • 차트의 크기 : 너비 80mm, 높이 65mm, 크기 고정 • 위치 : 본문과의 배치-자리 차지, 가로-단의 가운데 0mm, 세로-문단의 위 0mm • 바깥 여백 : 위쪽 5mm, 아래쪽 7mm • 값 축, 항목 축, 보조 값 축, 범례의 글꼴 설정 : 9pt • 표의 아래 단락에 배치 ※ 혼합형 차트는 차트 종류와 속성을 이용하여 구성하시오.
15. 쪽 번호	번호 위치 : 오른쪽 아래, 모양 : 아라비아 숫자, 줄표 넣기 선택, 시작 번호 지정
16. 머리말	한컴산뜻돋움, 10pt, 진하게, 주황(RGB:255,102,0) 25% 어둡게, 오른쪽 정렬
17. 꼬리말	한컴 윤고딕 740, 10pt, 진하게, 남색(RGB:51,51,153) 25% 어둡게, 가운데 정렬

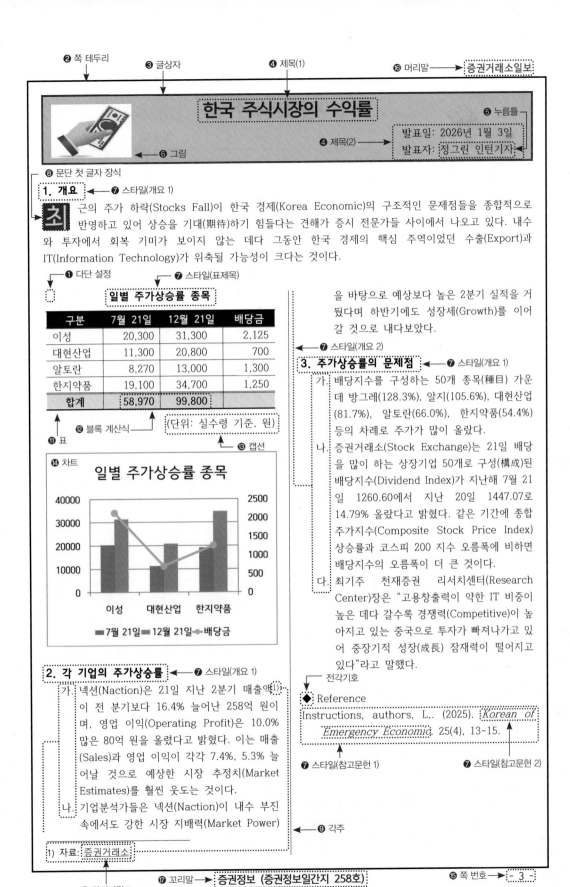

한국 주식시장의 수익률

❺ 누름틀

❹ 제목(2)

| 발표일: 2026년 1월 3일 |
| 발표자: 청그린 인턴기자 |

❻ 그림

❽ 문단 첫 글자 장식

1. 개요 ◀ ❼ 스타일(개요 1)

초근의 주가 하락(Stocks Fall)이 한국 경제(Korea Economic)의 구조적인 문제점들을 종합적으로 반영하고 있어 상승을 기대(期待)하기 힘들다는 견해가 증시 전문가들 사이에서 나오고 있다. 내수와 투자에서 회복 기미가 보이지 않는 데다 그동안 한국 경제의 핵심 주역이었던 수출(Export)과 IT(Information Technology)가 위축될 가능성이 크다는 것이다.

❶ 다단 설정   ❼ 스타일(표제목)

일별 주가상승률 종목

구분	7월 21일	12월 21일	배당금
이성	20,300	31,300	2,125
대현산업	11,300	20,800	700
알토란	8,270	13,000	1,300
한지약품	19,100	34,700	1,250
합계	58,970	99,800	

⑫ 블록 계산식

〔단위: 실수령 기준, 원〕

⑪ 표   ⑬ 캡션

⑭ 차트

일별 주가상승률 종목

■7월 21일 ■12월 21일 ●배당금

2. 각 기업의 주가상승률 ◀ ❼ 스타일(개요 1)

가. 넥션(Naction)은 21일 지난 2분기 매출액[1]이 전 분기보다 16.4% 늘어난 258억 원이며, 영업 이익(Operating Profit)은 10.0% 많은 80억 원을 올렸다고 밝혔다. 이는 매출(Sales)과 영업 이익이 각각 7.4%, 5.3% 늘어날 것으로 예상한 시장 추정치(Market Estimates)를 훨씬 웃도는 것이다.

나. 기업분석가들은 넥션(Naction)이 내수 부진 속에서도 강한 시장 지배력(Market Power)

❾ 각주

1) 자료: 증권거래소

⑩ 하이퍼링크

을 바탕으로 예상보다 높은 2분기 실적을 거뒀다며 하반기에도 성장세(Growth)를 이어갈 것으로 내다보았다.

❼ 스타일(개요 2)

3. 주가상승률의 문제점 ◀ ❼ 스타일(개요 1)

가. 배당지수를 구성하는 50개 종목(種目) 가운데 방그레(128.3%), 알지(105.6%), 대현산업(81.7%), 알토란(66.0%), 한지약품(54.4%) 등의 차례로 주가가 많이 올랐다.

나. 증권거래소(Stock Exchange)는 21일 배당을 많이 하는 상장기업 50개로 구성(構成)된 배당지수(Dividend Index)가 지난해 7월 21일 1260.60에서 지난 20일 1447.07로 14.79% 올랐다고 밝혔다. 같은 기간에 종합주가지수(Composite Stock Price Index) 상승률과 코스피 200 지수 오름폭에 비하면 배당지수의 오름폭이 더 큰 것이다.

다. 최기주 천재증권 리서치센터(Research Center)장은 "고용창출력이 약한 IT 비중이 높은 데다 갈수록 경쟁력(Competitive)이 높아지고 있는 중국으로 투자가 빠져나가고 있어 중장기적 성장(成長) 잠재력이 떨어지고 있다"라고 말했다.

전각기호

◆ Reference
Instructions, authors, L,. (2025). *Korean of Emergency Economic*. 25(4), 13-15.

❼ 스타일(참고문헌 1)   ❼ 스타일(참고문헌 2)

한국 주식시장의 수익률

발표일: 2026년 1월 3일
발표자: 정그린 인턴기자

1. 개요

최근의 주가 하락(Stocks Fall)이 한국 경제(Korea Economic)의 구조적인 문제점들을 종합적으로 반영하고 있어 상승을 기대(期待)하기 힘들다는 견해가 증시 전문가들 사이에서 나오고 있다. 내수와 투자에서 회복 기미가 보이지 않는 데다 그동안 한국 경제의 핵심 주역이었던 수출(Export)과 IT(Information Technology)가 위축될 가능성이 크다는 것이다.

일별 주가상승률 종목

구분	7월 21일	12월 21일	배당금
이성	20,300	31,300	2,125
대현산업	11,300	20,800	700
알토란	8,270	13,000	1,300
한지약품	19,100	34,700	1,250
합계	58,970	99,800	

(단위: 실수령 기준, 원)

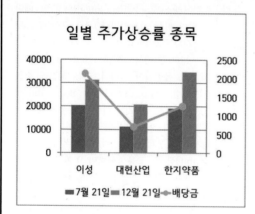

일별 주가상승률 종목

2. 각 기업의 주가상승률

가. 넥션(Naction)은 21일 지난 2분기 매출액[1]이 전 분기보다 16.4% 늘어난 258억 원이며, 영업 이익(Operating Profit)은 10.0% 많은 80억 원을 올렸다고 밝혔다. 이는 매출(Sales)과 영업 이익이 각각 7.4%, 5.3% 늘어날 것으로 예상한 시장 추정치(Market Estimates)를 훨씬 웃도는 것이다.

나. 기업분석가들은 넥션(Naction)이 내수 부진 속에서도 강한 시장 지배력(Market Power)

을 바탕으로 예상보다 높은 2분기 실적을 거뒀다며 하반기에도 성장세(Growth)를 이어갈 것으로 내다보았다.

3. 주가상승률의 문제점

가. 배당지수를 구성하는 50개 종목(種目) 가운데 방그레(128.3%), 알지(105.6%), 대현산업(81.7%), 알토란(66.0%), 한지약품(54.4%) 등의 차례로 주가가 많이 올랐다.

나. 증권거래소(Stock Exchange)는 21일 배당을 많이 하는 상장기업 50개로 구성(構成)된 배당지수(Dividend Index)가 지난해 7월 21일 1260.60에서 지난 20일 1447.07로 14.79% 올랐다고 밝혔다. 같은 기간에 종합주가지수(Composite Stock Price Index) 상승률과 코스피 200 지수 오름폭에 비하면 배당지수의 오름폭이 더 큰 것이다.

다. 최기주 천재증권 리서치센터(Research Center)장은 "고용창출력이 약한 IT 비중이 높은 데다 갈수록 경쟁력(Competitive)이 높아지고 있는 중국으로 투자가 빠져나가고 있어 중장기적 성장(成長) 잠재력이 떨어지고 있다"라고 말했다.

◆ Reference
Instructions, authors, L,. (2025). *Korean of Emergency Economic.* 25(4), 13-15.

1) 자료: 증권거래소